高职高专系列教材

动物细胞培养技术

DONGWU XIBAO PEIYANG JISHU

主　　编　周珍辉（北京农业职业学院）

编写人员　（按姓氏笔画为序）

王金福（上海农林职业技术学院）

边亚娟（黑龙江生物科技职业学院）

张　明（江西生物科技职业学院）

周珍辉（北京农业职业学院）

程　鹏（北京农业职业学院）

主　　审　陈淑茗（杨凌职业技术学院）

中国环境出版社·北京

图书在版编目(CIP)数据

动物细胞培养技术 / 周珍辉主编. —北京：中国环境出版社，2006.8（2016.1 重印）
（高职高专系列教材）
ISBN 978-7-80209-316-4

Ⅰ. 动… Ⅱ. 周… Ⅲ. 动物—细胞培养—高等学校：技术学校—教材 Ⅳ. Q954.6-33

中国版本图书馆 CIP 数据核字（2006）第 099599 号

出 版 人 王新程
责任编辑 孟亚莉
责任校对 扣志红
封面设计 宋 瑞

出版发行 中国环境出版社
（100062 北京市东城区广渠门内大街 16 号）
网 址：http://www.cesp.com.cn
电子邮箱：bjgl@cesp.com.cn
联系电话：010-67112765（编辑管理部）
010-67112735（环评与监察图书分社）
发行热线：010-67125803，010-67113405（传真）
印 刷 北京中科印刷有限公司
经 销 各地新华书店
版 次 2006 年 8 月第 1 版
印 次 2006 年 8 月第 1 次印刷 2016 年 1 月第 3 次印刷
开 本 787×960 1/16
印 张 17.75
字 数 370 千字
定 价 35.00 元

高职高专系列教材
编写委员会

高职高专系列教材
审读委员会

江苏食品职业技术学院	贡汉坤
杨凌职业技术学院	陈登文　陈淑茗
黑龙江农业经济职业学院	杜广平　张季中
苏州农业职业技术学院	潘文明　夏　红
吉林农业科技学院	孙艳梅
扬州大学兽医学院	秦爱建
复旦大学生命科学学院	黄伟达
中国农业大学实验动物中心	张　冰
中国绿色食品发展中心	张志华
国家环保总局有机食品发展中心	周泽江
江苏省兽药监察所	王苏华
江苏省农业科学院兽医研究所	戴鼎震

前　言

细胞培养是一门实践性很强的学科，其基础理论涉及面较广。但是从应用角度来说，它仍是一种方法和技术学科，已广泛应用于基因工程、遗传工程、细胞工程等生命科学的各个领域。考虑到高等职业院校对技能型人才的培养要求，本书在编写时突出了实用性与技能性。

本书详细地介绍了动物细胞培养及单克隆抗体生产的关键技术。全书共有七章，除第一章第一节、第四章第一节及第六章第一节讲授基本理论和概念外，其他各章的每一节分为资料单和技能单两部分。资料单部分主要介绍相关的理论知识，技能单部分介绍必须掌握的一项或多项技能。全书共有实验操作技能 45 个。本课程在讲授时应以实验操作为主，宜采用边讲边练的方式进行。教师边讲授理论内容边演示操作技能，学生对技能单内容进行实验操作训练，有利于理论与实践的结合、基本功训练和操作技能的培养。

本书在内容的编排上由浅入深，紧密衔接，注重知识的整体性和系统性。第一章主要训练学生学会使用和保养细胞培养实验室的设备，认识细胞培养用的器材，学会清洗液的配制，进行培养器材的清洗包装消毒，学会使用正压式除菌滤器及一次性滤器，为第二章细胞培养用液的配制做好准备。第二章主要训练学生学会 BSS 液、Hank’s 液、细胞消化液、常用抗生素溶液、DMEM 培养液、RPMI-1640 培养液的配制技能，并让学生了解它们的用途，为第三章细胞培养技能及以后相关章节的技能操作打下基础。第三章主要训练学生学习组织的取材与消化技能、细胞计数技术、细胞密度的换算、鸡胚细胞及小鼠胎儿细胞的原代培养和传代培养技术、培养细胞的纯化技术、培养细胞的常规检查技能、细胞活性检查方法、培养细胞染色体的染色及观察技能、细胞生长曲线的绘制方法、细胞的克隆形成实验等技能，为第四章病毒的细胞培养技术及后面相关章节的技能操作打下基础。第四章主要训练学生掌握病毒的细胞培养技能，观察细胞病变、病毒的蚀斑技术，单层细胞微量中和试验等技能。第五章主要训练学生掌握细胞的冻存与复苏技术。第六章的技能是前五章技能的综合与提高，主要训练学生掌握 McAb 的制作技术，包括动物免疫技术、骨髓瘤细胞的培养与观察、饲养细胞的制备技能、细胞融合技术、杂交瘤的培养观察技能、McAb 的筛选与检测技能、阳性杂交瘤的克隆化技术、腹水制备 McAb 及检测技术等。第七章主要训练学生掌握冲卵液的配制、小鼠的胚胎细胞回收与检胚技术、卵母细胞的采集技术、卵子体外成熟用培养液的配制、卵母细胞的体外培养及观察、胚胎干细胞的培养技能等。

本教材内容丰富、技术性和实用性强、图文并茂，可作为高等职业院校生物技术及应用专业、医药专业的教材。

本书编写的具体分工为：第一章由王金福编写；第二章、第七章第一节中的技能单 4 及第七章的第二节由张明编写；第四章由边亚娟编写；第一章第 2 节与第 3 节中的技能单 2、第三章、第四章第二节中的技能单 2、第五章及第六章由周珍辉编写；第七章的第一节由程鹏编写。全书由周珍辉统稿，由杨凌职业技术学院的陈淑茗老师审定。

本教材在编写过程中，特别是在拍摄图片素材时，得到了军事医学科学院流行病学研究所分子病原研究室陈万荣研究员、周育森研究员的大力支持和鼎力相助，在此对他们表示衷心感谢。

本教材编写人员虽然各具相应的专业特长，且都是多年从事高职一线教育的老师，但由于时间仓促，知识和能力有限，整理撰写过程中难免有所遗漏、不尽完善和错误之处，敬请同行及广大读者多提宝贵意见，以使其更加完善。

编　者

2006 年 7 月

目　录

第一章　细胞培养概述及细胞培养前的准备工作

第一节　细胞培养概述

▶资料单

【知识目标】

- 了解细胞培养的发展史。
- 掌握细胞培养的基本概念及优缺点。
- 掌握细胞培养的作用。
- 掌握细胞培养实验的基本要求。
- 掌握与细胞培养相关的基本概念及专有名词。

【教学内容】

一、细胞培养的发展史

讲到细胞培养技术的发展史，我们就有必要首先了解细胞是怎样被发现的。众所周知，细胞是一切生命有机体的基本结构和功能单位，但是，如果没有显微镜的出现就不可能发现细胞。1590 年，荷兰眼镜制造商 J.Janssen 和 Z.Janssen 父子制作了第一台复式显微镜，标志着人们向微观世界迈出了第一步。1665 年，英国人 Robert Hook 用自己设计和制造的显微镜观察了植物栎树皮的薄片，第一次描述了植物细胞的构造，并首次用拉丁文 cell 这个词来称呼他所看到的类似蜂巢样极小的封闭状小室。直到 1680 年，荷兰人 A.van Leeuwenhoek 用自制的显微镜观察到了原生动物、人类精子、鲑鱼的红细胞、牙垢中的细菌等标本，成为第一个看到活细胞的人。

细胞培养（cell culture）技术现已广泛应用于生物学、医学研究等领域，成为生物领域一门重要分支。它起源于 1885 年，德国人 W. Roux 用温热生理盐水在体外培养鸡胚髓板，使之存活了数天，并首次采用了“Tissue culture”这个名词，第一次获得组织块人工培养的成功。这一实验被认为是动物组织体外培养的萌芽实验。之后，1887 年，Arnold 又观察到在盛有盐水的盘里白细胞的运动。1906 年，Beebe 和 Ewing 用盖玻片悬滴培养法，以动物血清做培养基，培养狗淋巴细胞存活了 72 h，并见到细胞生长现象。直到 1907 年，美国生物学家 Harrison 用单盖片覆盖凹窝玻璃的悬滴培养法，以青蛙的凝固淋巴液作为培养基，从蝌蚪的脊索中分离出神经组织，使来自两栖类神经组织的神经细胞存活了数周，并且还观察到从神经细胞中长出了神经纤维，而且向培养液中伸出了轴突，与脑、脊髓神经细胞在体内分化的情况非常类似。Harrison 的实验不仅解决了神经纤维的起源问题，而且还开创了动物组织培养的先河，成为动物细胞培养的奠基人。以后 Carrel 对培养条件进行了改进，并十分注意培养中的无菌操作技术，他用血浆包埋组织块外加胚胎浸汁的培养法，通过采用更新培养基和分离组织的传代措施，完善了经典的悬滴培养法。1923 年，他又设计了用卡氏瓶培养法，以扩大组织的生存空间，为组织培养的发展奠定了基础。在卡氏瓶培养法的启发下，相继出现了各类型培养瓶、培养皿、试管、多孔培养板的培养法。1955—1957 年，Sanford 和 Dulbecco 等人发明了用胰蛋白酶消化分离组织细胞的方法，建立了单层细胞培养技术。之后，一些细胞遗传性状相同的细胞系和细胞株相继建立，正常组织原代细胞培养研究更加深入，大大促进了组织培养技术的发展。

细胞培养液的研究也随着组织培养技术的改进而不断发展。早期细胞培养采用天然培养基（胎汁、血浆和血清），天然培养基成分虽接近体内状态，但其组成复杂，是成分不明确的混合物，因而会影响对某些实验产物的提取和实验结果的分析。1951 年，Eagle 开发了能促进动物细胞体外培养的人工合成培养基。人工合成培养基的出现又促进了细胞培养技术的发展和应用。目前，绝大多数人工合成培养基使用时还需添加血清。随着单克隆抗体制备、细胞生长因子和细胞分泌产物的研究，又开发了无血清细胞培养基的研究技术。1975 年，Sato 等人用激素、生长因子等替代血清，使垂体细胞株培养获得成功，近 20 年来，已有几十种细胞株在无血清培养基中生长和繁殖。目前，正常组织肝细胞和胰腺细胞等无血清培养的治疗研究也在探索之中。

细胞培养技术自 20 世纪 50 年代传入我国，经 20 世纪 70 年代的发展，我国学者在动物细胞工程领域也作出了卓越成就。如亲缘关系远近不同的鱼类之间可以进行多种核质组合，在变种间、属间及科间都获得了具有独特性状的核质重组鱼。体细胞克隆方面，在我国上海、山东、杨凌也成功克隆出了山羊和牛。细胞培养技术已不再是个别研究室所拥有的技术，而成为医学和生物学研究中普遍应用的技术。细胞库的建成，细胞培养用品、培养基、血清、试剂及细胞株（系）的商品化，高技术的引进，实验室条件的改进等，极大地推动了培养技术的发展。加上各种新技术如电镜观察技术、放射性核素标记、单细胞显微注射、荧光免疫、电泳技术、细胞融合杂交瘤技术、DNA

转染和细胞转化、分子杂交等的普遍使用，使实验研究从细胞水平深入到分子水平。

细胞培养技术已成为当今生命科学各研究领域的基础技术和基本技能，它又是细胞工程、基因工程和生物医学工程的重要研究手段。肿瘤、感染、创伤和器官移植等问题的研究，也都与细胞培养技术相关。因此，学习细胞培养技术及操作要领，是生命科学工作者必备的知识和技能。可以相信，随着细胞培养技术和其他技术的迅猛发展，动物细胞培养技术在我们日常生活中将会发挥越来越重要的作用。

二、细胞培养的基本概念及优缺点

组织或细胞培养是一种笼统的提法，严格地说，组织或细胞培养应包括动物和植物的组织或细胞培养。本书仅讨论动物的组织或细胞培养，简称为组织或细胞培养，泛指所有体外培养，其含义是指从动物活体体内取出组织，在模拟体内生理环境等特定的体外条件下，进行孵育培养，使之生存并生长。若以产生形成培养物的方法而言，可分为组织培养、细胞培养和器官培养。组织培养指把活体的一小片组织置于底物上孵育，细胞从其周围移出并生长。细胞培养是把取得之组织用机械或消化的方法分散成单个细胞悬液然后进行培养、生长。由于这些培养物的主要成分均属细胞，而这些细胞在体外生长时，仍然是相互依存、互相影响的。因此，细胞培养与组织培养实际上区别不大，本书将细胞培养与组织培养以相同的含义使用。此外，体外培养中尚有一种培养物，系将活体中器官或一部分器官取出，置于体外生存、生长并同时保持其一定的结构和功能特征，特称为器官培养，以与一般的细胞或组织培养相区别。

细胞或组织培养具有很多优越性，但也存在一定的局限性，因此对之应有全面的认识。

组织或细胞培养的主要优点如下：

(1) 研究的对象是活的细胞。这是组织或细胞培养最重要的优点。在实验过程中，根据要求可始终保持细胞的活力，并可长时期地监控，检测，甚至定量评估一部分活细胞的情况，包括其形态、结构和生命活动等。

(2) 研究的条件可以人为地控制。进行体外的细胞培养实验时，可以根据需要，控制包括 pH、温度、O_2 浓度、CO_2 浓度等物理化学的条件，并且可能做到很精确以及保持其相对的恒定。同时，可以施加化学、物理、生物等因素作为实验条件，这些因素同样可以处于严格控制之下。

(3) 研究的样本，可以达到比较均一性。取自一般的组织样本，其构成的细胞类型含有多种，即使是来源于同一组织，也不能做到均一性。但是，通过细胞培养一定的代数后，所得到的细胞系则可以达到均一性而属同一类型的细胞，需要时，还可采用克隆化等方法使细胞达到纯化。

(4) 研究的内容便于观察、检测和记录。体外培养的细胞可采用各种技术和方法来观察、检测和记录，充分地满足实验的要求，如：通过倒置相差显微镜、电视、电影等直接观察活的细胞；电子显微镜分析细胞的超微结构；同位素标记、放射免疫等方法检测细胞内物质的合成、代谢的变化等。

(5) 研究的范围比较广泛。多种学科均可利用细胞培养进行研究。如细胞学、免疫学、肿瘤学、生化学、遗传学、分子生物学等。可供实验的组织来源众多，包括各种动物的各类组织，如，可以是啮齿类动物或哺乳类动物，可以是动物的胚胎或成体，可以是正常组织或肿瘤组织等。

(6) 研究的费用相对较低。由于细胞培养有可能大量提供在同一时期、条件相同、性状相似的实验样本，因此有时可比体内实验经济得多，例如，一个需要 100 只鼠才能得出结论的实验可能用 100 片盖玻片或几个多孔培养板就获得具有相同统计学意义的结果。

缺点：尽管培养技术不断发展，并努力创造条件以模拟动物体内状况，但是体外培养的组织或细胞与体内相应者仍然存在差异。可以说，任何组织或细胞置于体外培养后，培养细胞失去体内细胞的制约和整体调节作用，其细胞形态和功能都会发生一定程度的改变。因此，对于体外培养的细胞，应该把他们视做一种既保持动物体内原细胞一定的性状、结构和功能又具有某些改变的特定的细胞群体，而不能将之与体内的细胞完全等同。这一点，在进行研究、分析时应予注意。另外，细胞培养存在一定的不稳定性也是其缺点之一。体外培养的细胞，尤其是反复传代、长期培养的，有可能发生染色体非二倍体改变等情况。

三、细胞培养的作用

细胞培养是现代研究领域中的一项重要科学技术，是研究活细胞形态结构及其生物学功能的良好方法，同时又是研究基因表达调控和分子生物学的必不可少的研究手段，因此被广泛应用于医学研究、生物技术、基因工程等研究领域。随着生物技术和分子生物学的发展，对基因的提取、分离、克隆、重组表达已普遍展开，细胞融合和杂交瘤技术、细胞凋亡技术、细胞的诱导分化技术、基因的细胞转移技术正在各个实验室获得广泛应用。由此可见，细胞培养技术在生命科学研究领域将会发挥很重要的作用。

1. 细胞培养在病毒学上的作用

细胞培养技术，自 1949 年 J. J.Enders 成功用于脊髓灰质炎病毒的培养后，就一直作为病毒学研究的主要手段。1952 年，Dulbecco 发明了蚀斑试验，使病毒的定量检测和克隆成为可能。1953 年，Salk 用细胞培养的脊髓灰质炎病毒制备出灭活疫苗，从而开创了疫苗研制与生产的新领域；利用细胞对病毒的敏感性，用于生产病毒疫苗和病毒抗原及抗体，既可用于疾病的预防，又可用于疾病的诊治。1957 年 Stewart 用细胞培养技术成功分离出多瘤病毒，由此，细胞培养成为研究者分离与鉴定病毒最方便和最有效的技术。细胞培养对病毒学的研究起了很大的推动作用，广泛用于人医和兽医上各种病毒的分离和培养。此后，许多学者采用这一新技术，相继分离了上百种过去对动物不敏感的新病毒，如腺病毒、副流感病毒、鼻病毒、呼吸道合胞病毒、Echo 病毒和柯萨奇病毒等，大大拓宽了病毒学的研究范围。

目前，细胞培养技术不仅广泛应用于未知传染因子的分离，病毒病诊断，疫苗生产，而且还可用于研究病毒的复制和遗传，使人们对病毒本质有了进一步的认识。细胞培养技术对动物病毒研究所作的贡献主要包括：病毒转录新途径和翻译新途径的发现；病毒对宿主范围的选择；某些肿瘤病毒引起的细胞转化；某些病毒侵染引起的细胞融合；有的病毒核酸由若干片段组成，如禽流感病毒；有的病毒核酸具有不同的极性，如小 RNA 病毒为正链 RNA 病毒，正黏病毒为负链 RNA 病毒。

2. 细胞培养在药物学上的作用

利用细胞培养技术不仅可以进行药物的基础研究和药物的研发，而且还能生产出技术含量高的新药。

用细胞培养方法研究药物的药理效应，观察不同药物对离体细胞的作用，可为临床实际使用时提供参考依据，也可为药物的药效作用提供实验依据。采用细胞培养法，不仅可检查细胞株对药物的敏感性，而且还可开展体内和体外敏感性比较，同时也可在体外观察细胞对不同药物所引起的形态结构和生理功能的变化，来研究疾病的发病机理。利用细胞培养进行抗癌药物的研究，不仅可以研究药物对癌细胞的直接作用，而且可以研究药物的间接作用，如黄芪抗癌作用可能是通过促进免疫反应来实现的。在药物的抗衰老研究上，常采用二倍体细胞长期传代法，观察药物对细胞延长传代能力来表示药物的抗衰老作用。当然，细胞培养在检测药物的致畸、致突变效应的研究中也发挥着重要作用。

细胞培养在新药物的研发上也起着非常重要的作用，如：①在新药的筛选方面(化学合成药物药效研究，中药有效成分筛选与鉴定等)，不同的药物对不同的细胞有不同的敏感性和药效作用，可开展药物敏感性选择的筛选研究。有的药物可以开展对细胞诱导分化的研究，可呈现向正常细胞转化的细胞表型和生物学特性。②在疫苗研发方面：利用病毒的弱毒株或细胞培养传代后产生的减毒适应株，接种相应的敏感细胞后，可制备病毒疫苗，如肝炎病毒疫苗、艾滋病毒疫苗、肿瘤疫苗（多肽疫苗）等。

③基因工程药物的研究与开发：结合转基因技术，通过细胞培养和扩繁，开展基因制药和基因治疗的研究，如利用转基因动物可研究插入外源基因的表达特性，有的基因可在乳房细胞中特异性表达，最后在乳汁中可得到某些药物，这为制药业提供了新工艺；也可开展在临床医学中具有治疗价值的一些细胞生长因子和干扰素研发等。④单克隆抗体制备：利用细胞培养技术可生产病毒及病毒抗原；运用细胞融合杂交技术，抗原提纯后又可免疫动物产生抗体或制备单克隆抗体，这在病毒病的预防、诊断、治疗中都是十分有效的，现已被广泛应用；利用细胞的杀肿瘤特性可用于细胞移植治疗肿瘤，如 LAK 细胞、TIL 细胞等细胞工程药物等。

3. 细胞培养在肿瘤学研究上的作用

细胞培养在肿瘤学上的应用，主要体现在：细胞培养是肿瘤发生和发展的理想实验研究手段。利用细胞培养技术能可靠的筛选出对肿瘤最敏感的化疗药物和理想的使用剂量，供人体治疗时参考。癌细胞的体外培养是定量研究癌基因和抑癌基因表达调控的理想工具。细胞培养及癌细胞的诱导分化的细胞工程是进行抗癌研究，癌细胞的恶性逆转研究理想的实验诱导模型。运用细胞培养，研究一些免疫细胞及细胞因子对肿瘤细胞的抑制和杀伤效应，如通过免疫系统释放免疫调节因子或细胞毒因子，以及激活杀伤肿瘤的淋巴细胞如 NK、K、TCL 发挥杀肿瘤效应，这种效应均可通过体外杀肿瘤细胞试验来证实，为临床肿瘤的治疗提供依据。

4. 在细胞功能与分化研究中的应用

借助于细胞培养技术，我们能使细胞在体外能以单细胞和细胞群体的形式进行生长繁殖，这不仅有利于在比较简单的容易观察的条件下研究细胞的形态结构和生理功能，而且可以采用特殊的培养方法和观察手段研究不同细胞特有的功能和生命现象，在细胞分化方面，我们可以采用体外细胞的培养，不仅可研究造血干细胞的分化和骨髓基质细胞的分化，而且还可体外研究对癌细胞的诱导分化。利用细胞的诱导分化可使癌细胞向正常细胞逆转，为临床癌症的根治带来了曙光；利用细胞的诱生和促诱生效应，可大量生产细胞因子药物和生化试剂等；利用细胞凋亡又可指导临床对肿瘤的化疗；利用细胞染色体及分区带特性，不仅可采用羊水细胞和绒毛细胞的培养及染色体分析，对进行早期的性别和遗传疾病诊断具有应用价值，而且又可为遗传疾病的诊断提供了亚细胞水平的诊断技术。

5. 在免疫学中的应用

随着免疫学的发展，细胞培养技术不仅得到了广泛的应用，而且还促进了免疫技术的快速发展。细胞培养技术使血细胞（外周血和脐带血）、白血病细胞、淋巴结、脾脏和骨髓的单核细胞在体外实现了长期培养，有的甚至可产生永生化的细胞系，这不仅对研究免疫细胞的分化、细胞的独特功能创造了条件，而且还可利用免疫细胞的特性，制备生产免疫产品，如细胞因子，单克隆抗体及特殊功能的免疫细胞的细胞移植产品，甚至将功能性外源基因导入培养细胞而制备转基因细胞产品以进行基因治疗，特别是近来利用免疫器官的造血干 / 祖细胞通过分离培养和体外定向分化和扩增应用于骨髓移植和细胞移植，可用于治疗放 / 化疗患者的骨髓抑制及再生障碍性免疫学疾病，该技术不仅对理论研究的深入和发展发挥了重要的作用，而且对临床应用也开辟了广阔的应用前景。

细胞培养在现代生物技术中应用很广，如基因分离、基因测序与表达、基因转移与重组、癌基因研究等。细胞培养在转基因动物的研究中也被广泛应用，如将生长激素的基因导入小鼠受精卵中，获得生长快、个体大的转基因巨型小鼠；在培育优良品种时，研制抗病基因、抗病毒基因等转基因动、植物，展示良好前景。在器官移植寻找器官供体上，有人将人的基因转给猪受精卵，培育出带有人类基因的猪，用猪肾供病人进行肾移植，这种做法正在试验中，如成功将会给移植外科带来突破性进展。

四、细胞培养实验的基本要求

1. 实验前的准备

实验前应将所需用品，一并放入超净台内，这样可避免操作时因物品不全，不得不再次拿取所造成的污染。同时，根据每个实验的要求，准备好瓶管盘架、器械消毒盒等。实验器材准备数要大于实际使用数，瓶盖数要大于瓶数。这样能有条不紊地做实验，也减少忙乱操作引起的污染。

2. 无菌室和操作台消毒

无菌室内每周需用乳酸蒸气（或过氧乙酸蒸气）加紫外线消毒 1~2 次，超净工作台需常用消毒水擦拭。实验前，将实验器材放入超净工作台内，打开超净台紫外灯，消毒 40 min 后，关闭紫外灯。这样，超净工作台内的空气和台面就构成了一个无菌环境。

3. 无菌操作要求

（1）手指不能触及器材使用端。

（2）减少手与器材的接触面积，学会手指操作。

（3）一切操作，如打开或封闭瓶口、安装吸管、注射器等，都要在火焰前方进行，使用端用前要经过火焰消毒。

（4）瓶口要顺风斜放在支架上。试剂使用后应立即封闭瓶口，若长时间敞口，会增加落菌的机会。

（5）细胞培养各种用液要专管专用，并要勤换吸管，防止扩大污染和交叉污染。

(6) 瓶口液滴不能再倒回瓶内，要用干酒精棉球擦拭，瓶口要再经火焰消毒。

(7) 操作者动作要准确敏捷，尽量避免空气流动。

4. 实验中的操作要求

洗手、着装与外科临床要求相同，双手用肥皂洗净后，浸泡于消毒液中，并用75%酒精擦拭。细胞培养用液从冰箱取出，试剂瓶外壁经酒精纱布擦洗后入台。废液缸置工作台右后位，酒精缸置台左侧位，酒精灯置中央位。拆除大包装，点燃酒精灯(95%酒精)，火焰方向与灯垂直，火焰无色或微黄色表示酒精杂质少，燃烧完全（若用废酒精或工业酒精，燃烧时产生的化学物质易附着到吸管或其他器皿上，带入培养液中会伤害细胞）。浸泡在75%酒精中的金属器械用台面消毒镊子取出，在无菌干纱布上擦拭后，迅速从火焰上通过（器械不能在火焰中灼烧时间过长），冷却后使用，避免烫伤细胞。用于吸取细胞培养液、牛血清、酶液的吸管使用后不能再住火焰上消毒，因为残留在吸管中的蛋白质烧焦炭化，再使用时会把有害炭化物带入培养液中毒害细胞。操作中手指污染时，可用酒精纱布或棉球擦拭。在实验过程中，不要面向操作台讲话或咳嗽，避免唾沫把微生物带入净化台内，污染空气。实验者离开工作台时，立即关闭侧窗口，避免无菌室内细菌随空气流入净化操作区。

5. 实验后要求

实验完毕，关闭超净台风机和电源，整理清扫台面，用过的玻璃器材投入清水中浸泡，最后用酒精纱布或棉球擦拭工作台面。

五、与细胞培养相关的专业术语

动物细胞培养技术从起源到今天，经历了一个世纪的不断发展，其专业术语的内涵不断丰富。为便于学习，将最新文献中的一些较统一的专业术语介绍如下：

细胞培养（cell culture)：是指用机械或化学的方法将组织分散成单个细胞后，选用最佳生存条件对活细胞进行培养和研究的技术。培养方式分两种：一种是群体培养(mass culture)，即将大量细胞置于培养瓶中，让其贴壁或悬浮生长，形成均匀的单细胞层或单细胞悬液；另一种是克隆培养（clone culture)，即将少数的细胞加入培养瓶中，贴壁后彼此间隔距离较远，经过繁殖每一个细胞形成一个集落，称为克隆。细胞培养可建细胞系和细胞株。

组织培养（tissue culture)：是指把活体的组织取出分成小块，直接置于培养瓶底或通过胶原纤维血浆支持物的培养瓶底来进行培养。其特点是：组织不失散，细胞保持原有的组织关系。培养的结果是细胞从组织块周围长出，形成生长晕（cut groth）或形成由扁平细胞构成的单层细胞培养物。

器官培养（organ culture）：是将活体中器官或一部分器官取出，在体外生长、生存，并使其保持器官原有的结构和功能特征的培养。其特点是：培养的器官在合适的条件下能生长和分化，存活数周或一年。

器官发生（organogenesis）：从不相联系的细胞到显示有自然的器官形成和功能的结构演化过程。

外植块（移植块，explant）：取自原生长部位并移植到人工培养基中生长和存活的组织。

外植块培养（explant culture）：在培养条件下使外植块存活和生长。

细胞工程（cell engineering）：是指在细胞水平上的遗传操作，即通过细胞融合、核质移植、染色体或基因移植以及组织和细胞培养等方法，快速繁殖和培养出人们所需要的新物种的技术。细胞工程的优势在于避免了分离、提纯、剪切、拼接等基因操作，只需将细胞遗传物质直接转移到受体细胞中就能够形成杂交细胞，因而能够提高基因的转移效率。此外，细胞工程不仅可以在植物与植物之间、动物与动物之间、微生物与微生物之间进行杂交，甚至可以在动物与植物与微生物之间进行融合，形成前所未有的杂交物种。

原代培养（primary culture）：从直接取自生物体细胞、组织或器官开始的培养。首次成功的传代培养之前的培养可以认为是原代培养。

传代（passage）：细胞生长繁殖一定时间和达到一定密度后，需将细胞从一个培养器皿转移或移植到另一个培养器皿即称为传代或传代培养，也称再培养。

传代数或代数（passage number）：细胞在培养中传代的次数。描述该过程时，应说明细胞的比例或稀释度，以此查明相对培养年龄（relative culture age）。

单层培养（monolayer culture）：培养细胞在底物上长成单层。

悬浮培养（suspension culture）：细胞或细胞聚集体悬浮于液体培养基中增殖的一种培养方式。

贴壁（锚着、附着）依赖性细胞或培养物（anchorage-dependent cells or cultures）：由它们繁衍出来的细胞或培养物只有贴附于不起化学作用的物体（如玻璃或塑料等无活性物体）的表面时才能生长、生存或维持功能。该术语并不表明它们是否属于正常或属恶性转化。

贴壁率（attachment efficency）：在一定时间内接种细胞贴附于培养器皿表面的百分率。应当说明在测定贴壁率时的培养条件。

细胞系（celll line）：原代培养物经首次传代成功后即成细胞系。由原先存在于原代培养物中的细胞世系所组成。如果不能继续传代或传代数有限，称为有限细胞系（finite cell line）；如果可以连续传代，则称为连续细胞系（continuous cell line），即

“已建成的细胞系”（established cell line）。

已建成的细胞系一词现已不主张采用。发表论文描述任何新的细胞系时，均需详尽说明该细胞系的特征及培养经过。论文中涉及的培养物，若已发表过，则需注明最初发表的文献。从其他实验室取得的细胞系，必须维持该细胞系的原名。在培养过程中，如发现培养物的特性与原培养物的有差异，则应在适当刊物上予以报道。

细胞株（cell strain）：通过选择法或克隆形成法从原代培养物或细胞系中获得的具有特殊性质或标志的培养物称为细胞株。细胞株的特殊性质或标志必须在整个培养期间始终存在。描述一个细胞株时必须说明它的特殊性质或标志。如果不能继续传代或传代数有限，可称为有限细胞株（finit cell strain）；如果可以继续传代，则可称为连续细胞株（continuous cell strain）。发表论文描述任何新的细胞株时，均需详尽说明该细胞株的特征及培养经过。论文中涉及的细胞株，若已发表过，则需注明最初发表的文献。从其他实验室取得的细胞株，必须维持该细胞株的原名。在培养过程中，如发现培养物的特性与原培养物有差异，则应在适当刊物上予以报道。

亚株（substrain）：一个亚株是由某细胞株中分离出的单个细胞或群体细胞所衍生而成的。这种单个细胞或群体细胞具有的特征和标记不是亲本细胞株中所有细胞都具有的。

无限增殖（永久性，不死性，immortalization）：一般用于从有限增殖的细胞转化为能无限增殖的细胞系（株）。

克隆（clone）：亦称无性繁殖系或简称无性系。对细胞来说，克隆是指由同一个祖先细胞通过有丝分裂产生的遗传性状一致的细胞群。

1997 年 2 月 23 日，英国罗斯林研究所的试验室里诞生了一只名为“多莉”的小羊。“多莉”的诞生，意味着人类可以利用动物的一个组织细胞，像翻录磁带或复印文件一样，大量生产出相同的生命体，这无疑是基因工程研究领域的一大突破。

克隆形成率（cloning efficiency）：细胞接种到培养器皿内形成的克隆数与接种的细胞数所构成的百分率。

运动的接触抑制（contact inhibition of locomotion）：某些细胞所特有的现象，即当两个细胞相遇时，其运动性能减弱，一个细胞在另一个细胞表面上的向前性运动被终止。

汇合（confluent）：贴壁生长的细胞在培养器皿中生长达到一定数量时，细胞彼此连接成层，长满器皿底壁。

生长的密度依赖性抑制（density-dependent inhibition of growth）：和细胞密度增加有关的有丝分裂的抑制。

活力（viability）：在细胞培养中指细胞具有生长和代谢的能力，经常以活细胞数占总细胞数的百分比来表示。

上皮细胞样细胞（epithelial-like cells）：与上皮细胞在形态上或外观上相似的细胞称之为上皮样细胞。一般说来，须具备典型的上皮细胞特有特征的细胞，才可以认定为上皮细胞。如在光学显微镜下，上皮细胞往往呈立方形；细胞成片状生长，接触紧密；与成纤维细胞相比，某些类型的上皮细胞核质比值相对较高，某些情况下培养细胞的组织来源和功能明确等。但实际上有许多情况与典型的上皮细胞相差甚远，至少会有一定偏差，所以，在使用“上皮细胞”这个术语时，一定要尽量报告该细胞所具有的各种参数。在这些参数未弄清前，最好还是使用“上皮细胞样细胞”或“类上皮细胞”（epithelioid cells）最为确切。

成纤维细胞样细胞（fibroblast-like cells）：与成纤维细胞在形态上或外观上相似的细胞称之为成纤维样细胞。一般说来，须具备典型的成纤维细胞特有特征的细胞，才可以认定为成纤维细胞。如在光学显微镜下，成纤维细胞往往呈尖形及细长形；细胞成片生长但接触疏松；与上皮细胞相比，某些类型的成纤维细胞核质比值相对较低，某些情况下培养细胞的组织来源和功能明确等。但实际上有许多情况与典型的成纤维细胞相差甚远，至少会有一定偏差，所以在使用“成纤维细胞”这个术语时，一定要尽量报告该细胞所具有的各种参数。在这些参数未弄清前，最好还是使用“成纤维细胞样细胞”或“类成纤维细胞”（fibroblastic cells）最为确切。

干细胞（stem cell）：指具有自我更新、高度增殖和多项分化潜能的细胞群体，是动物有机体和各种组织器官的起源细胞。干细胞一般分为胚胎干细胞（embryonic stem cell，ES）和成体干细胞（adult stem cell，AS）两大类。干细胞工程是在细胞培养技术的基础上发展起来的一项新的细胞工程。它是利用干细胞的增殖特性，多分化潜能及其增殖分化的高度有序性，通过体外培养干细胞、诱导干细胞定向分化或利用转基因技术处理干细胞以改变其特性的方法，以达到利用干细胞为人类服务的目的。

二倍体（diploid）：除性染色体外，所有的染色体均成双配对并与其原物种染色体结构相同的培养细胞，可称为二倍体细胞。

非整倍体（aneuploid）：细胞核内染色体数为单倍染色体数的非整倍数时称为非整倍体，此时某一个或数个染色体数可多于或少于其余的染色体数目，可能有或无染色体的重排。

无菌（asepsis）：无真菌、细菌、支原体或其他微生物存在。

无菌技术（aseptic technique）：采用化学或物理手段防止微生物污染的技术。在组织细胞培养中还意味着防止有害物质污染及其他细胞的交叉污染。

自分泌细胞（autocrine cell）：动物体内的一种细胞，它产生激素、生长因子或其他信号物质，而本身又表达有其相应的受体。

合成培养基（chemically defined medium）：是一种各种成分的化学结构均明确的用

于培养细胞的营养液。由于即使最纯的化合物也可能有些杂质，所以，应当采用具备分析数据的高质量的化学药品来配制。如果有可能，还应当附有对杂质的分析数据。

饲养层（feeder layer）：又称饲养细胞。是在细胞培养中使用的一层具有饲养其他细胞作用的细胞，在其表面可培养那些需要复杂营养的细胞。常用的有成纤维细胞、巨噬细胞等。

杂交瘤（hybridoma）：由产生抗体的肿瘤细胞（骨髓瘤）与抗原刺激的正常浆细胞融合而形成的细胞。这种细胞产生的抗体称为单克隆抗体。

细胞融合（cell fusion）：又称细胞杂交（cell hybridization），是指用人工方法使两种或两种以上的体细胞合并形成一个细胞，不经过有性生殖过程而得到杂种细胞的方法。在自然情况下，体内或体外培养细胞间所发生的融合，称为自然融合。在体外用人工方法（使用融合诱导因子）促使相同或不同的细胞间发生融合，称为人工诱导融合。可用聚乙二醇（PEG）或仙台病毒诱发。

合胞体（syncytium）：细胞融合产生的巨大的多核细胞。

细胞杂交（cell hybridization）：两个或多个不同的细胞融合导致形成合核体。

同核体（homokaryon）：在一共同的胞质中含有两个或更多遗传上相同的核的细胞。常通过细胞融合获得。

杂种细胞（hybrid cell）：两个不同的细胞融合而形成的单核细胞。

异核体（heterokaryon）：在一共同的细胞质中，含有两个或更多的遗传上不同的核的细胞，通常由细胞间的融合所产生。

生长曲线（growth curve）：以正在生长繁殖的培养物中细胞的数目或生物量为时间的函数所绘制的曲线。

有丝分裂（karyokinesis）：专指与细胞质分裂不同的核分裂。经过核分裂，真核细胞染色体中所含的遗传信息就被分配到子核中去，在遗传上子核与母核是相同的。

减数分裂（meiosis）：能进行有性生殖生物在成熟的生殖细胞中的一种核分裂。性母细胞两次连续的细胞分裂染色体在整个分裂过程中复制一次，因此，形成的四个子细胞中的染色体数目减少到原来细胞的一半。

有丝分裂周期（mitotic cycle）：在真核细胞将遗传物质等量的分配到子细胞前的一系列步骤的顺序期。

分裂间期（interkinesis）：在第一次和第二次成熟分裂之间可能发生的短暂的“休止阶段”，与有丝分裂相比，在减数分裂间期染色体不能复制。

细胞一代时间（cell generation time）：单个细胞连续两次分裂的间隔时间。目前，这一时间可借助于显微电影照相术来精确测定。该术语与群体倍增时间（population doubling time）并不同义。

接种率（集落形成率，plating efficiency）：细胞接种到培养器皿内所形成的集落（colony）百分率。该术语用以表明细胞形成纯系的百分率。接种细胞的总数、培养瓶的种类以及环境条件（培养基、温度、密闭系统还是开放系统等）均须说明。如果能肯定每个集落均起源于单个细胞，则可使用另一专业术语——克隆形成率（cloning efficiency）。此词经常不恰当地当做贴壁率（seeding efficiency）。

群体密度（population density）：培养器皿内，每单位面积或体积中的细胞数。

群体倍增时间（population doubling time）：在对数生长期（logarithmic phase of growth）进行计算的细胞增加一倍所需要的时间。例如在此期间细胞由 1.0×10^6 个增加到 2.0×10^6 个细胞。平均群体倍增时间可以通过计算培养结束或收集培养物的细胞数与接种时的细胞数的比值推算而得。该术语与细胞一代时间非同义词。

衰老（senscence）：在细胞培养中指细胞群体倍增到一定的次数后即失去了再增殖的能力。

转染（transfection）：将另一细胞的某个基因（群）转移到培养细胞的核内。

思考题

1. 什么叫细胞培养？有何优缺点？
2. 为什么要进行细胞培养？
3. 说说细胞培养实验的基本要求有哪些？
4. 与细胞培养相关的基本概念及专业术语有哪些？

第二节　细胞培养实验室的设置及设备

资料单

【知识目标】

- 了解细胞培养实验室的设置及作用。
- 掌握细胞培养常用器材的规格及作用。

【教学内容】

一、细胞培养实验室的设置

组织细胞培养技术与其他一般实验室工作的主要区别在于要求保持无菌操作，避免微生物及其他有害因素的影响。近年来，由于超净工作台的使用，大大方便了组织细胞培养工作，并使一些常规实验室有可能用于细胞培养。

细胞培养实验室应能进行六方面的工作：无菌操作、培养、制备、清洗、消毒灭菌处理、储藏。各部门最好分别设置于相连的各个房间，特别是无菌操作室最好能单独设置；如都安置在一大实验室内，无菌操作区与清洗、消毒灭菌区应分别位于两端，而制备、储藏和孵育区位于此两区之间。

（一）无菌操作区

1. 无菌操作室

无菌操作区是只限于细胞培养及其他无菌操作的区域，最好能与外界隔离，不能穿行或受其他干扰。理想的无菌操作室应划分为更衣间、缓冲间及操作间三部分。更衣间供更换衣服、鞋子及穿戴帽子和口罩。缓冲间位于更衣间与操作间之间，目的是保证操作间的无菌环境，同时可放置恒温培养箱及某些必需的小型仪器。无菌操作间则专用于无菌操作、细胞培养。其大小要适当，且其顶部不宜过高以保证紫外线的有效灭菌效果；墙壁光滑无死角以便清洗和消毒。工作台安置不应紧靠墙壁，台面以光滑的压塑作表面，漆成白色或灰色以利于解剖组织及酚红显示 pH 的观察。无菌操作间为密闭式，一般无菌操作间的空气消毒用紫外线灯，紫外线可产生臭氧，并且室内温度及湿度均较高，不利于工作人员健康，故最好应设置空气过滤的恒温恒湿装置。有些实验室使用无臭氧紫外线消毒器或电子消毒灭菌器。电子消毒灭菌器在高压电场作用下，电子管的内外电极发生强烈电子轰击，使空气电离而将空气中的氧转换成臭氧。臭氧是一种强氧化剂，能同细菌的胞膜及酶蛋白氢硫基进行氧化分解反应，从而靠臭氧气体弥漫性扩散达到杀菌之目的，消毒时没有死角。消毒后空间内的残留臭氧只需30~40 min 即能自行还原成氧气，对空间不留异味，消毒物体表面不留残毒。

2. 超净工作台

目前大多数从事培养工作的实验室都已装备了超净（净化）工作台。这种工作台操作简单，安装方便，占用空间小且净化效果很好，为培养工作提供了良好的无菌操作环境。即使在不装备单独的无菌操作间的情况下，只要安装了超净工作台，也能基本满足简单的细胞培养工作的需要。国内的净化设备厂已能生产各种级别和档次的净化工作台。

一般细胞培养室多利用两种净化工作台：一种是侧流式或称为垂直式；另一种为外流式或称为水平层流式。两种净化工作台基本原理大致相同，都是将室内空气经粗过滤器初滤，由离心风机压入静压箱，再经高效空气过滤器精滤，由此送出的洁净气流以一定的均匀的断面风速通过无菌区，从而形成无尘无菌的高洁净度工作环境。但两种净化台的气流方向不同，侧流式工作台空气净化后的气流由左或右侧通过工作台面流向对侧，也有从上向下或从下向上流向对侧，都能形成气流屏障保持工作区无菌。但在净化气流和外边气体交界处可因气流的流动出现负压，使少许未净化气体混入，有发生污染的可能。侧流式净化台结构较为封闭，一般仅留两个手臂伸入的圆洞，操作和拿取较大物品不够方便。外流式（水平式）是使净化后的空气面向操作者流动，因而外方气流不致混入操作区，但如进行有害物质实验操作则对操作工作者不利。水平式净化工作台工作多为开放式，没有防护挡板，虽然操作和拿取物品较为方便，但可能受外界气流流动的影响而引起不洁空气混入。

3. 简易无菌操作箱

在条件比较简单的实验室，要进行组织细胞培养实验，可以采用自制的单人或双人无菌操作箱。箱内可安装紫外线灯供消毒灭菌和日光灯照明，操作时仅双手伸入箱内，亦可达到一定的无菌条件。由于箱内空气不流动，温度较高，因此操作时间不宜太长，仅可做一般细胞培养工作。

（二）培养区

培养区对无菌的要求虽不必如无菌区那样严格，但仍需清洁、无尘，因此也应设在干扰少而非来往穿行的区域。培养可在培养箱或可控制温度的温室中进行，后者费用较高，一般实验室多采用培养箱进行。

（三）制备区

制备区主要进行培养液及有关培养用液体等的制备。在有天平、pH 计、磁力搅拌器等设备下完成制备以后，应在无菌操作台进行过滤除菌。液体制备直接关系组织细胞培养的成败，因此必须严格无菌操作。

（四）储藏区

对储藏区的要求是取放方便，主要有冰箱、干燥箱、液氮罐、无菌培养液、培养瓶等，此环境也需要清洁、无灰尘。

（五）清洗和消毒灭菌区

清洗和消毒灭菌区应与其他区分开，主要进行所有细胞培养器皿的清洗、准备、消毒及三蒸水制备等的工作。

二、细胞培养实验室的设备

组织细胞培养室除一般实验室的普通常规设备外，尚有一些特殊需要的设备。这些设备基本可分为两大类：第一类为常用的基本设备，第二类为较高级的特殊设备。

常用的基本设备

缺少为组织细胞培养工作的必需设备，则无法进行工作。

1. 仪器

(1) 显微镜：为了掌握细胞的生长情况并观察有无污染等，一台简单的供日常工作常规使用的倒置显微镜是组织细胞培养室所必需的。若能配置带有照相系统的高质量相差显微镜，以便随时摄影、记录细胞的情况，将有助于开展科研工作。若有条件，尚可添置解剖显微镜、荧光显微镜、录像系统或缩时电影拍摄装置等。

(2) 培养箱：体外培养的细胞和体内细胞一样，都需要在恒定的温度下才能生存，大多数情况下，最适温度是37℃，温差变化一般不应超过±0.5℃，细胞在温度升高2℃时，持续数小时即不能耐受，40℃以上将很快死亡。因此需要有能控制温度的培养箱。如恒温培养箱及 CO_2 培养箱，均要具有较高的灵敏度。一般恒温培养箱应选用隔水式或晶体管自控温培养箱，这些培养箱比一般普通培养箱灵敏度高，温度也较稳定。实验室最好能有两个培养箱，以防万一出现问题可以替换使用而不影响工作。一般的恒温培养箱价格较便宜，其缺点是只宜于作密闭式培养。

现在，多数的细胞培养实验室已使用 CO_2 培养箱。其优点是恒定的提供所需要的一定量的 CO_2（常用为5%浓度的 CO_2），使培养液的pH保持稳定，适用于开放或半开放培养。培养细胞的器皿可用培养皿、培养板或培养瓶。使用培养瓶时，可将瓶盖旋松半圈，使培养瓶内与外界保持通气状态。由于这种培养方法培养器皿内部与外界相通，因此培养箱内空气必须保持清洁，定期以紫外线灯或酒精擦拭消毒，同时尚需保持箱内的相对湿度为100%，防止培养液蒸发，箱内要放置内为无菌蒸馏水的水槽。

(3) 干燥箱：用于细胞培养的有些器械、器皿要烘干才能使用，玻璃器皿需干热消毒，因此，细胞培养实验室均配置有电热干燥箱。干热消毒时，升温较高，一般需达到160℃，有时可致包裹的纸或棉花烧焦，烧焦的碎屑会影响细胞的生长，需要注意。常用的是鼓风式电热干燥箱，其优点是温度均匀、效果较好，缺点是升温过程较慢。升温时不能先升温后鼓风，而应鼓风与升温同时开始，至100℃时，停止鼓风。消毒后，不能立即打开箱门以免骤冷而致玻璃器皿损坏，应该等候温度自然下降至60℃

以下时方可开门。

(4) 水纯化装置：细胞培养对水的质量要求很高，所用的水必须事先纯化处理。水纯化时可采用离子交换纯水装置或蒸馏器。离子交换纯水时，尚不能有效去除有机物，因此用水时尚需再蒸馏。进行细胞培养时，配制各种培养液及试剂等均需使用三次蒸馏水；即使用于玻璃器皿的冲洗，至少也应是二次蒸馏水。目前国内使用较多的有自动双重纯水蒸馏器（石英管加热），使用方便、安全、蒸馏速度快。但使用这种蒸馏器必须注意维护，不可采用普通自来水蒸馏，以免蒸馏器内很快结满水垢。正确的使用方法是将经金属蒸馏器蒸馏的蒸馏水加入玻璃蒸馏器内进行蒸馏。一般配制培养液的用水应在配液前蒸馏，不宜使用存放数日的三蒸水，以免影响培养用水的质量。

(5) 冰箱：细胞培养室必须配备有普通冰箱或冷藏箱，最好有一台低温冰箱(-20℃)。前者用于储存培养液、生理盐水、Hank's 液试剂等培养用的物品及短期保存组织标本。-20℃低温冰箱则用于储存那些需要冷冻保持生物活性及较长时期存放的制剂，如酶、血清等。细胞培养室的冰箱应属专用，不得存放挥发、易燃等对细胞有害的物质，且应保持清洁。

(6) 细胞冷冻储存器：细胞培养工作中常需储存细胞，常用的是液氮容器。液氮容器有不同的类型及多种规格。选择购置液氮容器时要综合考虑容积大小、取放使用方便及液氮挥发量（经济）三种因素。液氮容器的大小为 25~500 L，可以储存 1 mL 的安瓿 250~15 000 个。总的说来可分为窄颈瓶及宽颈瓶两大类，前者主要属液氮运输容器，液氮挥发慢故较经济，一般能维持 1 个月，但取放不方便；后者取放方便，但挥发率上升 3 倍，只能维持 7~10 d。另外，尚有一种专供输送临时使用的液氮运输瓶称为杜瓦瓶。

液氮温度很低，达-196℃，使用时要防止冻伤。由于液氮不断挥发，应注意观察存留液氮情况，及时定期补充液氮，避免挥发过多而致细胞受损。

(7) 离心机及天平：进行细胞培养时，常需要制备细胞悬液、调整细胞密度、洗涤、收集细胞等，因此要使用离心机。一般离心速度 1 000 r/min 就能使细胞沉降，太大时可能引起细胞的损伤，因此配置 4 000 r/min 的国产台式离心机即可。另外，可根据需要添加其他类型如大容量或可调节温度的离心机等。

天平也是必不可少的设备，常用的有扭力天平和精密天平。

(8) 消毒器：直接或间接与细胞接触的物品均需消毒灭菌处理。如另设置有统一的消毒供应室，有些常用的、较大的物品可由该室消毒灭菌后提供。即便如此，有时临时需加用的物品或易破损的器皿仍需细胞培养室自行消毒，因此，应配置有本室的消毒器，例如手提式高压蒸汽消毒器、干烤箱。

(9) 滤器：目前培养工作中采用的培养用液，包括人工合成培养液、血清、消化用胰酶等常含有维生素、蛋白、多肽、生长因子等物质，这些物质在高温或射线照射下易发生变性或失去功能。因而上述液体多采用滤过消毒以除去细菌。目前常用的滤器有 Zeiss 滤器、玻璃滤器和微孔滤器，各种滤器各有其使用原理和特点。

2. 培养用器材

(1) 培养器皿：供细胞接种、生长等用的器皿，可由透明度好、无毒的中性硬质玻璃或无毒而透明光滑的特制塑料制成。目前国内实验室仍多用玻璃培养器皿，其优点是多数细胞可生长，易于清洗、消毒，可反复使用，并且透明而便于观察；缺点是易碎，清洗时费人力。国外实验室则多用塑料制培养器皿，优点是一次性使用，厂家已消毒灭菌密封包装，打开包装即可用于培养操作，非常方便，但费用较高。目前国内亦已开始部分使用进口的塑料培养器皿。

常用的培养器材有：培养瓶、培养皿、多孔培养板、玻璃瓶、吸管、加样器、离心管、试管、不锈钢筒、铝饭盒、橡皮吸头、胶塞、盖子、安瓿或冻存管、不同规格的注射器、烧杯和量筒以及漏斗等。

(2) 器械：主要用于解剖、取材、剪切组织及操作时持取物件。常用的有：手术刀或解剖刀、手术剪或解剖剪（弯剪及直剪），用于解剖动物、分离及切剪组织，制备原代培养的材料；眼科虹膜小剪（弯剪或直剪），用于将组织材料剪成小块；血管钳及组织镊、眼科镊（弯、直），用于持取无菌物品（如小盖玻片）、夹持组织等口腔探针或代用品，用以放置原代培养之组织小块。

3. 特殊设备

细胞培养实验室除了应配备有上述的常用基本设备以外，如有条件，可添置一些特殊或先进的设备仪器，使实验室工作做得更有效、更精确、更深入。

有关的特殊或先进设备如下：酶联免疫检测仪，可用于进行免疫学测定及细胞毒性、药物敏感性检测等；超低温冰箱，-70℃以下的冰箱便于储存某些试剂及标本；旋转培养器，用于某些特殊细胞或需要收获大量细胞的培养；荧光显微镜，进行荧光染色样本的观察。还有更精确及快速检测细胞用的流式细胞仪等。

技能单 1　细胞培养实验室设备的使用、保养和作用

【能力目标】

- 认识细胞培养实验室的基本设备。
- 掌握常用设备的使用、保养方法及作用。

【实验器材】

超净工作台、恒温培养箱、倒置显微镜、干热灭菌箱、高压灭菌器、离心机、冰

箱、液氮罐等。

【实验内容及操作步骤】

一、超净工作台

（一）超净工作台（图 1–1）的使用方法

（1）超净工作台一般安装在避免日光直射、清洁无尘的房间内。

（2）久未使用的工作台在使用前应进行彻底清洗、消毒。用 0.1%的来苏儿或 75%的酒精擦洗台面，滤器的灰尘可用真空吸尘器清除。

（3）提前 30 min 开启超净台内紫外灯照射消毒，然后打开风机预工作 10~15 min，除去臭氧和使工作台面空间呈净化状态，超净台的平均风速保持在 0.32~0.48 m/s 为宜，过大、过小均不利于保持净化度。

（4）使用完毕后，关闭电源，将其他物品收拾干净，用 75%酒精将台面和台内四周擦拭干净，以保证超净台无菌。

图 1–1　超净工作台

（二）超净工作台的保养方法

超净工作台是较为精密的设备，如果使用和维护得当，可以取得良好的效果并延长使用寿命。一般使用净化工作台需注意以下几点：

（1）超净工作台安装在清洁无尘的房间内，最好为隔离好的无菌间内，以免尘土过多使滤器阻塞，降低净化效果，缩短使用寿命。

（2）超净工作台内不应放置其他与细胞培养无关的用品，更不能用做储存室存放不必要的物品，以保持洁净气流流型不受干扰。

（3）停止使用时最好用防尘布或塑料布套好，避免灰尘积聚。

（4）不设在无菌操作区内经常使用的净化台，要注意过滤器的效果。一般 3~6 个月拆下清洗一次，2~3 年更换一次，以保持过滤器的净化效果。

超净工作台的作用是进行无菌操作。

二、培养箱

（一）生化培养箱（图 1–2）

1. 使用方法

（1）先检查电源电压，与恒温培养箱所需电压一致时可直接插上电源，如不一致，应使用调压器变压。

（2）打开电源开关后，将温度调节器调至所需的培养温度。初次使用时应检查温度调节器是否准确，方法是将温度调节器调至所需的温度后关好箱门，待指示灯显示恒温时观察箱上的温度计，看箱内温度是否与温度调节器所指示的温度一致，如不一致，应重新调整温度调节器。

（3）将培养物放入箱内，关好箱门。

（4）注意经常观察箱上的温度计，看箱内温度是否与培养温度相符。至设定培养时间后，取出培养物观察。

图 1–2　生化培养箱

2. 保养方法

（1）恒温培养箱内的培养物之间应留有一定距离，以免各部分温度不均，带有鼓风机的可打开鼓风机，以使箱内温度均匀一致。

（2）恒温培养箱上温度调节旋钮所指示的温度有时会与箱内温度不一致，应予以校正。

（3）为了防止培养液内的水分蒸发，应将培养液用胶塞或盖盖好。

（4）培养箱不应放在高压、强磁场的环境中，以免干扰温控器。表面饰漆和电镀零件应经常保持清洁，若长期不用，可在电镀零件上涂中性油脂，以防腐蚀，外面套好防尘罩放在干燥室内。

普通恒温培养箱的作用是培养微生物，也可进行封闭式细胞培养。

（二）CO_2 培养箱

CO_2 培养箱（图 1-3）适合开放式或半开放式的细胞培养，能恒定地供给定压 CO_2。

图 1-3　CO_2 培养箱

使用时通常设定为37℃，5%浓度 CO_2。

1. CO_2 供气调节方法

（1）CO_2 减压器安装在 CO_2 气瓶阀上，两者接头用扳手旋紧。胶管连接低压表出气口和 CO_2 箱的进气口。

（2）打开 CO_2 气瓶前，捏紧进气管，再按逆时针方向旋转减压器调节螺杆，直到调节弹簧不受压力为止。

（3）把 CO_2 气瓶阀门缓慢打开，高压表指示瓶内气体量读数。

（4）按顺时针方向轻轻旋转减压器调节螺杆，使 CO_2 减压。当低压表指针指到 0.06 MPa 时，松开进气管口，使 CO_2 气体缓慢流入箱内。若压力超过 0.06 MPa 时，需再旋转螺杆，放出一部分气体后再调节。整个调节过程要细心、缓慢，约 3 h 完成。钢瓶中 CO_2 若不经减压直接进入箱内，会因 CO_2 压力过高，而冲破培养箱的 CO_2 调节装置（电磁阀），其后果将 CO_2 调节量失控。

2. 使用 CO_2 培养箱培养细胞应注意的事项

（1）为了避免污染，要对培养箱定期进行消毒，如有紫外灯则用紫外线消毒，如无紫外灯，须用酒精定期擦拭消毒或蒸汽熏蒸消毒。另外，还要维持箱内温度、湿度的恒定，可用无菌蒸馏水定期注入箱内，或用无菌潮湿的纱布置于托盘内，然后将培养皿、培养板置于其上，再放入 CO_2 培养箱，以保持足够湿度，避免培养液蒸发而影响细胞生长。

（2）培养箱的搁架通常是带孔的，这有利于空气循环。然而，搁架上的孔会影响单层细胞培养时细胞分布的均匀性，这种变化可能与气流通过搁架孔与培养器皿接触有关，或者与当打开箱门时，有孔区域冷却较快有关。尽管这在正常细胞培养中不会出现问题，但是，培养用的培养皿和培养瓶还是应该放在绝缘瓷板或金属盘上，因为，对那些要求细胞密度均匀的实验来说，条件一致是十分重要的。

（3）用螺旋口瓶培养细胞时，需将瓶盖微松，以保证通气。但瓶口过松，易污染。

（4）取放培养物时，可将培养瓶、皿置于带盖搪瓷盘或饭盒内，缩短开箱的时间，减少 CO_2 消耗，搪瓷盘入箱前，盘外壁要先用酒精纱布擦拭，再用无菌干纱布擦干，以减少带入箱内的微生物。

（5）使用 CO_2 培养箱前要阅读说明书，调节 CO_2 时必须与气瓶减压器连用。气瓶减压器由双表组成，左表是低压表，右表是高压表，高压表连接螺杆。

CO_2 培养箱的作用是在细胞培养过程中，提供较为恒定的 CO_2，通常为 5%，使培养液的 pH 值维持在稳定状态，适用于开放式或半开放式培养。

三、倒置显微镜

倒置显微镜如图 1-4 所示。

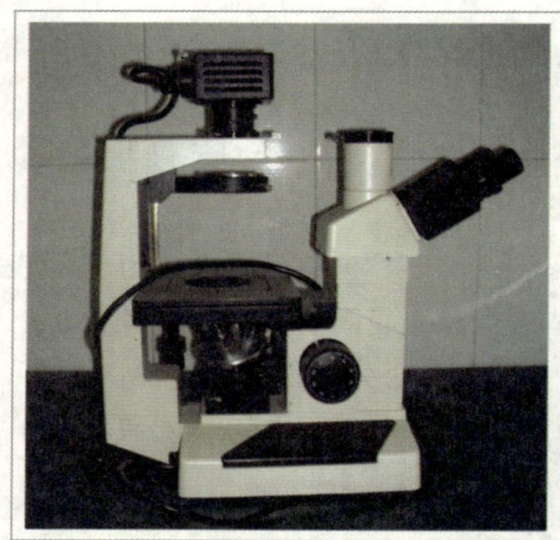
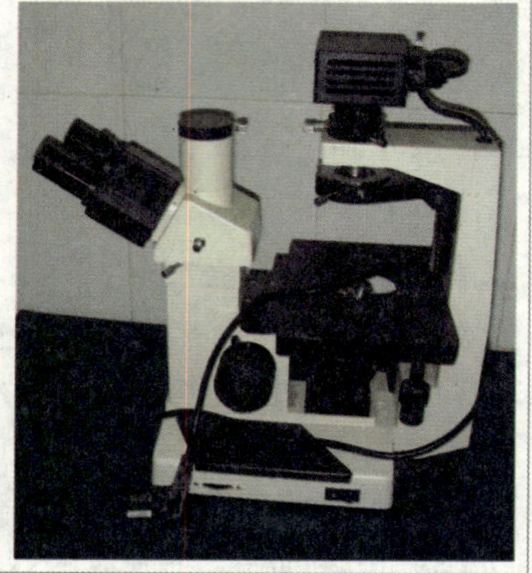

图 1–4　倒置显微镜

（一）使用方法

（1）倒置显微镜放置必须平稳。

（2）打开电源，将灯光强度从最低开始，调至合适的强度。

（3）将培养瓶放在载物台上。

（4）可变光阑聚焦在视野中央，调至出现完全清晰的物像。

（二）保养方法

（1）倒置显微镜用后要用软刷或纱布除去灰尘。

（2）去除指纹或油迹时，可用擦镜纸蘸取酒精、乙醚混合液或二甲苯擦拭。

（3）显微镜是精密仪器，勿随便拆卸。

（4）仪器应放在干燥的地方，物镜和目镜应放在有干燥剂的密封容器内。

倒置显微镜的作用是观察培养细胞。

四、冰箱

图 1-5 –20℃冰柜

细胞培养室使用的冰箱有普通冰箱、–20℃冰柜、–70℃冰箱（图 1-5，图 1-6）。

（一）使用方法

（1）先检查电源电压，再接通电源。

（2）将冰箱内温度调节器调至所需温度。将需保存物品放入冰箱内适当位置，关好箱门即可。

（3）定期检查冰箱内的温度和保存物品的状态，发现异常应及时处理。

图 1-6 –70℃冰箱

（二）保养方法

（1）冰箱应置于阴凉通风的室内，与墙壁之间应留有一定距离，以利散热。

（2）温度过高的物品不宜立即放入冰箱，以免增加冰箱的工作时间，降低使用寿命。

（3）尽量减少打开冰箱的次数和每次开箱门的时间。

（4）冰箱内冷冻物品不宜反复冻融，以免影响其活力或品质，短时间停电时不宜打开冰箱取出物品。

（5）有霜或微霜冰箱应定期除霜，经常保持冰箱内清洁干燥，有污染或霉变时应及时清理，清理时应将电源关闭，待冰融化后进行。

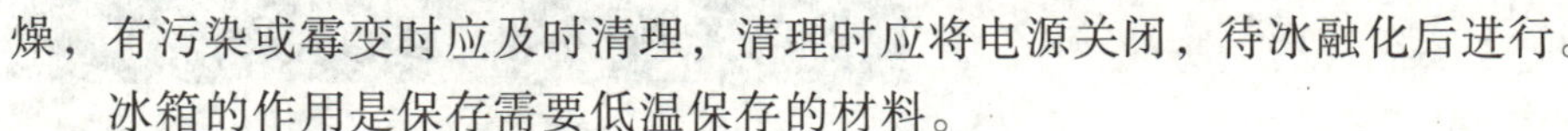

冰箱的作用是保存需要低温保存的材料。

五、干热灭菌箱

（一）使用方法

（1）将待灭菌物品包扎好放入箱内，关好箱门。

（2）先检查电源电压，再接上电源。

（3）将温度调节器调至所需温度后，打开电源开关，鼓风与升温同时进行，灭菌时设定 160℃，维持 2~3 h 后关闭电源。当箱内温度降至 60℃以下时，即可开箱取出灭菌物品。

（二）干热灭菌箱使用注意事项

（1）箱内灭菌物品不宜堆放过挤，应留有一定间隙，以利于热空气流动，各部分受热均匀，灭菌彻底。

（2）加热升温时应将鼓风机打开，以使各部分温度均匀。

（3）橡胶制品不能用干热灭菌法灭菌。

（4）灭菌完毕后不能立即打开箱门，以免箱内物品着火，必须待箱内温度降至60℃以下后，才能开箱取出物品。

（5）灭菌过程中如遇箱内物品着火冒烟，应立即切断电源，关闭排气小孔，用湿毛巾堵塞箱门四周，防止空气进入箱内。待火熄灭、温度降至60℃以下后，方可开箱取出物品。

干热灭菌箱的作用主要是用于消毒和干燥玻璃器皿。

六、高压蒸汽灭菌器

高压蒸汽灭菌器见图 1-7 所示。

图 1–7 手提式高压蒸汽灭菌器

（一）使用方法

1. 加蒸馏水

在外桶体内注入蒸馏水，水位一定要超过电热管 2 cm 以上（但不宜过多），连续使用时，必须在每次操作前补足上述水位，以免烧坏电热管而发生意外。

2. 堆放

将待灭菌的物品妥善包扎，各包之间留有间隙，以利于高压蒸汽的穿透，提高灭菌效果。

3. 密封

灭菌物品堆放好后，盖上锅盖时要将放气软管插入储物桶内侧的半圆槽内，对准上下的螺栓槽，依次、逐步、对称均匀地拧紧螺母（可使用随机附件——扳手），使盖与主体密合。

4. 加热

供电电源应与标牌电源一致，且配备带闸刀的电源板（应有接地线连通大地），将电源插头插入配电板同规格插座，打开座圈上带指示灯的电源开关，指示灯亮，即开始加热（工作结束时，只要同法关闭加热电源即可，无须插拔插头）。加热开始后，应先将放汽阀的小扳手提到竖直位置，使桶内空气和冷凝产生的水随加热时产生的压力逸出，待有较急的蒸汽喷出时，再将小扳手置回原位，此时压力表指针会随着加热逐渐上升，指示消毒器内的压力。

5. 灭菌

当压力到达所需的范围时，开始计算灭菌所需时间，并使之维持恒压。当桶内温度达到 121.3℃后，维持 15~30 min 后，即可切断电源。

6. 干燥

对医疗器械、敷料和器皿等物品在灭菌后要迅速使之干燥，可在灭菌终了时，打开放汽阀缓慢放汽，待压力表指针回复至零位，然后将锅盖打开，马上取出被灭菌的物品，冷却后自然干燥或在打开锅盖后再继续加热 5 min，取出物品即可。

7. 冷却

灭菌液体时，当灭菌终了后，切勿立即将消毒器内的蒸汽排出。否则，由于液体的温度未能下降，压力释放，会使液体剧烈沸腾，造成渗出或容器爆裂，所以必须待其自然冷却，压力表指针回零，打开放汽阀排除压力差，才能开启锅盖。

（二）注意事项和维护

（1）高压蒸汽灭菌器在使用时表面温度很高，作业时人体切不可直接接触桶体。

（2）电源必须与设备所需电压一致，且应保证设备接地良好。按规定配置具有电流控制的熔断装置和相应插座的电闸板，配电板的设置应请专业电工实施。

（3）每次使用前，应检查主体桶内水位，水位应超过电热管 2 cm 以上。对消毒所需时间长又要干燥操作之物品作业时，或开盖后继续加热时，必须适当多加一些水，防止电热管脱水损坏。

（4）拧紧锅盖时，应做到均匀、逐步。

（5）开始加热时应将放汽阀的小手柄拨到竖直位置，桶内水沸腾后排尽冷空气和冷凝水，当有较急蒸汽喷出时置复原位（如果冷凝水较多，请在周围放一块干抹布，以吸取排出的水）。

（6）灭菌液体时，应将液体灌装在硬质耐热的玻璃瓶中，以不超过 3/4 容量为好，瓶口用棉花纱布塞好，并用纱绳扎紧，切勿使用未打孔的橡胶或软木塞；如在瓶口塞上胶塞时，可在胶塞上插一孔径大的针头，以便在加热时排气。最好能将玻璃容器放在搪瓷或金属盘中，万一瓶子爆裂，液体不致流失或损坏消毒器桶体。灭菌结束后不能立即释放桶内压力，以免发生事故。

（7）自然降温降压的桶内，会产生负压，启盖时应把放汽阀或安全阀小手柄拨直

(应在压力表指针回零时立即做此事)。切勿自然降到室温。桶内的负压可能会造成消毒器变形。

(8) 消毒器用水须用蒸馏水，这样可以减少加热时水中化学物沉积，保证加热效果，延长电热管使用寿命。

(9) 压力表使用久后，压力指示不准或不回零时应予以检修或更换。

(10) 安全阀虽作为保证安全设置的部件，能自动控制锅内压力，但操作者在作业时人仍不能擅离岗位，应观察安全阀启闭的压力值是否正常（特别是开启压力），出现超压不放汽现象应及时切断电源检修或更换安全阀。

(11) 橡胶密封圈使用久会老化，应适时更换，使用结束后应将密封圈平放在搁板上并涂少量滑石粉。

(12) 平时应使设备保持清洁和干燥；已经开始工作时，请不要大范围移动消毒器。

高压蒸汽灭菌器的作用是用于一切耐热物品的消毒。

七、离心机

离心机见图 1-8，图 1-9 所示。

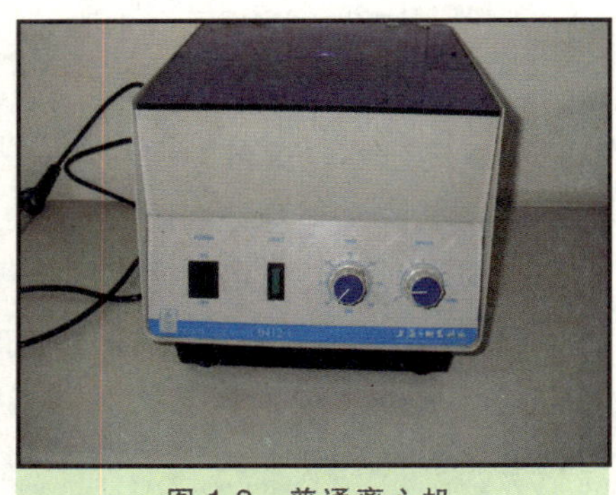

图 1-8　普通离心机

（一）使用方法

(1) 在使用离心机前必须将其放置在平稳、坚固的地面（台面）上。

(2) 将装有离心物品的小试管放入离心管套中，平衡后对称放入离心机中，盖上离心机盖。

(3) 通电，打开电源开关，指示灯亮。

(4) 旋转时间设定按钮，设定离心时间。

(5) 缓慢加挡调速旋钮至所需转速。

(6) 离心完毕，调速旋钮挡自动逐挡旋回至“0”，自行停转后打开机盖，拿出离心物品。严禁在还未停转的状态下和开机运转的状态下打开机盖。

(7) 使用中，如发现震动剧烈、噪声大，声音不正常，应立即关机，并进行检查维修。检查是否放置不平衡，固定机器的螺帽是否松动。

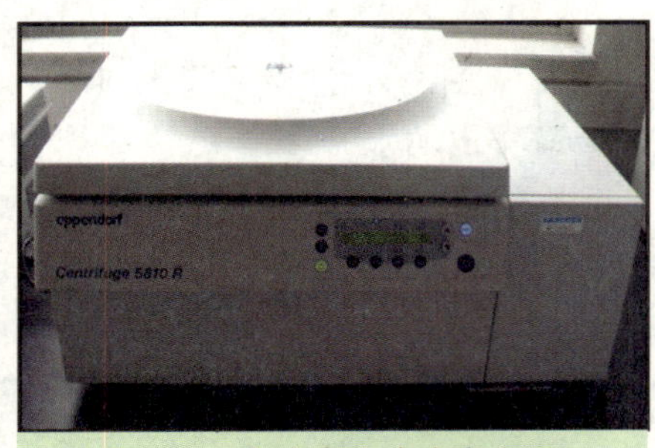

图 1-9　台式高速冷冻离心机

（二）保养方法

(1) 离心机安装必须水平，转速不得超过离心机本身的最高转速，以免影响离心机使用寿命。

(2) 离心管和套管必须严格称量平衡后才能放入离心机内，并且必须对称放置。

(3) 使用调速器调速时，必须逐挡升降，待每挡速度达到稳定时才能调挡，不能连续调挡或直接调至所需转速，以免损伤机器或降低其使用寿命。若有异常声响必须停机检查。

(4) 离心机没有完全停下时不能打开盖子，以免机内物品被甩出。

离心机的作用是用于离心一切比重不同的液体材料。

八、液氮罐

（一）使用方法

(1) 液氮罐（图 1-10）在使用前，应先注入少量液氮使之预冷，在罐内温度达到液氮温度时，再充入液氮直至满罐。

图 1-10　液氮罐

(2) 在保存冷冻细胞时，罐内要经常保持一定容量的液氮，以细胞完全浸泡在液氮中为宜。为保证取用方便常在提筒上系一标签固定在罐口外。

(3) 当液氮消耗掉 1/2 时，应及时补充液氮。

(4) 要随时检查颈塞和颈塞小沟，及时除掉颈塞上的结冰，增加封闭性，保证液氮罐的使用性能。

(5) 提筒编号，筒内分区，标号；取放有序，操作快速，减少开盖的次数，使液氮的消耗降到最低。

(6) 液氮是一种超低温液体（−196℃），如溅到皮肤上会引起冻伤，因此在灌充液氮和取出液氮时应带上面罩和皮套，以免液氮飞溅伤人。

（二）保养方法

(1) 液氮罐放置在凉爽、通风且干燥的室内，严防碰撞挤压。移动时要轻拿轻放，不可在地面拖拉。

（2）注意保护盖塞和罐的颈管部，此部分质地脆弱易于损坏，罐体不可横倒放置。

（3）每年应清洗一次罐内杂质，以防腐蚀罐壁，清洗前将罐内的液氮放干，空置2 d后，用中性洗涤剂擦洗，再用清水多遍冲洗，使之自然干燥。

（4）不得用液氮罐来盛装液氧、液态空气，以免对罐体造成氧化腐蚀。新购或长期未用的液氮罐，必须经检查外部无破损、无异常，内部干燥无异物，颈管和盖塞完好后方可使用。

液氮罐的作用主要是用于冻存细胞、组织块、胚胎等活性材料。

思考题

1. 如何使用超净工作台？
2. 手提式高压蒸汽灭菌器的使用方法，物品存放和消毒时有何要求？
3. 如何使用干烤箱？
4. 如何进行 CO_2 培养箱的供气调节和消毒？
5. 使用离心机时有哪些注意事项？
6. 怎样使用液氮罐？

技能单 2　认识常用细胞培养的器材

【能力目标】

● 熟悉细胞培养常用器材的名称和形状，掌握其正确的使用方法和用途。

【实验器材】

不同规格的细胞培养瓶、培养皿、多孔培养板、不同规格的加样器及吸头、吸管、玻璃瓶、离心管、eppendorf 管、冻存管等。

【实验内容及操作步骤】

一、细胞培养瓶

细胞培养瓶（图 1-11，图 1-12）由玻璃或塑料制成，主要用于培养、繁殖细胞。进行培养时培养瓶瓶口以螺旋盖或胶塞盖住，胶塞用于密封培养。国产培养瓶的规格常以容量（mL）表示，如：250 mL、100 mL、25 mL 等；进口培养瓶则多以底面积（cm^2）表示。

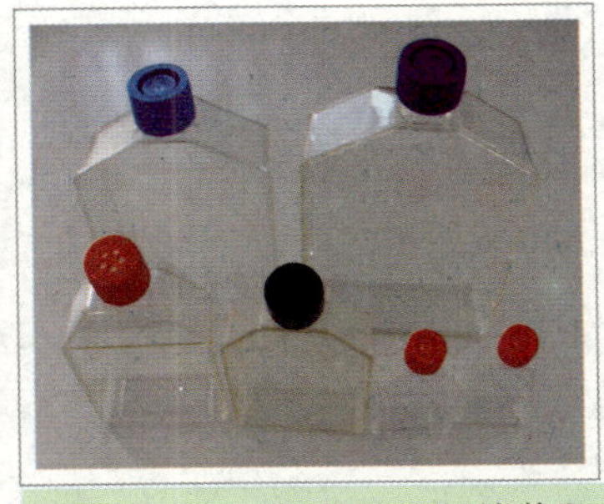

图 1-11　不同规格的塑料培养瓶

图 1-12　玻璃培养瓶

图 1-13　塑料培养皿

二、培养皿

培养皿（图 1-13）由玻璃或塑料制成，供盛取、分离、处理组织或做细胞毒性、集落形成、单细胞分离、同位素掺入、细胞繁殖等实验使用。常用的培养皿规格有：10 cm、9 cm、6 cm、3.5 cm 等。

三、多孔培养板

多孔培养板（图 1-14~图 1-17）为塑料制品，可供细胞克隆及细胞毒性等各种检测

图 1-14　6 孔培养板

图 1-15　12 孔培养板

图 1-16　24 孔培养板

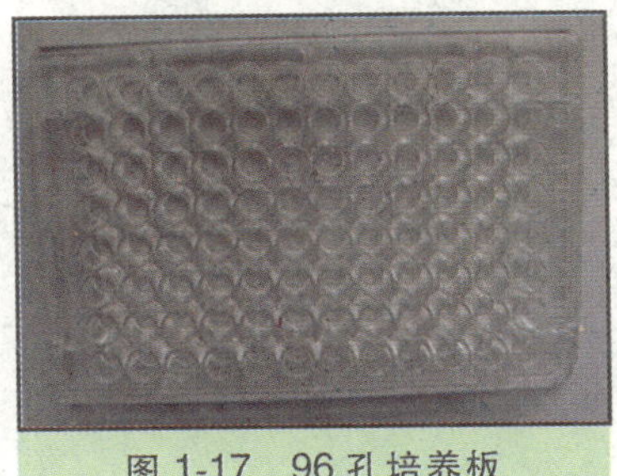

图 1-17　96 孔培养板

实验使用。其优点是节约样本及试剂，可同时测试大量样本。每块培养板有多孔，常用的规格有：96 孔、24 孔、12 孔、6 孔、4 孔等。

各种单层生长的细胞在培养器皿中长满时可获得的细胞数，主要是取决于器皿的底表面积和细胞的大小，常用培养器皿及可获得的细胞数（以 Hela 细胞为例）见表 1-1。

表 1-1　常用培养皿的规格及可获得的细胞数

培养器皿	底面积/cm^2	加培养液量/mL	可获细胞数/个
96 孔培养板	0.32	0.1	10^5
24 孔培养板	2	1.0	5×10^5
12 孔培养板	4.5	2.0	10^6
6 孔培养板	9.6	2.5	2.5×10^6
4 孔培养板	28	5.0	7×10^6
3.5 cm 培养皿	8	3.0	2.0×10^6
6 cm 培养皿	21	5.0	5.2×10^6
9 cm 培养皿	49	10.0	12.2×10^6
10 cm 培养皿	55	10.0	13.7×10^6
25 cm^2 塑料培养瓶	25	5.0	5×10^6
75 cm^2 塑料培养瓶	75	15~30	2×10^7
25 mL 玻璃培养瓶	19	4.0	3×10^6
100 mL 玻璃培养瓶	37.5	10.0	6×10^6
250 mL 玻璃培养瓶	78	15.0	2×10^7
2 500 mL 旋转培养瓶	700	100~250	2.5×10^8

四、加样器及吸头

加样器及吸头（图 1-18，图 1-19）用于移取液体或滴加样品。可根据需要调节量的大小，微量加样器吸量准确、方便，可保证实验样品（或试剂）添加量精确，且重复性好。

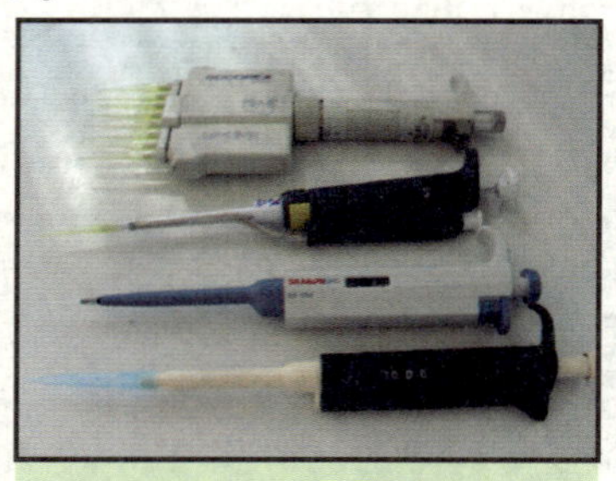
图 1-18　各种规格的加样器

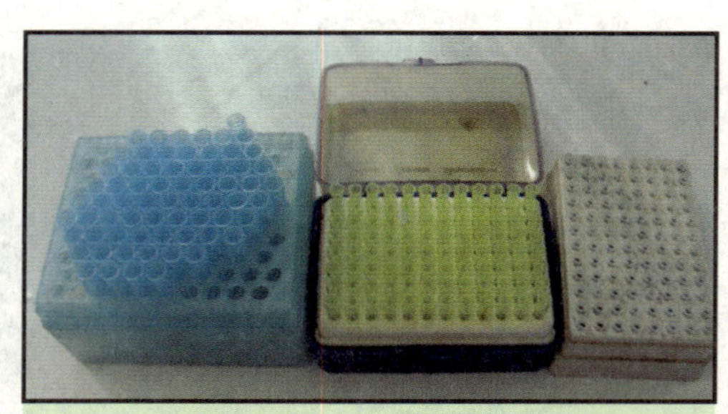
图 1-19　各种规格的吸头

五、其他与培养操作有关用品

（1）吸管：主要有刻度吸管及尖吸管。刻度吸管主要用于吸取、转移液体，常用的有 1 mL、2 mL、5 mL、10 mL 等规格。尖吸管又有直头吸管与弯头吸管之分，除可作吸取、转移液体外，弯头尖吸管还常用于吹打、混匀及传代细胞。

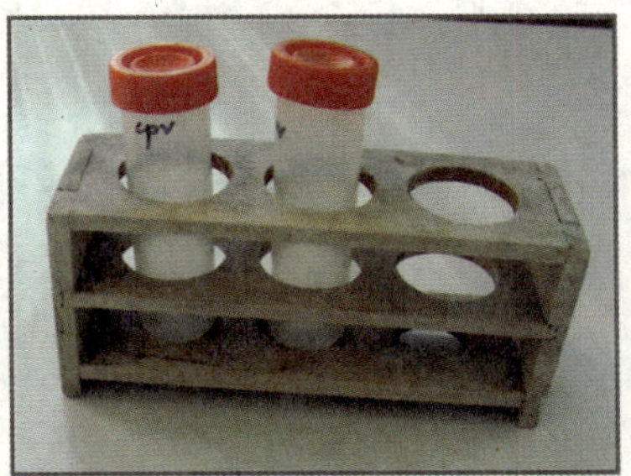

图 1-20　塑料离心管

（2）玻璃瓶：主要用于存放或配制各种培养用液如培养液、血清及试剂等。有各种不同规格，如 1 000 mL、500 mL、250 mL、100 mL、50 mL、5 mL 等。常可用生理盐水或葡萄糖液瓶（大）、血浆瓶（中）或青、链霉素瓶（小）代替。

图 1-21　eppendorf 管

（3）离心管：可用塑料离心管或小试管，用于收集细胞；eppendorf 管用于离心少量样品如血液以分离血清（图 1-20，图 1-21）。

（4）冻存管：用于冻存细胞（图 1-22）。

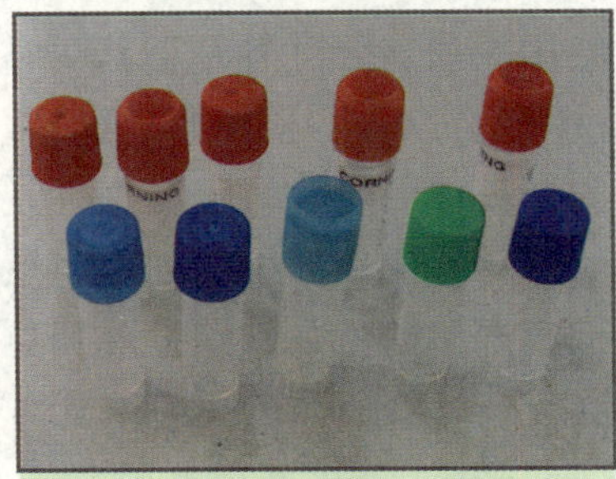

图 1-22　细胞冻存管

（5）其他：放置试剂或临时插置吸管用的试管，装放吸管以便消毒的不锈钢筒（图 1-23），用于存放便于高压消毒的小件培养物品的铝饭盒或储槽，套于吸管顶部的橡皮吸头，封闭各种瓶、管的胶塞、盖子。

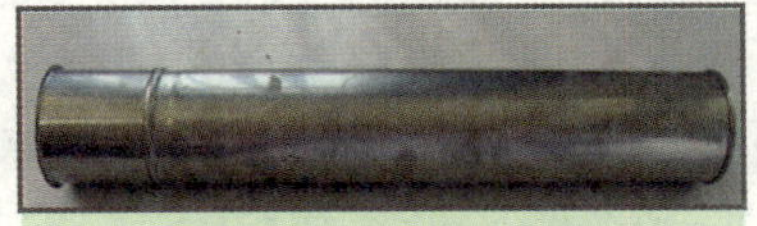

图 1-23　包装吸管的不锈钢筒

【实验要求】

（1）认真观察每一种器材，并熟记器材的形状和名称。

（2）将属于同一类的器材归类，并熟记其使用方法和用途。

（3）练习移液器的调节和使用。

思考题

1. 仔细观察培养瓶，你认为哪一面将用于细胞培养？

2. 你认为细胞培养瓶、培养板、培养皿各有何特点，如何根据实验要求来选择不同的培养器材？

第三节　细胞培养用品的清洗和消毒灭菌

➤资料单

【知识目标】

- 掌握细胞培养实验中培养用品的清洗方法。
- 掌握细胞培养用品常用的消毒灭菌方法。

【教学内容】

一、培养用品的清洗

组织培养工作需要使用大量的器材，虽然国际上已倾向使用一次性器材，但目前我国尚未普及，各种器材仍需反复使用，特别是玻璃器皿。所以在组织培养工作中清洗和消毒灭菌是一项极为繁重而艰苦的任务。其主要目的是去除器皿上的杂质、对细胞生长有影响的物质及各种微生物。

在组织培养中，细胞对任何有害物质都十分敏感，因此对新的或用过的培养器皿都要严格清洗。组织培养器皿清洗的要求比普通实验用器皿要高，每次实验后器皿都必须及时清洗，不同的器皿清洗方法和程序各有不同，必须进行分别处理。

（一）玻璃器皿

玻璃器皿用于培养细胞及培养用液和培养液的存放等。玻璃器皿提供细胞生长的表面不但要清洗干净，而且要带适当的电荷。苛性碱清洗剂会使玻璃表面带的电荷不适于细胞附着，须以 HCl 或 H_2SO_4 中和。清洗玻璃器皿不仅要求达到干净透明、无油迹，且不能残留任何毒性物质。为了保证清洗的质量，一般玻璃器皿的清洗分为 4 个步骤，下面以玻璃培养瓶或培养皿为例，加以说明。

(1) 浸泡：新的玻璃器皿在生产过程中常使玻璃表面呈碱性，并带有一些如铅和砷等对细胞有毒的物质，同时常有许多灰尘干涸在上面，使用前必须彻底清洗。先用自来水初步刷洗，在 5%稀盐酸溶液中浸泡过夜，以中和其碱性物质。使用后的玻璃器皿应立即浸入清水中，避免器皿内蛋白质干涸后粘附于玻璃上以致难以清洗。浸泡时要将器皿完全浸入水中，使水进入器皿内而无气泡空隙遗留。

(2) 刷洗：经浸泡后的玻璃器皿尚须刷洗，一般多用毛刷和洗涤剂或洗衣粉进行，以去除器皿内外表面的杂质。刷洗时有两点须注意：一是防止损坏器皿内表面，以免影响细胞生长，所以应选择软毛毛刷和优质的洗涤剂，刷洗时用力不要过猛；二是不能留有死角，要特别注意瓶角等部位。刷洗后要将洗涤剂冲净，晾干。

(3) 清洁液浸泡：清洁液由浓硫酸、重铬酸钾及蒸馏水配制而成，具有很强的氧化作用，去污能力很强，对玻璃器皿无腐蚀作用。经清洁液浸泡后，玻璃器皿残留的未刷洗掉的微量杂质可被完全清除。

(4) 冲洗：玻璃器皿经浸泡后必须用流水冲洗，每个器皿注入 2/3 体积的水、倒掉，必须重复 10 次以上，直至清洁液全部被冲净，不留任何残迹为止。再用蒸馏水漂洗 2~3 次，最后用三蒸水漂洗 1 次，放入烤箱烘干备用。

（二）玻璃滤器

玻璃滤器以烧结玻璃为滤板，固定在一玻璃漏斗上。主要用于各种培养用液的过滤除菌，不宜单独过滤血清等黏稠液体，因容易堵塞滤板小孔。此种滤器只能连接真空泵在负压条件下抽滤，不能施加正压。在每次使用后清洗也特别麻烦，整个清洗过程约需一周，具体方法如下：

(1) 自来水漂洗；用洗衣粉擦洗（用手，不得用毛刷），自来水漂洗，滴滤过夜。

(2) 自来水抽滤 3~5 遍至无白沫，滴滤过夜。

(3) 清洁液抽滤 1 遍，清洁液滴滤过夜。

(4) 自来水漂洗抽滤 5 遍，滴滤过夜。

(5) 蒸馏水抽滤 3 遍，蒸馏水滴滤过夜。

(6) 三蒸水抽滤 2 遍，三蒸水滴滤过夜，漂洗。

(7) 烤干备用。

（三）胶塞、盖子等杂物

组织培养中使用的胶塞、培养瓶盖子、针头都不能以清洁液浸泡。清洗过程中，新的胶塞因带有滑石粉，应先用自来水冲洗干净，再进行常规清洗；用后的胶塞、盖子应及时浸泡在清水中，用洗涤剂刷洗。针头须用自来水冲洗干净，然后置入 2% NaOH 溶液中煮沸 10~20 min，冲洗干净；再以 1%稀盐酸浸泡 30 min，冲洗；用蒸馏水漂洗 2~3 次，最后三蒸水漂洗 1 次，晾干备用。

（四）塑料器皿

组织培养使用的塑料器皿主要有培养板、培养皿及培养瓶等。这些产品主要是进口的一次性商品，已消毒灭菌并密封包装，打开包装就可使用。但目前我国大部分实验室都尚未能完全做到一次性使用，仍需要经过清洗和消毒灭菌后反复使用。通常清洗方法是：用后立即以流水冲净或浸入清水中，防止干涸。在超声波清洗机上加入少量洗涤剂清洗，用流水冲洗干净，浸泡在清洁液中过夜，用流水冲洗干净，蒸馏水漂洗 2~3 次，最后三蒸水漂洗 2 次，晾干备用。亦可采用下述步骤：器皿经冲洗干净后，晾干，2% NaOH 溶液浸泡过夜，自来水冲洗，5%盐酸浸泡 30 min，流水彻底冲洗，蒸馏水漂洗。

二、包装

组织培养的器皿要清洗、晾干。在消毒前必须进行包装，以便消毒及储存，防止落入灰尘及消毒后再次被污染。一般用皱纹包装纸、硫酸纸、牛皮纸、棉布等作为包装材料，对培养瓶、滤器、存放培养液用盐水瓶、装吸管和胶塞（或培养瓶盖子）的消毒管等的瓶口部分作局部包装密封，再用牛皮纸或布包起来备用。对比较小的培养皿、加样器吸头等可以全包装封闭。注射器、金属器械可直接装入铝饭盒内。对重复使用培养板则用优质塑料纸严密封口。

三、培养用品的消毒灭菌

造成组织细胞培养失败的主要原因之一是发生污染，特别是微生物的污染。组织细胞培养中所使用的各种培养基，对细胞来说是体外培养必不可少的，同时，对微生物也是最合适的营养物。若有微生物污染，微生物可比细胞生长更迅速，并可产生毒素，影响细胞的生长甚至使其死亡。因此，在组织细胞培养技术中，务必保证组织细胞在无微生物的条件下生长。

防止培养物污染可通过消毒灭菌（将已存在的微生物去除）和无菌操作技术（防止已经消毒灭菌的用品被污染）来完成。本节重点叙述消毒灭菌的方法，无菌操作技术在有关章节中讨论。

（一）消毒灭菌的方法

根据材料的要求可采用不同的消毒灭菌方法，总的说来有物理方法和化学方法两大类。物理方法包括用湿热（高压蒸汽）、干热、紫外线、射线、过滤、离心沉淀等方法杀灭或去除微生物；化学方法是使用化学消毒剂、抗菌素等杀灭微生物。

1. 干热消毒

一般在烤箱中进行，主要用于消毒玻璃器皿。干热消毒后的器皿干燥，易于保存。缺点是干热传导慢，可能有冷空气存留于烤箱内，因此要用较高的温度和较长的时间才能达到消毒的目的，需加温到160℃，保持90~120 min方能杀死芽孢。消毒完毕后不可马上将烤箱门打开，以免冷空气突然进入，影响消毒效果和损坏玻璃器皿或发生意外事故。

2. 湿热消毒

湿热消毒是一种很有效的消毒方法，一般使用高压蒸汽灭菌器进行。为了保证消毒的效果，消毒物品不应装得太满，以便消毒器内气体流通；导气管要伸至罐底并防止堵塞，在加热升压之前，打开排汽阀门，使加热后消毒器内的残留冷空气排出。冷空气排完后，关闭排汽阀门，开始升压，待达到所需要的压力时，开始计时，并控制压力恒定。高压蒸汽灭菌法条件为：121℃，1.034×10^5 Pa（15 btf/in^2），15~20 min；112℃，0.55×10^5 Pa（8 btf/in^2），20~30 min；115℃，0.758×10^5 Pa（11 btf/in^2），20~30 min。根据不同的物品选择不同压力和时间，一般物品（如布类、金属器械、玻璃器皿等）消毒的要求是1.034×10^5 Pa（15 btf/in^2）20 min，有些常规使用液体要消毒1.034×10^5 Pa（15 btf/in^2）15 min，橡胶用品为0.69×10^5 Pa（10 btf/in^2）10 min。一般认为在这种情况下于1 min内几乎可杀死所有微生物，但由于在消毒物品的包装内可能仍有冷空气未全部排出或蒸汽尚未能达到消毒器内的各部分，所以要延长消毒时间。

煮沸消毒可用于注射器及某些用具的快速消毒，缺点是湿度太大。

3. 紫外线消毒

紫外线直接照射消毒是目前各实验室常用的方法之一，主要用于实验室房间里的空气、操作台表面及桌椅等消毒。但在房间内安装不能高于2.5 m，要使各处能有0.06 μW/cm^{2}的能量照射，否则影响消毒效果。也可以用紫外线消毒一些塑料培养器皿（如塑料培养皿、塑料培养板等）。缺点是有臭氧产生，污染空气，影响身体健康。近来，已有电子灭菌灯，可代替紫外线灯进行实验室的空气消毒。

4. 过滤除菌消毒

有很多组织细胞培养使用的液体不能采用高压消毒的方法进行灭菌处理，如血清、合成培养液、酶及含有蛋白质具有生物活性的液体等，可采用过滤方法去除细菌等微生物。滤器有抽吸（抽滤）式及加压式两种类型；滤板（或滤膜）结构可为石棉板、玻璃或微孔膜。常用的滤器有以下几种。

（1）Zeiss 滤器

这种滤器为不锈钢的金属结构，中间夹有一层石棉制成的一次性纤维滤板。滤板具有一定的厚度，可承受一定的压力，因此是过滤血清等黏稠液体较理想的滤器。滤板有不同规格，进口的型号 EKS1、EKS2、EKS3 等。国产的有甲 1、甲 2、甲 3 等，其中以 EKS3 及甲 3 过滤除菌的效果较好，但因孔径很小，速度较慢。

滤器可分为抽滤式和加压式。抽滤式滤器与抽滤瓶相连，真空泵抽气形成负压以过滤液体。其效率不如加压式。由于抽气造成负压抽吸，操作使用时要防止倒流而引起污染。因此要注意：避免将出、入管道接错；停止抽气时应使气体缓慢回流，要先用止血钳夹住抽气管再关机，防止气体回流。加压式滤器的容器为密闭式，加入待过滤的液体后，通以气体（常用 N_2、O_2 或 CO_2），形成压力将液体滤过，效果较佳。使用时注意压力不能过大，不应超过 1.96×10^4 Pa。另外，由于使用的滤板为石棉，滤过的液体内有时可能混有少许杂质，因此在过滤前应先以少量生理盐水湿润滤板。

Zeiss 滤器的清洗比玻璃滤器简单，滤板属一次性，使用后即可弃去，以自来水将金属滤器初步冲洗，用洗涤剂刷洗干净，自来水冲净，蒸馏水漂洗 2~3 次。最后三蒸水漂洗 1 次，晾干包装。消毒前将滤板装好，旋钮不要拧得太紧；消毒后立即将旋钮拧紧以保证过滤除菌的效果。

（2）玻璃滤器

这种滤器为玻璃结构，以烧结玻璃为滤板固定于玻璃漏斗上。可用于过滤除血清等黏稠液体以外的各种培养液体。只能采用抽滤式。根据滤板孔径的大小，分为 G1~G6 六种规格型号，其中只有 G5 及 G6 可用于过滤除菌，一般都使用 G6 型。其缺点是速度较慢。

玻璃滤器的使用方法与抽滤式 Zeiss 滤器相同。但其清洗过程比较烦琐，清洗方法本节前面内容已描述。

（3）微孔滤膜滤器

这种滤器的基本结构与 Zeiss 滤器相同，为金属结构，但其中间为一种一次性的特制混合纤维素脂滤膜（图 1-24）。可用于包括血清在内的各种培养液体的过滤除菌，速度较快，效果较好，现已为许多实验室所使用。滤膜的规格很多，主要根据滤器的直径大小而划分其型号，可按待滤过液体的量来选择适当的型号。在滤过较大量培养液多用直径 10 cm（容器量为 500 mL）及直径 15 cm（容器量为 2 000 mL）两种规格。用于小量培养液时，可选用 2.5 cm 直径滤器，以注射器推动为压力而过滤。

微孔滤膜滤器可分为加压式（正压式）和抽滤式，以加压式更佳。

滤膜的选择是效果好坏的关键。有孔径为 0.6 μm、0.45 μm、0.22 μm 三种滤膜，用于过滤除菌时，最好使用 0.22 μm 孔径的滤膜（可以除去细菌和霉菌）。

微孔滤膜滤器的清洗、消毒方法和 Zeiss 滤器相同，滤膜使用后即丢弃。尚有一种一次性小滤器，若过滤较多液体，可连接在加压蠕动泵上；若过滤少量液体，可直接接在注射器上，使用非常方便。

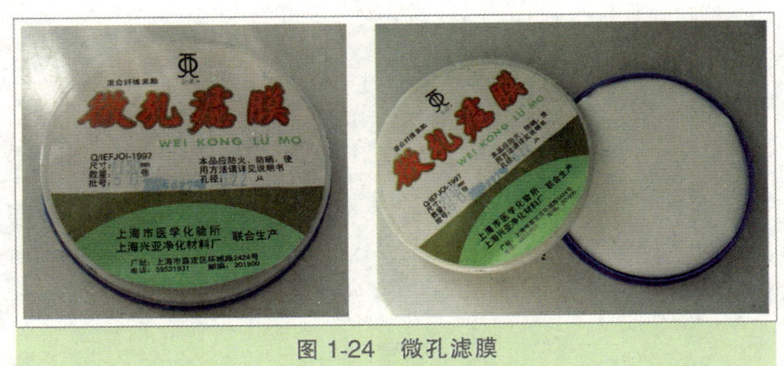

图 1-24　微孔滤膜

5. 消毒剂及抗菌素

组织细胞培养工作中也可利用消毒剂来进行灭菌处理，消毒剂主要是 75%酒精、过氧乙酸、乳酸、来苏儿等化学制剂，可分别用于操作人员的皮肤、实验台、器械、器皿的操作表面，实验室的桌、椅、墙壁、地面及空气等的处理。75%酒精最为常用，用途也最广泛；0.1%新洁尔灭可以对器械、皮肤、操作表面进行擦拭和浸泡消毒；乳酸可用于空气消毒；来苏儿对皮肤有刺激性，可用于地面的消毒；过氧乙酸是一种新的消毒剂，消毒能力很强，在 0.5%浓度下，10 min 可将芽孢菌杀死。

抗菌素也常在组织细胞培养工作中使用，但多数是为了预防。要注意的是不能完全依赖抗菌素来达到消毒灭菌。常用的抗菌素为青霉素及链霉素。

6. 电离辐射消毒

大包装塑料器皿或不能用上述方法消毒的试剂，可用电离辐射消毒。电离辐射消毒方式有两种：一种是用 2.5 Mrad ^{60}Co 产生 γ 射线照射 48~72 h；另一种是用大于 5 MeV 的高能电子束照射。前者穿透能力强，处理效果可靠，后者适于较小物品的灭菌。消毒时由辐射中心专业人员操作。

（二）消毒方法的选择

组织细胞培养工作中的消毒灭菌方法如上面所述可有多种，应根据具体情况选择应用适当的方法。

实验室环境的消毒：实验室中空气的消毒，最理想的是采用过滤系统，并与恒温设备结合使用，但价格较贵。亦可用紫外线消毒，但安置紫外线灯时要符合要求，且工作期间不宜在打开的紫外线灯下操作。另外也可用乳酸等蒸汽或电子灭菌灯消毒。实验室的地面多用来苏儿或新洁尔灭溶液等处理。桌椅等亦多用消毒剂消毒处理，最常用的是以酒精擦拭，亦可以紫外线照射。

培养器械的消毒：多数培养用的器材常用干热或湿热消毒。干热消毒的方法最为简便，凡高温不致损坏的器具如玻璃器皿等，可以干热消毒。湿热时的蒸汽能较快穿透，热传导较佳，故比干热更有效。对于干热高温会损坏的器材，可采用湿热消毒，如有些器械、液体、橡胶制品、布料等常用高压蒸汽灭菌。有些器械可煮沸消毒，或以消毒剂浸泡，不能耐高温的塑料制品，可用消毒剂浸泡或紫外线照射。

培养用液体的消毒：盐溶液及一些不会因高温破坏其成分的溶液，常采用高压蒸汽消毒。血浆、血清等生物性的天然培养基，不能以高压蒸汽消毒，必须用过滤方法除菌，但因较黏稠而不易进行；合成液体培养基则采用过滤除菌的方法。

技能单 1　清洗液的配制及培养器材的清洗、包装与消毒

【能力目标】

- 掌握清洗液的配制方法。
- 掌握培养用器材清洗的基本程序和清洗技术。
- 熟悉不同培养器皿的包扎和消毒方法。

【实验器材】

（1）耐酸塑料桶或酸缸、浓硫酸、重铬酸钾、矽酸钠、偏磷酸钠。

（2）清洗箱、天平、量筒、耐酸橡胶手套、软毛刷、玻璃瓶、培养瓶、培养皿、吸管、离心管、橡胶塞等。

（3）牛皮纸、硫酸纸、棉布、铝饭盒、特制玻璃消毒筒、白纸、金属制吸管筒、纸绳、脱脂棉、铝饭盒等。

【实验内容及操作步骤】

一、清洗液的配制

在动物细胞培养中，用于清洗玻璃器皿的清洗液有浓硫酸-重铬酸钾洗液和矽酸钠洗液两种，以前一种最为常用。

（一）浓硫酸-重铬酸钾洗液

（1）根据具体情况，选择大小适宜的耐酸塑料桶或酸缸，加入一定量的去离子水。

（2）按表 1-2 比例，先将重铬酸钾溶于去离子水中，为了溶解充分，边加边用玻璃棒搅拌。

（3）待溶解完全后，将浓硫酸缓慢加入溶液中，否则，浓硫酸就会溅出，造成危险。

（4）清洗液降到常温后，即可用来浸泡玻璃器皿。

(5) 注意：

① 这种清洁液具有高度腐蚀性，配制时注意保护身体裸露部分及面部，要戴耐酸手套、围以耐酸围裙，以防清洁液溅出而灼伤。

② 配制过程中，要先将重铬酸钾完全溶解于水中（必要时可加热帮助溶解），然后缓慢加入浓硫酸。由于加入浓硫酸时将产生热量，因此配制的容器宜用陶瓷或塑料器皿，加入浓硫酸时要缓慢而不能过急，以免热量产生太多，导致容器破裂，发生危险。

③ 用此液浸泡器皿时，同样要注意防止烧伤。轻轻将器皿浸入，使之内部完全充满清洁液，不留气泡，一般最好浸泡过夜，至少为 6 h 以上。

④ 实际工作中，50%和 75%的清洁液最为常用。

⑤ 新鲜清洗液呈棕红色，经多次使用、水分增多或遇有机溶剂时成为绿色，颜色变绿时表明已失效，应重新配制。

表 1-2 清洁液配方

名 称	清 洁 液 浓 度		
	弱液	次强液	强液
重铬酸钾	100 g	120 g	63 g
浓 硫 酸	100 mL	200 mL	1 000 mL
去离子水或蒸馏水	1 000 mL	1 000 mL	200 mL

（二）矽酸钠洗液

(1) 称取 80 g 矽酸钠和偏磷酸钠 9 g，放入 1 000 mL 去离子水中，加热溶解后，保存备用。

(2) 应用时用去离子水做 100 倍稀释，成为工作液。

(3) 将玻璃器皿放入工作液中，加热煮沸维持 20 min，即可达到清洗目的。

注：该液清洗效果虽然好，但由于其成本较高，故工作中不常用或仅用于小玻璃器皿的清洗。

二、玻璃器皿的清洗、包装、消毒

细胞培养室应用的玻璃器皿种类很多，基本要求是耐酸，耐高压，以中性硬质为宜。应用时必须干净透明，无油迹，不能残留任何有毒有害物质。培养工作过程中一定要学会玻璃器皿用前用后正确处理的基本程序，即浸泡、刷洗、浸酸、冲洗 4 大步骤。

（一）玻璃器皿清洗方法

（1）泡酸或消毒、冲洗：先用自来水初步刷洗，用5%盐酸浸泡过夜后，自来水冲洗数遍；重复使用的玻璃器皿，用自来水冲洗器皿表面的脏物数遍；带毒的玻璃器皿先将其浸泡在5%来苏儿中24 h或煮沸消毒或高压消毒15~30 min后，用自来水冲洗器皿表面的脏物数遍。

（2）刷洗：入洗衣粉水中，用优质软毛刷轻轻刷洗，以防损伤器皿表面，但不能留有死角；流水振荡冲洗15~20遍，晾干。

（3）清洁液浸泡：将器皿放于清洗液中浸泡24 h，注意玻璃器皿内不要留有气泡。

（4）冲洗：从清洗液中取出，用自来水振荡冲洗15~20遍，沥水；蒸馏水冲洗3遍，三蒸水冲洗3遍。烤箱内烘干后包扎、灭菌备用。

（二）清洗注意事项和要求

（1）使用后的实验器材应立即投入清水中。

（2）浸泡、煮沸、酸泡的器皿内要充满液体，不得有气泡。

（3）刷洗、酸泡后的器材要用流水振荡冲洗，不得残留洗涤剂、清洁液。方法是：每瓶灌2/3容积的自来水，振荡后倒掉，重复15~20次（尖滴管置量杯中冲洗）。

（4）用蒸馏水煮沸，煮沸前的水面要高于器材5 cm，水沸后投入洗涤剂（直径35 cm的铝锅，加洗衣粉10 g左右）。若洗涤剂和实验器材同时从冷水煮至沸腾或使用过量洗剂，均易腐蚀玻璃器皿，使玻璃碱化，pH值上升。

（5）软毛刷的刷端已掉毛的应该弃去，否则会损害玻璃，玻璃划痕处易残留洗涤剂，会改变培养液pH值和毒害细胞。

（6）清洁物品应及时包装消毒，应注意妥善保存，防止落入灰尘等引起二次污染。

（7）使用后的胶塞与玻璃器材同时煮洗时，胶塞要放在煮锅的底部。

（8）用蒸馏水浸泡器材时，要将水逐个倒入器皿内，加盖，并做好标记。

（9）器材清洗干燥后，在以后各步操作时，手指不可接触器材的使用端。清洗者可戴一次性薄膜手套进行操作，省时又保证清洗质量。

（10）用超声波仪清洗器材时，清洗要求同上。

（三）玻璃器皿的包装、消毒

1. 瓶状玻璃器皿的包扎与消毒

此类细胞培养器皿常见的有：细胞培养瓶、试剂瓶、储液瓶、烧杯、量筒、锥形瓶等。这类细胞培养器皿的包扎与消毒步骤如下：

（1）依据要包扎的对象，剪取适宜大小的包扎纸。

（2）将包扎纸盖在瓶口上进行包扎（细胞培养瓶只用硫酸纸包扎瓶口即可，然后用两层白纸和一层牛皮纸将 4 个培养瓶包扎在一起），用纸绳扎紧包装（图 1-25，图 1-26）。

（3）放入高压灭菌器内 121℃高压灭菌 20 min 或放入干热灭菌器内 160℃保持 2~3 h。

（4）灭菌结束后，取出烘干，放入专用的消毒柜内，做好标记，保存备用。

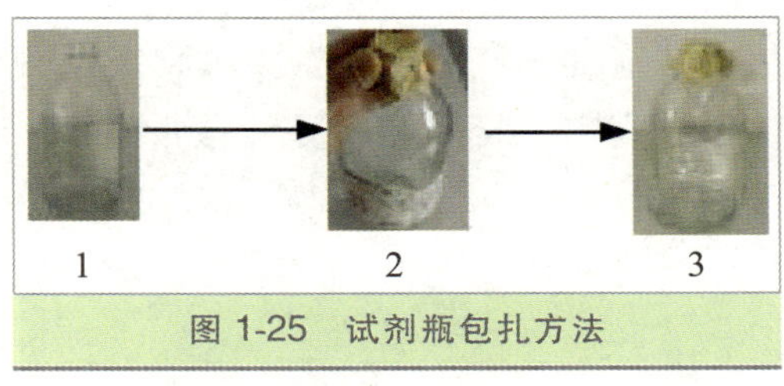

图 1-25 试剂瓶包扎方法

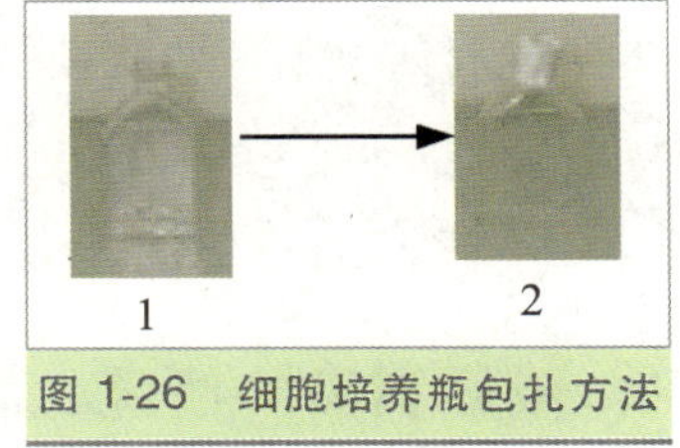

图 1-26 细胞培养瓶包扎方法

2. 管状培养器皿的包扎与消毒

此类培养器皿常见的有：吸管、滴管等。

（1）用脱脂棉塞入上端管口，松紧适当，防止移取液体时吸尔球造成污染。

（2）用一层牛皮纸螺旋状包扎（图 1-27）。

（3）将包扎好的吸管、滴管统一装入金属吸管筒中，盖好盖子。

（4）放入高压蒸汽灭菌器内 121℃高压灭菌 20 min 或放入干热灭菌器内 160℃保持 2~3 h。

（5）灭菌结束后，取出烘干，放入专用的消毒柜内，做好标记，保存备用。

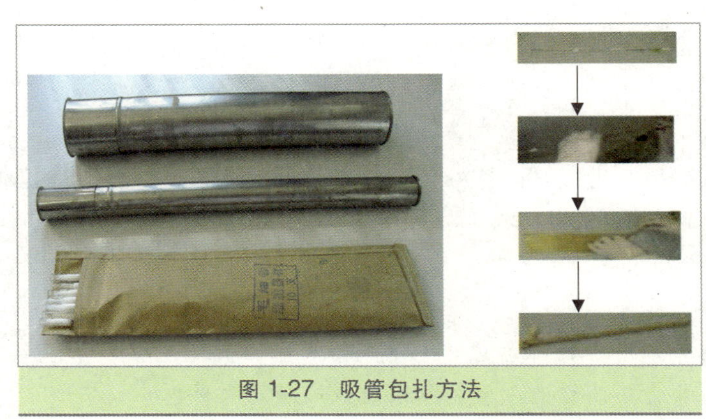
图 1-27 吸管包扎方法

三、橡胶制品的清洗、包装、消毒

新购置的橡胶制品（胶塞、胶管、橡皮乳头）的洗涤方法：0.5 mol/L NaOH 溶液煮沸 15 min，流水冲洗；0.5 mol/L HCl 溶液煮沸 15 min，流水冲洗；自来水煮沸 2 次；去离子水煮沸 20 min；60~80℃烘干，用牛皮纸包好，121.3℃高压蒸汽灭菌 30 min 烘干备用。这样处理可完全除净胶塞上的硫黄等有毒物质。用过的胶塞，其清洗方法、要求基本同玻璃器材。因胶塞使用面常沾有洗涤剂，流水冲不净，故胶塞洗刷的重点部位是胶塞使用面，用刷逐个刷洗。在使用过程中，胶塞不能与培养液接触，以防未洗净的胶塞污染培养液和细胞。

四、塑料制品的清洗

塑料制品质地软且耐腐蚀能力强，但不耐热，易出现划痕。其清洗程序为：器皿用后立即用流水冲洗，浸于自来水中过夜；用纱布、棉签轻轻刷洗，流水冲洗 15~20 遍，晾干；浸于清洁液中 15 min；流水冲洗；去离子水浸泡两次（每次 24 h），晾干，用 75%的酒精（分析纯）浸泡过夜，灭菌三蒸水再次浸泡，每次 10 min，紫外线照射 1 h，再经细胞基础营养液浸泡后供短期内使用。有条件的实验室将塑料制品包装后可用电离辐射消毒。

五、器材包装时应注意事项和要求

（1）包装时手指与器材接触面积要小，手指不能触及器材的使用端。

（2）封闭器材使用端，标记器材手持端。

（3）小包装。

（4）玻璃管道口（尖吸管、移液管手持端、抽滤瓶下口端等）加棉花。

思考题

1. 细胞培养常用实验器材的清洗要领、清洗步骤和注意事项有哪些？
2. 细胞培养常用器材的包装要领和注意事项有哪些？
3. 如何对细胞培养用塑料制品进行消毒？

▶技能单 2　正压式除菌滤器及一次性滤器的使用

【能力目标】

- 掌握正压式除菌滤器的安装和使用。
- 掌握一次性滤器的使用。

【实验器材】

22 μm 滤膜、滤纸或 0.45 μm 滤膜、正压除菌滤器、三蒸水、牛皮纸、高压蒸汽灭菌器。

【实验内容及操作步骤】

一、正压除菌滤器

（一）清洗

新的或使用后的正压滤器经稀洗涤剂刷洗，流水冲洗 15 min，沥水，去离子水浸泡 24 h，三蒸水浸泡 24 h，干燥备用。

（二）安装滤膜、包扎消毒滤器

正压除菌滤器的安装，包扎及消毒流程见图 1-28。

1. 将游离盖固定在底座相应位置

2. 放上 0.22 μm 滤膜

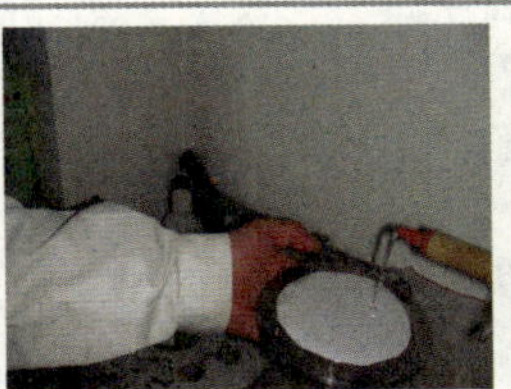

3. 三蒸水湿润滤膜

4. 滤膜上放上滤纸

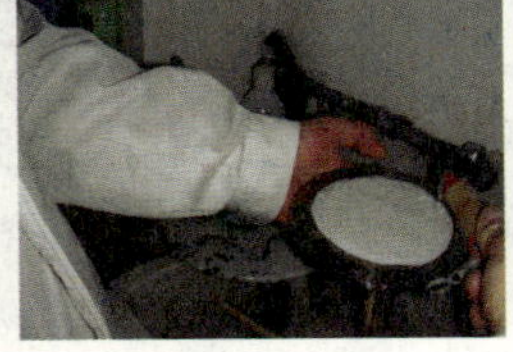

5. 滤膜与滤纸对放好、三蒸水湿润

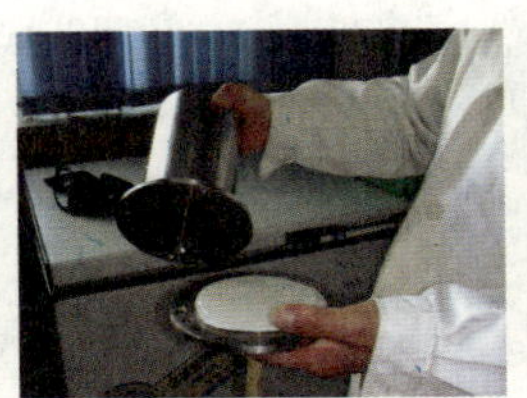

6. 盖上不锈钢盖（注意勿使滤膜移位）

7. 对称拧紧螺帽

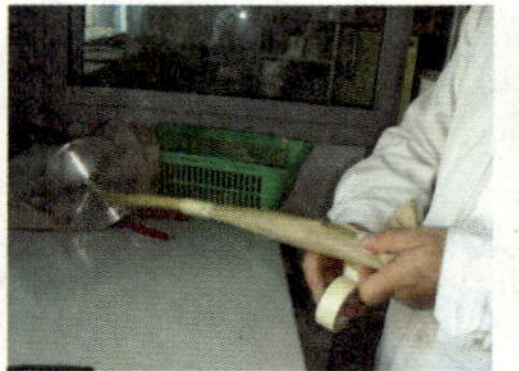
8. 包扎过液胶管

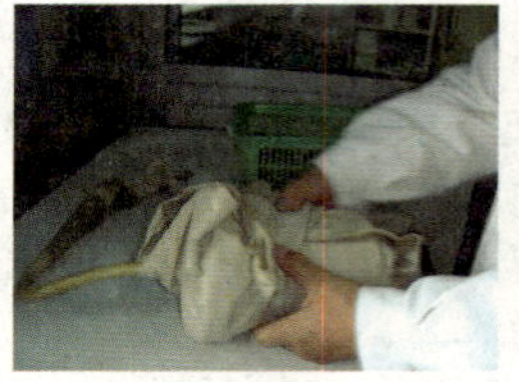
9. 将过滤器主体包扎

10. 高压蒸汽消毒

图 1-28　正压除菌滤器的安装、包扎及消毒流程图

（三）滤膜使用时注意

（1）安装滤膜时要注意：滤膜薄且光滑，容易移动，安装时膜位置一定要放正，千万不能装偏而使过滤失败。同时要注意滤膜的正反面，正面（光面）应向上。

（2）过分干燥的滤膜很脆，在高压或高温干燥时易破裂，因此安装前可先用三蒸水润湿滤膜。

（3）为保证过滤效果，在使用前，每次垫两张滤膜，上面一张孔径为 0.45 μm（也可用滤纸代替），下面一张孔径为 0.22 μm，或两张均为 0.22 μm。

（4）加大压力时用力应均匀，滤液逐滴入瓶。每次过滤完毕应打开滤器，对光检查核实滤膜是否移动和有无破裂，以保证有效过滤除菌。

（5）滤器湿热消毒，37℃干燥。滤膜用后丢弃。滤液逐滴入瓶，液体若从侧面流出，表示膜破，包装失败。

（6）不同厂家的滤膜质量有差别。

（四）过滤

在超净工作台内，打开灭菌过滤器包装，安上支架即可过滤（图 1-29）。过滤时注意：

（1）由于滤膜薄，承受压力有限，力量不能过大、过猛，以免造成滤膜破裂。

（2）在过滤培养液之前，先过滤 50 mL 三蒸水以湿润滤膜。

图 1-29　正压不锈钢滤器过滤图

二、小型针头滤器的使用

若过滤少量液体，可将小型针头滤器安装在注射器上使用轻轻加压过滤（注意应在超净工作台内进行操作）。小型针头滤器的使用流程见图 1-30。

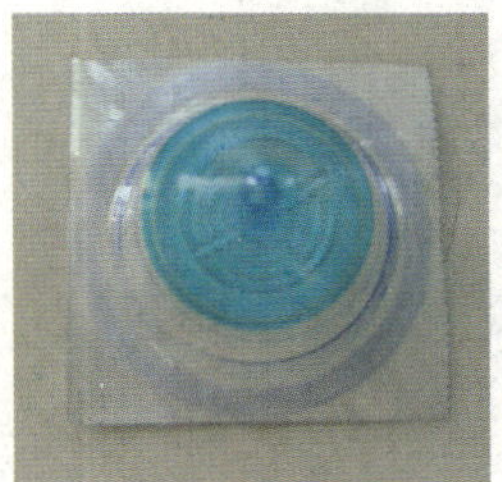
1. 小型针头滤器

2. 用注射器抽取需过滤液体

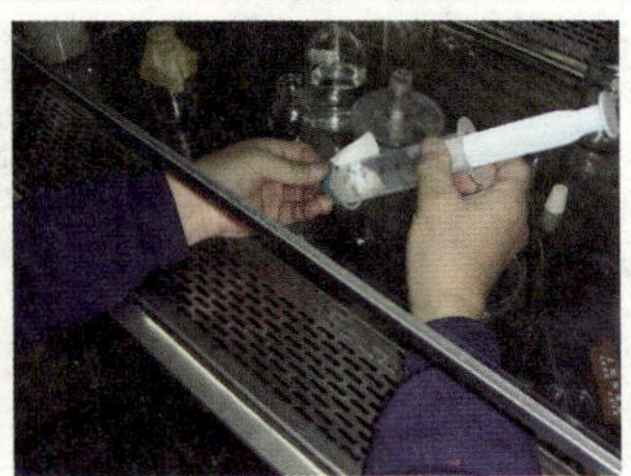
3. 将注射器与滤器相连

4. 将滤器置于灭菌瓶上

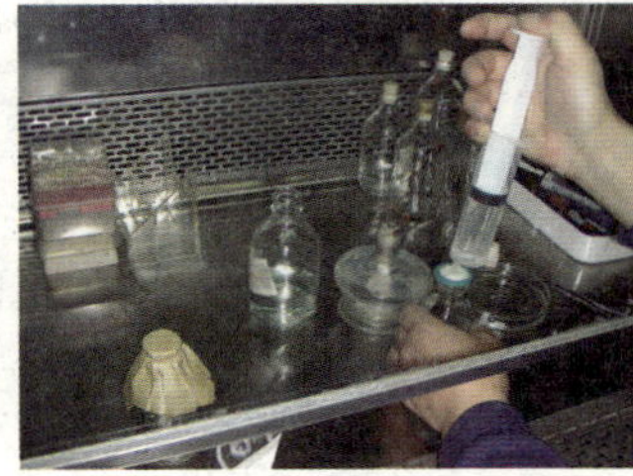
5. 加压过滤

图 1-30　小型针头滤器的使用流程

思 考 题

1. 安装滤膜时有哪些注意事项？
2. 为何要使用 0.22 μm 的滤膜？

第二章　细胞培养用液和培养液

第一节　细胞培养用液

▶资料单

【知识目标】

- 掌握常用细胞培养用液及作用。
- 掌握常用细胞培养用液的配制方法。

【教学内容】

进行细胞的体外培养离不开合适的环境和营养条件，体外培养的细胞在代谢过程中所需要的营养物质基本与活体内的细胞相同，除了糖类、脂类和氨基酸三大营养物质，还包括无机盐、维生素和微量元素等。因此，要满足细胞在体外能够良好地生存、生长甚至分化的最基本条件，就要尽量模拟活体内条件相近的培养环境，提供必需的营养，以满足细胞的需求。组织细胞培养中除必需的培养基外，还需要使用大量的液体，即培养用液。培养用液是指适应细胞在体外生存和生长的各种溶液，包括水、缓冲液、平衡盐溶液、血清以及消化液、pH 调整液和抗生素等其他常用液。

无毒是培养细胞的必需条件。培养用液是细胞的直接接触者，在细胞培养中是主要的直接的生长环境，若具细胞毒性，在培养过程中将导致细胞死亡，故所选用培养用液中的各种成分必须品质优良。此外，体外培养细胞所使用的各种玻璃或塑料器皿对清洁和无菌的要求程度也很高，所有器皿要彻底清洗，包装存放，严格灭菌。配制过程要严格按照合理的程序操作，避免混入杂质。所配制液体名称及配制日期要明确标注。制备好的培养用液要及时灭菌并分装，在适当的条件下储存。另外，还要注意使用期限，防止灭菌后再度污染或变质。针对各种生物材料的体外培养工作，所选用培养用液各有其特殊性，本节着重介绍动物细胞的体外培养常用液。

一、水和缓冲溶液

（一）水

水是细胞赖以生存的最基本环境条件。细胞所需要的化学成分、营养物质必须溶解在水中才能为细胞吸收，细胞的代谢产物也必须用水溶解才能被排泄。同时，水对维持细胞的形态和渗透压、温度传导、酸碱平衡以及生物化学反应也极其重要。水是培养用液最主要的溶剂，营养物质只有溶解于水中才有利于细胞的吸收摄取。体外培养细胞对水的质量非常敏感，水必须非常纯，不含内毒素和有机污染物，基本不含离子。培养用水中如果含有一些杂质，即使水中痕量有害物质的存在也将影响细胞的生长，甚至导致细胞死亡。

实验室常用去离子水和蒸馏水。去离子水是通过水纯化装置由离子交换原理产生，通常仍含有非离子物质或有机物，所以在细胞培养中较少使用。蒸馏水是经过蒸馏的方法获得的，用金属蒸馏器制备的蒸馏水可能含有某些金属离子，一般也不作为培养用水。进行组织、细胞培养使用的常为玻璃或石英蒸馏器制备的三蒸水或超纯水净化装置制备的超纯水。重蒸水或外购的用金属蒸馏器制成的蒸馏水须经玻璃蒸馏器重新蒸馏，才能用于培养用液的配制。培养用水一般不宜放置超过两周，且应尽量减少与外界接触，最好现用现配。制备的蒸馏水若经过高压蒸汽消毒，密封保存，存放时间可延长。

所有的纯化水系统均需监测、适当地维护和清洗，以确保纯化水的质量；与水纯化系统接触的管道更须定期更换清洗，以防止微生物和藻类的滋生。

（二）缓冲溶液

由缓冲剂配成的混合溶液，在外界加入一定量的酸或碱时其 pH 值改变甚微或几乎不改变，此种溶液称为缓冲溶液（buffer solution）。缓冲剂的组成，一般是由弱酸及其盐、弱碱及其盐、多元弱酸的酸式盐及其次级盐组成。如碳酸氢钠 / 碳酸（$NaHCO_3/H_2CO_3$）、磷酸二氢钠 / 磷酸氢二钠（NaH_2PO_4/Na_2HPO_4），调节二者的比例可以配制成各种缓冲液。理想的缓冲溶液具有持续维持培养液的 pH 值恒定，不干扰在培养液中进行的化学或生物化学反应，不影响实验和观察等特点。Tris［Tris(hydroxymethyl) amino-methane］缓冲液虽与碳酸盐作用相似，但 Tris 所含氨基具有高化学反应活性，能抑制细胞生长并且可通过生物膜，它调节 pH 值的作用要依赖温度的变化，因而 Tris 缓冲液不宜做培养用液。

在细胞的体外培养中，很少单一的使用缓冲剂配制缓冲溶液，缓冲剂多作为平衡盐溶液的重要组成部分，有时，在缓冲液中加入一定量的盐类制成缓冲盐溶液，用它处理的细胞，效果比单一的缓冲液更佳。

缓冲液着重强调溶液成分对pH值变化的缓解或抵抗能力，并不十分强调溶液渗透压与胞浆渗透压的平衡。缓冲盐溶液则在缓冲液的基础上补充了能改变溶液渗透压的盐成分，但仅在一定程度上满足活细胞对酸碱缓冲的要求和盐成分的需要。所以，缓冲液或缓冲盐溶液多用于配制一些与活细胞不经常接触的液体或者培养结束后进一步处理细胞的溶液，如胶原溶液、多聚赖（鸟）氨酸溶液、固定液以及用于洗涤培养物的液体等。如果要配制与生长中的细胞直接、长期接触的培养用液，最好使用渗透压与胞浆渗透压平衡的溶液，即下面要介绍的生理盐水和平衡盐溶液。

二、生理盐水和平衡盐溶液

（一）生理盐水

生理盐水是指生理学或临床上常用的渗透压与动物或人体血浆相等的氯化钠溶液。在动物细胞的培养用液中，生理盐水充当培养基中的主要成分，在体外培养中应用非常广泛。它不仅可以供给细胞水分和各种离子，维持一定的渗透压。同时，它也是一种良好的溶媒，用于溶解培养用的试剂或药物等。其浓度用于哺乳动物和人体时是0.85%~0.9%，最常用的浓度是0.9%，为等渗透压溶液，可以维持红细胞膜内外渗透压的稳定。Ringer（1895年）最早配制成一种简单的生理盐水，仅由NaCl、KCl、$CaCl_2$按一定比例配制而成，用以灌注试验蛙心。在这个基础上，以后有很多学者设计出各种不同成分的生理盐水，分别加入了能调整溶液酸碱度的弱酸和弱酸盐缓冲溶液，如细胞代谢所需的葡萄糖以及酸碱度变化指示剂酚红（phenol red）等。

（二）平衡盐溶液

平衡盐溶液（Balanced Salt Solution，BSS）简称盐溶液，是组织细胞培养中常用的基本液体，主要作为合成培养基（液）的基础液以及用于洗涤组织、细胞等。它由无机盐和葡萄糖组成，其中的无机离子不仅是细胞的组成成分，而且维持渗透压，缓冲和调节溶液的酸碱度。组织培养中所用的各种平衡盐溶液主要有三个作用：

（1）作为稀释和灌注的液体，维持细胞渗透压；

（2）供给细胞生存所需要的能量、细胞正常代谢所需的水分和无机离子成分；

（3）提供缓冲系统，调节溶液的酸碱度，使培养液的pH值维持在培养细胞生理范围内，BSS中加入0.001%~0.005%酚红做酸碱指示剂以直观显示培养液pH值的改变，pH 7.4为红色，pH 7.0为橙色，pH 6.5为黄色，pH 7.6为略显蓝红色，pH 7.8则为紫色。

平衡盐的种类很多，各种 BSS 的主要不同点在于 NaCl 的浓度、离子的浓度和缓冲系统不同。几种常见的平衡盐溶液见表 2-1。

表 2-1　常用的平衡盐溶液成分及含量　　单位：g/L

Components	Ringer（1895 年）	PBS	Tyrode	Earle（1948 年）	Hank's（1949 年）	Dulbecco（1954 年）	D-Hank's
NaCl	9.00	8.00	8.00	6.80	8.00	8.00	8.00
KCl	0.42	0.20	0.20	0.40	0.40	0.20	0.40
$CaCl_2$	0.25		0.20	0.20	0.14	0.10	
$MgCl_2 \cdot 6H_2O$			0.10			0.10	
$MgSO_4 \cdot 7H_2O$				0.20	0.20		
$Na_2HPO_4 \cdot H_2O$		1.56			0.06		0.06
$Na_2HPO_4 \cdot 2H_2O$			0.05	0.14		1.42	
KH_2PO_4		0.20			0.06	0.20	0.06
$NaHCO_3$			1.00	2.20	0.35		0.35
葡萄糖			1.00	1.00	1.00		
酚红				0.02	0.02	0.02	0.02

可根据需要选择适当的平衡盐溶液，主要区别是缓冲系统不同，其他的差别不大。Hank's 液的缓冲能力较差，其 $NaHCO_3$ 含量较低，为 350 mg/L，宜利用空气平衡；Earle 液则与之相反，缓冲能力较强，需用 5%的 CO_2 平衡。

一些 BSS 含 Ca^{2+}、Mg^{2+}。它们是细胞膜的重要组成成分，又参与许多重要细胞功能活动，具有促进细胞凝集的作用，而且影响某些蛋白酶的活性，在配制分离细胞的酶消化液或细胞洗涤用液时，应采用 Ca^{2+}、Mg^{2+} 含量较低的 Dulbecco 液或不含 Ca^{2+}、Mg^{2+} 的 D-Hank's 液，或更为简单的 PBS 液。在配制一些特殊要求的消化液或其他用液时可参考使用。平衡盐溶液中一般还加入少量的酚红作为观察培养液 pH 值变化的酸碱指示剂，酸性时为黄色，碱性时为紫红色，中性时为桃红色。

三、其他常用液

在动物细胞体外培养中，除以上介绍的几大类重要培养用液外，其他的一些培养用液也是必不可少的，主要包括有调整培养液酸碱度的 pH 调整液、分离细胞及分散细胞用的消化液、防止微生物污染的抗生素液，以及用于进行培养物组织细胞形态学观察的各种染液和用于检测各种培养用液是否污染的细菌培养基等。

（一）pH 调整液

各种细胞对培养环境的酸碱度要求十分严格，多数完全培养液配制后或加入血清之后呈微酸性，培养前一定要用碱性调节剂把培养基的 pH 值调到所需的范围。如果在灭菌前就把 pH 调整液加入培养基调至标准值，灭菌后其 pH 值又发生改变。因此，pH 调整液应单独配制，单独灭菌，待灭菌后的培养基使用前再加入。这样做也可以保证营养成分的稳定和延长其保存期。

1. $NaHCO_3$ 溶液

$NaHCO_3$ 在水溶液中容易发生分解而释放 CO_2。为了使培养液营养成分稳定和延长储存时间，一般不预先在培养液中或平衡盐溶液中直接加入 $NaHCO_3$，而是单独配制，消毒除菌后，在使用前加入。另外，在加入血清后，培养液可能偏酸，可临时用 $NaHCO_3$ 溶液调整 pH 值。常用的浓度有 3.7%、5.6%、7.4%三种。将称量好的 $NaHCO_3$ 溶解在三蒸水中，通过 φ0.2 μm 规格的滤膜过滤除菌，并分装于小瓶，在 4℃冰箱内保存。调整培养液 pH 值时，$NaHCO_3$ 液需逐滴加入，并同时搅动，以免 pH 值过高（可根据培养液中酚红指示剂的颜色加以判定）。当 pH 值过高时，可用高压灭菌的 10%醋酸或通入 CO_2 气体加以调整。

2. HEPEs 溶液

HEPEs 化学全称为羟乙基哌嗪乙硫黄酸，与 $NaHCO_3$ 不同，它是一种氢离子缓冲剂，可以长时间保持较强的缓冲作用，维持恒定的 pH 值，尤其是在开瓶通气培养或观察时能维持正常 pH 值。通常，每 30 mmol/L 的 HEPEs 溶液相当于 2%的 CO_2。一般配成 500 mmol/L 浓度，用 1 mol/L NaOH 溶液调节 pH 为 7.5 左右。用过滤方法除菌，在 4℃下保存。使用的最终浓度通常为 10~50 mmol/L，可以根据缓冲能力的要求而定。一般培养液内含 20 mmol/L HEPEs 即可达到缓冲能力，这个浓度对细胞无毒性作用，故多数细胞都能适用。

（二）细胞消化液

细胞培养前要用消化液把组织块解离成分散出单个细胞或传代培养时使细胞脱离贴壁器皿的生长表面并分散解离成单个细胞。最常用的消化液是胰蛋白酶和乙二胺四乙酸二钠（EDTA·2Na）两种溶液，其次是一些特殊的组织细胞培养用的各型胶原酶，可以单独使用，亦可混合使用。

1. 胰蛋白酶

胰蛋白酶是分离自牛、猪等动物胰脏的一种水解酶，呈黄白色粉末状，极易潮解，应储存于冷暗干燥处。胰蛋白酶的活力是用解离酪蛋白的能力表示的。常用的有 1:125

和 1:250，即 1 份胰蛋白酶可以水解 125 份和 250 份酪蛋白。不同的组织或细胞系对胰蛋白酶的作用反应不一样，不同的浓度、温度，胰蛋白酶分散细胞的活性也不同。一般来说，浓度大、温度高、作用时间长，新配制的胰蛋白酶可使细胞分离速度增快。但超过一定限度就会损伤细胞。常用的胰蛋白酶的浓度为 0.25%和 0.125%，当温度在 37℃，pH 值为 8.0 时，胰蛋白酶的作用能力最强。许多学者建议，Ca^{2+}、Mg^{2+} 和血清的存在，都降低了胰蛋白酶的活性，影响消化效果，所以配制胰蛋白酶消化液时应采用不含 Ca^{2+}、Mg^{2+} 和血清的液体，如 D-Hank's 液。一旦细胞分散后，可用含血清培养液或胰酶抑制剂终止胰蛋白酶对细胞的消化作用。

胰蛋白酶有两种类型，即粗制的混合型胰蛋白酶和纯化的精制胰蛋白酶，一般用粗制品即可，当做特定组织的消化则应选用解离作用较强的精制品，精制品对特定组织解离作用较强，价格较高；粗制有时效果较差。

2. 乙二胺四乙酸二钠（EDTA·2Na）溶液

EDTA·2Na 是一种化学螯合剂，其溶液又称 Versene 液，它对细胞具有一定的非酶解离作用，因毒性小，价格便宜，易配制，为常用的消化液。常用 EDTA 浓度为 0.02%，配制时采用无 Ca^{2+}、Mg^{2+} 平衡盐液如 D-Hank's 液溶解后，高压蒸汽灭菌后分装，4℃冰箱保存。使用完，需用 Hank's 液冲洗干净。

EDTA 的选择可根据细胞的要求进行，它可以单独使用，也可混合使用，如在消化新鲜组织时，将 EDTA 与胰蛋白酶溶液按一定比例混合（1:2 或 2:1）使用，效果更好。

此外，胶原蛋白酶液也用于消化细胞，如链霉蛋白酶、骨胶原酶、透明质酸酶等，其主要作用是使细胞间质的脯氨酸多肽水解，从而使细胞离散。但因价格昂贵、保存困难，故只用于特殊种类的细胞消化。

（三）抗生素溶液

在动物细胞培养过程中，培养液内常需加适量的抗生素，以防止培养过程中因操作不慎导致的微生物污染。常用的抗生素有青霉素、链霉素、卡那霉素、制霉菌素等（表 2-2）。通常是青霉素和链霉素联合使用。在特殊情况下，选择哪一种抗菌素，剂量多少，何时加入等，与污染源、抗菌素的抗菌范围、抗菌素的稳定性等有密切的关系。

表 2-2 组织培养中常用的抗生素液

抗生素	作用对象	参考浓度/(μg/ml)*	稳定性/d
二性霉素 -B	真菌	1	3
氨苄青霉素	革兰氏阳性、阴性菌	100	3
氯霉素	革兰氏阴性菌	5	5
红霉素	革兰氏阳性、支原体	100	3
庆大霉素	革兰氏阳性、阴性菌、支原体	50	5
卡那霉素	革兰氏阳性、阴性菌	100	5
制霉菌素	真菌	50	3
青霉素 -G	革兰氏阳性菌	100	3
链霉素	革兰氏阳性、阴性菌	100	3
利福平	革兰氏阳性、阴性菌	50	3
四环素	革兰氏阳性、阴性菌、支原体	10	4

* 使用表中所列出的参考浓度，可在37℃长时间控制轻度污染，而对细胞无毒性作用。大多数的体外培养都使用青霉素和链霉素，其他抗生素仅在特殊情况下使用。

资料来源：Pollard et al. 1997

技能单 1　常用 BSS 液的配制

【能力目标】

- 熟练掌握 Hank's 液及 D-Hank's 液的配制方法。
- 了解配制 BSS 液的要求。
- 掌握 Hank's 液及 D-Hank's 液的使用区别。

【实验器材】

（1）电子天平、高压蒸汽消毒器、烧杯、磁力搅拌器、容量瓶、盐水瓶、滤纸、移液器、pH 计、灭菌过滤器。

（2）NaCl、KCl、$CaCl_2$、$MgSO_4 \cdot 7H_2O$、$Na_2HPO_4 \cdot H_2O$、KH_2PO_4、$NaHCO_3$、葡萄糖、酚红、三蒸水。

【实验内容及操作步骤】

一、Hank's 液的配制

（一）配方

（1）甲液：

$Na_2HPO_4 \cdot H_2O$　　0.06 g

KCl	0.40g
KH_2PO_4	0.06 g
$MgSO_4 \cdot 7H_2O$	0.20 g
葡萄糖	1.00 g
NaCl	8.00 g
三蒸水	750 mL

（2）乙液：

$CaCl_2$	0.14 g
三蒸水	100 mL
酚红	0.02g

（二）配制方法

（1）按配方表中 Hank's 液各成分的含量准确称量试剂。

（2）$CaCl_2$ 先溶解在 100 mL 水中。

（3）甲液成分依次溶解在 750 mL 水中，溶解时必须待一种试剂完全溶解之后，再加后一成分，直至所有试剂溶解后混匀。

（4）将 0.35 g $NaHCO_3$ 溶解在 37℃ 100 mL 三蒸水中。

（5）称量好的酚红用数滴 5.6%的 $NaHCO_3$ 溶液溶解。

（6）缓慢将（2）、（4）倒入（3）中，并不时搅动防止产生沉淀。

（7）将酚红液（5）倒入（6）中后移入容量瓶，补足水分至 1 000 mL 混匀。

（8）灭菌：

① 滤过消毒，小瓶分装，冷藏。

② 也可将混匀的 Hank's 液分装盐水瓶，0.08 Mpa、10~20 min 高压蒸汽消毒灭菌，如采用高压灭菌法，$NaHCO_3$ 液可先不加，高压灭菌后溶液的 pH 值会下降及丢失一定的水分，冷却后应用过滤除菌的 7.4% $NaHCO_3$ 调节溶液的 pH 为 7.2~7.4，4℃冰箱内保存备用。

注意：酚红对细胞有一定毒性，目前实验中的用量除 0.02 g 外，还有 0.01 g 和 0.005 g。也有 BSS 液中不加酚红的。酚红量不同，BSS 颜色也不同。

二、D-Hank's 液的配制

（一）配方

（1）甲液：

NaCl	8.00 g

KCl	0.40 g
$Na_2HPO_4 \cdot H_2O$	0.06 g
KH_2PO_4	0.06 g
三蒸水	750 mL

（2）乙液：

$NaHCO_3$	0.35 g
三蒸水	100 mL
酚红	0.020 g

（二）配制方法

（1）按配方表中 D-Hank's 液各成分的含量准确称量试剂。

（2）甲液成分依次溶解在 750 mL 水中，溶解时必须待一种试剂完全溶解之后，再加后一成分，直至所有试剂溶解后混匀。

（3）将 0.35 g $NaHCO_3$ 溶解在 37℃ 100 mL 三蒸水中。

（4）称量好的酚红用数滴 5.6%的 $NaHCO_3$ 溶液溶解。

（5）缓慢将（3）、（4）倒入（2）中，并不时搅动防止产生沉淀。

（6）移入容量瓶，补足水分至 1 000 mL 混匀。

（7）灭菌：滤过消毒，小瓶分装，冷藏。

三、配制 BSS 液的要求

（1）BSS 液中各试剂规格为一级 GR（Guaranteed Reagent）试剂或二级 AR（Analytical Reagent）试剂。

（2）配制后液体呈桃红色，pH 7.4 左右，没有浑浊和沉淀。

（3）含 Ca^{2+}、Mg^{2+} 的物质要单独溶解。

（4）可配制 10 倍浓度的贮存液，滤过消毒，分装，每瓶 10 mL，冰箱保存。使用时每瓶加三蒸水至 100 mL。

（5）Ca^{2+}、Mg^{2+} 是细胞膜的重要组分，有使细胞凝聚的作用。因此，用于分离细胞的消化液宜用无 Ca^{2+}、Mg^{2+} 离子的 D-Hank's 液或 PBS 液配制。

四、Hank's 液的作用

Hank's 是常见的平衡盐溶液（BSS）之一。一些 BSS 中含有 Ca^{2+}、Mg^{2+}，它们是

细胞膜的重要组成成分，又参与许多重要细胞功能活动，具有使细胞凝集的作用。BSS与细胞生长状态下的pH值、渗透压及无菌状态一致，且配方简单，是组织培养基本用液。BBS常用于配制培养基及其他用液或洗细胞等，细胞在BSS中可生存几个小时。

思考题

1. 配制平衡盐溶液时有何注意事项？

2. Hank's液及D-Hank's液有何区别，在使用时有何不同？

技能单2　常用细胞消化液的配制

【能力目标】

- 熟练掌握0.25%胰蛋白酶溶液的配制方法。
- 掌握EDTA标准溶液的配制方法，并了解缓冲溶液的作用。

【实验器材】

（1）电子天平、磁力搅拌器、烧杯、pH计、高压蒸气灭菌锅。

（2）容量瓶、滤纸、微孔滤膜、移液器及配套枪头、盐水瓶。

（3）胰蛋白酶粉末、D-Hank's液、EDTA·2Na、$NaHCO_3$或HCl、Hank's液、酚红。

【实验内容及操作步骤】

一、0.25%胰蛋白酶溶液的配制

（一）配制

（1）准确称取胰蛋白酶粉末（1:250）250 mg。

（2）加入100mL无Ca^{2+}、Mg^{2+}的BSS（如D-Hank's）液中。

（3）磁力搅拌或振摇混匀，使其完全溶解。

（4）用0.22 μm微孔滤膜过滤除菌，小瓶分装（每小瓶1~5 mL），于–20℃低温保存。

（5）使用前用无菌$NaHCO_3$调pH值到7.4。

（二）胰蛋白酶的作用

胰蛋白酶可使细胞间的蛋白质水解，主要作用于与赖氨酸或精氨酸相连接的肽链，除去细胞间黏蛋白及糖蛋白，影响细胞骨架。传代时用胰蛋白酶使培养细胞离开所贴附的培养瓶表面，并分散成单个细胞。胰蛋白酶对细胞的分离效果与细胞的类型、特性和瓶壁表面特性有关。溶液中的 Ca^{2+}、Mg^{2+} 和血清会降低胰酶活力，所以配制胰酶时须用无 Ca^{2+}、Mg^{2+} 的 D-Hank's 液。

（三）注意事项

（1）胰酶受热易失活，所以尽量避免盛夏配制，并且在配制过程中温度应始终保持在 4℃左右。

（2）胰酶研磨要充分，否则在过滤时会将较大的颗粒过滤掉，不能达到真正的浓度。

（3）胰酶分装时尽量分装成多瓶，并遵守 3 次左右用完和只装 2/3 体积的原则。因为冷冻保存时体积会膨胀，而多次使用同一瓶胰酶反复冻融会降低消化效果并可能造成污染。

二、0.02％EDTA 的配制

称取 EDTA·2Na 200 mg，加无 Ca^{2+}、Mg^{2+} 的 BSS 至 1 L，酚红 15 mg，用 $NaHCO_3$ 准确调 pH 至 7.2。高压消毒灭菌（6.9×10^3 Pa，121℃，15 min），分装小瓶（每瓶 16 mL），于 4℃保存备用。

三、0.02％EDTA+0.25％胰蛋白酶（1∶1）混合液的配制

（一）配制

将 0.02% EDTA 和 0.25%胰蛋白酶 1∶1 等量混合。

（二）使用

（1）吸出培养瓶中的培养液，加入 0.02% EDTA 和 0.25%胰蛋白酶 1∶1 混合液，覆盖过细胞，37℃或室温作用 3~5 min。倒置显微镜下监视细胞状态，见胞质回缩，胞体变圆、细胞间隙变大时，立即终止消化。如消化过度，细胞则从瓶壁脱落，为防止细胞丢失，需离心分离。

(2) 吸出消化液，小心加入适量Hank's液洗一两次，终止消化作用，避免将细胞从瓶壁上冲下来。

(3) 吸出Hank's液后，加入适量培养液，用吸管轻轻吹打细胞使之脱落至培养液中，形成细胞悬液。

(三) 作用

EDTA是一种可螯合二价离子的化学试剂。由于一些组织，尤其是上皮组织，在生长过程中需要Ca^{2+}、Mg^{2+}维持组织的完整性，EDTA从细胞生存环境中夺取这些离子，形成螯合物，从而使细胞分离，对细胞毒性小。EDTA只用于消化传代细胞。胰蛋白酶和EDTA混合使用可提高消化效率，但需注意EDTA不能被血清中和，消化后要彻底清洗，否则细胞易脱壁，影响细胞生长。

思考题

常用的细胞消化液有哪几种？各有何特点？

技能单3　常用抗生素溶液的配制

【能力目标】

- 熟练掌握青霉素、链霉素（双抗）液、卡那霉素液、制霉菌素液的配制方法。
- 掌握抗生素溶液在细胞培养时的常用剂量。

【实验器材】

(1) 电子天平、细菌滤器。

(2) 移液器及配套枪头、盐水瓶。

(3) 青霉素、链霉素、卡那霉素、制霉菌素、Hank's液或三蒸水。

【实验内容及操作步骤】

一、青霉素、链霉素（双抗）液

（一）配制方法

用 10 mL Hank's 液或三蒸水溶解 100 万 μg 的链霉素（硫酸盐）。用 8 mL 链霉素（硫酸盐）液溶解 80 万 U 青霉素粉，即成每毫升青霉素 10 万 U、链霉素 10 万 μg 的母液。

（二）使用方法

使用时，在 100 mL 培养基内加母液 0.1 mL，则培养基内青霉素和链霉素的最终浓度为 100U/mL 和 100μg/mL。

二、卡那霉素液

（一）配制方法

取卡那霉素 5 万 μg溶于 50 mL 无菌 Hank's 液成原液，浓度为 1 000 μg/mL。

（二）使用方法

使用时，100 mL 培养液中加入原液 5 mL，浓度为 50 μg/mL 培养液。

三、制霉菌素液

配制方法

制霉菌素能干扰细菌细胞质膜的合成，因其不能溶于水，故只能制成 5 000 μg/mL 的悬液，使用时每 100 mL 培养基内加 0.5 mL 悬液，即 1 mL 营养内含 25 μg 的制霉菌素。配制的制霉菌素宜用小瓶分装，低温冰冻保存，用时每瓶一次用完。

第二节　细胞培养液

▶资料单

【知识目标】

- 掌握培养细胞的生长条件（营养需要及生存环境）。
- 掌握培养基的种类及主要的营养成分及其作用。

【教学内容】

一、培养细胞的生长条件

体外培养的细胞需要合适的环境和必需的条件才能生存、繁殖。细胞生长除了充足的营养条件外，还需要一个适应细胞生存的良好外环境，包括离子浓度、培养温度、酸碱度、渗透压和氧气环境等。

（一）细胞的营养需要

在组织培养技术发展的早期，多数细胞是于血浆或血纤维蛋白原凝块、或在组织提取物中生长的。经反复研究，现已证实，体外培养细胞与活体内的条件基本相同，需要一些基本营养物质及促生长因子等物质。

1. 基本营养物质

能进入细胞中被利用和参与细胞代谢活动的物质，称为营养物质。体外培养细胞生长所必需的一些基本营养物质与体内基本相同，包括氨基酸、维生素、糖类及一些无机离子，但需求的量以及代谢方式与体内不大一样。

氨基酸是组成蛋白质的基本单位，不同种类的细胞对氨基酸有不同的要求。所有细胞都需要 12 种基本氨基酸，细胞自身不能合成这些氨基酸，必须通过培养基供给，包括异亮氨酸、亮氨酸、胱氨酸、精氨酸、组氨酸、色氨酸、苏氨酸、蛋氨酸、赖氨酸、缬氨酸、酪氨酸及苯丙氨酸。这些氨基酸都是细胞用来合成蛋白质的原料。几乎所有的动物细胞对谷氨酰胺都有较高的需求，它不仅能促进各种氨基酸进入细胞膜，而且为核酸中的嘌呤和嘧啶提供氮来源，同时也是合成三、二和一磷酸腺苷时所必需的。

维生素是维持细胞生长的生物活性物质，在细胞中大多作为酶的辅酶，对细胞的代谢有很大的影响，其中有些是细胞培养必需的，如烟酰胺、叶酸、核黄素、维生素 B_{12}、泛酸、吡哆醇等。维生素 C 也不可缺少，尤其对具有合成胶原能力的细胞。但维生素 C 不很稳定，容易氧化，在长期培养中如何维持持久效应还在进一步研究。

糖类提供细胞生命活动的所需能源的最终来源，也是细胞合成蛋白质和核酸的碳源，主要有葡萄糖、核糖、脱氧核糖、丙酮酸钠等。它们不仅提供能源，也是充当合成某些氨基酸的原料。各种糖的吸收取决于它们进入细胞的能力，葡萄糖最强，半乳糖最弱。

另外，培养细胞的生长还需要 Na^{+}、K^{+}、Mg^{2+}、Ca^{2+}、P^{5+} 等基本的无机离子，它们都用于构成细胞的组成成分，并参与细胞的代谢。

2. 促生长因子等物质

体外培养细胞既需要上述基本营养物质，还需要促细胞生长因子等物质才能正常生长与繁殖。血清中含有多种细胞生长所需的物质，有利于多数细胞的存活和生长，如多肽血小板促生长因子（PDGE）具有促使成纤维细胞和胶质细胞分离增殖的作用。胰岛素能助细胞摄取氨基酸和葡萄糖，可能与细胞分裂有关。IGF1、IGF2 由于能与细胞表面的胰岛素受体结合，故有与胰岛素相同的作用。其他如成纤维细胞生长因子（FGF）、表皮生长因子（EGF）、内皮生长因子等也都有不同程度的特异性，它们或来源于组织，或来源于血清。部分有关的促细胞生长因子见表 2-3。

表 2-3 细胞生长调节因子

因子	别名或类型	主要来源	分子量或特性	参考使用浓度	说明
克隆刺激因子（CSF）	GM-CSF	人，重组	$(15.5\sim19.5)\times10^{3}$，取决于糖基化	10~20 ng/mL	刺激干细胞分裂及分化为粒细胞及巨噬细胞
克隆刺激因子（CSF）	GM-CSF	鼠，重组	$(14\sim21)\times10^{3}$，取决于糖基化	10~50 ng/mL	刺激鼠粒细胞及巨噬细胞
表皮生长因子（EGF）		鼠颌下腺	6.1×10^{3}	1~20 ng/mL	原代细胞特别是成纤维、上皮及胶质细胞有力的有丝分裂原
表皮生长因子（EGF）	β–尿抑胃素	人，重组	6.1×10^{3}	4 ng/mL	促进人二倍体细胞生长
成纤维细胞生长因子（FGF）		牛组织	$(16\sim18)\times10^{3}$	0.5~2.0 ng/mL	多种细胞的有力的有丝分裂原，能诱导胶原合成
成纤维细胞生长因子（FGF）		牛，重组	$(16\sim18)\times10^{3}$		多种细胞的有力的有丝分裂原，能诱导胶原合成

续表

因子	别名或类型	主要来源	分子量或特性	参考使用浓度	说明
成纤维细胞生长因子（FGF）		人，重组	17.5×10^3	1~3 ng/mL	多种细胞的有力的有丝分裂原，能诱导胶原合成
胰岛素样生长因子（IGF）	IGF I 或生长调节素 C	人，重组	7.6×10^3	1~50 ng/mL	刺激多种间充质细胞，活性似胰岛素，但为更有力的有丝分裂原
胰岛素样生长因子（IGF）	IGF I 或 II	哺乳动物的几乎所有组织和细胞	7.5×10^3	1~100 ng/mL	与 MSA（增殖刺激素）及生长调节素 A 同源，能替代某些细胞对胰岛素的需要
白细胞介素 LAF-1（IL-1）	LAF	人，白细胞	17.5×10^3 IL-1α 及 IL-1β 混合物	0.05~0.4 ng/mL	刺激很多类型细胞的生长及分化，激活 T 淋巴细胞
白细胞介素 -1（IL-1）	IL-1α	人，重组	17.0×10^3	50~400 pg/mL	刺激很多类型细胞的生长及分化，激活 T 淋巴细胞
白细胞介素 -1（IL-1）	IL-1β	人，重组	17.0×10^3	50~400 pg/mL	刺激很多类型细胞的生长及分化，激活 T 淋巴细胞
白细胞介素 -1（IL-1）	IL-1α	鼠，重组	17.5×10^3	0.01~0.4 ng/mL	激活鼠 T 淋巴细胞
白细胞介素 -2（IL-2）		鼠，重组	15×10^3	4~400 ng/mL	T 淋巴细胞的有丝分裂原
白细胞介素 -3（IL-3）		人，重组	15×10^3	5~10 ng/mL	促进粒细胞、巨噬细胞及其他类型细胞生长
白细胞介素 -3（IL-3）	BCSF- Ⅰ	鼠，重组	28×10^3	0.05~1 μg/mL	促进多种鼠细胞生长，促进 B 及 T 淋巴细胞激活及生长，刺激鼠 B 和 T 淋巴细胞，促进肥大细胞生长
白细胞介素 -4（IL-4）		人，重组	15.5×10^3	1~40 ng/mL	
白细胞介素 -4（IL-4）		鼠，重组	14.6×10^3	10~200 ng/mL	
白细胞介素 -5（IL-5）	BCGF- Ⅱ	鼠，重组	50×10^3	1~100 U/mL	促进 B 细胞激活及生长，嗜酸细胞激活因子
白细胞介素 -6（IL-6）	IFN-β_2	鼠，重组	26×10^3	1~10 ng/mL	杂交瘤的有丝分裂原并促进克隆生长
白细胞介素 -6（IL-6）	IFN-β_2	鼠，重组	26×10^3	1~50 ng/mL	杂交瘤的有丝分裂原并促进克隆生长
白细胞介素 -7（IL-7）	LP-1	人，重组	17×10^3	1~10 ng/mL	促进 B 和 T 细胞生长和分化
白细胞介素 -7（IL-7）	LP-1	鼠，重组	17×10^3	1~10 ng/mL	促进 B 和 T 细胞生长和分化

续表

因子	别名或类型	主要来源	分子量或特性	参考使用浓度	说明
白细胞介素-8(IL-8) 神经生长因子(NGF)	NAF 2.5S	人，重组 鼠，颌下腺	8.5×10^3 26.5×10^3	5~50 ng/mL 5~10 ng/mL	中性粒细胞的有力化学引诱剂，刺激神经细胞分泌活性及分化，纯化的多肽有较高活性但不如复合物稳定
神经生长因子(NGF)	7S	鼠颌下腺、蛇毒	130×10^3，高分子量复含物	5~10 ng/mL	与大的携带蛋白结合
血小板源生长因子（PDGF）		人，血小板	38×10^3	0.1~0.3 ng/mL	间充质和神经外胚层细胞的有丝分裂原
血小板源生长因子（PDGF） 转化因子(TGF)	TGF-β	人和哺乳动物血小板、血清人	26×10^3 25×10^3	1~4 ng/mL 0.1~5 ng/mL	由血小板分泌，促进间充质细胞在软琼脂中生长
转化因子(TGF) 转化因子(TGF)	TGF-α TGF-β_1	人，重组 人，重组/天然	7×10^3 25×10^3	1~20 ng/mL 2~5 ng/mL	与EGF30%同源并具有相似性质，促进间充质细胞生长，阻止上皮细胞生长
肿瘤坏死因子(TNF)	TNF-$\alpha\beta$	人，重组	36×10^3	5~250 ng/mL	对转化细胞有细胞溶解或细胞抑制效应，促进有些正常细胞的生长和分化
肿瘤坏死因子(TNF)	TNF-β	人，重组	18.8×10^3	0.05~50 ng/mL	对转化细胞有细胞溶解或细胞抑制效应，促进有些正常细胞的生长和分化
氢化可的松(He) 胰岛素		合成牛、胰	362.5×10^3 5.7×10^3	0.1~3.0 mol/L 1~200 μg/mL	促进细胞于生长表面伸展，对细胞代谢具多种刺激效应

资料来源：司徒镇强. 细胞培养，2004

（二）细胞的生存环境

体外培养细胞对环境条件的要求是比较敏感的。许多环境因素对动物细胞都有较大的影响。因此，为了使培养的细胞处于最适环境下，使细胞的生长、繁殖处在最佳状态，培养环境必须具有一定的物理化学特性，以及维持细胞的生存并增殖所要求的正常生理条件，其中包括温度、无污染环境、pH值及气相、渗透压等。

1. 温度

体外培养的细胞必须在适宜的温度中才能维持生长。不同种类的动物细胞对温度的要求并不完全一致。人和哺乳动物培养细胞的最适温度为35~37℃，偏离这一温度范围，将影响细胞的正常代谢及生长，甚至发生死亡；鸟类由于体温较高，故在38.5℃生长较好，在温度为36.5℃时，生长速度则减慢；而冷血动物细胞的培养则在接近该种动物理想体温上限的温度时生长较好。总的来说，培养细胞对低温的耐受力比对高温强，变温动物细胞对温度的耐受力较强，而恒温动物细胞对温度要求则比较严格。细胞的代谢随温度降低而减慢。温度降至冰点以下时，细胞胞浆结冰可以导致细胞死亡。因此，温度只要不低于0℃，细胞的代谢虽受到抑制，但伤害作用并不很严重；若将培养的细胞放在4℃数小时后，再置于37℃培养，细胞仍能继续良好的生长。一般来说，高温比低温对细胞的影响更为明显。当温度为25~35℃时，细胞的生长速度虽然很慢，但仍然能够生存，但将细胞置于高温中则不能忍受温度的升高。随着温度上升但不超过39℃时，细胞代谢强度与温度上升成正比；当细胞置于41~42℃中培养1 h时，细胞就会严重受损，但不致全被杀死，仍有可能恢复；当温度至43℃以上时，大多数细胞将会死亡。

2. 无污染环境

体外培养细胞生存的首要条件是保证无污染及无毒的环境。体内环境同样需要无毒、无污染，但由于体内存在着强大的免疫系统和解毒器官，从而保护细胞不受危害。当细胞被置于体外后，失去了对微生物和有毒物质的防御能力，凡与细胞直接接触者或间接接触者，若具细胞毒性，在培养过程中即可导致细胞死亡。因此，体外细胞培养技术特别强调无菌操作。组织取材、细胞分离、种殖、传代、孵育以及利用培养的细胞进行各种实验时，都必须在无污染环境中进行；培养所用的各种器具、液体以及其他用品都需严格消毒灭菌，以保证培养物不被污染。

3. 气相及pH值

适宜的气体环境是细胞生存的必需条件之一，与细胞生命活动密切相关的气体主要有O_2和CO_2，两者是以气体扩散方式进入培养液和培养物内的。多数细胞需要在有O_2条件下才能生长，它参与三羧酸循环，为细胞生长、增殖和合成各种成分提供能量。对大多数的细胞来说，O_2浓度在60%或以上为高氧环境，在1%~4%为低氧环境。高氧环境对细胞的毒性作用较大，可抑制细胞生长、增殖，减少细胞DNA合成，导致染色质异常等。有一些细胞在缺乏O_2的情况下，借糖酵解也可获取能量，但多数细胞缺O_2不能生存。

CO_2为细胞生长所需要，也是细胞代谢的产物，主要与维持培养基的pH值有直接关系。细胞代谢产生CO_2，不断释放进入培养液内，使培养液变酸，pH发生变动。因此，为了维持培养液pH的恒定，常在培养用液中加入$NaHCO_3$。大多数的细胞在pH 7.2~7.4范围生长最好，低于pH 6.8或高于pH 7.6可能对细胞有害，甚至蜕变或死亡。一般来说，细胞的生长在偏酸环境中比偏碱的环境有利。通常在培养液中加入一定量的磷酸盐（PBS），目的是为了使培养环境的 pH 在一定范围内保持相对稳定。

4. 渗透压

多数培养细胞对渗透压有一定范围的耐受性，耐受能力随细胞类型而异。原代培养细胞一般对渗透压的波动较敏感，而确立的细胞株、细胞系则耐受性较大。一般动物细胞适宜的渗透压范围为 260~320 mmol/L，人血浆渗透压约为 290 mmol/L，也可视为体外培养人类细胞的理想渗透压；鸡胚成纤维细胞为 275~325 mmol/L，鼠细胞渗透压在 320 mmol/L 左右。HEPEs 的加入、药物的溶解，以及酸碱中和等作用，均会影响渗透压。

二、培养液（基）

培养液或培养基的含义几乎相同，都是 medium。当它是粉剂（未用溶剂溶解），没有与其他溶液混合或者配成后本身就是固态时，称为培养基，而将粉剂配成液体后，多称为培养液。培养液中常常补加血清、抗生素等成分。无论是培养基或是培养液，都是维持体外细胞生存和生长的基本溶液，是组织细胞培养最重要的条件。

（一）天然培养基

最初完成体外细胞培养，都是采用天然培养基。天然培养基直接采用取自动物体液或从动物组织分离提取，包括各种动物的血清、水解乳蛋白等。其优点是营养成分丰富，培养效果良好；缺点是成分复杂，来源有限。实际工作中往往将天然培养基与人工合成培养液结合使用。

1. 血浆

早期的组织培养常将组织块生长于血凝块中，自 Harrison 1970 年首次使用血浆以来，曾被广泛应用。血浆不仅能提供较完备的营养，细胞在其中能存活并缓慢生长增殖相当长的时间，而且可用来支持培养组织块，优点是为培养细胞提供具有营养的支持结构，而且铺于玻璃表面有利于细胞粘着，在换培养液和再移殖培养过程中起保护作用，避免培养细胞不适应和受损，此外它还能使细胞周围形成局部集中的适应性培养液，缺点是易发生液化，目前已很少单独使用。一般使用禽类血浆，最常用的是鸡血浆，制备时选用生长 1 年左右的健康雄鸡，最好小于一岁。有三种采血方式：鸡翼静脉抽取、心脏取血以及颈动脉取血。采血时防止凝血，整个制备过程要特别注意保持无菌。鸡血浆制备的方法如下：

（1）干燥注射器先吸肝素少许，湿润针管内壁（注意肝素过量可以产生细胞毒性）；

（2）选择年幼的鸡，从鸡翼静脉处抽取血液；

（3）在有肝素液存在时，3 000 r/min，10 min 离心，取上清液分装入若干小瓶，低温冰箱保存备用，且全过程必须无菌操作。

2. 血清

血浆除去纤维蛋白原后得到血清。血清是天然培养基中最有效和最常用的培养成分。它含有许多维持细胞生长繁殖和保持细胞生物学性状不可缺少的营养成分，包括大分子的蛋白质和核酸等。血清在动物细胞生长培养基中起着多方面十分重要的作用，如能提供细胞生存、生长和增生所必需的生长调节因子，能补充基础培养液中没有或量不足的营养成分，而且还含有一些可供贴壁依赖型细胞在培养器皿表面贴附和铺展的生长基质成分，此外还提供载体蛋白，可结合维生素、脂质、金属离子等。载体蛋白还可使被结合的物质稳定或改变性质，在一些情况下，血清有某些中和毒性物质保护细胞不受伤害，而且给培养液提供良好的缓冲系统，另外还提供蛋白酶抑制剂，保护细胞免受死细胞释放的蛋白酶的损害。

但是，使用有血清培养液进行培养时也存在不少解决不了的问题，血清中存在不少有害于细胞生长和繁殖的物质，如补体、免疫球蛋白和一些生长抑制因子等，血清的成分不明确，影响对结果的分析，还有不同动物、不同批次的血清成分和活性差别较大，使得培养结果不稳定。此外，血清也是污染细胞的一个途径，它还是分离细胞代谢产物的一种障碍。尽管如此，血清仍然是培养液中最基本的添加物，尤其是在原代培养或者细胞生长状况不良时，常常会先使用有血清培养液进行培养，待细胞生长旺盛以后，再换成无血清培养液。

（1）血清的质量要求：优质血清，外观呈淡黄色，澄清透明，不溶血或少溶血，无杂质。血清中的补体成分对一些细胞可能有细胞毒性作用，购回的商品血清使用前需进行灭活处理，将血清解冻后，置水浴箱中加温到 56℃，孵育 30 min，以消除补体活性；灭活后颜色略深。未灭活的血清应保存在−20℃冰箱。为了避免反复冻融影响血清的生物活性，灭活后的血清可分装保存，使用时取小瓶解冻，在短时间内用完。

血清灭活后可能丢失某些成分，但灭活血清性质相对稳定，便于使用和保存。细胞培养用的血清必须保证无细菌、支原体、内毒素污染。血清总蛋白含量在 35~45 g/L，球蛋白含量不高于 20 g/L。球蛋白含量高，表示胎牛或孕牛感染，因此，球蛋白含量越低的血清，其质量越好。

（2）血清灭活处理步骤

① 选用与血清瓶同规格的对照瓶一个。

② 对照瓶内放入与血清等体积的水。

③ 温度预试：对照瓶内插入 2~3 支经挑选的温度汁（保证测试温度的准确性），放入水浴箱中，接通电源，调节温度控制钮，使温度计所示温度保持在 56℃。

④ 血清灭活：血清瓶与带温度计的对照瓶一齐放入水浴箱中，待温度计所示温度上升至 56℃时，定时 30 min。

⑤ 大瓶血清灭活后，进行分装。

⑥ 分装后，抽样做无菌试验，−70~−20℃保存。

(3) 使用血清注意事项。

① 实验者买到冰冻血清时，首先要观察血清融化后的颜色和清亮度，若颜色偏红，或色浅，或出现沉淀，表示血清质差或变质，应当退货。

② 血清冻融后的最上层无色透明，活力最差，分装前应将其摇匀。

③ 血清反复冻融使用，其效价下降又容易污染。

④ 长时间冻存的血清，一旦冻融后出现沉淀物，能抑制细胞生长，应将沉淀物弃去。

⑤ 若有条件，先购买少量几种批号血清，进行细胞生长曲线、细胞克降率检查，从而筛选出质量好的血清。

⑥ 为了使整个试验结果稳定，以便前后比较，应使用同批号血清。

(4) 血清的种类和来源：常用的血清有胎牛血清、新生牛血清或成年牛血清、小牛血清、人 AB 血清、马血清、鸡血清、兔血清、羊血清等。其中以胎牛血清质量最好，但来源困难，价格较贵。胎牛血清对许多细胞系有促生长作用，主要适用于细胞株的保藏及特殊娇贵的细胞株的体外培养。实验室常用小牛血清，小牛血清多从出生 10 d 内的小牛获得，价格较胎牛血清便宜，也适合许多种动物细胞原代和传代细胞培养。成年牛血清因价格便宜有时也用于培养，但一般是先用含有胎牛血清的培养液培养后，待细胞生长旺盛后，再转用含成年牛血清的培养液继续培养。因成年牛血清蛋白含量较高，降低了培养液的透明度，不利于细胞计数和形态学观察。马血清与胎牛血清联合使用，在神经细胞、PC12 细胞株等的培养中经常应用。人血清、鸡血清、兔血清一般用于同种细胞的特殊培养，如鸡血清可促进许多禽类细胞的生长。

体外培养一般很少自行制备血清，有些特殊实验的需要，可以自行制备血清，自制血清须进行血清质量检测。目前国内外均有很多厂家生产并销售小牛血清和胎牛血清，使用方便。商品化血清一般都经过质量检测，无细菌、无支原体、无病毒和内毒素。

(5) 血清制备和质量检测：不同动物血清的制备方法各不相同。下面以小牛血清的制备为例，列出几点在制备过程需要注意的事项：从出生一周以内的小牛颈动脉采血，首先注意采血和制备血清所用的器具须严密包装和严格地高压消毒。常用的器具包括取血瓶、取血玻璃插管或配 9 号针头的大号注射器、带盖试管、手术器械、滤器、血清瓶等，每头小牛可采血 1 500~2 000 mL，必须空腹取血，固定好体位，暴露好采血的部位。用苯扎溴铵（新洁尔灭）刷洗小牛的皮毛，再用碘酒、酒精消毒。取血部位的血管或心脏可用酒精消毒，切勿用碘酒消毒，因碘酒混入血清后，会影响血清的质量。整个采血过程中应当避免血与外界直接接触，以防微生物污染。取血瓶或试管内预先放置 30 mL 生理盐水湿润，便于血凝块和瓶壁分离和减少溶血。采血后，血瓶或试管室温下倾斜放置 2~4 h，待血液充分凝结后，移入 4℃冰箱过夜，让血清析出。次日吸取上清液，以 4 000 r/min，10 min 离心。收集上清液，即血清。血清用蔡氏过滤除菌，分装，细菌培养检查无菌后低温冰箱保存。使用前须经 56℃水浴内放置 30 min 灭活，以消除补体活性。

自制血清应进行质量检测。包括微生物检查合格（无细菌、真菌、支原体和病毒污染），物理性状和生化指标的分析，如 37℃时 pH 值范围、总蛋白含量、球蛋白的含量等。血清质量还应以细胞生物学方法检测，主要有 3 种方法：

① 细胞克隆率测定法：一般以悬浮生长的细胞为培养对象，按有限稀释法做克隆化培养，将不同批号的血清配制成不同浓度的培养基，细胞也稀释成不同浓度，接种到 96 孔板，每孔 200 μL，培养一定时间，统计有克隆生长的孔，计算出百分比，再与对照的标准血清相比较，就可看出不同批号血清间的区别。比较低的浓度，更能观察出血清质量间的细微差别。细胞克隆率在 70%以上的血清适用细胞的克隆培养（如单克隆抗体制备）。

② 促细胞生长试验：用促细胞生长试验测定该细胞的生长曲线，计算细胞群体倍增时间。

③ 连续传代培养测定法：一般要传代 6 次以上，将细胞培养于 3 个一定体积的培养瓶中，待测血清配制为 5%浓度，一般于第七天收集细胞，计数，取平均值，中间可以更换一次培养基。连续测试三个周期以上，观察细胞生长状况，并将每次的计数结果与标准血清的测试结果比较。

3. 胚胎浸出液

以往培养组织的培养基中常含有一些组织浸出液，通常是胚胎浸出液。胚胎浸出液是早期动物细胞培养中应用的天然培养基，如鸡胚浸出液、牛胚浸出液等。它的主要成分含有大分子核蛋白和小分子氨基酸，能促进细胞生长繁殖。近年来，由于合成培养基的不断改良和普遍应用，胚胎浸出液已逐渐被取代，仅用于某些特殊的需要。以下简单介绍鸡胚浸出液的制备方法：

（1）将正常受精的鸡卵放置于 37℃孵箱或恒温箱内孵化，保持空气流通，孵箱内放盛水器保持箱内一定的湿度，每日翻动鸡卵 1 或 2 次；

（2）经常在灯上检查鸡胚发育的状况，如发现血管不清晰等不良情况，应及时除去；

（3）将孵化了 9~11 d 的鸡卵浸于 95%酒精中 10~15 min，取出后置一小烧杯中，气室端朝上，气室端的蛋壳用碘酒和酒精棉球消毒；

（4）用消毒弯剪剪除气室端的蛋壳，小心剥离气囊膜和尿囊膜，用弯镊夹住鸡胚颈部，将几个鸡胚轻轻取出置于无菌平皿中；

（5）去除鸡胚眼睛、血块和卵黄，用 Hank's 液冲洗数次；

（6）将整个鸡胚彻底剪碎，加入等量 Hank's 液，置于组织匀浆器中研磨；

（7）置入注射器中，加压将组织液挤入离心管中，密封后置 37℃恒温箱中 30 min，待鸡胚组织中的营养成分浸出；

（8）3 000 r/min 离心 30 min，取上清液，用消毒玻璃小瓶分装，封口。于-20℃冰箱内低温保存，用前，解冻后再 2 000 r/min 离心 10 min，取上清液使用。

整个制备过程要保持无菌。注意小心剥离尿囊膜和鸡胚眼，后者有黑色素会使浸出液带黑色，同时对细胞有毒性作用。

4. 鼠尾胶原

胶原是细胞生长的良好基质，它能促进组织和细胞的附着，改善生长表面特性。胶原来源有大鼠尾腱、豚鼠真皮、牛的真皮和牛眼的水晶体等。实验室常用大鼠尾制胶原。鼠尾胶原为黏度较大的半透明液体，难以滤过除菌，应无菌操作制备胶原。

（1）鼠尾胶原的制备方法：

① 0.1%醋酸溶液，经 0.067 Mpa，10 min 高压灭菌备用；

② 250 g 体重大白鼠尾一条，置 75%酒精中浸泡 1 h；

③ 鼠尾置平皿中切成 1.5 cm 左右的小段，剥去毛皮，抽去尾腱；

④ 剪碎尾腱，浸泡在 150 mL 醋酸溶液中，置于 4℃冰箱内，间断振摇 48 h；

⑤ 4 000 r/min 离心 30 min（最好在 4℃条件下）；

⑥ 上清液分装小瓶，-20℃保存；

⑦ 残渣可再加 150 mL 醋酸液作用数小时后，离心收集保存。

（2）鼠尾胶原使用方法：

① 将鼠尾胶原均匀涂于器皿的细胞生长面，胶原量以不留液滴为度；

② 培养瓶用沾有氨水的消毒棉球消毒后置灭菌饭盒内；

③ 室温 2 h，氨气与鼠尾胶原作用，胶原凝固；

④ 用 BSS 液或基础营养液洗涤胶原表面后，再经细胞培养液浸泡过夜，37℃干燥备用。

5. 水解乳蛋白

水解乳蛋白是常用的一种天然培养基，同时也是应用较多的血清代用品。它是乳蛋白经蛋白酶和肽酶水解的产物，氨基酸含量较高，可用于许多细胞系和原代细胞的培养。

购买的组织培养基的水解乳蛋白为淡黄色粉末，易潮解结块，但不影响其质量，可以使用。水解乳蛋白溶液呈酸性。不同商家的水解乳蛋白在细胞的营养及促生长作用方面有所差异，表现在颜色、氨基酸含量和营养成分上。一般配制成 0.5%水解乳蛋白溶液，呈微酸性。

(1) 配制方法：称 0.5 g 水解乳蛋白粉末于烧杯中，用灭菌的 Hank's 液数毫升将其调制成糊状，最后用 Hank's 液定容至 100 mL，置室温下 1~2 h，并搅拌数次使完全溶解。用定性滤纸过滤，分装玻璃瓶中，6.895×10^4 Pa（10 btf/in^2）10 min 高压蒸汽灭菌，在 4℃冰箱内储存备用。

(2) 使用方法：将 0.5%水解乳蛋白在 37℃水浴中预温后，在无菌条件下，取 0.5%水解乳蛋白与合成培养液按一定比例混合（一般为 1:1 的体积比）即可用于培养。

（二）合成培养基

体外培养动物细胞虽已有近百年历史，但真正得以广泛应用和各种类型组织细胞大量体外培养的成功是由于适合细胞体外生长需要的合成培养基的问世。研究者模拟、借鉴细胞在体内生存生长的各种条件，设计出类似体内环境而适宜细胞在体外生存的各种培养基，但这种模拟不是被动和不加选择的，而是在体外反复实验和筛选、进行强化和重新组合后形成的人工合成的培养基。这种培养基在很多方面有天然培养基无法相比的优点，它给细胞体外培养提供了一个近似体内的生存环境，便于精密地测定培养的细胞与培养液内物质变化的情况，便于控制和调整实验设计并使培养条件标准化。

尽管现代的合成培养基成分和含量已经较为复杂，但仍然不能完全满足体外培养细胞生长的需要，在合成培养基中或多或少地要加入一定比例的天然培养基加以补充。目前多采用胎牛血清、小牛血清、马血清等，比例从百分之几到百分之几十不等，一般根据培养细胞的类型选择适合其生长的培养基。对于已建成的细胞系常选用建系过程中最初使用的培养基，这是选择培养基时必须考虑的原则。而对于新建立的细胞系，则通过选择和尝试使用几种培养基进行培养和比较，摸索各种培养条件。

1. 合成培养基基本成分

依据体内细胞生存的营养代谢的需求特点，设计合成培养基以适用细胞体外生存的需求。合成培养基的种类繁多，但一般都含有氨基酸、维生素、糖类、无机离子和一些其他的辅助物质。

(1) 氨基酸：合成培养基以必需氨基酸为主，这些氨基酸细胞不能自身合成，必须依靠培养液供给。非必需氨基酸则可通过细胞自身合成，或通过转氨作用由其他物质转化而来。培养液中含有必需氨基酸。几乎所有的细胞对谷氨酰胺有较高的要求，细胞需要谷氨酰胺合成核酸和蛋白质，谷氨酰胺缺乏可导致细胞生长不良甚至死亡。谷氨酰胺在溶液中是很不稳定的，在 4℃下放置 1 周可分解约 50%，故应单独配制，置-20℃冰箱中保存，用前加入培养液中。配制好的超过两周的培养基需要重新补加与原来含量相同的谷氨酰胺的量。此外，一般细胞仅能利用氨基酸的L型的同分异构体，D型氨基酸不能被利用。如果没有L型氨基酸，也可用DL混合型代替，所用的量应是L型的加倍。

（2）维生素：维生素是维持细胞生长的一种生物活性物质，细胞生长代谢中大多数的酶、辅酶是依靠维生素形成的。维生素分为水溶性和脂溶性两类。水溶性维生素有硫胺素、核黄素、泛酸、烟酸、烟酰胺、吡哆醇、吡哆醛、叶酸、生物素、胆碱、肌醇等。脂溶性维生素有维生素A、维生素D、维生素E、维生素K等。

（3）糖类：培养基中的碳水化合物包括葡萄糖、核糖、脱氧核糖等，主要提供细胞生长的能量，也参与合成蛋白质和核酸。

（4）无机离子：培养基除了平衡盐溶液中的钾、钠等无机盐，有些培养基还含有一些微量元素，如 Fe^{2+}、Zn^{2+}、Ca^{2+}、Cu^{2+} 等。它们积极参与细胞的代谢活动。

（5）其他成分：为了优化细胞生存环境，在较为复杂的培养液中还包括核酸降解物，包括嘌呤和嘧啶类、抗氧化剂如抗坏血酸、谷胱甘肽等。

2. 常用的合成培养基

目前合成培养基的可供选择的种类很多，据报道已有20多种，每种合成培养基最初都是为了培养某种细胞而设计的，但应用后发现其他细胞也可以生长或经改良也适合其他细胞的生长。目前较为常用的有以下几种：

（1）Eagle培养液：Parker等根据氨基酸和维生素等物质的生理含量制备出一种基本培养液，后来Earle与Gey等对来源于人的细胞株进行深入的研究后发现胞质内的氨基酸和维生素的含量比基本培养液中大1~5倍，而且其中谷氨酰胺等13种氨基酸和8种维生素是必需的，于是将这些物质的浓度调整至接近细胞质内含量的水平，1955年Eagle制成了最低必需的培养液，即MEM培养液。

BME和DMEM两种培养液是在MEM的基础上改良的，二者应用最为广泛。BME去除了MEM成分中的一部分必需的氨基酸，增添了一些非必需的氨基酸。这样可使培养液的透明度增加，更加易于观察培养的细胞，但在培养过程中要求隔天更换培养液一次。而DMEM是在MEM基础上增加了各成分的用量，分为低糖型和高糖型。高糖型含葡萄糖4 500 mg/L，低糖型含葡萄糖1 000 mg/L。高糖型适用于生长较快、附着性差，但又希望细胞不脱离原生长点的克隆培养，如神经细胞、肿瘤细胞等，采用高糖型的DMEM培养液效果较好。IMEM是在DMEM基础上增加了各种维生素的含量，并增添了金属铯、转铁蛋白和HEPES等成分。α MEM培养液的特点是加有核苷酸成分。Eagle最低必需培养基、Eagle MEM及衍生物培养基的成分与配方见表2-4。

表 2-4 Eagle 最低必需培养基，Eagle MEM 及衍生培养基 * 单位：mg/L

	Eagle MEM	基础培养基 Eagle（BME）	Dulbecco 改良的 MEM（DMEM）	α MEM**	Iscove 改良的 DMEM	Joklik MEM
氨基酸						
丙氨酸				25	25	
精氨酸	126.4	21	84	126.4	84	105
天冬酰胺				50	25	
天冬氨酸				30	30	
半胱氨酸				100		
胱氨酸	24	12	48	24	48	25
谷氨酸				75	75	
谷氨酰胺	292	292	584	292	584	294
甘氨酸			30	50	30	
组氨酸	42	15	42	42	42	42
异亮氨酸	52.5	26	104.8	52.5	104.8	52
亮氨酸	52.5	26	104.8	52.5	104.8	52
赖氨酸	73.06	36.47	146.2	73.1	146.2	72.5
蛋氨酸	14.9	7.5	30	14.9	30	15
苯丙氨酸	33.02	16.5	66	33.02	66	32
脯氨酸				40	40	
丝氨酸			42	25	42	
苏氨酸	47.64	24	95.2	47.64	95.2	48
色氨酸	10.2	4	16	10.2	16	10
酪氨酸	36.22	18	72	36.22		37.8
酪氨酸二钠盐					104.2	
缬氨酸	46.9	23.5	93.6	46.9	93.6	46
维生素和脂类						
抗坏血酸				50		
生物素		1		0.1	0.013	
偏多酸钙	1	1	4	1	4	1
氧化胆碱	1	1	4	1	4	1
叶酸	1	1	4	1	4	1
肌醇	2	2	7.2	2	7.2	2
菸酰胺	1	1	4	1	4	1
吡哆醛	1	1	4	1	4	1
核黄素	0.1	0.1	0.4	0.1	0.4	0.1
硫胺素	1	1	4	1	4	1
维生素 B_{12}				1.36	0.013	
胆固醇					0.02	
$CaCl_2$	200	200	200	200	165	
$Fe(NO_3)_3 \cdot 9H_2O$			0.1			

续表

	Eagle MEM	基础培养基 Eagle (BME)	Dulbecco 改良的 MEM (DMEM)	α MEM**	Iscove 改良的 DMEM	Joklik MEM
KCl	400	400	400	400	330	400
$MgSO_4 \cdot 7H_2O$	200	200	200	200		242.2
$MgSO_4$（anhyd）					97.67	
NaCl	6 800	6 800	6 400	6 800	4 505	6 500
$NaHCO_3$	2 200	2 200	3 700	2 000	3 024	2 000
$NaH_2PO_4 \cdot 2H_2O$	158	158	141.3	158.3	125	1 500
KNO_3					0.076	
$Na_2SeO_3 \cdot 5H_2O$					0.017 3	
其他						
腺苷				10		
胞嘧啶核苷				10		
脱氧腺苷				10		
脱氧胞嘧啶核苷				10		
脱氧鸟嘌呤核苷				10		
双氢链霉素						50
牛血清血蛋白					0.4	
葡萄糖	1 000	1 000	4 500	1 000	4 500	2 000
鸟苷				10		
HEPES					5 958	
硫辛酸				0.2		
青霉素						75 000 IU
酚红	17	10	15	10	15	10
丙酮酸盐			110	110	110	110
大豆脂					0.1	
胸腺嘧啶				10		
转铁蛋白					0.001	
尿嘧啶				10		

* 不同公司生产的同一种培养基其配方可能略有不同，欲知培养基的确切成分可向生产商作详细了解。一些培养基内含有抗生素，但大多数情况下，是在配制培养液时加入。

** MEM 培养基一般不含核糖或脱氧核糖核苷。

资料来源：Pollard et al.1997

（2） RPMI-1640：RPMI-1640 是由 Moor 等研究成功的，是一种富含营养成分培养基。最初主要用于人白血病细胞悬浮培养或单层细胞培养，开始的配方特别适合悬浮细胞的生长，主要针对淋巴细胞，后经过几次改良从 RPMI-1630、PRMI-1634，而至 RPMI-1640，现已广泛应用于哺乳动物细胞培养。它组成较简单，适应许多种类的细胞，包括正常的细胞和肿瘤细胞。目前 RPMI-1640 是最为广泛应用的培养基之一。表 2-5

表 2-5　RPMI-1640 培养基的成分　　单位：mg/L

成分名称	RPMI-1640 培养液（标准型）	RPMI-1640 培养液（无酚红）	RPMI-1640 培养液（含 HEPES）
Ca（NO_3）$_2$·4H_2O	100	100	100
KCl	400	400	400
$MgSO_4$	48.84	48.84	48.84
NaCl	6 000	6 000	5 850
$NaHCO_3$	2 000	2 000	2 000
Na_2HPO_4	800	800	800
Glucose	2 000	2 000	2 000
Glutathione（Reduced）	1	1	1
HEPES	–	–	5 958
Phenol Red	5	–	5
L-Arginine	200	200	200
L-Asparagine	50	50	50
L-Aspartic Acid	20	20	20
L-Cystine Dihydrochloride	65	65	65
L-Glutamic Acid	20	20	20
L-Glutamine	300	300	300
Glycine	10	10	10
L-Histidine	15	15	15
L-Hydroxyproline	20	20	20
L-Isoleucine	50	50	50
L-Leucine	50	50	50
L-Lysine Hydrochloride	40	40	40
L-Methionine	15	15	15
L-Phenylalanine	15	15	15+
L-Proline	20	20	20
L-Serine	30	30	30
L-Threonine	20	20	20
L-Tryptophan	5	5	5
L-Tyrosine Disodium，Dihydrate	29	29	29
L-Valine	20	20	20
Biotin	0.2	0.2	0.2
D-Ca Pantothenate	0.25	0.25	0.25
Choline Chloride	3	3	3
Folic Acid	1	1	1
i-Inositol	35	35	35
Niacinamide	1	1	1
P-Aminobenzoic Acid（PABA）	1	1	1
Pyridoxine HCl	1	1	1
Riboflavin	0.2	0.2	0.2
Thiamine HCl	1	1	1
VitaminB_{12}	0.005	0.005	0.005

资料来源：Moore，G.E. Gerner，R.E. and Franklin，H.A.（1967）A.M.A.，199，519.

列出几种不同 RPMI-1640 培养基的成分，不同目的的实验选择不同的培养液。

（3）其他常用的合成培养基：1950 年，Morgan，Morton，Parker 等人为了培养鸡胚细胞研制了 199 培养液，培养液的成分有 69 种之多，几乎包括了所有的氨基酸、维生素和一些核酸衍生物、葡萄糖、脂类、硝酸铁和 Earle 生理盐溶液。199 的组成成分虽多，但单独使用时只能维持细胞存活数天，加入血清后可以维持各类细胞成长。199 培养基的成分复杂，现在一般补加还原剂与辅酶，对氨基酸、脂类和维生素成分的种类作了修改，设计出更多的培养液配方。

此外，HAM 培养液是根据研制者 Ham 来命名的。1962 年，Ham 研究适合小鼠二倍体细胞克隆化的培养基，将其命名为 F-7，F-10 是在此基础上改良的，不但适应小鼠，对人类也同样适合。HAM F-12 是 1965 年研制的，这种培养基与其他培养基不同，它加入了一些微量元素和无机离子，如 Cu^{2+}、Zn^{2+}、Fe^{2+} 等，可以在加入很少血清的情况下应用，较利于培养细胞的分化，特别适合进行单细胞培养和克隆化培养。McCoy's 5A 培养基是一种肉瘤细胞设计的培养液，后来发现它特别适用于较难的细胞体外生存。表 2-6 列举了其他几种常用的培养基，目前各种合成培养基有几十种，多以上述几种为基础加以改良制成。有的培养液中含有一些不常用的成分，如酪氨酸、半胱氨酸、琥珀酸、硝酸钙等，根据实验的需要，也可以在定型的合成培养基基础上进行增减和选择。

表 2-6　其他常用的合成培养基　　单位：mg/L

成分名称	MEM	HAM F-10	HAM F-12	McCoy's 5A	199	L-15	Fischer's	Waymouth MB752/L
丙氨酸	8.9	9	9	13.36	50	225		
精氨酸	126	211	211	42.14	70		15	75
天冬酰胺	13.3	13.3	13.3	19.97	60			60
天冬氨酸	15	15.01	15.01	45.03		260		61
胱氨酸	31.3				26			15
半胱氨酸		35	35	24.24	0.11	120		61
谷氨酸	14.7	14.7	14.7	22.07	133.6			150
谷氨酰胺	292	146	146	219.15	100	300	200	350
甘氨酸	7.5	7.51	7.51	7.51	50	200		50
组氨酸	42	21	20.96	20.96	21.88	250		128
羟脯氨酸				19.67	10			
异亮氨酸	52	2.6	3.94	39.36	40	125	75	25
亮氨酸	52	13.1	13.1	39.36	120	125	30	50
赖氨酸	72.5	29.3	36.5	36.54	70	93	50	240
蛋氨酸	15	4.48	4.48	14.92	30	75	100	50
苯丙氨酸	32	4.96	4.96	16.52	50	125	67	50
脯氨酸	11.5	11.5	34.5	17.27	40			
丝氨酸	10.5	10.5	10.5	26.28	50	200	15	75
苏氨酸	48	3.57	11.9	17.87	60	300	40	40
色氨酸	10	0.6	2.04	3.06	20	20	10	40

续表

成分名称	MEM	HAM F-10	HAM F-12	McCoy's 5A	199	L-15	Fischer's	Waymouth MB752/L
酪氨酸二钠盐	51.9	2.61	7.78	26.1	57.66	373	74.6	
缬氨酸	46	3.5	11.7	17.57	50	100	70	65
氯化钙	185	44.1	44.1	132.43	265	186	91	120
硫酸镁	97.67	74.64		97.68	97.67	400	121	200
氯化钾	400	285	224	400	400	400	400	150
磷酸二氢钾	60	83				60		80
磷酸氢二钠	47.88	153.7	142.04					566
磷酸二氢钠				504	122		78	
氯化钠	8 000	6 800	7 100	6 460	6 800	8 000	8 000	6 000
生物素		0.024	0.007 3	0.2	0.01		0.01	0.02
氯化胆碱	1	0.69	13.96	5	0.5	1	1.5	250
肌醇	2	0.54	18	36	0.05	2	1.5	1
尼克酰胺	1	0.62	0.04	0.5	0.03	1	0.5	1
D-泛酸（半钙）	1	0.72	0.48	0.2	0.01			
吡哆醛	1	0.21	0.06	0.5	0.03		0.5	
吡哆醇				0.5	0.03			1
硫胺素	1	1	0.34	0.2	0.01	1	1	10
核黄素	0.1	0.38	0.04	0.02	0.01		0.05	1
抗坏血酸				0.56	0.05			17.5
维生素 B_{12}		1.36	1.36	2				0.2
对氨基苯甲酸				1	0.05			
叶酸	1	1.32	1.32	10	0.01	1	100	0.4
偏多酸钙						1	0.5	1
D-葡萄糖	1 000	1 100	1 802	3 000	1 000		1 000	5 000
酚红	11	1.3	1.3	11	21.3	10	5	10
丙酮酸钠		110	110			550		
次黄嘌呤		4.08	4.08		0.3			25
胸苷		0.73	0.73		0.03			
谷光甘肽（还原型）				0.5	0.05			150
碳酸氢钠	350	1 200	1 176	2 200	200			

3. 合成培养基的配制

合成培养基种类很多，所含成分不完全相同，配制方法有差异。总的原则是配制过程中要充分溶解每一种成分，避免出现沉淀。在合成培养基应用的最初几十年中，研究者们配制合成培养基都是按照培养基的配方，准备好各种用品，根据各种成分的不同性质，先分别配制成浓缩的母液，最后按不同的比例和一定的顺序将各组母液混合，配制成需要的培养液。该法不仅需购置大量各种各样的成分，且每种成分用量很少，很难控制和统一，配制过程中还要精确称量，顺序溶解，质量也难以保证。除需要配制特殊培养基外，现今绝大多数的合成培养基的生产已标准化、商品化，较为常用的培养基可在市场上购买。液体培养基，购回后直接或稀释后即可使用。用球磨、喷雾、冰冻制备的干粉培养基，对于培养细胞的生长，与传统方式制备的一样好，且成分稳定，便于储存、运输、价格便宜，一般按说明书，简单配制后就可使用。

（1）实验用品：滤器、微孔滤膜、磁力搅拌器、O_2、天平、烧杯、量筒、储存瓶、瓶塞、注射器、pH 计、$NaHCO_3$、培养基、三蒸水、胎牛血清或小牛血清、NaOH、HCl、青霉素、链霉素。

（2）配制方法：

① 取清洗干净的大烧杯 1 个，加入新鲜制备的三蒸水，加热至 15~30℃。

② 将干粉型培养基溶于欲配制液体总量 2/3 的三蒸水中，冲洗包装袋两次倒入培养液中，放入磁性搅棒并置于磁力搅拌器上充分搅拌，以确保培养基干粉充分溶解。

③ 按照产品包装说明的要求和实验需要补加 $NaHCO_3$ 和谷氨酰胺。

④ 加入抗生素：最终浓度为青霉素 100 U/mL（一般市售的青霉素为 80 万 U/ 瓶，将其溶解于 4 mL 三蒸水中，每升培养液中加入 0.5 mL；市售链霉素为 100 万 U/ 瓶，将其溶解在 5 mL 三蒸水中，每升培养液加入 0.5 mL）。

⑤ 加入所需浓度的经 56℃水浴灭活的胎牛（或其他）血清，补加三蒸水至体积 1000 mL。

⑥ 调整培养液 pH 值：一般情况下，市售干粉培养基溶解后，pH 都有一相对稳定的数值，但某些因素，例如配制液体使用的三蒸水、加入不同浓度的血清、采用 CO_2 加压过滤等，往往有可能使所配制液体的 pH 有所改变。因此，配制过程中，通常应强调采用新鲜制备的三蒸水并在加入血清后调整 pH 值，过滤除菌时采用 O_2 加压过滤。常规配制培养液时 pH 往往略偏碱，多采用 HCl 溶液进行调整，使用时可将预先配制的 HCl 溶液逐滴缓慢加入欲调整的偏碱的液体中并搅拌均匀，可用 pH 计或使用 pH 精密试纸观察，调整结果达到 pH 7.2~7.4。

⑦ 将上述溶液用过滤法除菌，所用滤器采用 0.22 μm 和 0.45 μm 滤膜各 1 张，常规高压灭菌消毒。

⑧ 将经过滤除菌的培养液分装于贴有标签的无菌储液瓶中，加盖瓶塞，加封 75% 酒精浸泡的玻璃纸，4℃存放。

（3）注意事项：

① 配制培养液以及调节培养液 pH 值所使用的 HCl 和 NaOH 等溶液均需新近制备的三蒸水，一般于配制当天制备，以保证水的纯度和质量。

② 配制培养基的各种器皿都应彻底清洗，烤干后备用。

③ 培养液配制过程中一般不需要加热助溶。

④ 培养液配制后应进行无菌试验，以检测培养液是否有污染。配制培养液所需血清的质量应保持稳定。一项实验应尽可能采用同一批号血清。

⑤ 每批次配制液体数量以使用两周左右为宜，以免时间过长造成营养成分损失。

（三）无血清培养基

目前，大多数动物细胞的体外培养，都不同程度地依赖血清等天然培养基成分。血清除了提供细胞生长的营养成分外，还能促进细胞 DNA 的合成，并含有细胞增殖所必需的生长因子。但由于血清成分非常复杂，存在许多未知因素，有时可能对一些要求较高的基础性研究的结果影响较大，掩盖培养细胞的潜在的生理功能。同时血清中也含有一定的细胞毒物质和抑制物质，对细胞有去分化作用，影响某些细胞功能的表达。此外，细胞生长因子、单克隆抗体的制备以及细胞分泌产物的研究，实验要求培养基内不应含有血清和其他天然培养基成分。20 世纪 70 年代初，有人指出血清中大部分蛋白质只能作为激素与生长因子等小分子物质的载体，这些小分子物质可直接加入培养基内。因而推测，血清并不是体外培养必不可少的。为了深入研究细胞生长发育、分裂繁殖以及衰老分化的生物学机制，人们开发研制了无血清培养基。无血清培养基，或称化学限制性培养基或化学成分明确的培养基。它不加动物血清，在已知细胞所需营养物质和贴壁因子基础上，在基础培养基中加入适宜的促细胞生长因子，保证细胞的良好生长。近年的实践表明，使用无血清培养基，细胞的生长速率和细胞密度及蛋白的表达水平都不亚于血清培养，甚至在某些方面超过血清培养，而这正是评价细胞培养基的几个重要的指标。此外在研究控制细胞生长和分化的调节机制中，对一致性和确定的条件要求，来自产物纯化的生物技术上的压力，世界范围的血清供应的逐渐紧张情况，以及严格的质量控制要求，都将迫使普遍地采用无血清培养基。

表 2-7 比较了有血清培养基和无血清培养基的优缺点。

表 2-7　两种培养基的优缺点比较

有血清培养基	无血清培养基
1. 存在批间差异，需要大量的验证工作。 2. 含促进生长的活性成分和抑制生长的成分，需测试才知对细胞生长的净作用。 3. 血清中蛋白含量超过 45 g/L，成分复杂，不下于 150 种，不利于下游的分离纯化。 4. 常被病毒和支原体污染。 5. 在产业化时难以建立 SOP，成本高。 6. 血清的来源可能受到来源地区的气候及牛群疾病影响而影响生产。 7. 保存和应用方便	1. 避免批间差异和不明的血清组分对细胞培养的影响。 2. 避免血清的外源性污染和对细胞毒性作用。 3. 使产品易于纯化，提高回收率。 4. 成分明确，有利于研究细胞的生理调节机制；可根据不同细胞株设计和优化出适合其高密度生长或高水平目的产物表达的培养基。 5. 适用的细胞系谱窄，对特定的细胞株有时需自己摸索新配方或最优条件。 6. 黏度小，细胞易受搅拌等机械因素的影响。

无血清培养基的设计有两种发展趋势：一是继续实验设计新的、适应较多种类细胞体外生长增殖的培养基；二是在生长因子研究等工作的基础上，在现在人工合成培养液内，补加一定的激素、生长因子等已知物质来支持细胞的生长增殖，大多数仍是采用合成培养基内补加各种成分的方法，补加成分主要有激素、生长因子、金属离子转移蛋白、细胞黏附蛋白、细胞结合蛋白、脂蛋白、脂肪酸、酶抑制剂和微量元素等。

无血清培养基也有不足之处，它成本较高，且各种细胞所需的无血清培养基的配方不完全相同，各种无血清培养基的针对性很强，一种无血清培养基仅适用于某一类细胞的培养。迄今，还没有一种对所有细胞通用的无血清培养基。总的来说，无血清培养基培养细胞时其生长增殖一般比较缓慢，而且过分的纯化可能也同时去除了一些保护性的、去毒的作用。

1. 基础培养基

基础溶液一般采用人工合成培养基。实验室最常用的是 HAM F-12 和 DMEM 以 1:1 体积比混合的培养液，加入 15 mmol/L HEPEs，1.2 g/L $NaHCO_3$ 后作为基础培养液，然后再添加其他成分。配制方法如下：

① 1.5 mol/L HEPEs 的配制：先称量 HEPEs 36 g，NaOH 3.3 g，加入三蒸水至 100 mL，然后过滤除菌，用小瓶分别按 10 mL 分装，于 4℃冰箱储存。

② DMEM 培养液的配制：称量 DMEM 粉剂 13.4 g 及 1.2g $NaHCO_3$，再量 1.5 mol/L HEPEs 10 mL，加三蒸水至 1.0 L，调节 pH 值至 7.2，过滤除菌。按 100~250 mL 分装，并于 4℃冰箱储存。

③ HAM F-12 培养液的配制：称量 HAM F-12 粉剂 10.6 g 及 1.2g $NaHCO_3$，同样也加入 1.5 mol/L，HEPEs 10mL，加三蒸水至 1.0 L，调节 pH 值至 7.2，过滤除菌。按 100~250 mL 分装，并于 4℃冰箱储存。

使用时将 DMEM 培养液与 HAM F-12 培养液按照 1:1 体积混合。现在已有商品化的 DMEM/F-12（1:1）混合培养基粉剂出售，其溶液配制按产品说明书进行。

特别需要强调的是，无血清培养基由于没有天然大分子物质那样能中和毒素、保护细胞，因而配制无血清培养基必须使用高质量的水。配制这些溶液的水必须是用石英玻璃蒸馏器经三次蒸馏所制备的水，或是用超净水净化装置制备的超纯水。而且，水应在配制溶液前新鲜制备，立即使用。这是无血清培养能否成功的关键因素之一。

2. 生长添加成分

无血清培养基是在合成培养基的基础上，引入成分完全确知或部分明确的血清替代成分，使培养基既能满足动物细胞培养的要求，又可有效地克服因使用血清所引发的问题。血清替代成分和种类很多，大致可分为激素和生长因子、结合蛋白、贴壁因子和扩展因子及低分子量营养因子四类（表 2-8）。

表 2-8 无血清培养基中主要添加成分及作用

种 类	例 子	主要成分作用
激素和生长因子	多肽类激素：胰岛素、生长激素、胰高血糖素等；甾体类激素：孕酮、氢化可的松、雌二醇等；多肽类生长因子：表皮生长因子、成纤维细胞生长因子、神经生长因子等	胰岛素促进对葡萄糖和氨基酸的利用，及糖元和脂肪酸的合成，对细胞的生长具有刺激作用。氢化可的松能促进细胞贴壁和细胞分裂，在某些情况下会抑制细胞生长和诱导细胞分化。生长因子对维持细胞体外培养生存、增殖和分化起调节作用
结合蛋白	如铁转运蛋白和白蛋白	铁转运蛋白与其受体及 Fe^{+3} 复合物结合使细胞获得微量元素铁，还具有生长因子的性质
贴壁和扩展因子	如纤黏蛋白、胶原、聚赖氨酸和昆布氨酸	纤黏蛋白和昆布氨酸促使细胞贴附伸展并影响细胞增殖和分化
低分子量营养因子	如微量元素、维生素和脂类等	微量元素能消除过氧化物酶和氧自由基对细胞的损害；维生素参与代谢，抗氧化等

补加何种营养成分，要由各实验室根据所培养细胞的种类而设定，没有完全统一的配方。为了满足细胞生长的需要及替代血清对细胞的保护作用一般需补加以下主要成分。

(1) 培养基质

主要目的是帮助细胞附着贴壁。目前常使用的培养基质主要包括有纤维连接素、多聚赖氨酸、胶原等。使用培养基质时可直接将之加入培养基中；或先将之涂布在细胞生长的底物表面上，以后者较为常用。

(2) 营养成分

主要目的是补加各种细胞生长所需物质以及已知血清中促进细胞生长的物质，比较通用的附加营养成分有：胰岛素、转铁蛋白、硒酸钠、孕酮以及腐胺等，胰岛素和转铁蛋白几乎是所有细胞株所必需的。上述前三种成分比较容易获得，且对许多种类细胞的生长有较大的促进作用。5 种较通用添加成分贮存液的配制方法如下：

① 10 mg/mL 转铁蛋白的配制：先称量人转铁蛋白 50 mg，加入含有 Ca^{2+}、Mg^{2+} 的 BSS 5 mL，然后过滤除菌，于–20℃冰箱储存。

② 2.5 mg/mL 胰岛素的配制：称量牛胰岛素 12.5 mg，再加入 0.01 mol/L 的 HCl 5 mL，经过滤除菌，并于 4℃冰箱储存。

③ 15 μmol/L 硒酸钠的配制：先称取硒酸钠 1.7 mg，加入 20 mL 三蒸水溶解，配制成 0.5 mmol/L 硒酸钠溶液，即为第一贮存液；取第一贮存液 0.15 mL，补加 4.85 mL 含 Ca^{2+}、Mg^{2+} 的 BSS 溶液，即配成了第二贮存液（15 μmol/L 硒酸钠溶液）。第一、第二贮存液都需置于–20℃冰箱保存。

因以上三种营养因子是无血清培养基最常用的补加成分，现已有三种成分混在一起的商品试剂出售，称 ITS，其浓度为 1.0 g/L，它含重组人胰岛素 50 mg/L、人转铁蛋白 5.0 mg/L、硒酸钠 5.0 μg/L。

④ 10 μ mol/L 孕酮的配制：先称取孕酮 3.145 mg，加入 10 mL 无水乙醇溶解，配制成 1 mmol/L 硒酸钠溶液，即为第一贮存液，取第一贮存液 0.05 mL，补加 4.95 mL 的 Hank's 溶液，即配成了第二贮存液（10 μmol/L 孕酮溶液）。第一贮存液置于 4℃冰箱保存，而第二贮存液则需置于–20℃冰箱保存。

⑤ 50 mmol/L 二氢盐酸丁二胺的配制：称量丁二胺 40.3 mg，加入 5.0 mL 的 Hank's 液溶解即可。

3. 酶抑制剂

对于贴壁生长的细胞而言，传代培养时仍需借助酶的作用，由于无血清培养缺乏对细胞的保护，残余的酶对细胞的损伤是十分严重的，因此酶抑制剂代替血清的保护作用，抑制长期的无血清培养基对细胞的某些特性改变。常用的酶抑制剂是 0.1%~0.5%的大豆胰酶抑制剂，一般可用基础培养液配制，过滤除菌后，置于–20℃冰箱保存。使用前可以在消化后加入，也可直接加入培养液中。

思考题

1. 影响细胞生长的因素有哪些？为什么？
2. 小牛血清在细胞培养中的作用？影响血清质量的因素有哪些？何谓维持液和营养液（完全培养基）？
3. 人工培养基常用的有哪些？各有何特点？

技能单 1　DMEM 培养液的配制

【能力目标】

- 熟练掌握 DMEM 细胞培养液的配制。

【实验器材】

（1）1 000 mL 锥形瓶、烧杯、玻璃棒、250 mL 或 500 mL 盐水瓶、胶塞、pH 试纸或 pH 计、孔径 0.22 μ m 的微孔滤膜、滤纸。

（2）去离子水、小牛血清、合成培养基 DMEM、青霉素、链霉素、$NaHCO_3$。

（3）超净工作台、灭菌不锈钢滤器。

【实验内容及操作步骤】

一、配方

DMEM 干粉	1 袋（1 000 mL 量）
$NaHCO_3$	3.7 g
L- 谷氨酰胺	0.2 g

二、合成培养液的配制

DMEM 培养液配制流程见图 2-1。

（1）将 DMEM 粉袋竖立轻弹，使袋中干粉下沉，剪开袋口，将干粉倒入 3 000 mL 三角瓶中。

（2）加入 1 000 mL 去离子水，快速旋转摇动三角瓶，或用磁力搅拌器搅拌一定时

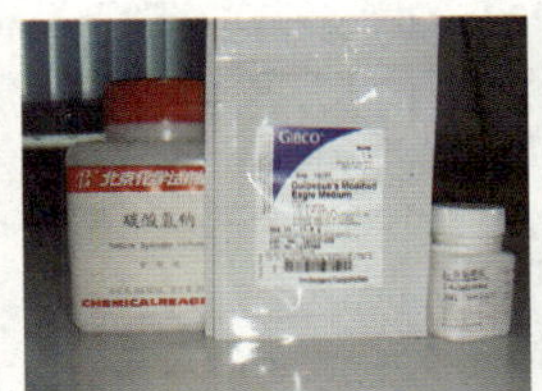

1. 原料

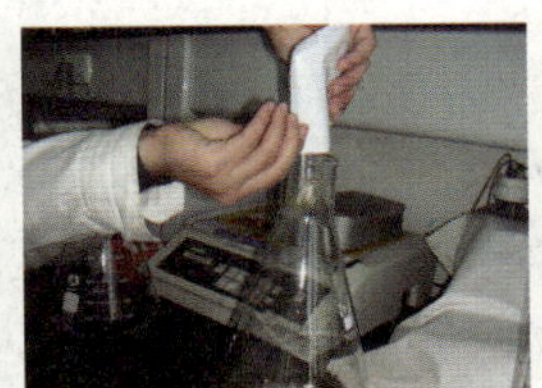
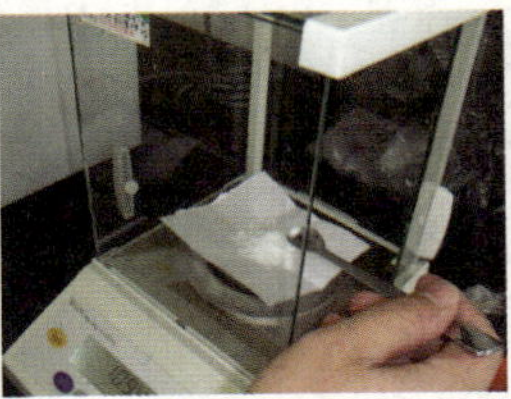
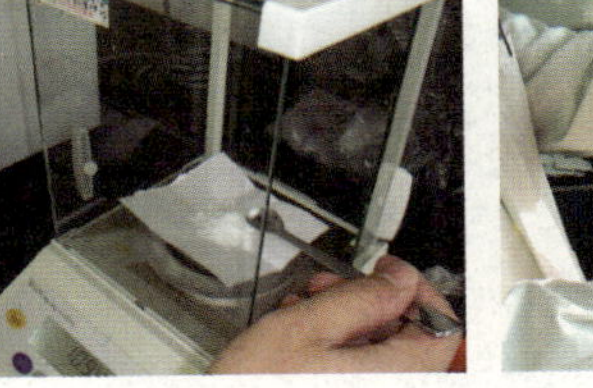

2. 将 DMEM 干粉、$NaHCO_3$、L- 谷氨酰胺入三角瓶，加水后充分振摇至完全溶化

3. 在超净台内装好过滤器

4. 加入 100 mL 去离子水

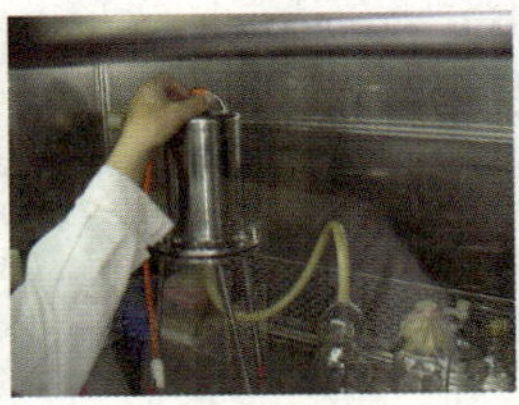

5. 拧紧上盖

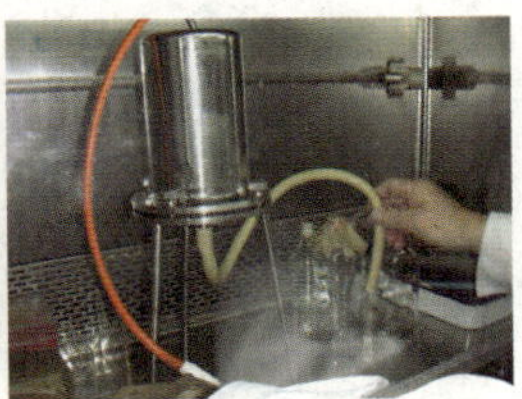

6. 加压过滤去清水

7. 加入 DMEM 培养液

8. 拧紧上盖

9. 加压过滤于盐水瓶

10. 分装后入 4℃冰箱保存

图 2-1 DMEM 培养液配制流程图

间使干粉培养基充分溶解。

(3) 称取 3.7g $NaHCO_3$、0.2g L- 谷氨酰胺加入三角瓶，充分振摇至完全溶化。

(4) 在超净台中安装好灭菌过滤器，对溶液进行滤过除菌，分装入 250 mL 或 500 mL 瓶中，瓶口用胶塞塞紧。

(5) 用塑料膜将瓶口封好，加皮筋扎紧，4℃冰箱储存备用，此为不完全 DMEM 液。

(6) 完全 DMEM 液的配制：基本培养基占 80%~90%，小牛血清占 10%~20%。按 1%体积分别加入双抗贮存液（青霉素 + 链霉素），使青霉素和链霉素的终浓度分别为 100 U/mL 和 100 μg/mL。

【实验说明】

(1) 组织培养使用的培养基一般是由合成培养基和小牛血清（或 BSA：牛血清白蛋白）配制而成。合成培养基有商品出售，它是根据细胞生长的需要按一定配方制成的粉状物质。其主要成分是氨基酸、维生素、碳水化合物、无机离子和其他辅助物质。它的酸碱度和渗透压与活体内细胞外液相似。小牛血清含有一定的营养成分，更重要的是它含有细胞生长所必需的生长因子、激素、贴附因子等，这是合成培养基所无法替代的。此外它还能中和有毒物质的毒性。故一般体外培养细胞时要加入一定量的小牛血清（10%~20%）。

(2) 去离子水一定要现制现用，如果放置一段时间，则使用前须高压处理(121.3℃ 20 min)。

(3) 因经过高压灭菌后，螺帽会有松动，安装过滤器时，要将滤器上的螺帽重新拧紧，以免过滤时液体从侧面流出。

(4) 过滤前先用 100 mL 左右的去离子水过滤以湿润滤膜，过滤后要检查滤膜是否完好无损，如滤膜损坏须重新过滤。

(5) 如培养液保存时间较长，则 L- 谷氨酰胺可在临用前配制过滤除菌后按所需量加入。

思考题

1. 试述谷氨酰胺在细胞营养中的作用？配液时应注意哪些问题？

2. 过滤时如果液体从滤器边缘流出，可能由什么原因引起？如何解决？

技能单 2　PRMI-1640 溶液的配制

【能力目标】

- 熟练掌握培养基 RPMI-1640 的配制方法。

【实验器材】

(1) 3 000 mL 锥形瓶、玻璃棒、量筒、250 mL 或 500 mL 盐水瓶、胶塞、pH 试纸、孔径 0.22 μm 的微孔滤膜。

(2) 盐酸、无离子水、小牛血清、合成培养基 RPMI-1640、青霉素、链霉素、$NaHCO_3$。

(3) 超净工作台、灭菌不锈钢滤器、磁力搅拌器。

【实验内容及操作步骤】

一、不完全 RPMI-1640 培养液配方

RPMI-1640 干粉	1 袋（1 000 mL 量）
L- 谷氨酰胺	0.29 g
$NaHCO_3$ 溶液	2.20 g
$HEPE_S$	2.39 g
去离子水	1 000 mL

溶解，过滤除菌，分装，–20℃保存。

二、合成培养液的配制

(1) 将 RPMI-1640 粉袋竖立轻弹，使袋中干粉下沉，剪开袋口，将干粉倒入 3 000 mL 三角瓶中。

(2) 加入 1 000 mL 去离子水，快速旋转摇动三角瓶，或用磁力搅拌器搅拌一定时间使干粉培养基充分溶解。

(3) 称取 2.20 g $NaHCO_3$、2.39 g $HEPE_S$ 加入三角瓶，快速旋转摇动充分溶解。

(4) 在超净台中安装好灭菌过滤器，对溶液进行滤过除菌，分装入 250 mL 或 500 mL 瓶中，瓶口用胶塞塞紧。

(5) 用塑料膜将瓶口封好，加皮筋扎紧，4℃冰箱或–20℃储存备用，此为不完全 RPMI-1640 液。

（6）完全 RPMI-1640 培养液的配制：不完全 RPMI-1640 培养液占 80%~90%，小牛血清占 10%~20%。按 1%体积分别加入双抗贮存液（青霉素 + 链霉素），使青霉素和链霉素的终浓度分别为 100 U/mL 和 100 μg/mL。

思考题

不完全 RPMI-1640 培养液与完全 RPMI-1640 培养液有何区别？在细胞培养技术中应用有何不同？

第三章　细胞培养的基本技术

随着现代科学的发展，组织细胞培养技术已被广泛应用于众多领域，其本身的新技术和新方法亦在不断出现。分析各种培养方法，其基本的技术是相似的。这些基本技术是从事培养工作的基础，熟悉和掌握了基本技术才有可能并易于学习和掌握其他方法。本章重点叙述常用的一些基本技术。

第一节　培养细胞的取材与分离

资料单

【知识目标】

- 掌握细胞培养时无菌操作的要求及意义。
- 掌握培养细胞取材的要求及方法。
- 掌握不同组织材料的分离方法。

【教学内容】

一、培养室内的无菌操作

由于体外培养细胞没有抗感染能力，因而防止污染是决定培养成功与否的首要条件。即便拥有设备完善的实验室，若实验者粗心大意，技术操作不规范，也会导致污染。因而，为在一切操作中尽最大可能地保持无菌，每一项工作都必须做到有条不紊和安全可靠。

（一）培养前准备

在开始实验前要制订好实验计划和操作程序，有关数据的计算要事先做好。根据实验要求，准备各种所需器材和物品，清点无误后将其放置在操作场所（培养室、超净台）内，然后开始消毒。这样可以避免开始实验后，因物品不全往返拿取而增加污染机会。

（二）培养室和超净台的消毒

无菌培养室每天都要用0.2%的新洁尔灭或2%~5%来苏儿拖洗地面一次（拖布要专用），紫外线照射消毒超净工作台30~50 min，每次实验前要用75%酒精擦洗台面，然后紫外线消毒30 min。在工作台面消毒时切勿将培养细胞和培养用液同时照射紫外线，消毒时工作台面上用品不要过多或重叠放置，否则会遮挡射线，降低消毒效果。一些操作用具如移液器、废液缸、污物盒、试管架等用75%酒精擦洗后置于台内同时用紫外线照射消毒。

（三）洗手和着装

进入无菌培养室原则上须彻底洗手并按外科手术要求着装，无菌服、帽子和口罩每次实验后都要清洗消毒。开始操作前要用75%酒精或0.2%新洁尔灭消毒手和前臂。如果实验过程中手触及可能污染的物品和出入培养室都要重新用消毒液洗手。平时仅做观察不做培养操作时，可穿经紫外线照射30 min的一般清洁工作服。培养室外最好准备几套这样的工作服，便于随时进入培养室穿用。

（四）无菌培养操作

为保证做到无菌，除实验中所用物品需事先消毒外，在实验中还需保持无菌操作。因此，在进行实验前，要点燃酒精灯，一切操作，如安装吸管帽、打开或封闭瓶口等，都应在火焰近处并经过烧灼进行。但要注意金属器械不能在火焰中长时间烧灼。烧过的器械要冷却后才能使用，如镊子应冷却后才能挟取组织，否则可能造成组织细胞损伤；已吸过培养液的吸管不能再用火焰烧灼，因残留在吸管内的培养液如蛋白质等烧焦后会产生有害物质，吸管再用时会将其带到培养基中。开启、关闭长有细胞的培养瓶时，火焰灭菌时间要短，防止因温度过高烧死细胞。另外胶塞、橡皮乳头过火焰时也不能时间过长，以免烧焦产生有毒气体，危害培养细胞。

工作台面上的用品要放置有序、布局合理，一般来说酒精灯在当中，右手使用的物品在右侧，左手使用的物品在左侧。工作忌忙乱而要有顺序。组织、细胞及培养板在未做处理和使用前，不要过早暴露于空气中，应分别使用不同吸管吸取营养液、PBS、细胞悬液及其他各种用液，不能混用。用吸管、注射器进行转移液体操作时，吸管、注射器针头不能触及瓶口，以防止细菌污染或细胞的交叉污染。培养瓶、培养液瓶不要过早打开，已开口者要尽量避免垂直放置以防止下落细菌的污染。放置吸管时管口向下倾斜，以防液体倒流入乳头内引起污染。

进行培养操作时，不要触及已消毒的器皿，如已接触，要用火焰烧灼或取备用品更换。面向操作台时勿大声讲话或咳嗽，以免喷出的唾沫把细菌等带入工作台面发生污染。

二、培养细胞的取材

人和动物体内绝大部分组织都可以在体外培养，但其难易程度与组织类型、分化程度、供体的年龄、原代培养方法等有直接关系。原代取材是进行组织细胞培养的第一步。

（一）取材的基本要求

（1）取好的组织最好尽快培养。因故不能及时培养，可将组织浸泡于培养液内，置于冰浴或4℃冰箱中。如果组织块很大应先将其切成长、宽1 cm以下的小块再低温保存，但时间不能超过24 h。

（2）取材时应严格无菌操作，用无菌包装的器皿或用事先消好毒的、带少许培养液的小瓶等便于携带的物品取材。取材过程中要尽量避免紫外线照射和接触化学试剂如碘、汞等。从消化道、周围有坏死组织等污染因素存在的区域取材时，为减少污染，可用含500~1 000 U/mL的青、链霉素BSS液漂洗5~10 min再做培养。

（3）取材和原代培养时，要用锋利的器械如手术刀片切碎组织，尽可能减少对细胞的机械损伤。

（4）对于血液、脂肪、神经组织、结缔组织和坏死组织，取材时要细心除去。修剪和切碎过程中，为避免组织干燥，可将其浸泡于少量培养液中。

（5）原代培养，特别是正常细胞的培养，应采用营养丰富的培养液，最好添加胎牛血清，含量为10%~20%为宜。

（6）一般来讲，胚胎组织较成熟个体的组织容易培养，分化低的较分化高的组织容易生长，肿瘤组织较正常组织容易培养。如无特殊要求，可采用易培养的组织进行培养，成功率较高。

（7）为了便于以后鉴别原代组织的来源和观察细胞体外培养后与原组织的差异性，原代取材时要同时留好组织学标本和电镜标本。对组织的来源、部位、包括供体的一般情况要做详细的记录，以备以后查询。

（二）不同组织的取材

1. 皮肤和黏膜的取材

皮肤和黏膜是上皮细胞培养的重要组织来源。一般皮肤黏膜主要取自手术过程中切除的部分组织；如特殊需要也可酌情单独取材。方法似外科取断层皮片手术的操作，但面积一般 2~3 mm^2 即可，这样局部不留疤痕。注意取材时不要用碘酒消毒。

皮肤黏膜培养多是以获取上皮细胞为目的，因而无论何种方法取材都不要切取太厚并要尽可能地去除所携带的皮下或黏膜下组织。如欲培养成纤维细胞则反之。皮肤、黏膜分布在机体外部或与外界相通的部位，故表面细菌、霉菌很多，取材时要严格消毒，必要时用较高浓度的抗菌素溶液漂洗。

2. 内脏和实体瘤的取材

人和动物体内所发生的肿瘤及各脏器是较常用的培养材料。内脏除消化道外基本是无菌的，但有些实体瘤有坏死并向外破溃者可能被细菌污染。内脏和实体瘤取材时，一定要明确和熟悉自己所需组织的类型和部位，要去除不需要的部分如血管、神经和组织间的结缔组织；取肿瘤组织时要尽可能取肿瘤细胞分布较多的部分，避开坏死液化部分。但有些复发性、浸润性较强的肿瘤较难取到较为纯净的瘤体组织，其肿瘤组织与结缔组织混杂在一起，培养后会有很多纤维细胞生长，给以后的培养工作增加困难。

3. 血细胞的取材

血液中的白细胞是很常用的培养材料，常用于进行染色体分析、淋巴细胞体外激活进行免疫治疗等。一般多采用静脉取血，微量时也可以从人指尖或耳垂取血。为防止凝血常用肝素抗凝剂，抗凝剂的量以产生抗凝效果的最小量为宜，量过大易导致溶血。肝素常用浓度为 20 U/mL，抽血前针管也要用浓度较高的肝素（500 U/mL）湿润。抽血时要严格无菌。

4. 鼠胚组织的取材

由于鼠胚组织取材方便，易于培养，且与人类相近，都属哺乳类动物，已成为较常用的培养材料。因为小鼠的毛中隐藏微生物较多，而且不易消毒，所以取材时更要注意无菌消毒。其无菌消毒一般采用以下方法进行：首先用引颈法杀死动物，然后将其整个浸入盛有 75%酒精的烧杯中 5 min，注意时间不能太长，以免酒精从口和其他孔道进入体内，影响组织活力。取出后放在消毒过的固定板上，用消毒过的图钉或大头针将其固定，然后用眼科剪和止血钳剪开皮肤，解剖取材。也可在酒精消毒后，在动物躯干中部环形剪开皮肤，用止血钳分别挟住两侧皮肤拉向头尾把动物反包，暴露躯干，然后再固定解剖取材。取好的组织要放置在另一干净的平皿中或玻璃板上进行原代培养操作。动物消毒后的操作宜在超净台内或无菌环境中进行。

5. 鸡胚组织的取材

鸡胚是组织培养经常被利用的材料。鸡胚成纤维细胞常用于禽类病毒的分离培养，进行疫苗的生产。一般使用的鸡胚可自行孵育。主要步骤为：精选新鲜受精鸡蛋，擦掉表面的脏物，置 37℃普通温箱中孵育，箱内同时放一盛水的容器以维持培养箱内的湿度。一般采用 9~12 d 的鸡胚，在这期间，每天翻动鸡蛋一次。于无菌条件下将蛋以气室（大头）向上放在一个蛋托上，碘酒、酒精消毒。用剪刀环行剪除气室端蛋壳，切开蛋膜，暴露出鸡胚，用钝弯头玻璃棒或小镊子伸入蛋中轻轻挑起鸡胚、放入无菌培养皿中，根据需要取材。

三、组织材料的分离

从动物体内取出的各种组织均由结合相当紧密的多种细胞和纤维成分组成，在培养液中，1 mm^3 的组织块，仅有少量处于周边的细胞可能生存和生长。若要获得大量生长良好的细胞，须将组织分散开，使细胞解离出来。另外有些实验需要提取组织中的某种细胞，也须首先将组织解离分散，然后才能分离出细胞。目前分散组织的方法有机械法和化学法两种，要根据组织种类所需和培养要求，采用适宜的手段。

（一）细胞悬液的分离方法

培养材料为血液、羊水、胸水和腹水等细胞悬液时，可采用离心法分离。一般用 500~1 000 r/min 的低速离心，时间约 5~10 min。如果一次离心样品量很多，时间可适当延长，但离心速度不能过大、时间不能过长，以免挤压细胞造成损伤甚至死亡。

（二）组织块的分离方法

1. 机械分散法（图 3-1）

应用对象：采用一些纤维成分很少的组织进行培养时，可以直接用机械方法进行分散，如脑组织、部分胚胎组织以及一些肿瘤组织等。可用剪刀剪切后用吸管反复吹打分散组织细胞，或将组织放在注射器内通过针头压出，但这一方法对组织损伤较大。较常用的是用注射器针芯挤压通过不锈钢筛网的方法。

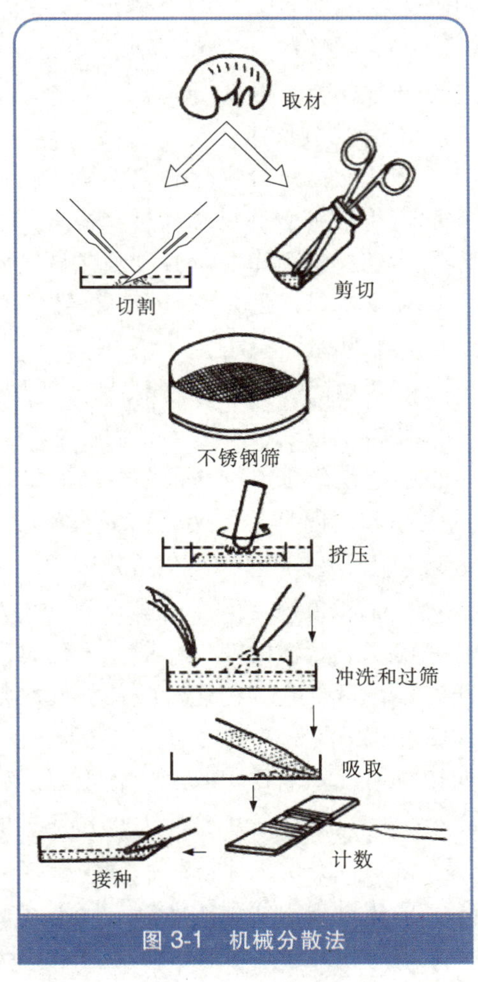

图 3-1 机械分散法

操作方法：将组织用 Hank's 液或无血清

培养液漂洗，然后将其剪成 5~10 mm³ 的小块，置 80 目孔径的不锈钢筛中；把筛网放在培养皿中，用注射器针芯轻轻压挤组织，使之穿过纱网；用吸管从培养皿中吸出组织悬液，置入 150 目筛中用上述方法同样处理；镜检计数被滤过的细胞悬液，然后接种培养。如组织过大，可用 400 目筛再滤过一次。

注意事项：机械分散组织的方法简便易行，但对组织细胞有一定的损伤，且仅能用于处理部分软组织，对硬组织和纤维性组织效果不好。

2. 剪切分离法

应用对象：在进行组织块移植培养时，可以采用剪切法，即将组织剪或切成 1 mm³ 左右的小块然后分离培养。

操作方法：首先将经修整和冲洗过的组织块（大小约为 10 mm³）放入小烧杯中，用眼科剪反复剪切组织至糊状；用吸管吸取 Hank's 液或无血清培养液加入到烧杯中，反复轻轻吹打片刻；低速离心去上清，剩下的组织小块即可用于培养。为避免剪刀对组织挤压损伤，也可以用手术刀或保险刀片交替切割组织，但操作较慢，不易切割很细。

3. 消化分离法

消化法是结合生化和化学手段把已剪切成较小体积的组织进一步分散的方法。以此法获得的细胞制成悬液可直接进行培养。消化作用可使组织松散、细胞分开，细胞容易生长，成活率高。各种消化试剂的作用机制各不相同，要根据组织类型和培养的具体要求选择消化方法和试剂。目前较为常用的消化试剂和方法如下：

（1）胰蛋白酶法

胰蛋白酶，是目前应用最为广泛的消化试剂。适用于消化细胞间质较少的软组织，如胚胎、上皮、肝、肾等组织。对传代培养细胞效果也很好。但对于纤维性组织和较硬的癌组织效果差。胰蛋白酶的消化效果主要与 pH、温度、胰蛋白酶的浓度、组织块的大小和硬度有关。胰蛋白酶浓度一般为 0.1%~0.5%，常用 0.25%。pH 以 8~9 较好，一般使用 pH 8，这样消化后残留的胰蛋白酶溶液不会对培养液的 pH 带来明显的变化。温度以 37℃最好，但在夏季室温 25℃以上对一般传代细胞也能达到消化效果。4℃时胰蛋白酶仍有缓慢的消化作用。消化时间要根据不同情况而定，温度低、组织块大、胰蛋白酶浓度低者，消化时间长，反之则相应减少时间。例如，消化 5 mm³ 的胚胎类软组织，以 0.25%胰蛋白酶，37℃下，20~30 min 即可。一般新鲜配制的胰蛋白酶消化力很强，所以开始使用时要注意观察。另外有些组织和细胞比较脆弱，对胰蛋白酶的耐受性差，因而要采用分次消化并及时把已消化下来的细胞与组织分开放入含有血清的培养液中，更换消化液后再继续消化。Ca^{2+} 和 Mg^{2+} 及血清均对胰蛋白酶活性有抑制作用，消化过程中使用的液体，应不含这些离子或血清；在消化传代细胞后，可直接加含血清培养液使其灭活，而不必再用 Hank's 液清洗。

消化方法：将组织剪成 1~2 mm^3 的小块；置入已事先放置有磁性搅棒的三角烧瓶内，再注入 3~5 倍组织量并预温到 37℃的胰蛋白酶；放在磁力搅拌器上进行搅拌，速度要慢一些。一般消化 20~60 min，也可以放入水浴或温箱中，但需每隔 5~10 min 摇动一次。如需长时间消化，可每隔 15 min 取出 2/3 上清液，移入另一离心管冰浴或离心后去除胰蛋白酶，收集沉淀细胞加入含血清培养液，然后再给原三角烧瓶添加新的胰蛋白酶继续消化。也可放入 4℃冰箱中过夜进行消化，消化完毕后将消化液和分次收集的细胞悬液通过 100 目孔径不锈钢网滤过，以除掉未充分消化的大块组织。离心去除胰蛋白酶，用 Hank's 液或培养液漂洗 1~2 次，每次离心 800~1 000 r/min，3~5 min。最后，细胞计数后，一般按 5×10^5~1×10^6 个 / mL 接种培养瓶。如果采用 4℃条件下的冷消化，时间可以长达 12~24 h。从冰箱取出离心后，可再添加胰蛋白酶，置于 37℃温箱中，继续温热消化 20~30 min，效果可能更好。

（2）胶原酶法

胶原酶对胶原的消化作用很强，它仅对细胞间质有消化作用而对上皮细胞影响不大。因此适于消化分离纤维性组织、上皮及癌组织，可使上皮细胞与胶原成分分离而不受损害。钙、镁离子和血清成分不会影响胶原酶的消化作用，因而可用 BSS 或含血清的培养液配制，这样实验操作简便同时提高细胞成活率。但胶原酶价格较高，大量使用将增加实验成本。胶原酶的常用剂量为 200 U/mL 或 0.1~0.3 μg/mL。

消化方法：将漂洗、修剪干净的组织剪成 1~2 mm^3 的小块；将组织块放入三角烧瓶中加入 3~5 倍体积的胶原酶，密封烧瓶；将烧瓶放入 37℃水浴或 37℃温箱内，每隔 30 min 振摇一次，如能放置在 37℃的恒温震荡水浴箱中则更好。消化时间 4~48 h，根据具体情况而定。如组织块已分散而失去块的形状，一经摇动即成细胞团或单个细胞，可以认为已消化充分。上皮组织经胶原酶消化后，由于上皮细胞对此酶有耐受性，可能仍有一些细胞团未完全分散，但成团的上皮细胞比分散的单个上皮细胞更易生长，因此，如无特殊需要可以不必再进一步处理；收集消化液（有时含个别较大组织块及没有充分消化的成分可以过 100 目不锈钢网过滤），离心去除上清，用 Hank's 液（也可用无血清培养液）漂洗 1~2 次，去除上清，加培养液制成细胞悬液，细胞计数，接种培养瓶。

（3）EDTA 法

EDTA 是乙二胺四乙酸的简称。EDTA 作用较胰蛋白酶缓和，适用于消化分离传代细胞。其主要作用在于能从组织生存环境中吸取 Ca^{2+}、Mg^{2+} 离子，这些离子是维持组织完整的重要因素。但 EDTA 单独使用不能使细胞完全分散，因而常与胰蛋白酶按不同比例混合使用，效果较好，常用 1:1 的 EDTA（0.02%）和胰蛋白酶（0.25%）混合液或 2 份 EDTA、1 份胰蛋白酶。EDTA 工作液的浓度为 0.02%，用不含 Ca^{2+}、Mg^{2+} 离子的 BSS 配制。

思考题

1. 你认为在对细胞进行培养操作时有何注意事项？
2. 不同的组织取材时有何不同？
3. 如何根据组织种类所需和培养要求，采用适宜的分离手段？
4. 常用的消化试剂和方法有哪些？各有何特点？

技能单 1　组织的剪切与消化技术

【能力目标】

- 掌握组织的取材和剪切方法。
- 掌握细胞的消化技术。
- 了解不同的消化方法对细胞消化的特点。

【实验器材】

（1）动物内脏器官。

（2）0.25%的胰蛋白酶、0.02% EDTA、1 份 0.25%的胰蛋白酶加 1 份 0.02% EDTA、Hank's 液。

（3）眼科剪刀、小镊子、平皿、细胞培养瓶或小三角瓶、水浴锅、毛吸管、倒置显微镜、细胞计数板、盖玻片、计数器。

【实验内容及操作步骤】

（1）无菌操作取出动物内脏，入灭菌平皿中，去除血管、神经和组织间的结缔组织。

（2）用 Hank's 液洗去血污。

（3）用眼科剪将组织剪成 1~2 mm^3 的小块。

（4）将剪成糊状的组织等量放入三个小三角瓶或细胞培养瓶中，往培养瓶中分别加等量消化液，即第一瓶中加入 0.25%的胰蛋白酶，第二瓶中加入 0.02% EDTA；第三瓶中 1 份 0.25%的胰蛋白酶加 1 份 0.02% EDTA。消化液的量以没过组织为度。

（5）将培养瓶放入 37℃水浴或温箱中，每隔 5~10 min 摇动一次，观察并记录不同消化液对同一组织的消化情况。

培养瓶	消化情况			
第一瓶（0.25%的胰蛋白酶）				
第三瓶（1 份 0.25%的胰蛋白酶				

思考题

1. 根据实验结果，你认为哪种消化方法较好，为什么？
2. 在消化实验中，你如何确认组织已消化充分？

技能单 2　细胞计数技术

【能力目标】

● 掌握细胞的计数方法。

【实验器材】

细胞培养液、0.25%胰蛋白酶溶液、5 mL 或 10 mL 吸管、吸耳球、血细胞计数板、毛吸管、倒置显微镜、计数器、盖玻片、移液器及配套枪头。

【实验内容及操作步骤】

(1) 准备计数板：用酒精清洁计数板及专用盖玻片，然后用绸布轻轻拭干。

(2) 观察血细胞计数板的结构：

计数板是一块特制的长方形厚玻璃板，板面的中部有 4 条直槽，内侧两槽中间有一条横槽把中部隔成二长方形的平台。此平台比整个玻璃板的平面低 0.1 mm，当放上盖玻片后，平台与盖玻片之间的距离（即高度）为 0.1 mm。平台中心部分各 3 mm 长，3 mm 宽，精确划分为 9 个大方格，称为计数室，每个大方格面积为 1 mm^2，体积为 0.1 mm^3。四角的大方格（见图 3-2），又分为 16 个中方格，适用于细胞计数。

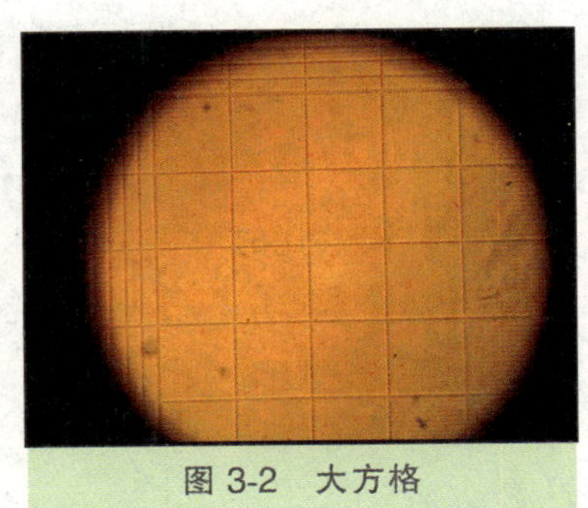

图 3-2　大方格

(3) 制备细胞悬液：用消化液分散单层培养细胞

或直接收集悬浮培养细胞，制成单个细胞悬液。本法要求细胞密度不低于 10^4 个 /mL，若细胞数很少，应将悬液离心（1 000 r/min，2 min），重新悬浮于少量培养液中。

（4）加样：将盖玻片放在计数板正中。用吸管轻轻吹打细胞悬液，取少许细胞悬液，在计数板上盖玻片的一侧加微量细胞悬液（见图 3-3），使细胞悬液借毛细血管现象而自动流入计数室内。加样量不要溢出盖玻片，也不要过少或带气泡。如滴入过多，溢出并流入两侧深槽内，会使盖玻片浮起，体积改变，影响计数结果，此时需用滤纸片把多余的溶液吸出，以深槽内没有溶液为宜；如滴入溶液过少，经多次充液，易造成气泡，应洗净计数室，干燥后重做。

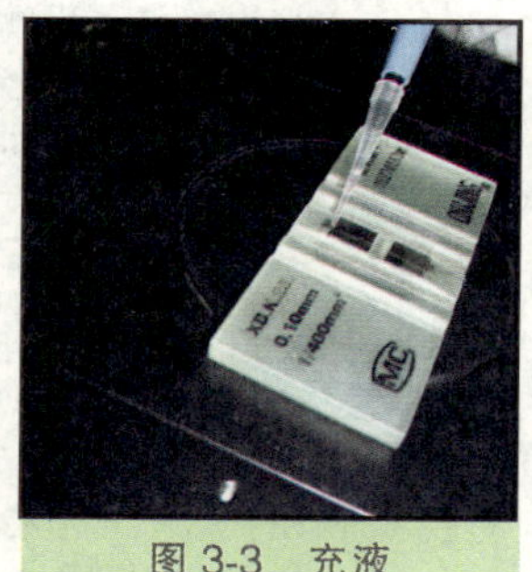

图 3-3　充液

（5）计数：在显微镜下，用 10×物镜观察计数板四角大方格中的细胞数（见图 3-4）。细胞压中线时，只计左侧和上方者，不计右侧和下方者。细胞培养液滴入计数室后，须静置 2~3 min，然后在低倍镜下计数。计数细胞时，数 4 个大方格的白细胞总数。计数时应循一定的路径，对横跨刻度上的细胞，依照“数上不数下，数左不数右”的原则进行计数。计数细胞时，如发现大方格的细胞数目相差 8 个以上，表示细胞分布不均匀，必须把稀释液摇匀后重新计数。

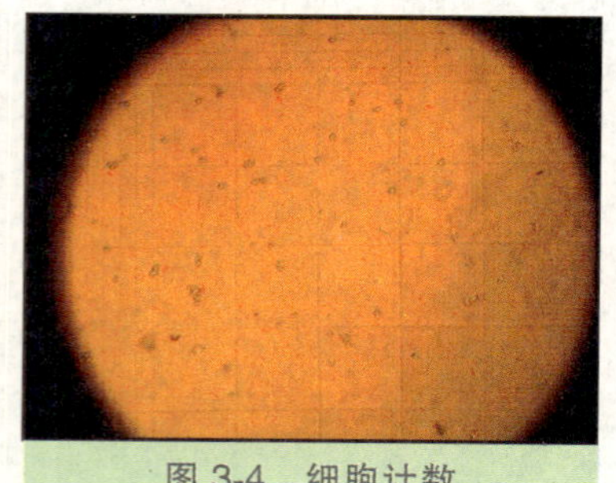

图 3-4　细胞计数

（6）计算：将计算结果代入下式，得出细胞密度。

细胞数 / 毫升原液 = (4 大格细胞数之和 /4)$\times 10^4$

【说明】

细胞计数法是细胞学实验的一项基本技术，在单克隆抗体制作的技术中，应用有限稀释法进行细胞克隆时，必须进行细胞计数；这也是了解培养细胞的生长状态，测定培养基、血清、药物等物质生物学作用的重要手段。常用的细胞计数有血球计数板计数法和电子细胞计数仪计数法。目前，已有多种实验型号的自动计数仪，其基本工作原理是，用电解液（磷酸盐缓冲液）适当稀释细胞悬液，移入样品杯中，将样品杯放置在计数仪微孔管下，计数仪吸取 0.5 mL 样品进行计数。被吸取的细胞穿过微孔时改变了流经微孔的电流，产生一系列脉冲信号，计数仪借以进行分类、计数。不同型号的计数仪其操作程序不尽相同，使用时应详细参照仪器说明书进行。

【注意事项】

（1）消化单层细胞时，务求细胞分散良好，制成单个细胞悬液。否则会影响细胞计数结果。

（2）取样计数前，应充分混匀细胞悬液。在连续取样计数时，尤其应注意这一点。否则，前后计数结果会有很大误差。

（3）镜下计数时，遇见 2 个以上细胞组成的细胞团，应按单个细胞计算。如细胞团占 10%以上，说明消化不充分；或细胞数每 10 mm^2 少于 200 个或每 10 mm^2 多于 500 个时，说明稀释不当，需重制备细胞悬液、计数。

思考题

在细胞计数的操作过程中，哪些因素可影响计数的准确性？

▶技能单 3　细胞密度换算

【能力目标】

- 了解细胞密度换算意义。
- 掌握细胞密度换算方法。

【实验器材】

计算纸、笔、计算器、移液器、吸头、小试管。

【实验内容及操作步骤】

（1）细胞密度换算意义

在细胞培养实验设计中，常根据设计需求制备一定量、一定浓度的细胞悬液，就涉及细胞密度换算问题。稀释错误将导致实验出现偏差。

（2）方法

细胞密度换算实际上仍根据溶液稀释公式，即溶液稀释前后溶质含量保持不变。

$$C_1 \times V_1 = C_2 \times V_2$$

式中：C_1、V_1 代表溶液稀释前的浓度和体积；C_2、V_2 代表溶液稀释后的浓度和体积。例如：欲配制 10 mL，10^6 个 /mL 的细胞悬液，现有 10^7 个 /mL 的细胞悬液若干毫升，应如何稀释？

已知：$C_1=10^7$/mL，$C_2=10^6$/mL，$V_2=10$ mL，求 V_1？根据上式得：

$V_1=C_2 \times V_2/C_1=10^6 \times 10/10^7=1$ mL

即取 10^7 个 /mL 的细胞悬液 1 mL，补加 9 mL 培养液，即成 10 mL、10^6 个 /mL 的细胞悬液。

（3）计算并配制

将原液作20倍稀释后，通过细胞计数，已知4个大方格的细胞数为140个，试计算原液中的细胞密度（细胞数 /mL 原液）；欲配制每 mL 含20个细胞的细胞悬液共6.5 mL，应将原液如何稀释？

提示：原液中细胞密度（细胞数 /mL）=（4大格细胞数之和 /4）$\times 10^4 \times 20$（原液稀释倍数）。

思 考 题

计算：将原液作100倍稀释后，通过细胞计数，已知4个大方格的细胞数为60个，试计算原液中的细胞密度（细胞数 /mL 原液）；欲配制每毫升含20个细胞的细胞悬液共6.5 mL，应将原液如何稀释？

第二节　原代培养

▶资料单

【知识目标】

- 掌握原代培养的概念及意义。
- 掌握原代培养常用的方法。

【教学内容】

原代培养也叫初代培养，是从供体取得组织细胞后在体外进行的首次培养。原代培养是建立各种细胞系的第一步，是从事组织培养工作人员应熟悉和掌握的最基本的技术。原代培养的细胞具有很多特点：组织和细胞刚刚离体，生物学特性未发生很大变化，仍具有二倍体遗传特性，最接近和反映体内生长特性，很适合作药物测试、细胞分化等实验研究。

原代培养是获取细胞的主要手段，但原代培养的组织由多种细胞成分组成，比较复杂，即使生长出同一类型细胞如成纤维样细胞或上皮样细胞，细胞间也存在很大差异。如果供体不同，即使组织类型、部位相同，个体差别也可以在细胞上反映出来。因而原代培养细胞部分生物学特征尚不稳定，如要做较为严格的对比性实验研究，还需对细胞进行短期传代后进行。原代培养方法很多，最基本和常用的有两种，即组织块法和消化法。

一、组织块培养法

（一）概述

组织块培养是常用的、简便易行和成功率较高的原代培养方法。即将组织剪切成小块后，接种于培养瓶。培养瓶可根据不同细胞生长的需要作适当处理。例如预先涂以胶原薄层，以利于上皮样细胞等的生长。如果原代细胞准备做组织染色、电镜等检查，可在做原代培养前先在培养瓶内放置小盖玻片，小盖玻片要清洗干净，在消毒前放置，并在放入组织块前预先用 1~2 滴培养液湿润瓶底，使之固定。组织块法操作简便，部分种类的组织细胞在小块贴壁培养 24 h 后，细胞就从组织块四周游出。但由于在反复剪切和接种过程中对组织块的损伤，并不是每个小块都能长出细胞。组织块法特别适合于组织量少的原代培养，但组织块培养时细胞生长较慢，耗时较长。

（二）步骤

（1）按照前述的培养细胞取材基本原则和方法取材、修剪，将组织块剪或切成 1 mm^3 小块（图 3-5）。在剪切过程中，可以适当向组织上滴加 1~2 滴培养液，以保持湿润。

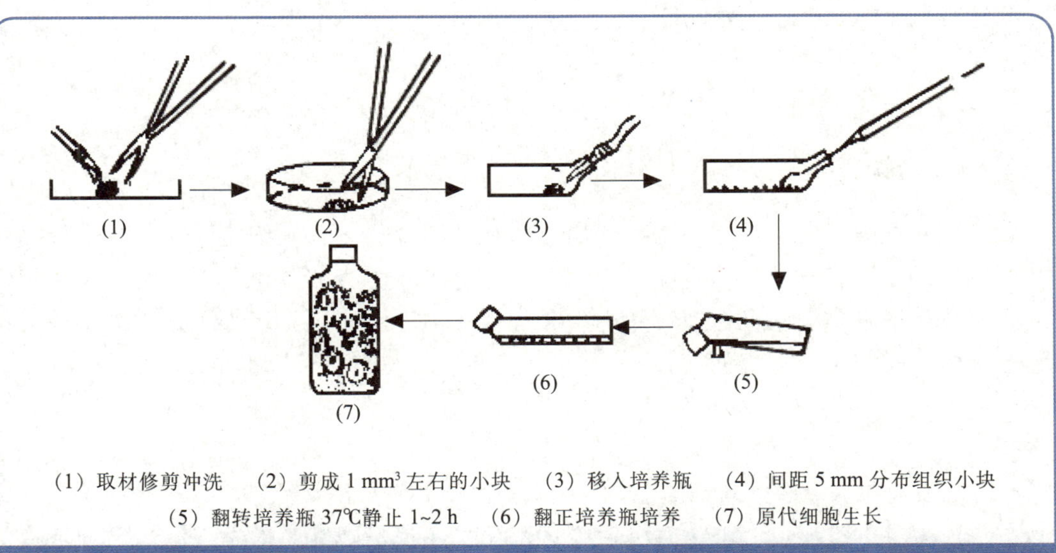

（1）取材修剪冲洗　（2）剪成 1 mm^3 左右的小块　（3）移入培养瓶　（4）间距 5 mm 分布组织小块
（5）翻转培养瓶 37℃静止 1~2 h　（6）翻正培养瓶培养　（7）原代细胞生长

图 3-5　组织块法原代培养

(2) 将剪切好的组织小块，用眼科镊送入培养瓶内。用牙科探针或弯头吸管将组织块在瓶壁上均匀摆置，每小块间距 0.5 cm 左右。量不要多，25 mL 培养瓶（底面积约为 17.5 cm^2）以 20~30 小块为宜。如果瓶内有盖玻片，其上也放置几块。组织块放置好后，轻轻将培养瓶翻转，让瓶底朝上，向瓶内注入适量培养液，盖好瓶盖，将培养瓶倾斜放置在 37℃温箱内。

(3) 放置 2~4 h，待组织小块贴附后，将培养瓶慢慢翻转平放，静置培养。这个过程动作要轻巧，让液体缓缓覆盖组织小块。严禁动作过快致使液体产生冲力使粘贴的组织块漂起而造成原代培养失败。若组织块不易贴壁可预先在瓶壁涂薄层血清、胎汁或鼠尾胶原等。

组织块培养也可不用翻转法，即在摆放组织块后，向培养瓶内仅加入少量培养液，以能保持组织块湿润即可。盖好瓶盖，放入温箱培养 24 h 再补加培养液。

（三）注意事项

组织块接种后 1~3 d，由于游出细胞数很少，组织块的粘贴不牢固，在观察和移动过程中要注意动作轻巧，尽量不要引起液体的振荡而产生对组织块的冲击力使其漂起。在原代培养的 1~2 d 内要特别注意观察是否有细菌、霉菌的污染，一旦发现，要及时清除，以防给培养箱内的其他细胞带来污染。

对原代培养要及时观察，发现细胞游出后要照像记录。原代培养 3~5 d，需换液一次，去除漂浮的组织块和残留的血细胞，因为已漂浮的组织块和很多细胞破片，含有有毒物质，影响原代细胞的生长，要及时清除。

二、消化培养法

（一）概述

这种方法采用前述的组织消化分散法，将妨碍细胞生长的细胞间质包括基质、纤维等去除，使细胞分散，形成悬液，易于从外界吸收养分和排出代谢产物，可以很快得到大量活细胞，细胞也在短时间内生长成片。本方法适用于培养大量组织，原代细胞产量高，但步骤烦琐、易污染，一些消化酶价格昂贵，实验成本高。

（二）步骤

(1) 按消化分离法收获细胞。

(2) 在消化过程中，可随时吸取少量消化液在镜下观察，如发现组织已分散成细胞团或单个细胞，则终止消化。通过孔径适当的筛网，滤掉组织块。大组织块可加新的消化液后继续消化。

(3) 已过滤的消化液 800~1 000 r/min 低速离心 5 min 后，去除上清，加含血清培养液，轻轻吹打形成细胞悬液。如果用胶原酶或 EDTA 消化液等，尚需用 Hank's 液或培养液洗 1~2 次后再加培养液，细胞计数后，接种培养瓶，置 CO_2 温箱培养。

某些特殊类型细胞如内皮细胞、骨细胞等需用特殊的消化手段和步骤进行。对悬浮生长的细胞如白血病细胞、骨髓细胞和胸水、腹水等含有癌细胞的材料可不经消化直接离心分离，或经淋巴细胞分离液等分离后直接接种进行原代培养。

三、器官培养

(一) 概述

器官培养是指从供体取得器官或器官组织块后，不进行组织分离而直接在体外一定的环境中培养，保持器官原有的细胞结构和联系并生存。器官培养的目的和技术与单层细胞培养不同。可利用器官培养对器官组织的生长、变化进行体外观察，并可通过改变外界条件来研究培养条件对器官组织的影响。器官培养主要强调器官组织的相对完整性，重点观察细胞正常联系和排列情况下，它们之间的相互影响和局部环境的生物调节作用。

(二) 器官培养的要求

(1) 需要特殊的培养条件：由于离体组织没有血液系统供给养分，要维持组织细胞的生长需要，营养和氧气仅能靠自然渗透来维持，为使器官组织生长正常，中心不发生营养缺乏性坏死，组织的厚度或直径不宜超过 1 mm。

(2) 器官组织内部细胞需要有足够的氧气渗入。一般采取两种方法：一是将器官组织块置放在培养基气液面，使其气体交换更容易；二是提高培养环境的氧分压，要根据组织类型而定，多数组织需较高氧分压，一般要加注纯氧，提高氧分压时，仍然需保持 5%的 CO_2，以维持培养液的酸碱平衡。

不同的器官培养，尚需一些特殊的条件，如某些生长因子、激素等。下面只介绍一种常用的基本方法。

(三) 方法

(1) 将不锈网做成支架形状，调整其高度至培养皿的 1/2 深度平面，在其表面放置 0.5 μm 孔径滤膜。

(2) 将培养液加入培养皿，使液面刚刚接触到滤膜，但不要使其浮起。

(3) 将要培养器官组织放在滤膜上，一般厚度不要超过 200 μm，水平面积不超过

10 mm^2，如组织为肝、肾等不能大于 1 mm^3。

（4）将上述准备好的培养物放入 CO_2 培养箱，并加注氧气调整氧分压，最好到 90%。

（5）培养过程中要注意观察培养液平面，尽可能保持在与滤膜一致的水平上。

（6）上述可进行器官培养 1~3 周，每 2~3 d 换液一次并根据情况做进一步实验和检测。

思考题

解释名词：原代培养，组织块培养法，消化培养法，器官培养法。

技能单 1　鸡胚原代细胞的培养

【能力目标】

- 了解鸡胚的发育过程。
- 掌握鸡胚原代细胞制备及培养技术。

【实验器材】

（1）D-Hank's、Hank's 液、含 10%~20%血清的细胞培养液、0.25%胰酶、9～12 日龄鸡胚。

（2）超净工作台或生物安全柜、细胞培养瓶、吸尔球、碘酊棉、酒精棉、灭菌吸管、平皿、毛吸管、离心管、剪刀、小镊子、CO_2 培养箱、倒置显微镜、计时器、水浴锅、离心机。

【实验内容及操作步骤】

一、鸡胚的孵育

受精鸡胚放在蛋托上，大头朝上，入温箱培养。在温箱底部放上一盘水，将温度调至 37.8℃即可。

二、鸡胚的发育过程

（1）观察方法：将 9~12 日龄的鸡胚取出，放入平皿中进行观察（图 3-6）。

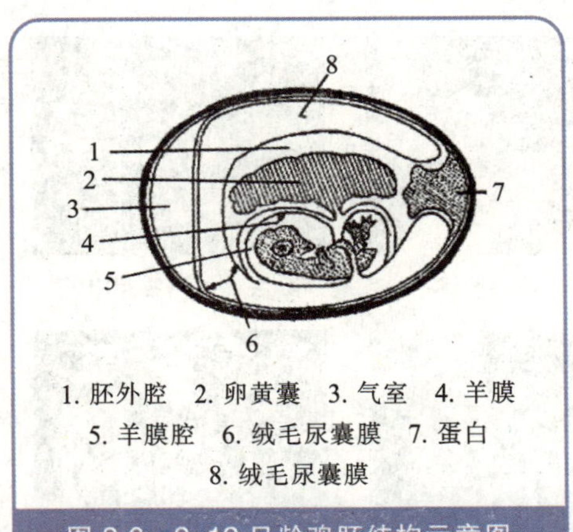

1. 胚外腔 2. 卵黄囊 3. 气室 4. 羊膜
5. 羊膜腔 6. 绒毛尿囊膜 7. 蛋白
8. 绒毛尿囊膜

图 3-6 9~12 日龄鸡胚结构示意图

(2) 鸡胚的发育：要采用鸡胚进行细胞培养时，应对鸡胚的发育有一个初步了解。鸡胚的发育是由受精卵开始的，它在通过输卵管时，已开始分裂，当产卵时已在卵黄上部形成一层细胞，名为胚盘，在适宜的条件下胚盘继续分裂生长。在发育过程中由卵黄和卵白中获取养料和水分，由于胚体与卵黄分开的缘故，胚胎只通过卵黄带与卵黄相连。发育的早期形成三个胚层，即外胚层、中胚层和内胚层，由此形成胚胎的各个器官和组织。一般孵育至第 3 d 出现尿囊，为直肠腹侧部分的膨出物，尿囊膜是由内胚层和中胚层构成的。至第 4~5 d 胚体为羊膜、尿囊膜及绒毛膜层包被。羊膜系由外胚层和中胚层组成，开始时紧贴于胚体上，后来腔内逐渐充满羊水。尿膜在生长发育的过程中，与绒毛膜相连而成绒毛尿囊膜，此膜为三层细胞组成。外层为外胚层，内层为内胚层，中间为中胚层细胞，其中血管甚多，有两条主动脉自卵黄囊延伸到此膜中，与此并行有两条主静脉，汇流成一较大的尿囊静脉。绒毛尿囊膜系鸡胚的呼吸器官，位于壳膜之内。此膜生长发育很快，第 10 d 已包围了整个鸡胚，此时鸡胚已出现羽毛，呼吸道的发育在第 12~15 d 之间出现。胚胎体积逐渐增大时，胚胎腔外体液亦日趋减少，孵出小鸡时已无胚胎腔外体液。在发育早期，尿囊液及羊水的成分与生理盐水溶液相差无几，12 d 后羊水的蛋白含量及黏稠度增加，尿囊腔积累了肾脏的排泄物，因此，在 12 d 或 13 d 后，尿囊液由于尿酸盐的存在，使原来透明的液体呈现混浊。尿囊液的酸碱度在 7~12 d 期间呈弱碱性，在孵育的末期为 pH 6.0。6~13 d 鸡胚羊水的平均量为 5~10 mL，至 13 d 有时可达 10 mL。卵白的水分在发育的最初 7 d 中转移到卵黄囊内，在第 16 d 卵白转入羊水腔为胚胎所吞食。卵黄在发育时逐渐为一层细胞所包围，自 12 d 以后卵黄逐渐干燥，在孵出之后 24~48 h，整个卵黄囊被吸入小鸡腹腔内，供雏鸡出生后最初几天的营养。

三、操作步骤

鸡胚原代细胞培养流程见图 3-7。

(1) 消毒：9~12 日龄的鸡胚 2~3 个人超净工作台中，大头（气室）朝上放置，先碘酊棉后酒精棉消毒气室部位。

(2) 取鸡胚：用镊子剥去气室部蛋壳膜，撕开尿囊膜及羊膜，轻轻夹起鸡胚入无

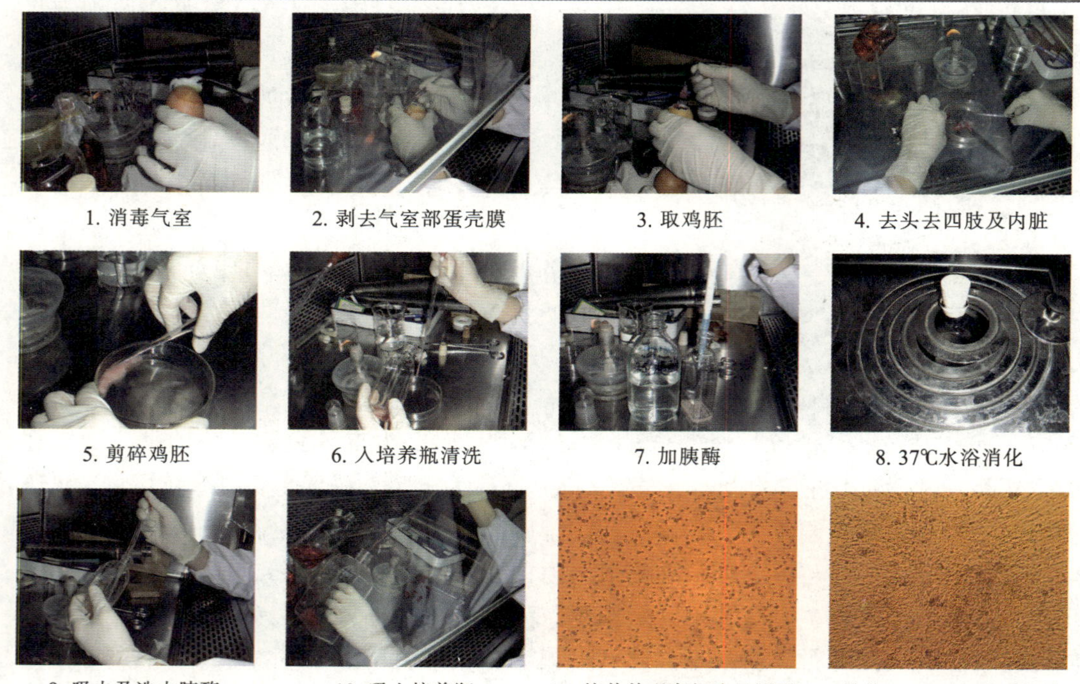

1. 消毒气室　2. 剥去气室部蛋壳膜　3. 取鸡胚　4. 去头去四肢及内脏
5. 剪碎鸡胚　6. 入培养瓶清洗　7. 加胰酶　8. 37℃水浴消化
9. 吸去及洗去胰酶　10. 吸入培养瓶　11. 培养前观察细胞呈圆形　12. 培养 2~3 d 后细胞呈长梭形

图 3-7　鸡胚原代细胞培养流程图

菌平皿中，无菌操作去头，去四肢及内脏，用 D-Hank's液洗 2~3 次，洗去红细胞，吸去液体。

（3）剪碎鸡胚及清洗：用小剪刀将鸡胚反复剪碎成泥状，加 D-Hank's 液，吸入细胞培养瓶，稍静置，让组织下沉，吸去液体。用 D-Hank's 液洗 2~3 次，吸去液体，以去掉红细胞等。

（4）加胰酶：根据组织的多少加入 0.25%胰酶，胰酶的量以将组织块浸泡在胰酶中为度，一个鸡胚加 0.25%的胰酶 4~5 mL。

（5）消化：用胶塞封紧，轻摇均匀，置 4℃冰箱静置过夜或 37℃水浴消化 1 h。

（6）洗去胰酶：消化完毕，吸出胰酶，用 Hank's 液或 PBS 洗 3 次以洗去胰酶，吸去洗液。洗时注意轻摇，如猛烈摇动，会将组织块摇散，吸去洗液时，容易将细胞吸去。也可在最后一次，加入小试管 1 000 r/min 离心 5 min，去上清液，用营养液将细胞洗出，入培养瓶中。

（7）计数培养：加入适量的完全培养液（10~20 mL），用吸管反复吹打成细胞浓度细胞悬液，用细胞计数法，计算每毫升营养液中的细胞数，根据所计算的细胞数，将

原液稀释成 10^6 个 /mL。将稀释好的细胞悬液接种培养瓶，一般 200 mL 培养瓶，放 15~20 mL 培养液，节约时可放 10 mL 培养液，培养液的量以覆盖瓶底为度。

(8) 放入 37℃、5% CO_2 温箱培养。培养时，培养瓶的盖不要拧得太紧，以不会往下掉为度，以便 CO_2 进入。培养 1~2 d 后长成单层细胞，即可应用，这就是鸡胚原代细胞。

【实验注意事项及说明】

(1) 全部操作过程在无菌条件下完成。

(2) 放入 5% CO_2 温箱培养的目的是 5% CO_2 能调节培养瓶中的 pH，使之在一个星期或更长时间 pH 保持不变。

思考题

1. 为何要制作鸡胚原代细胞?
2. 通过观察，说说鸡胚原代细胞的生长特点。

技能单 2　小鼠胎儿细胞的原代培养

【能力目标】

- 掌握动物细胞培养中的无菌操作技术。
- 为后续试验如细胞传代培养、细胞纯化和冷冻保存等实验提供材料。
- 掌握细胞原代培养中常用的组织块培养法和消化培养法的操作要领。

【实验器材】

(1) 妊娠 10~14 d 的小鼠。

(2) 75%乙醇、Hank’s 培养液、DMEM 培养液（含 10% FBS 和抗生素）、1 份 0.25%胰蛋白酶加 1 份 0.02%乙二胺四乙酸二钠。

(3) 超净工作台、倒置显微镜、CO_2 培养箱、离心机、高压消毒锅、电热干燥箱、酒精灯、分析天平、吸管（弯头和直头）和胶帽、25 mL 卡氏培养瓶、60 mm 无菌培养皿、烧杯（100 mL），眼科剪、普通手术剪、手术镊、肾形解剖盘、不锈钢筛（100 μm）、离心管（10 mL）、计数板和手动计数器。

【实验内容及操作步骤】

一、组织块培养法

(1) 取材（图 3-8）：将妊娠 10~14 d 的母鼠用引颈法处死，然后将其整个浸入盛有 75%乙醇的烧杯中 5 s，取出后放入已经消毒的肾形解剖盘中，用普通手术剪、手术镊在动物躯干中部环形切开皮肤，并将两侧皮肤分别拉向头尾把动物反包，暴露躯干。用眼科剪、眼科镊切开动物腹肌和腹膜，并取出含有胎儿的两侧子宫放入 60 mm 培养皿中，剖开子宫体，取出胎儿，在 Hank’s 液内洗去血液、羊水、胎膜等杂物后放入另一培养皿。

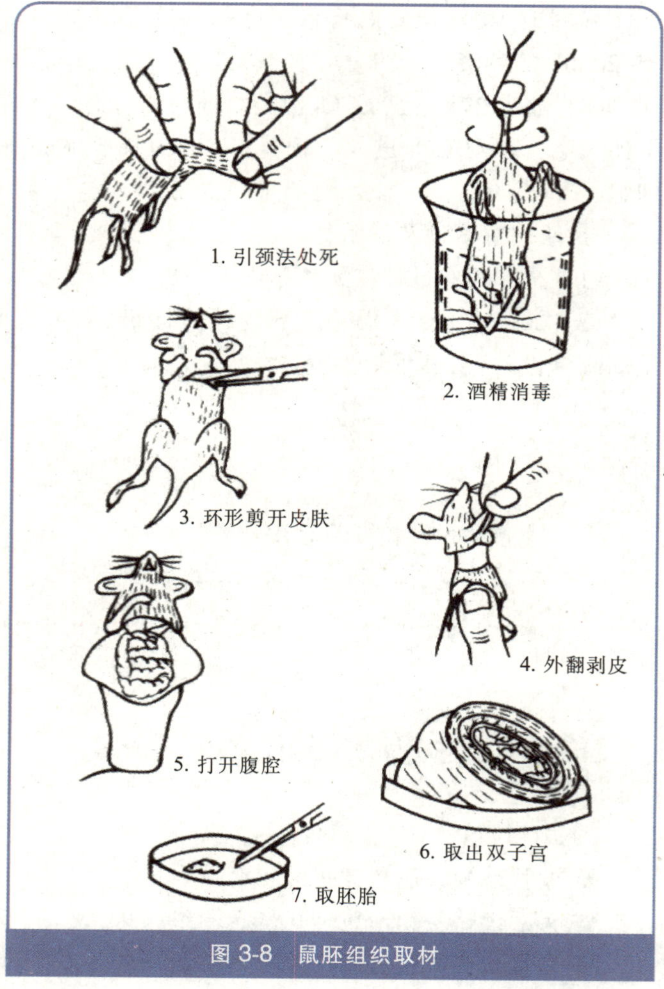

图 3-8　鼠胚组织取材

(2) 剪切（图 3-9）：去除胎儿头、尾及内脏，只留下胎儿四肢及躯干部分，在 Hank’s 液内洗 2~3 次去除血污后，放入 60 mm 培养皿或青霉素小瓶内，用眼科剪、眼科镊反复将小鼠胎儿剪切成 1 mm^3 的小块。

(3) 接种：用弯头吸管吸取若干组织小块，置入培养瓶中；用吸管弯头把组织小块接种到培养瓶底上，小块相互距离 5 mm 为宜，每 25 mL 培养瓶可接种 20~30 块。

(4) 黏附培养：组织块放置好后，吸净培养瓶内的培养液，轻轻将培养瓶翻转，令接种组织块的瓶底向上。注意翻转瓶时勿令组织块流动，盖好瓶盖，将培养瓶放置于 CO_2 培养箱内 37℃培养 2~4 h，使组织块微干并黏着在培养瓶底上。

(5) 培养：从培养箱中取出培养瓶，开盖，瓶底向上，从瓶底角部加入约 1 mL 完全 DMME 培养液；然后缓慢翻转培养瓶，让培养液慢慢覆盖附着于培养瓶底的组织小块，置培养箱中培养。待细胞从组织块游出数量较多时，再补加培养液至约 3 mL。

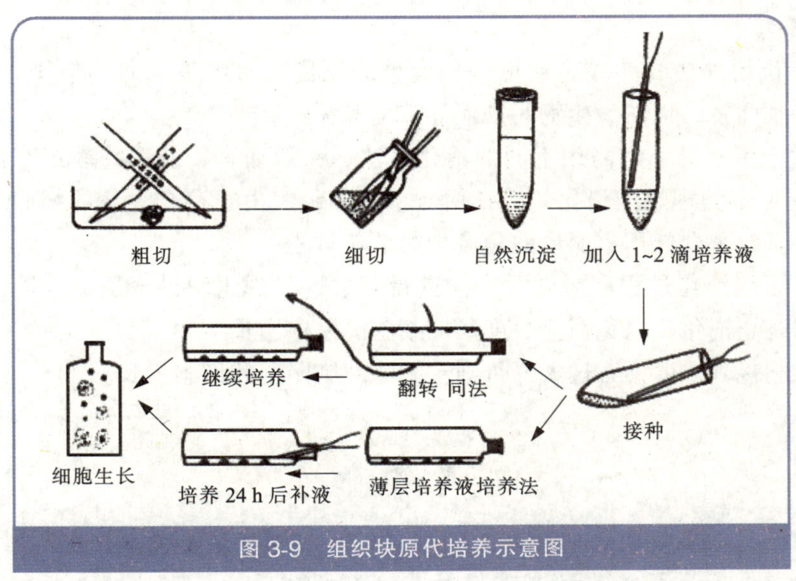

图 3-9　组织块原代培养示意图

在翻转培养瓶和加液过程中，严禁动作过快产生冲力，使黏附的组织块漂起而造成原代培养失败。若组织块不易贴壁，可预先在瓶壁涂上薄层血清、胎汁或鼠尾胶原等。

组织块培养也可以不用翻转法，即在接种组织块后，向培养瓶内仅加入少量培养液，以能保持组织块湿润即可。盖好瓶盖，放入培养箱内培养 24 h 再补加培养液。

二、消化培养法

（1）取材与剪切：同组织块培养法。

（2）消化：将剪切后的组织小块移入 10 mL 离心管内，加入 2 mL 由 0.25%胰蛋白酶 +0.02% EDTA 组成的消化液，室温下消化 15~20 min，期间用吸管吹打数次，并随时吸取少量消化液在镜下观察，如发现组织已分散成细胞团或单个细胞，则立即加入 8 mL 含 5% FBS 的 Hank's 液终止消化。

（3）用吸管反复吹打组织块，分散单细胞，用 100 目不锈钢网筛过滤，收取下部滤出液，2 000 r/min 离心 5 min，弃上清。

（4）用 Hank's 液重悬细胞，2 000 r/min 离心 5 min 后弃上清；如此重复漂洗两次，以去除细胞悬液中的细胞碎片等。

（5）用 2 mL DMEM+10% FBS 培养液悬浮细胞，计数并稀释细胞浓度至（1~5）× 10^6 个 / mL，加细胞悬液入培养瓶。置 37℃、5% CO_2 培养箱中静置培养，24 h 后，更换新培养液，此后每 3 d 换液 1 次。

【注意事项】

(1) 消化培养法效率较高，可得到大量的原代细胞用于培养，但操作步骤较多，操作时要特别注意，以防微生物污染而导致培养失败。

(2) 对于不同的组织需用不同的消化方法，一般而言，胚胎类软组织用胰蛋白酶或 EDTA 即可得到理想的消化效果，而对于成体组织由于存在大量的细胞外基质，需用胶原酶，有时配合使用透明质酸酶会加速消化过程。

(3) 在组织消化过程中要随时取样进行观察，发现组织已分散成细胞团或单个细胞时应立即终止消化，以免消化过度影响细胞的贴壁生长。

(4) 细胞接种浓度不宜过大，否则会影响细胞贴壁和细胞生长。

思考题

1. 在组织块培养时，怎样做才能使组织块粘贴牢固?

2. 组织块培养 3~5 d 后换液的目的是什么?

3. 比较组织块培养法和消化培养法获得原代培养物的效果和优缺点。

4. 组织块消化后，出现上清液清亮，液体中有线形絮状物，分析产生这种情况的原因，采取何种补救措施仍可获得较多的细胞?

5. 观察和记录原代细胞的形态、培养细胞的贴壁时间、增殖时间、完全汇合时间。

第三节　传代培养和细胞系的维持

资料单

【知识目标】

- 掌握传代培养的概念和意义。
- 掌握传代培养的方法。
- 掌握维持细胞系的注意事项。
- 掌握细胞纯化的意义及方法。

【教学内容】

一、原代培养的首次传代

原代培养后由于细胞游出数量增加和细胞的增殖，单层培养细胞相互汇合，整个瓶底逐渐被细胞覆盖。这时需要进行分离培养，否则细胞会因生存空间不足或密度过大，营养障碍，影响细胞生长。细胞由原培养瓶内分离稀释后传到新的培养瓶的过程称之为传代；进行一次分离再培养称之为传一代。初代培养的首次传代是很重要的，是建立细胞系的关键时期。在首次传代时一般要特别注意以下几点：

(1) 细胞没有生长到足以覆盖瓶底壁的大部分表面之前，不要急于传代。

(2) 原代培养时细胞多为混杂生长，上皮样细胞和成纤维样细胞并存的情况很多见。传代时不同的细胞有不同的消化时间，因而要根据需要注意观察及时进行处理，并可根据不同细胞对胰蛋白酶的不同耐受时间而分离和纯化所需要的细胞。另外早期传代的培养细胞较已经建系的培养消化时间相对较长。吹打细胞时动作要轻巧，尽可能减少对细胞的损伤。

(3) 首次传代时细胞接种数量要多一些，使细胞能尽快适应新环境而利于细胞生存和增殖。随消化分离而脱落的组织块也可一并传入新的培养瓶。

二、细胞传代方法

（一）概述

根据不同细胞采取不同的培养细胞传代方法。悬浮生长的细胞可以采用直接吹打或离心分离后传代，或自然沉降法吸除上清后，再吹打传代。贴壁生长的细胞用消化法传代，部分贴壁生长的细胞用直接吹打即可传代。

细胞传代培养时常用的酶为胰蛋白酶，它可以破坏细胞与细胞、细胞与培养瓶之间的细胞连接或接触，从而使它们间的连接减弱或完全消失。经胰蛋白酶处理后的贴壁细胞在外力（如吹打）的作用下可以分散成单个细胞，再经稀释和接种后就可以为细胞生长提供足够的营养和空间，达到细胞传代培养的目的。

（二）方法

1. 贴壁细胞的消化法传代（图 3-10）

(1) 吸除或倒掉瓶内旧培养液。

(2) 向瓶内加入适量消化液（胰蛋白酶或与 EDTA 混合液），轻轻摇动培养瓶，使消化液流遍所有细胞表面，然后吸掉或倒掉消化液后再加 1~2 mL 新的消化液，轻轻摇动后再倒掉大部分消化液，仅留少许进行消化。也可不采用上述步骤，直接加消化液进行消化。

（3）最好在 37℃或 25℃以上室温环境下进行消化。消化 2~5 min 后把培养瓶放置显微镜下进行观察，发现细胞质回缩、细胞间隙增大后，应立即终止消化。

（4）吸除或倒掉消化液，如用 EDTA 消化，需加 Hank's 液数毫升，轻轻转动培养瓶把残留消化液冲掉，然后再加培养液。如仅用胰蛋白酶可直接加少许含血清的培养液，终止消化。

（5）用弯头吸管，吸取瓶内培养液，反复吹打瓶壁细胞，吹打过程要顺序进行，从培养瓶底部一边开始到另一边结束，以确保所有底部都被吹到。吹打时动作要轻柔不要用力过猛，同时尽可能不要出现泡沫，这些都对细胞有损伤。细胞脱离瓶壁后形成细胞悬液。

（6）计数，分别接种在新的培养瓶内。

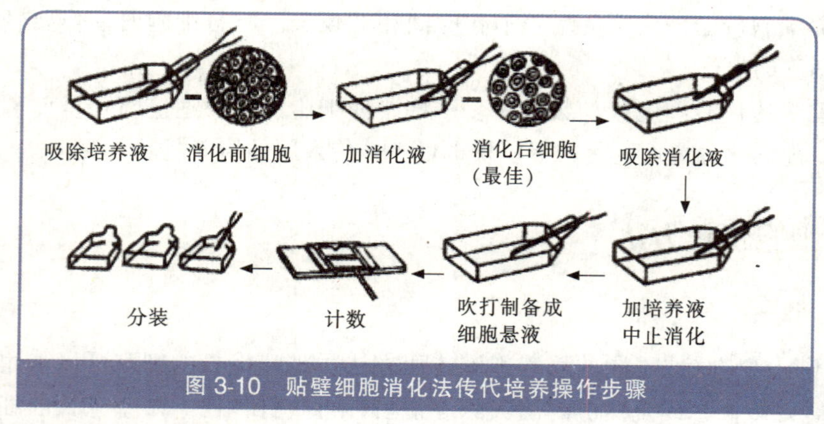

图 3-10　贴壁细胞消化法传代培养操作步骤

2. 悬浮细胞的传代

因悬浮生长细胞不贴壁，故传代时不必采用酶消化方法，而可直接传代或离心收集细胞后传代。

直接传代即让悬浮细胞慢慢沉淀在瓶底后，将上清吸掉 1/2~2/3，然后用吸管吹打形成细胞悬液后，再传代。

悬浮细胞多采用离心法传代，即将细胞连同培养液一并转移到离心管内，800~1 000 r/min 离心 5 min，然后去除上清，再加新的培养液到离心管内，用吸管吹打使之形成细胞悬液，然后传代接种。

部分贴壁生长细胞，不经消化处理直接吹打也可使细胞从瓶壁上脱落下来，而进行传代。但这种方法仅限于部分贴壁不牢的细胞，如 Hela 细胞等。直接吹打对细胞损伤较大，细胞也常有较大数量丢失，因而绝大部分贴壁生长的细胞均需消化后，才能吹打传代。

三、细胞系的维持

细胞系的维持是培养工作重要内容。概括起来说细胞系的维持是通过换液、传代，再换液、再传代和细胞冻存实现的，但对每一个细胞系来说都有其自身特点。要做好细胞系的维持必须注意以下几点：

(1) 细胞系档案要记录好，如组织来源，生物学特性，培养液要求，传代、换液时间和规律，细胞的遗传学标志，生长形态，常规病理染色的标本等。这些记录对于保证细胞正常生长，保持细胞的一致性及观察长期体外培养后细胞特性的改变都有十分重要的意义。因而，无论在索取新细胞系或自己建立新细胞系时都要尽可能把上述资料收集齐全。

(2) 细胞系的传代、换液一般都有自身的规律性，因而在维持传代时要注意保持其稳定的规律性，这样可以减少由于传代时细胞密度的频繁增减或换液时间的不规律而导致细胞生长特性的改变，给后续实验带来影响。

(3) 多种细胞系维持传代，要严格遵守操作程序，以防细胞之间的交叉污染。传代时所用器械要编号或做好标记，严禁交叉使用。

(4) 每一种细胞系都应有充足的冻存储备，防止由于培养细胞污染等因素造成细胞系的绝种；另外，二倍体细胞等有限细胞系如果暂时不用，最好冻存，以免传代太多，造成细胞衰老或发生改变。

四、培养细胞的纯化

体外培养细胞源于动物机体，而机体内的细胞都混杂生长，每一种组织都有血管和间叶组织，因而，从体内取得的培养材料所做的原代培养，绝大多数都呈各种细胞混合生长。其主要表现为两大类，即上皮样细胞和纤维样细胞。在体外培养的细胞中即使都是纤维样细胞或上皮样细胞，它们也有种类的不同，如纤维样细胞包括成纤维细胞、肌细胞、骨细胞、滑膜细胞等。而利用体外培养细胞进行实验研究都要求采用单一种类细胞而进行，这样才能对某一细胞的功能、形态等的变化进行研究，因而培养细胞纯化就成为体外培养细胞实验研究的重要一步。

细胞的纯化一般分为自然纯化和人工纯化两大类。可根据不同细胞种类、来源，实验要求和目的而选择采用。下面主要介绍一些基本的方法。

（一）自然纯化

自然纯化即利用某一种细胞的增殖优势，而排挤其他细胞生长，靠自然的增殖潜力最后留下生长优势细胞，去除其他细胞，达到细胞纯化的目的。但这种方法常无法人为选择细胞，时间长，剩下的往往是成纤维细胞，仅某些恶性肿瘤细胞可通过自然纯化而建立细胞系。

（二）人工纯化

利用人为手段造成对某一细胞生长有利的环境条件，抑制其他细胞的生长，从而达到纯化细胞的目的。

1. 酶消化法

（1）概述：由于上皮细胞和成纤维细胞对胰蛋白酶的耐受性不同，成纤维细胞对胰蛋白酶比较敏感，而上皮细胞对胰蛋白酶的耐受性较高，因此，在消化培养细胞时，成纤维细胞先脱壁，而上皮细胞要消化相当长的时间才脱壁，特别是原代培养和培养早期，这种差异尤为明显，因而可以利用这种差异采用多次差别消化方法，将上皮细胞和成纤维细胞分开达到纯化细胞的目的。

（2）方法：采用普通消化传代方法，将0.25%胰蛋白酶注入培养瓶内两次，每次加1 mL（25 mL 培养瓶），稍加摇动让胰蛋白酶流过所有细胞表面，然后倒掉；盖好瓶盖，将培养瓶放在倒置显微镜下观察，发现纤维样细胞变圆，部分脱壁，立即加入2 mL有血清培养液，终止消化；用弯头吸管轻轻吹打纤维样细胞生长的区域（可事先在镜下用记号笔在培养瓶上画出记号）。吹打过程中不要用力，也不要吹上皮细胞生长区域。吹打结束后，再用少量培养液漂洗一遍，然后加入适量培养液继续培养，也可重复上述操作再进行一次，或隔几日后或下次传代时，再进行上述操作。经过几次处理可能将成纤维细胞去除或将两者分开。

2. 机械划除法

（1）概述：原代培养成功后，上皮细胞和成纤维细胞多数都同时出现，混杂生长。这种混杂生长常常分区呈片，每种细胞都以小片或区域性分布的方式生长在瓶壁上。因此可以采用机械的方法去除不需要的细胞的区域，而保留需要的。

（2）方法：将要纯化细胞的培养瓶，放在倒置显微镜监视下进行；用弯头滴管在生长有不需要细胞的区域推划，使细胞脱壁悬浮在培养液中，注意不要伤及所需细胞；推划后用培养液冲洗两次，即可加培养液继续培养；数日后如发现不需要的细胞又长出，可再进行上述操作，这样反复多次可以纯化细胞。操作过程要严格无菌操作，防止污染。

3. 反复贴壁法

（1）概述：成纤维细胞与上皮细胞相比，其贴壁过程快，大部分细胞常能在10~30 min 完成附着过程（但不一定完全伸展）；而上皮细胞大部分在短时间内不能附着或附着不稳定，稍加振荡即浮起。利用不同细胞贴壁速度不同的这种差别，经过反复贴壁，可以将早期传代培养中的成纤维细胞和上皮细胞分开。

（2）方法：将细胞悬液接种一个培养瓶内（最好用无血清培养，因为在无血清支持下，上皮细胞贴壁更慢）静置 2 min；在镜下观察，见细胞部分贴壁，稍加摇荡也不浮起时，将培养液连同尚未贴壁细胞一起倒出或吸到另一培养瓶；继续培养或重复上述操作，将上皮细胞和成纤维细胞逐步分隔开。

4. 克隆法

在同一细胞系中，存在不同的细胞株，他们的功能和生长特点仅略有不同，要纯化出某一种细胞，用上述方法常不能将同一细胞系的不同株分开，可采用细胞克隆的方法。

具体过程是采用细胞克隆法（详见后面章节）将细胞分成单个细胞，使之分别生长成克隆，然后对每一克隆进行测试，选择出所需要的克隆。

5. 培养基限定方法

某些细胞在生长过程中必须存在或必须去除某种物质，否则将无法生长。而其他细胞与之相反，可以利用这种技术来纯化细胞。如杂交瘤技术中常用的 HAT 培养液，就用来筛选杂交瘤细胞而抑制其他细胞。

6. 流式细胞仪分离法

流式细胞仪可根据细胞核酸含量、某些物质含量或细胞结构大小等参数来将细胞分离成不同的群体。

▶技能单 1　细胞传代技术

【能力目标】

- 进一步掌握细胞培养中无菌操作的要领。
- 学习并掌握动物细胞培养中最常用的消化方法。
- 掌握细胞传代培养技术，为细胞纯化、冷冻保存、生长曲线的测定和细胞活性检查等实验奠定基础。

【实验器材】

（1）汇合的鸡胚成纤维细胞或小鼠胎儿细胞。

（2）试剂：Hank's 液、0.25%胰蛋白酶 +0.02%乙二胺四乙酸（EDTA）消化液、完全 DMEM 液（含 10%胎牛血清（FBS）和抗生素的培养液）。

(3) 超净工作台、倒置显微镜、CO_2 培养箱、25 mL 卡氏细胞培养瓶、吸管及胶头等。

【实验内容及操作步骤】

细胞传代操作流程见图 3-11。

(1) 取 80%或接近汇合的培养细胞，使培养瓶的细胞面向上，将培养液倒入污物三角瓶内（或用吸管吸出培养液），用约 2 mL Hank's 液清洗 1 次。

(2) 向培养瓶内加入胰蛋白酶和 EDTA 混合液约 2 mL。

(3) 室温下，将培养瓶置于倒置显微镜下观察，当发现细胞胞质回缩，细胞与细胞之间相互接触松散、间隙增大、细胞变圆或出现蜘蛛网状结构时，立即将培养瓶直立，终止消化（需约 3 mim）。用肉眼观察时可见培养瓶的细胞面出现类似水汽的一层结构，即出现发雾现象，这是因为细胞被消化后部分细胞回缩，细胞与细胞间出现间隙，有细胞的地方透光性降低，无细胞的地方透光性增加，使得细胞面透光性变得不均匀，产生水汽样结构。

(4) 去除消化液，向瓶内加入 Hank's 液约 3 mL，轻轻转动培养瓶，把残余消化液冲掉。注意加 Hank's 液冲洗细胞时，动作要轻，以免把已松动的细胞冲掉。

1. 倒掉细胞培养液

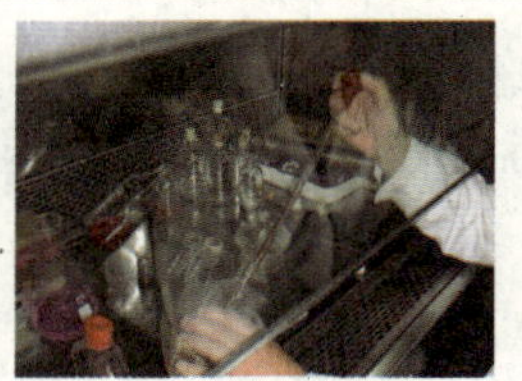

2. Hank's 液清洗

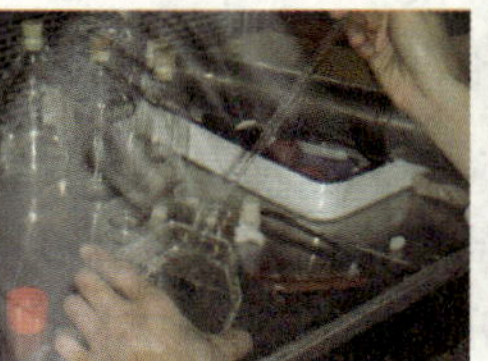

3. 加消化液摇匀静置

4. 左瓶正常，右瓶出现发雾现象

5. 镜检见细胞相互接触松散、变圆、部分成片脱落

6. 倒掉胰酶

7. Hank's 液清洗

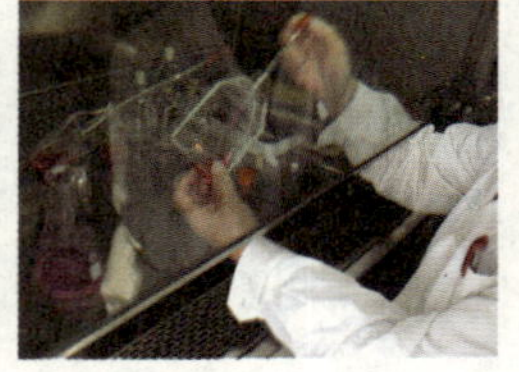

8. 加培养液吹打瓶壁细胞

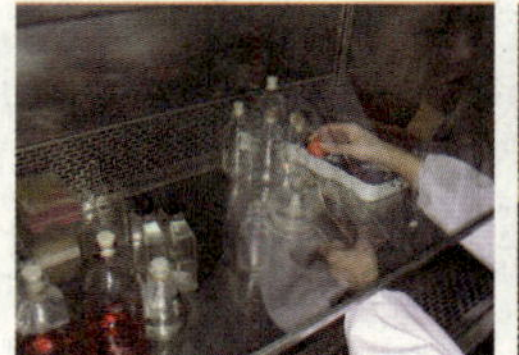

9. 扩种培养瓶作标记培养

图 3-11 细胞传代操作流程图

(5) 加培养液约 5 mL，用吸管吸取培养液轻轻反复吹打瓶壁细胞，使之从瓶壁脱离形成细胞悬液。吹打勿用力过猛，以免伤害细胞。

(6) 把细胞悬液分成等份接种于 4 个培养瓶中，各瓶加培养液至 3 mL，置培养箱中培养。此后每 3 d 换液 1 次，并注意观察细胞传代培养后的形态变化。

【注意事项】

初代培养的首次传代是很重要的，是建立细胞系的关键时期。首次传代时一般要注意以下几点：

(1) 细胞没有生长到足以覆盖瓶底壁的大部分表面以前，不要急于传代。把握好传代时机，在细胞生长到 80%~90%汇合时传代最好，过早传代细胞产量少，过晚传代细胞健康状态不佳。

(2) 原代培养时细胞多为混杂生长，上皮样细胞和成纤维样细胞并存的情况很多见，传代时不同的细胞有不同的消化时间，因而要根据需要注意观察及时处理，并可根据不同细胞对胰蛋白酶的不同耐受时间而分离和纯化所需要的细胞。另外，早期传代的培养细胞较已经建立细胞系的培养细胞消化时间相对较长。吹打细胞时动作要轻巧，尽可能减少对细胞的损伤。

(3) 各种细胞对消化的反应不同，有的敏感，有的迟钝，因此应根据所用细胞特点制定适宜的消化措施。有的细胞附着瓶壁不牢，用吸管可从瓶壁上直接吹下来，但这样容易伤害细胞，细胞大片脱落，不易计数，因此，应尽可能采用消化法分散细胞。消化传代良好时，细胞受损害少，细胞悬液均匀，各分装样品中数量误差小，细胞生长增殖速度一致，实验结果可靠性大。

(4) 消化液浓度要适宜，过浓时消化作用强烈，细胞反应快，所需消化时间短，掌握不好，细胞易流失。用胰蛋白酶与 EDTA 的混合液进行细胞消化时，要用 Hank's 充分洗涤细胞以去除 EDTA，因为 EDTA 的残留会影响细胞的贴壁生长。

思考题

1. 消化细胞的目的是什么？

2. 肉眼观察细胞消化时培养瓶底部的变化，并与显微镜下细胞的变化相比较，分析出现这种变化的原因。

3. 观察传代培养后不同时间细胞形态变化，与原代培养细胞进行比较。

4. 细胞传代培养和细胞分裂之间有何联系？细胞传代培养 1 次是细胞分裂 1 次吗？

▶技能单 2　培养细胞的纯化

【能力目标】

- 学习酶消化法分离纯化鸡胚或小鼠成纤维细胞和上皮细胞。
- 学习反复贴壁法的基本操作，分离纯化鸡胚或小鼠成纤维细胞和上皮细胞。

【实验器材】

（1）原代培养的鸡胚或小鼠成纤维细胞。

（2）Hank's 液、0.25%胰蛋白酶加 0.02%乙二胺四乙酸（EDTA）消化液、完全 DMEM 液（含 10%胎牛血清（FBS）和抗生素的培养液）。

（3）超净工作台、倒置显微镜、CO_2 培养箱、25 mL 卡氏细胞培养瓶、吸管及胶头等。

【实验内容及操作步骤】

一、酶消化法

（1）采用常规消化传代方法，将 0.25%胰蛋白酶注入培养瓶内 2 次，每次加 1 mL，稍加摇动让胰蛋白酶流过所有细胞表面，然后倒掉。

（2）盖好瓶盖，将培养瓶放置在倒置显微镜下观察，发现纤维样细胞变圆，部分脱壁，立即加入 2 mL 含血清的培养液终止消化。

（3）用弯头吸管轻轻吹打纤维样细胞生长的区域（可事先在镜下用记号笔在培养瓶上画出记号）。吹打过程中不要用力，也不要吹上皮细胞生长区域。

（4）用少量培养液漂洗 1 遍，然后加入适量培养液继续培养，也可重复上述操作再进行一次，或隔几天后或下次传代时，再进行上述操作。经过几次传代培养，可以将成纤维细胞与上皮样细胞分开得到纯化的纤维样细胞和上皮样细胞。

二、反复贴壁法

（1）用细胞传代法消化培养的细胞，并将细胞悬液接种于 1 个培养瓶内（最好用无血清培养，因为在无血清支持下，上皮细胞贴壁更慢）静置 20 min。

（2）在显微镜观察，见细胞部分贴壁、稍加振荡也不浮起时，将培养液连同尚未贴壁细胞一起倒出或吸到另一培养瓶中。

（3）继续培养和重复上述操作，即将上皮细胞和成纤维细胞逐步分开，贴壁细胞为成纤维细胞，其余为上皮细胞。

思考题

1. 酶消化法分离纯化成纤维细胞的原理是什么？

2. 反复贴壁法分离纯化细胞的原理是什么？

3. 比较酶消化法和反复贴壁法进行细胞纯化的异同点，记录两种方法纯化细胞所需的时间和细胞传代次数。

第四节　培养细胞的特性及观察

▶资料单

【知识目标】

- 掌握培养细胞的生长方式及类型。
- 掌握培养细胞的生长特点。
- 掌握培养细胞的生长周期。
- 掌握每代细胞的生长过程。

【教学内容】

一、培养细胞的生长方式及类型

体外培养的细胞，按其生长方式可分为贴附型与悬浮型两大类。

1. 贴附生长型细胞

贴附生长型细胞为能附着于底物（支持物）表面生长的细胞。活体体内的细胞当离体置于体外培养时大多数均以贴附型方式生长。必须贴附于底物才能生长的细胞称为贴附（锚着）依赖性细胞。

目前已有很多种细胞能在体外培养生长，包括正常细胞和肿瘤细胞。例如：成纤维细胞、骨骼组织（骨及软骨）、心肌与平滑肌、肝、肺、肾、乳腺、皮肤、神经胶质细胞、内分泌细胞、黑色素细胞及各种肿瘤等。这些细胞在活体体内时，各自具有其特殊的形态，但是处于体外培养状态下的贴附生长型细胞则常在形态上表现为比较单一化而失去其在体内原有的某些特征，并多反映出其胚层起源的情况。贴附生长的体外培养的细胞从形态上一般大体可分为上皮细胞型及成纤维细胞型，以及一些难以确定其稳定形态的细胞。

(1) 上皮细胞型：这类细胞的形态多呈扁平不规则多角形，卵圆形的细胞核位于细胞质的中央，细胞紧密相靠、互相衔接成片，极性不明显。生长时呈膜状移动，处于膜边缘的细胞总与膜相连，很少单独行动。起源于内、外胚层的细胞如皮肤表皮及其衍生物、消化管上皮、肝、胰、肺泡上皮等皆成上皮细胞型形态，如 Vero 细胞（图 3-12）。

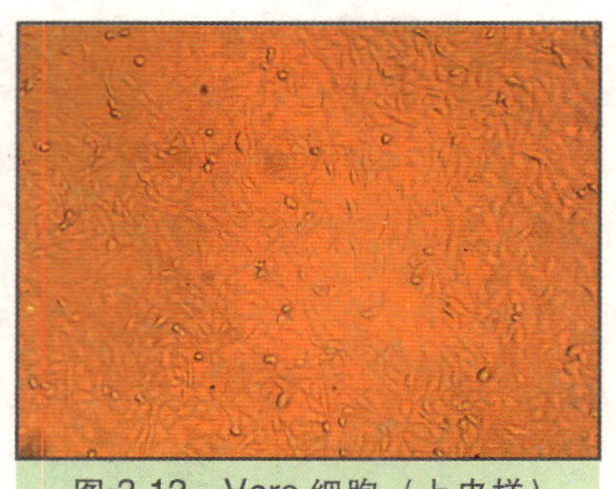

图 3-12　Vero 细胞（上皮样）

(2) 成纤维细胞型：起源于中胚层的组织细胞，体外培养时属此型。如：纤维结缔组织、平滑肌、心肌、血管内皮等在体外培养条件下都为成纤维细胞样。本型细胞的形态似在体内生长的成纤维细胞，具有长短不等的数个细胞突起，因而多呈梭形、不规则三角形或扇形，核为卵圆形位于靠近胞质的中央。其生长特点为，细胞一般并不紧靠相连成片，而是排列为旋涡状、放射状，或栅栏状（图 3-13）。

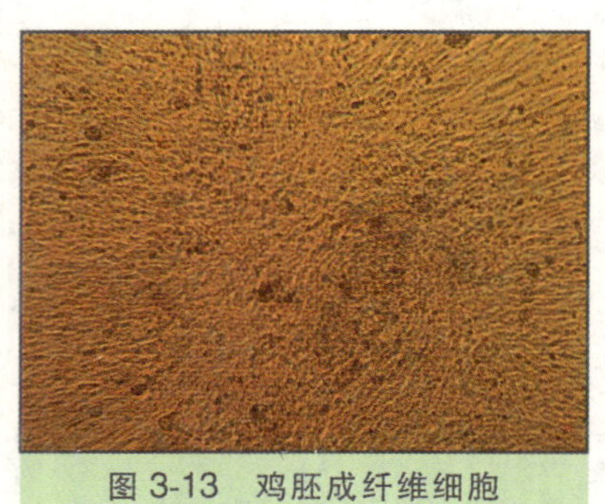

图 3-13　鸡胚成纤维细胞

(3) 游走细胞型：游走型细胞在支持物上呈散在生长，一般不连成片，胞质常伸出伪足或突起，呈活跃游走或变形运动，运动速度快而方向不规则。此型细胞不稳定，有时难以和其他细胞相区别。

(4) 多形型细胞型：多形型细胞由于难以确定其形态而得名，如神经细胞难以确定其规律和稳定的形态，可统归于此类。

以上分类仅是为了实际工作的方便而进行的笼统提法，体外的这些细胞类型并不能等同于体内相应类型的细胞，仅仅是描述培养细胞的形态而已。体外培养时所谓的上皮细胞型细胞或成纤维细胞型细胞，仅是因为其形态与体内的上皮细胞或成纤维细胞类似，并不能将体外培养的这些细胞与体内同名的细胞完全等同；而且，这种名词系使用于描述细胞的外形而并非说明细胞的起源。与这两种形态类似的细胞，可能来自不同性质的细胞亚类。取自不同组织的上皮细胞，其生化特征及其原来的形态会有差异；而来自不同组织的形态相似的成纤维细胞，其发展的趋向可能并不相同。例如：在培养中，可从脾脏及骨髓各自分离出形态相似的“成纤维细胞”，但是当接种这些细胞于同源的动物时，只有那些来自骨髓的“成纤维细胞”才有可能形成骨样组织。因此，采用上皮样细胞或成纤维细胞样细胞的名词似乎更为恰当。此外，体外培养细胞的形态并不完全是恒定的，可因各种因素而发生改变，包括 pH、细胞密度、污染等的影响。例如：Vero 细胞本身是上皮细胞型，但若培养的条件过酸或过碱，则可呈现为梭形而似成纤维细胞样；有些细胞在含高血清浓度中生长时为细长的成纤维细胞状，在低血清浓度中则更似上皮样。

2. 悬浮生长型细胞

少数类型细胞在体外培养时不需要附着于底物而于悬浮状态下即可生长，包括一些取自血、脾或骨髓的培养细胞，尤其是血液白细胞，以及癌细胞。这些细胞在悬浮中生长良好，可以是单个细胞或为细小的细胞团，观察时细胞呈圆形。由于悬浮生长于培养液之中，因此其生存空间大，具有能够提供繁殖大量细胞、传代繁殖方便（只需稀释而不需消化处理）、易于收获细胞等优点，并且适于进行血液病的研究。缺点是不如贴附生长型观察方便，而且并非所有的培养细胞都能悬浮生长。

二、培养细胞的生长特点

细胞在体外培养生长时具有一些特点，突出的是贴附和接触抑制、密度依赖性。

1. 贴附

贴附并伸展，是多数体外培养细胞的基本生长特点。虽然血细胞如淋巴细胞在活体体内并无聚集的倾向并在体外可于悬浮状态中生长，但是大多数的哺乳动物细胞在体内和体外均附着于一定的底物而生长，在体外时这些底物可以是其他细胞、胶原、玻璃或塑料等。培养细胞在未贴附于底物之前一般均似球体样；当与底物贴附后，细胞将逐渐伸展而形成一定的形态，呈成纤维细胞样或上皮细胞样等。细胞的附着于底物并非一种需要能量的过程，一般认为与电荷有关。据资料记载，37℃时在 2 min 内细胞之间即可形成键，此键可对 0.01%胰蛋白酶起作用且仅发生于细胞之间，而细胞与底物之间则无；8 min 后方才有稳定的键形成。一些特殊的促细胞附着的物质（如基膜素、纤维连接素、Ⅲ型胶原、血清扩展因子等）可能参加细胞的贴附过程。这些促细胞附着因子均为蛋白质，存在于细胞膜表面或培养液血清之中。在培养过程中，这些带阳电荷的促贴附因子先吸附于底物上，悬浮的圆形细胞再与已吸附有促贴附物质的底物附着，以后细胞将伸展成其原来的形态。一般来说，从底物脱离下来的贴附生长型细胞，不能长时期在悬浮中生长而将逐渐蜕变，除非这是一些转化了的细胞或恶性肿瘤细胞。

细胞的贴附和伸展可分为几个阶段，以成纤维细胞为例，一般在细胞接种后，很快（5~10 min）便可见细胞以伪足初期附着，与底物形成一些接触点；接着，细胞逐渐呈放射状伸展开，细胞体的中心部分亦随之变为扁平；最后，细胞成为成纤维细胞的形态（图 3-14）。

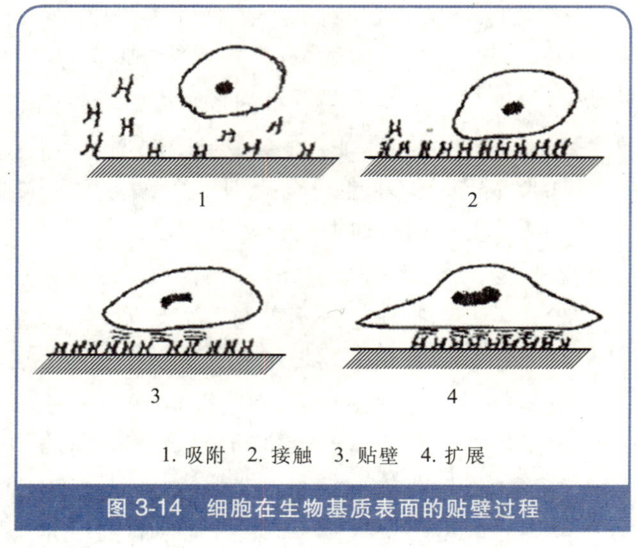

图 3-14 细胞在生物基质表面的贴壁过程

细胞的贴附和伸展，底物首先需具备一定的条件（如上述的促附着因子等），另外，尚可受一些因素的影响。例如：

（1）离子的作用，如细胞的伸展需要有钙离子的存在，而含低浓度钙的培养液不利于细胞的伸展。

（2）机械、物理因素也可影响细胞的附着，如低温或培养液的流动过快均可妨碍细胞的附着。

（3）有些生物因素对细胞的伸展可能有影响，如表皮生长因子可刺激神经胶质细胞的皱褶活动，成纤维细胞生长因子能减少 3T3 细胞在底物上的扁平程度。

2. 接触抑制

接触抑制（Contact Inhibition）是指当一个细胞被其他细胞围绕致无处可去而发生接触时，细胞不再移动，接触区域的细胞膜皱褶样运动停止的现象。是体外培养中某些贴附型细胞的生长特性之一。培养细胞数量在适宜情况下，细胞膜会出现特征性的皱褶样活动，细胞快速生长增殖，随细胞数量不断增多、生长空间渐趋减少、最后细胞相互接触汇合成片，发生接触抑制（图 3-15）。接触抑制保证了正常细胞在培养中不会发生重叠，而恶性细胞由于无接触抑制现象，因此接触抑制可作为区别正常细胞与转化细胞或肿瘤细胞的标志之一。转化细胞或肿瘤细胞由于无接触抑制而能继续移动和增殖，导致细胞向三维空间扩展，使细胞发生堆积。细胞接触汇合成片后，虽发生接触抑制，只要营养充分，细胞仍然能够维持生命活动。

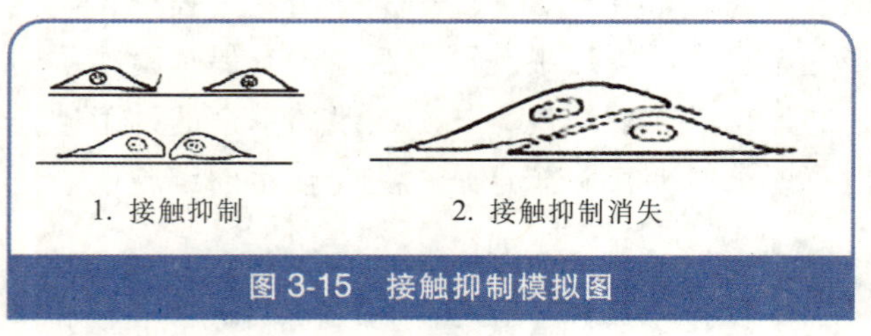

图 3-15 接触抑制模拟图

3. 密度抑制

培养器皿中细胞过少或过密都会影响细胞的生长、增殖。当细胞贴附生长、汇合成单层时，细胞变得较为拥挤，而扁平形状的程度减少，与培养液的接触面减少，同时，培养液中的一些营养物逐渐消耗掉及一些代谢产物的增加使 pH 改变，此时形成单层的细胞分裂活动停止，这种细胞可在静止状态维持存活一段时间，但不发生分裂增殖。其确切的细胞密度常与培养液中的血清浓度有关。这种生长特性称为密度抑制（Density inhibition）。由于转化细胞和肿瘤细胞与正常细胞不同，因此可以生长至很高的细胞密度。另外，细胞过少，培养液与细胞的容积太大，会影响细胞增殖。

三、培养细胞的生长过程

（一）单个细胞的生长过程：细胞周期

所谓细胞周期是为研究细胞的生长行为而提出的。在动物体内或在体外培养中，细胞处于生长或静止状态。细胞生长包括 DNA 合成及细胞分裂两个关键过程。细胞周期即一个母细胞分裂结束后形成的细胞至其下一次再分裂结束形成两个子细胞的这段时期，可分为间期和 M 期（分裂期）两个阶段。细胞群中多数细胞处于间期，少数细胞处于 M 期。一般间期的时间较长，而 M 期的时间较短。在间期，细胞完成生长过程，主要为 DNA 的合成，即遗传物质 DNA 的复制。在 M 期，细胞所完成的主要是分裂，即遗传物质的分配。在间期中，DNA 合成仅占其中的一段时间，称为 DNA 合成期（S 期）；在 S 期之前和 S 期之后，分别有两个间隙阶段，称为 DNA 合成前期（G1 期）及 DNA 合成后期（G2 期）（图 3-16）。因此，可将细胞周期归纳如下：

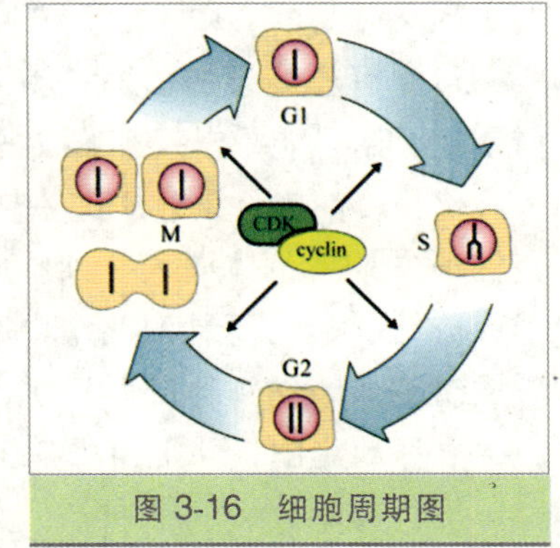

图 3-16　细胞周期图

间期＝G1 期 +S 期 +G2 期

细胞周期＝间期 +M期＝G1 期 +S 期 +G2 期 +M 期

1. G1 期

DNA 合成前期，又称细胞分裂后期。发生于上一个细胞周期中 M 期完成之后。在本期中主要为过渡至 S 期作物质的准备，即为下一步 DNA 复制和蛋白质合成作准备，包括初阶段时 RNA 的合成、cGMP 及 cAMP 的形成，以及后阶段时 DNA 前驱物质脱氧核苷酸、胸苷激酶等。此外，为了以后中心体的复制作准备，在本期末，中心体将进行分离。各种细胞 G1 期持续时间的长短差异较大，短者 4~5 h，长者可达数日。增殖旺盛细胞的 G1 期持续时间短，衰退细胞则时间长。

2. S 期

即 DNA 合成期。本期的机能活动主要为 DNA 的合成、复制。若 DNA 的复制发生错误，将引起变异而导致发生异常细胞。在S期的开始阶段，DNA合成的强度较大，以后逐渐减少，至S期结束时DNA含量将加倍。本期为遗传物质较易受损的时期，固DNA在合成过程中，其核苷酸双链分离，易于受到致突变或致癌物的影响。各种细胞的S期持续时间差别较小，在2~30 h之间，平均6~8 h。

3. G2期

为DNA合成后期，又称细胞分裂前期。本期细胞的DNA含量已加倍，正进行细胞分裂的准备工作。主要的变化是RNA及蛋白质的合成、染色质的螺旋化等。在G2期，蛋白质的合成与细胞的分裂有关，若此期内蛋白质的合成受阻，将影响细胞进行分裂。细胞于本期中对周围环境较敏感，易因温度、pH等因素的影响而受干扰，停阻于G2期，但当这些不利的作用因素去除后常能恢复。本期持续时间较短，为2~3 h或略长。

4. M期

M期为有丝分裂期，是细胞周期的终结期，此时每个细胞将分裂成2个子细胞。细胞处于分裂时称为分裂相。细胞分裂相的多少可作为细胞生活状态和增殖旺盛情况判断的重要参考指标。M期整个持续时间很短，也较稳定，一般只有1~2 h。细胞分裂的进程又分为前、中、后、末4期。

（1）有丝分裂的前期：尚未明确细胞如何从G2期结束后过渡到本期的确切标记。前期最开始可能是出现细胞核的转动。当核内可见染色质且逐渐清楚时，表示细胞已进入有丝分裂前期。染色质进一步浓缩，形成有一定数目及形状的染色体。以后，核膜及核仁消失，染色体混入至细胞质之中且呈活跃的运动。细胞胞质逐渐回缩，细胞倾向于形成球状。已复制的两个中心体开始分离并向两极移动，两中心体之间有丝相连而形成纺锤体。纺锤体并不稳定而以伸缩或摆动等状态移动。染色体渐由分散状态向细胞中央移动集中，并很快排列于赤道平面，此时前期结束。前期持续时间20~30 min。

（2）有丝分裂的中期：中期细胞的染色体高度浓缩，形成典型的中期染色体，集中于赤道平面，丧失其明显的运动。此种聚集在赤道平面上的中期染色体又称为中期板，具有一定的方向性，常与底物的平面垂直。两个中心体亦已完全移至两极，纺锤体则基本停止移动。此期细胞的胞质进一步发生回缩，细胞呈球形。由于它们呈球状而与底物附着面缩小，易于因摇动、冲击等作用而自底物脱落，常可作为中期分裂相细胞收集的方法。此即有丝分裂细胞选择性同步化方法的一种。细胞在本期时对外界因素敏感，易于受影响而延缓甚至停止向后期过渡。中期持续时间为20~30 min。

（3）有丝分裂的后期：后期开始的标志为染色体的一分为二。中期板的各个染色体于着丝点开始分离而成为两个染色单体。分开的染色体（染色单体）分为两组并向两极分别移动。整个细胞亦随着向两极拉长，渐由圆球形变成椭圆的球形，在赤道部开始变窄，胞体似哑铃状。后期持续时间最短，仅5~6 min。

(4) 有丝分裂的末期：在本期，胞质中分别移动的两组染色体到达两极，细胞继续拉长，染色体重新变成染色质，核仁及核膜再次出现，胞体中部进一步变细，胞体逐渐分离而形成两个子细胞。开始时此两个子细胞之间仍有细丝相连，较长时间后完全分开成为两个独立的子细胞。以后各子细胞胞质重新伸展，细胞恢复原来的形态。于是细胞又开始进入 G1 期。本期持续的时间为 20~30 min。

整个细胞周期的持续时间和细胞周期中各期的持续时间因不同细胞类型而异。一般说来，哺乳动物细胞的细胞周期为 10~30 h。其中 S 期、G2 期及 M 期一起为 10 h 左右，不同细胞的变异程度较小；而 G1 期持续的时间差别则较明显。因此，某种细胞的细胞周期时间的长短主要与 G1 期的关系密切。

（二）细胞系的生长过程

1. 概述

取自动物并置于体外培养中生长的细胞在其传代之前称为原代培养或原代细胞。培养的细胞是生长于培养器皿之中的。当细胞持续生长繁殖一段时间，到达一定的细胞密度之后，就应当将细胞分离成两部分（或更多）至新的培养器皿并补充更新培养液，此即称为传代或再培养。传代生长以后，便成为细胞系。一般正常细胞的这种细胞系的寿命只能维持一定的时间期限，称为有限生长细胞系。

因此，在体外培养的细胞，其生命的期限并非无限的。当细胞自动物体内取出后，在培养中大多数的细胞仅持续生长一有限的时间，然后将自行停止生长。即使提供以这种细胞生长所需的包括血清在内的营养物质，最终仍致死亡。细胞系在培养中能够存活时间的长短主要取决于细胞来自何种动物种族。例如：人胚成纤维细胞约可培养 50 代（Hayflick）；恒河猴的皮肤成纤维细胞亦能传代超过 40 代；鸡胚胎成纤维细胞在培养中则最多只有少数克隆能群体倍增 30 多次；而小鼠成纤维细胞的寿命最短，正常者多数生长 8 代左右。

在体外培养时，不同组织来源及取自不同年龄的人成纤维细胞的平均寿命也是不同的。例如：从年老的个体取得之成纤维细胞的寿命比取自年轻者短。此外，可能影响培养细胞寿命的因素还有培养的条件等，如在上皮细胞的培养液中加入表皮生长因子，则可能使之延迟衰老，寿命可从 50 代延长到 150 代。

虽然体外培养的细胞一般终至死亡，但还是可以生长一段时间。例如，培养成纤维细胞，若从 10^6 个细胞开始，理论上讲成倍生长 50 次即可产生 $10^6 \times 2^{50}$ 个细胞。因此，若小心地按一定的要求操作维持其生长，一个培养物有可能用以研究一段相当长的时间。

2. 体外培养细胞的寿命过程

体外培养细胞的寿命过程一般分为三个阶段（图 3-17）。

(1) 原代培养或初代培养期：为新鲜组织自体内取出并在体外培养生长至第一次传代的时期。一般为 1~4 周。原代培养通常为异质性，含较少的生长组分，为二倍体核型。此期中的细胞移动比较活跃，有细胞分裂但并不旺盛。原代培养的细胞与体内相应的细胞性状相似，更能代表其来源组织的细胞类型及组织特异性质。因此是一些实验如药物试验等的良好工具。但是，此期中生长细胞包含的类型较多，需要注意。

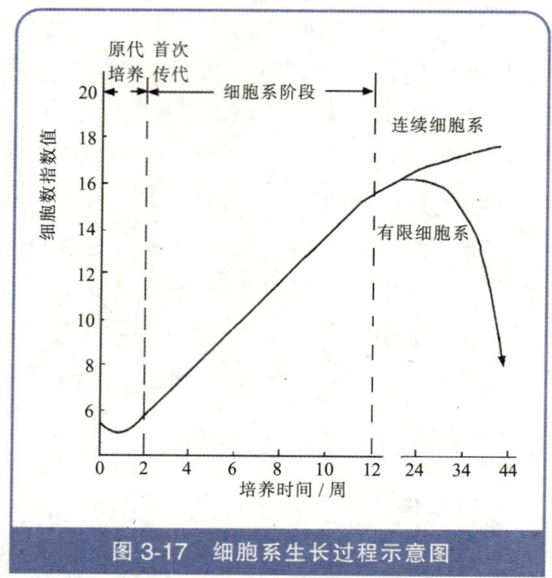

图 3-17　细胞系生长过程示意图

(2) 传代期：原代培养的细胞生长一定时间之后，如贴附型细胞即融合成片而逐渐铺满底物的表面，此时，便应将原代细胞分开接种至 2 个或更多的新的培养器皿中，即传代。这种传代大约数天至 1 周即可重复一次，持续数月。此即细胞系，一般是有限细胞系。传代期的细胞增殖旺盛，一般仍然是二倍体核型，并保留原组织细胞的很多特征。但当继续长期反复传代，细胞将可逐渐失去其二倍体性质，至一定期限后（如一般为传代 30~50 次后）细胞增殖变慢而至停止分裂，于是进入衰退期。

(3) 衰退期：一般有限细胞系在此期的细胞开始时虽仍然存活，但增殖已很缓慢并逐渐完全停止，进而细胞发生衰退、死亡。

在体外培养细胞的生命期间，有所谓“危机期”(crisis)。有限细胞系生长过程中若不能通过“危机期”，将进入衰退期而趋于死亡。但是，并非所有原代培养的后代传代细胞最后全部都发生死亡，传代中偶尔可有极少的后代细胞能通过“危机期”，获得不死性而具有持久或无限增殖的能力。这种细胞即称为“无限细胞系”，或“连续生长细胞系”，过去亦曾称为“已建立的细胞系”。培养细胞无限繁殖生长的能力是否可以获得，与其种族、来源及性质有关。例如：鸡细胞在数次成倍生长后即死亡，即使是鸡的肿瘤细胞也不能成为不死性；人的细胞，一般来说，肿瘤细胞才有可能无限地生长；但是啮齿类动物的胚胎期细胞则较易形成不死性的连续细胞系。

至今，国际及国内已建立了许多细胞系，其中大多数来自肿瘤。

3. 每代细胞的生长过程

如上所述，置于体外培养的细胞，如条件合适，将生长繁殖。在培养器皿中，细胞繁殖到一定程度后，供培养生长的区域被细胞占满，培养液中的营养物质将被耗尽，如不及时传代，原代细胞将导致死亡。原代细胞传代后即为细胞系。成为第二代的细胞，以后可能继续传代。有限细胞系经过一定的代数之后，最终衰退而死亡；无限细胞系或连续生长细胞系则因具不死性而可无限/永久地传代、生长。在细胞的生长过程中，繁殖到一定密度后，将之分开而移至新的培养皿中（称为接种），使之继续繁殖生长，即为传代。细胞自接种至新培养皿中至其下一次再传代接种的时间为细胞的一代。每代细胞的生长过程可分为三个阶段：细胞先进入生长缓慢的滞留阶段，以后为增殖迅速的指数生长期，最后到达生长停止的平台期（图 3-18）。

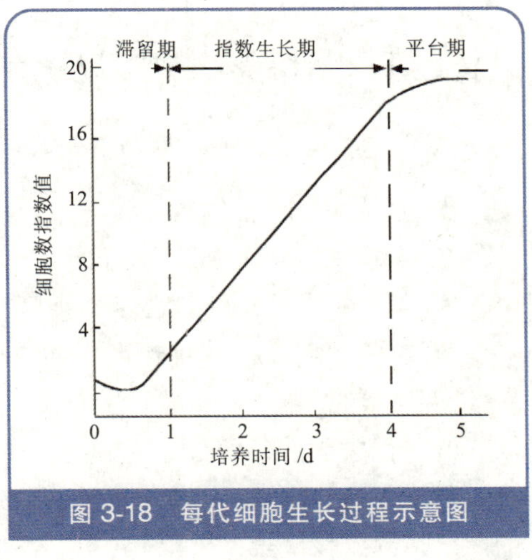

图 3-18　每代细胞生长过程示意图

（1）滞留期：包括悬浮期（游离期）及潜伏期。当细胞接种入新的培养器皿，不论是何种细胞类型，其原来的形态如何，此时细胞的胞质回缩，胞体均呈圆球形。这些细胞先悬浮于培养液中，短时间后，那些尚可能存活的细胞，即开始附着于底物，并逐渐伸展，恢复其原来的形态。再经过潜伏期，此时细胞已存活，具有代谢及运动活动但尚无增殖发生。以后出现细胞分裂并逐渐增多而进入指数生长期。一般细胞滞留期的时间不长，为 24~96 h。肿瘤细胞及连续生长细胞系，则更短，可少于 24 h。

（2）指数生长期：又称对数期。此期细胞增殖旺盛，成倍增长，活力最佳，适用于进行实验研究。细胞生长增殖状况可以细胞倍增情况（细胞群体倍增时间）及细胞分裂指数等来判断。在此阶段，若细胞处于理想的培养条件，将不断生长繁殖，细胞数量日渐增加。细胞将接触而连成一片，渐次铺满培养器皿底物，提供细胞生长的区域逐渐减少甚至消失。因接触抑制而细胞运动停止，因密度抑制而细胞终止分裂。细胞不再繁殖而进入平台期。此期时间的长短因细胞本身特性及培养条件而不完全相同，一般可持续 3~5 d。

（3）平台期：又称生长停止期。此期可供细胞生长的底物面积已被生长的细胞所占满，细胞虽尚有活力但已不再分裂增殖。此时细胞虽已停止生长，但仍存在代谢活动并可继续存活一定的时间。若及时分离培养、进行传代，将细胞分开接种至新的培养器皿并补充以新鲜培养液，细胞将于新的培养器皿中成为下一代的细胞而再次繁殖。否则，若传代不及时，细胞将因中毒而发生改变，甚至脱落、死亡。

每次传代接种后，细胞的这些生长繁殖过程，若进行检测计数，可以绘制成曲线，是为生长曲线。各细胞的生长曲线各具特点，是该细胞生物学特性的指标之一。

▶技能单 1　培养细胞常规检查

【能力目标】

- 掌握体外培养细胞的常规检查的内容及检查方法。
- 掌握细胞换液方法。
- 掌握细胞污染检查内容及排除方法。
- 掌握正常细胞与衰老死亡细胞的镜检区别。

【实验器材】

(1) 正常细胞培养物、需换液的细胞培养物、细菌污染的细胞培养物、真菌污染的细胞培养物、衰老死亡的细胞培养物。

(2) 倒置显微镜。

【实验内容及操作步骤】

一、培养细胞常规检查的意义

细胞接种或传代后，实验者要定时（根据细胞种类和实验要求）对细胞做常规检查，如观察培养液 pH（颜色变化）、清亮度（是否污染）和细胞生长状态等，随时掌握细胞动态变化，如发现异常情况需及时对症处理。

二、检查营养液 pH 值

新鲜 RPMI-1640 培养液呈橙红色（pH 7.2 左右），适合多数细胞生长。当细胞生长旺盛，代谢产生的酸性物质积累增多时，营养液酸化变黄，pH 值下降（图 3-19）；若

图 3-19　新鲜培养液为红色；培养液变黄表明需换液

培养瓶瓶塞刷洗不洁，残留碱性物质，致营养液 pH 升高，颜色变紫红色。上述两种情况都将对细胞产生不利影响，严重时细胞脱落死亡。采用 5% CO_2 与 95%空气的混合气体和 37℃条件培养细胞，可使培养液 pH 在一定时间内保持在 7.2 左右。更换营养液的时间可依营养物消耗而定，一般情况下，每周换液 2 次，每次换 1/2 量或 1/3 量。

（一）培养液全换方法

（1）无菌操作翻转培养瓶，使细胞面朝上。

（2）瓶口火焰消毒后倒去原培养液。

（3）用酒精棉球吸去瓶口残留液滴（注意瓶口液滴不能流回瓶内）。

（4）从培养瓶侧面加入新培养液（若瓶口留有少量培养液，用酒精干棉球擦去，再迅速通过火焰去除残留酒精）。

（5）从瓶侧面加新培养液，再翻转培养瓶，使培养液覆盖细胞面，瓶口消毒加塞。

（二）培养液换半量方法

（1）瓶口消毒。

（2）从瓶侧面吸去原培养液量的一半。

（3）从瓶侧面补加等体积新培养液。

（4）翻转培养瓶，使培养液覆盖细胞面，瓶口消毒加塞。

三、细胞污染的检查及排除

在长时间的细胞培养工作中，即使实验用品消毒彻底、无菌操作严格，亦难避免偶尔发生污染。污染主要来源于培养用液（培养液、血清、胰蛋白酶等），或操作时由空气扩散所致。常见有细菌、霉菌、支原体、原生动物污染等。

（一）细菌污染及排除

1. 细菌污染检查

细菌污染时，常引起培养液混浊，污染的培养液在显微镜下可见大量细菌，常见有白色葡萄球菌、大肠杆菌等（图 3-20）。有时培养液虽清亮，但细胞生长缓慢，这时可用肉汤或琼脂培养基 37℃培养数日，观察肉汤培养基有无混浊，或琼脂培养基上有无菌落形成，以验证是否被污染。

2. 细菌污染排除

抗生素对预防和杀灭细菌有一定效果。抗菌素联合使用比单独使用效果好。预防

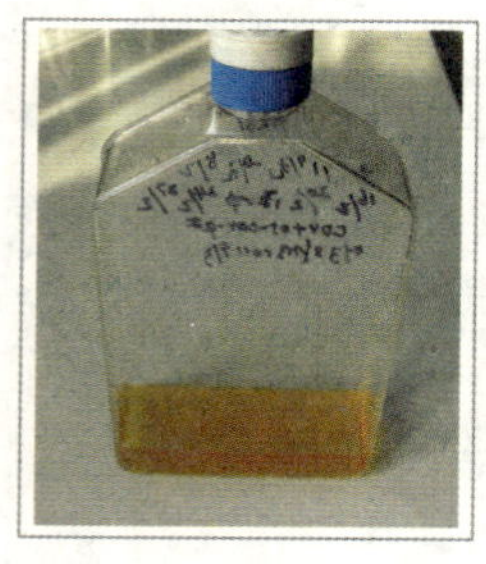
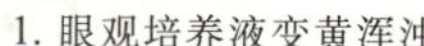

1. 眼观培养液变黄浑浊

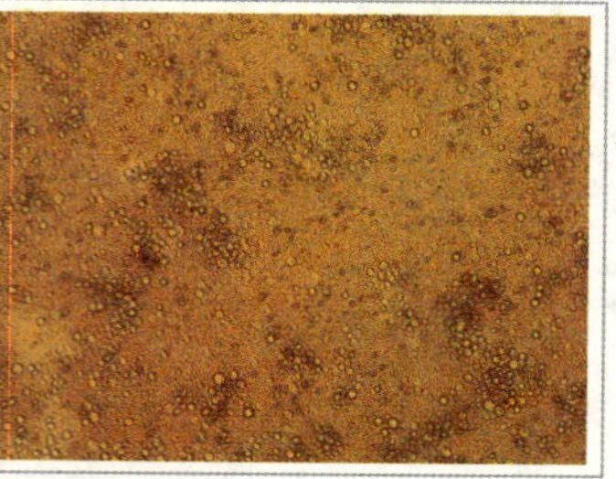

2. 镜检见细胞死亡，背景不清晰，密布小黑点

图 3-20　被细菌污染的细胞眼观及镜检所见

性应用比污染后使用效果好。已发生细菌污染，再使用抗菌素，常难以根除。有的抗菌素对细菌仅有抑制作用，而无杀菌效应，反复使用抗菌素可使微生物产生抗药性，且对细胞本身也产生一定的影响。有价值的细胞被污染后，可试用 5~10 倍常用剂量的冲击方法，加药作用 24~28 h，再换入常规培养液中，有时可奏效。

（二）真菌污染

霉菌污染易于发现，用肉眼即可见霉菌生长的菌落。菌落大多为白色或浅黄色小点，漂浮于培养液表面；有的散在生长，光镜下可见丝状、瘤状或树枝状菌丝，纵横交错，穿行于细胞之间。念珠菌或酵母菌形态呈卵圆形，散在于细胞周边和细胞之间（图 3-21）。

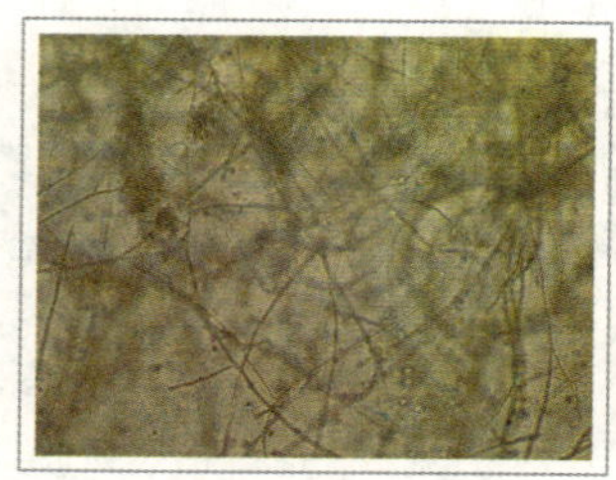

1. 霉菌污染镜检所见

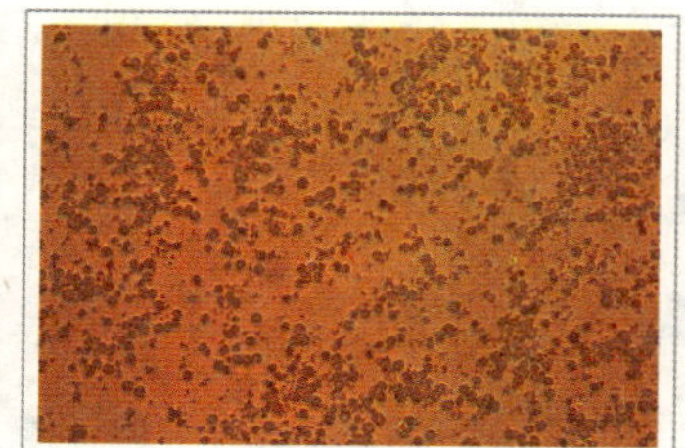

2. 酵母菌污染镜检所见（低倍）

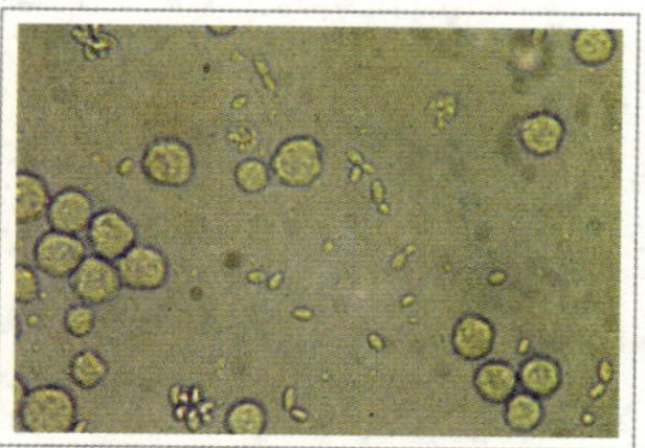

3. 酵母菌污染镜检所见（高倍）

图 3-21　真菌污染镜检

（三）支原体污染及排除

1. 支原体来源

人和动物均储带支原体，人口腔常常带有各种支原体，除肺炎支原体外，支原体对人的致病力较弱。细胞培养物被支原体污染甚为普遍，多数实验证实，支原体污染

来源主要为操作者和血清。因此，在细胞培养操作过程中，应防范人支原体对细胞的污染。

2. 支原体污染检查

支原体无细胞壁，呈高度多形性，最小直径 0.2 μm。可通过滤菌器，相差显微镜下支原体呈暗色细小颗粒，有类似布朗运动，位于细胞表面和细胞之间。被支原体污染后培养液不混浊，多数细胞无明显变化，或有微细变化，可因传代和换液而被缓解，在观察不够细致或缺乏经验时，往往给人以“正常”的感觉。在个别严重情况下，细胞增殖缓慢，部分细胞变圆，从瓶壁脱落。实验证实：支原体抑制骨髓瘤细胞生长，降低融合率；有 DNA 活性的支原体能降低 DNA 合成；需尿嘧啶型的支原体影响 RNA 合成；需精氨酸型的支原体则快速消耗培养液中的精氨酸，影响细胞 DNA 合成。各类细胞对支原体的感受性和反应性亦有差异，从原代细胞培养物一般不污染支原体的现象说明，原代细胞和二倍体细胞对支原体耐受性强；多倍体细胞和无限细胞系对支原体敏感，表明支原体对转化的细胞和肿瘤细胞似有亲和力。

3. 支原体污染排除

（1）抗生素处理。某些实验室中用 100 μg/mL 卡那霉素处理 3 周，可清除培养物中的支原体污染。亦有将细胞培养瓶直放，瓶内装入含 600 μg/mL 卡那霉素的生长液至瓶颈部，37℃孵育 18 h，然后移入含 200 μg/mL 卡那霉素的生长液，成功地处理了支原体。金霉素对细胞毒性较卡那霉素大，常用浓度为 100~200 μg/mL。对卡那霉素、四环素有抗药性的支原体污染，可用泰乐菌素处理细胞，对培养细胞无不良影响。污染细胞以 50 μg/mL 泰乐菌素处理 6 d，或连续处理 2 代，可长期有效地清除支原体污染。抗生素处理是目前排除支原体污染最为常用的方法，其中泰乐菌素和麦诺霉素有效率最高，未见耐药菌株。

（2）特异性抗血清处理。用 10^7~10^8 个被污染支原体的细胞免疫家兔，腹腔注射 4 次，每次间隔 4 d，与同源株作血清凝集试验，凝集效价达 1:32 以上。培养物用含 5% 抗血清的培养液培养，5 d 后换液一次，总处理时间为 11 d，然后换常规培养液培养。该方法的缺点是支原体在抗血清处理过程中有时会产生新抗原突变株，因此，处理前后必须进行支原体种类的鉴别。少见和难培养的支原体，不易制备抗血清。

（3）高热处理。因支原体和细胞对热的耐受性不同，将受污染的细胞置 41℃作用 5~10 h，最长达 18 h，可以破坏支原体，而细胞仅少许损伤，但可恢复。用新生霉素或卡那霉素单独处理某些支原体时，会使其产生耐药性，但若先用新生霉素（50 μg/mL）处理，继而置于 41℃处理 18 h，即可除去该支原体污染。Ho 和 Deen 将待处理的细胞加热到 41℃，持续 96 h 后，成功地去除了被污染的 4 种脑瘤细胞株中的支原体，而对脑瘤细胞的生长没有明显的抑制作用。对温度敏感的细胞株不能采用这种方法。

(4) 巨噬细胞和抗菌素联合处理。将同种动物腹腔巨噬细胞加入被支原体污染的细胞中（巨噬细胞与污染细胞比例为 100:1），再加入 100 μg/mL 的抗菌素，结合支持物方法培养，逐日检查，直至支原体被巨噬细胞消除。

(5) 鼠的传代处理。污染的肿瘤细胞株可接种于 BALB/C 裸鼠的颈背部皮下，每只接种 4×10^6 个细胞，接种 3~5 只，在动物带瘤生长一个月时，取瘤块进行原代培养。

(6) 血清处理。人和动物的血清中，含有一些天然的抗微生物成分，如 γ- 球蛋白、补体成分和溶菌酶等。Zieglar-Heibrok 将污染的细胞接种到含 10%非灭活血清培养基中，孵育 6 h 后，去除了包括人—人杂交瘤在内的 5 种细胞系中污染的支原体，并证实起作用的是补体成分。

目前，对细胞培养中支原体污染排除方法的研究还不完善，这些方法无一例外对培养细胞有一定影响。因此，在探索新方法的同时还应着重污染的预防。

（四）病毒污染

细胞培养物中有内源性和外源性病毒污染。内源性病毒污染如 B95-8 细胞能释放高滴度的 EBV 病毒，MJ 细胞能释放 T 细胞白血病病毒。外源性病毒污染，常见有人病毒 EBV、狂犬病毒、疱疹病毒、腺病毒和人 RNA 肿瘤病毒等。它们威胁着细胞系（株）的质量，也危及操作人员的身体健康。实验者一定要在二级生物安全区内规范操作。

（五）细胞交叉污染及排除

在细胞培养工作中要注意防止细胞间交叉污染。细胞交叉污染是由于在细胞培养操作过程中，多种细胞培养同时进行时，器材和培养用液混杂所致。这种污染使细胞形态和生物学特性发生变化，某些变化不易察觉。有些污染细胞具有生长优势（如 Hela 细胞等），最终压过其他细胞，使这些细胞生长抑制，最终死亡。细胞交叉污染导致细胞种类不纯，不能进行实验研究。防止细胞交叉污染的措施主要有：

(1) 实验器材，如吸管不能混用。几种细胞同时实验时，器材要做好专用标记。

(2) 细胞培养用液公用时，细胞吸管和细胞用液管要分开，千万不能用细胞吸管直接吸细胞培养液。

（六）化学物质污染及排除

化学污染是细胞培养失败的重要原因。化学污染物质包括残存洗涤剂、细胞残余、解体的微生物等，细胞直接接触物（如培养皿、生长基质、培养基等）或间接接触物（如配制培养基的器皿、瓶塞、瓶盖等）一旦被化学物质污染，将导致细胞死亡。因此，细胞实验所使用的器材要求严格清洗，并正确掌握器材操作要领。

四、健康细胞与衰老死亡细胞的观察

显微镜下生长状态良好的细胞均质、明亮、透明度大、折光性强，相差显微镜下可以看清细胞的形态结构，细胞质中有粗大的线粒体颗粒和核。在细胞衰老，机能不良时，细胞质中常出现黑色颗粒、空泡或脂滴，细胞间空隙加大，细胞形态变得不规则或失去原有特性（图 3-22，图 3-23）。只有状态良好的健康细胞才宜进行实验。在很多情况下，细胞虽机能状态不良，但仍可生长，如支原体轻度污染时即如此。因此，细胞生长与否，不能作为细胞好坏的唯一标准，必须做全面分析。

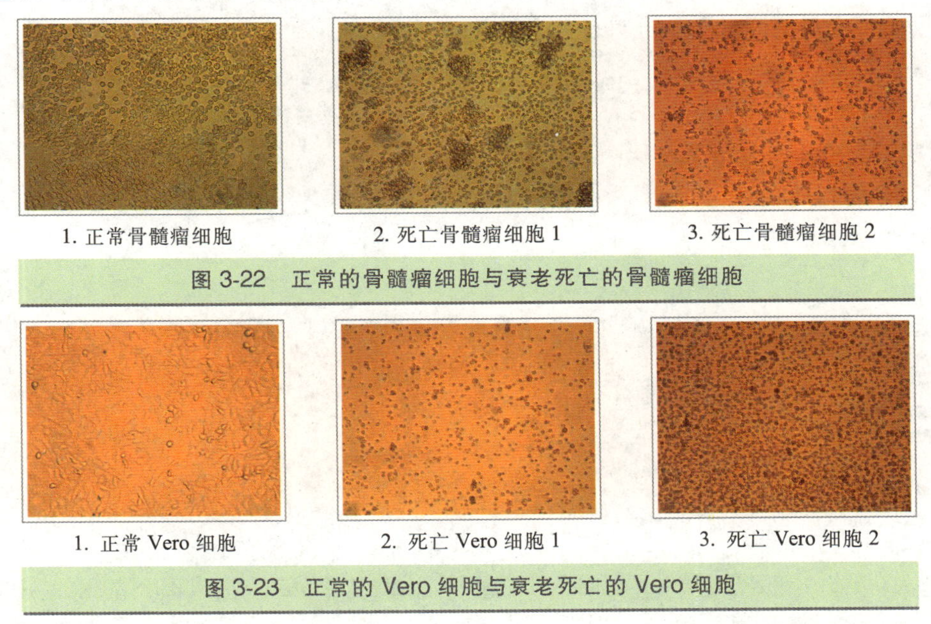

1. 正常骨髓瘤细胞　2. 死亡骨髓瘤细胞 1　3. 死亡骨髓瘤细胞 2

图 3-22　正常的骨髓瘤细胞与衰老死亡的骨髓瘤细胞

1. 正常 Vero 细胞　2. 死亡 Vero 细胞 1　3. 死亡 Vero 细胞 2

图 3-23　正常的 Vero 细胞与衰老死亡的 Vero 细胞

【注意事项】

良好的无菌操作技术是控制微生物污染细胞的基础。细胞污染时，应首先找出细胞污染的原因。

思考题

1. 在细胞培养中，微生物的污染主要包括哪些方面？怎样判断所培养的细胞被微生物污染？针对不同的微生物污染应采取哪些措施？

2. 在显微镜下如何区分正常细胞与衰老细胞？

▶技能单 2　细胞活性检查

【能力目标】

- 了解细胞活性检查的原理。
- 掌握染料的配制方法。
- 掌握细胞活性检查方法。

【实验器材】

（1）台盼蓝、苯胺黑、结晶紫溶液（溶于 Hank's 液或 BSS 液）。

（2）冷冻复苏后的细胞或其他培养细胞。

（3）研钵、滤纸、漏斗、试剂瓶、标签纸、显微镜、胶头滴管、镊子、载玻片、盖玻片、计数器。

【实验内容及操作步骤】

一、原理

细胞损伤或死亡时，某些染料可穿透变性的细胞膜，与解体的 DNA 结合，使其着色。而活细胞能阻止这类染料进入细胞内，因此可以鉴别死细胞与活细胞。常用的染料有台盼蓝、苯胺黑、结晶紫。

二、配制染色液

（1）0.5%台盼蓝法：0.5 g 台盼蓝加热溶于 100 mL Hank's 液或 BSS 液中，贴标签。

（2）0.05%苯胺黑：0.05 g 苯胺黑充分研磨后溶于 100 mL Hank's 液或 BSS 液中。苯胺黑对细胞毒性小，但溶解度差，配制后需过滤一下，贴标签。

（3）0.1%结晶紫（用 BSS 液配制）法：0.1 g 结晶紫分研磨溶于 100 mL Hank's 液或 BSS 液中，过滤后贴标签。

三、制备细胞悬液

调整细胞浓度在 1×10^6 个 /mL 左右。

四、染色

（1）0.5%台盼蓝法

取少量细胞悬液，按 1:1 量加入 0.5%台盼蓝溶液，充分混匀，静置 15 min。用胶头滴管吸取细胞悬液，滴一滴于载玻片上，加盖玻片，1 min 后用 10×物镜移动视野观察，计数 100~200 个细胞。活细胞圆形透明，死细胞染成蓝色，用活细胞占计数细胞中的百分比表示细胞活力。

（2）0.05%苯胺黑法

使用时，苯胺黑液与细胞悬液以 1:10 混合，稍放置后镜检，死细胞染成黑色，活细胞不着色。

（3）0.1%结晶紫法

细胞悬液与结晶紫液等量混合后，立即镜检，着紫色的为活细胞。

【说明】

（1）细胞活性检查是细胞培养的基本技术，它是了解不同药物、生化物质处理等效果的直观简便手段，也是评定细胞冷冻效果的方法之一。在细胞冻存和复苏过程中，由于细胞遭受非生理性的低温打击等，不可避免地对细胞产生影响，引起部分细胞活力下降或死亡，通过细胞活性检查可快速检验细胞冷冻效果，是衡量细胞冻存、复苏效果的一种简便易行的方法。染料排除法是检查细胞活性常用的方法。

（2）如检查贴壁的细胞时，应先将细胞消化后进行操作。

思考题

1. 在光学显微镜下如何区分死细胞与活细胞?

2. 用表格列出测定不同细胞的视野数目和活力情况。

3. 用 3 种不同方法染色检查同一种细胞的活细胞百分比是否相同，你认为用哪一种方法检测较好?

▶技能单 3　培养细胞染色体的染色及观察

【能力目标】

- 掌握培养细胞染色体制备技术。
- 学会对细胞染色体的观察。

【实验器材】

（1）对数生长期鸡胚或小鼠成纤维传代细胞。

（2）Hank's 液、0.25%胰蛋白酶加 0.02%乙二胺四乙酸（EDTA）消化液、完全 DMEM 液（含 10%胎牛血清（FBS）和抗生素培养液）、秋水仙素溶液（100 μg/mL）、0.075 mol/L 氯化钾溶液、甲醇冰醋酸固定液（3 份甲醇加 1 份冰醋酸）、Giemsa 染液（1 份 Giemsa 原液加 9 份 1/15 mol/L pH 6.8 磷酸缓冲液）、二甲苯、中性树胶、去离子水。

（3）显微镜(带油镜头)、离心机、恒温水浴箱、载玻片、盖玻片、吸管、离心管等。

【实验内容及操作步骤】

（1）配制 0.075 mol/L 氯化钾溶液：称取 1.118 g KCl，定溶至 100 mL 三蒸水中，得到 1.5 mol/L 的 KCl 原液，用前稀释 20 倍。

（2）处理细胞：取对数生长期、大瓶培养的 80%~90%汇合的传代细胞，加入秋水仙素溶液，使其终浓度为 0.04~0.8 μ g/mL，37℃培养 4~6 h。

（3）收集分裂细胞：可利用分裂中期细胞体变圆与底物附着不牢固的特点，手持培养瓶，左右反复水平摇动，令培养液在培养细胞表面反复冲涮，收集培养液，1 000 r/min 离心 5~10 min，弃去上清液。应用此法可使 90%的中期分裂细胞从瓶壁脱落，注意勿用力过猛，以防大量非分裂细胞脱落影响观察。

（4）低渗处理：逐滴向离心机加入预温至 37℃的 0.075 mol/L 氯化钾溶液 5~10 mL，用吸管轻轻吹打均匀，在恒温水浴箱中静置 20~30 min。

（5）预固定：向悬液中加新鲜甲醇冰醋酸（1:3）固定液 1 mL，用吸管吹打混匀。此措施能起到先使细胞表面轻微固定，可防止固定后细胞粘连成块。

（6）固定：1 000 r/min 离心 10 min，弃上清液，沿管壁缓慢加入新鲜固定液 8~10 mL，用吸管轻轻吹打混匀，固定 15~20 min。

（7）再固定：重复 5，离心弃上清液，缓慢加入新鲜固定液 8~10 mL，固定 30 min；再离心，弃上清液，视细胞量再加入新鲜固定液 0.5~1.0 mL，吹打均匀。

（8）制片：取冰箱中冷冻的载玻片 1 张，载玻片表面出现细微水气时（约–10℃），距载玻片约 50 cm 高度，向载玻片滴 2~3 滴细胞悬液，室温干燥。

(9) 染色：用新鲜的 Giemsa 染液染色 10~20 min，流水冲洗载片背面，晾干。

(10) 封片和观察：制好的标本可直接观察（可用油镜）。如标本需要保存和做长时间观察，可过二甲苯两次后，用中性树胶封片。在镜下选择染色体分散良好，不重叠，无失散的标本，于油镜下观察记录，必要时进行显微摄像，做核型分析。

【实验说明】

(1) 培养细胞的目的之一是为了在体外获得大量的细胞，以此来研究细胞在体内的结构与功能。随着体细胞克隆技术的发展，已由胎儿成纤维细胞、成年动物成纤维细胞、肌肉细胞、卵丘细胞和乳房上皮细胞等细胞获得体细胞克隆动物。在这些研究中，首先必须检查体细胞在体外培养过程中染色体是否丢失，核型是否发生改变，只有核型正常的细胞才可以用于动物克隆研究。因此，培养细胞的染色体观察十分重要。

(2) 细胞在有丝分裂期，染色质逐渐变粗变短，形成染色体。特别是有丝分裂中期，染色体的长短、大小、着丝点等特征最为典型，容易观察。因此，在细胞遗传学研究中多采用有丝分裂中期的染色体。显示染色体的基本原理和过程是：用秋水仙素特异性破坏细胞纺锤丝，阻止细胞分裂，使细胞分裂处于分裂中期，如此获得大量中期分裂相。然后用低渗溶液使细胞体积胀大，染色体松散，经冰醋酸和甲醇固定后，用 Giemsa 染色，在油镜下即可清晰看到分散的染色体。

【注意事项】

(1) 在细胞进入有丝分裂高峰期时，加入秋水仙素，容易获得大量的分裂细胞。秋水仙素的使用剂量及作用时间，因细胞不同而有区别，应预先摸索最适条件。

(2) 加低渗液时，开始应逐滴加入，边加边搅，以防细胞凝聚成团。

(3) 制片前，应调整细胞密度，以滴片后每低倍视野 100~300 个细胞为宜。

(4) 滴片用的载玻片必须彻底洗净，如果有油污残留，会影响染色体分散。

(5) 载玻片一定冷冻 4h 以上，而且需现用现拿，如果冰冻不够，细胞难以贴附而容易丢失，同时可影响细胞和染色体的分散。

思考题

1. 观察记录小鼠细胞染色体数目。

2. 制备染色体时为什么使用冰箱中冷冻的载玻片而非室温下放置的载玻片？

3. 在观察细胞染色体时，固定过程分为预固定、固定和再固定三步，作用有何不同？

▶技能单 4　细胞生长曲线的绘制

【能力目标】

- 进一步掌握细胞的消化、补液、计数技术。
- 掌握细胞生长曲线的绘制方法。

【实验器材】

（1）小鼠胎儿成纤维细胞或鸡胚成纤维细胞、完全 DMEM 培养液、0.25%的胰酶。

（2）24 孔板细胞培养板、吸管、吸球、超净工作台、倒置显微镜、细胞计数板。

【实验内容及操作步骤】

（1）取生长状态良好的小鼠胎儿成纤维细胞或鸡胚成纤维细胞，用胰酶消化。

（2）用 DMEM 制备成细胞悬液。细胞计数后，将细胞浓度调整为$(1\sim5)\times10^4$个 /mL，精确地将细胞分别接种于两块 24 孔板中，要求每孔加入的细胞总数一致，加入的培养液量要一致。

（3）每天取 3 孔细胞消化，进行细胞计数，计算平均值。一般需连续计数 10 d 左右。从培养起开始，每 3 d 需给未计数的细胞换液。

（4）以培养时间为横轴，细胞浓度为纵轴，将每天所得的细胞浓度标在坐标纸上，各点连线即得细胞生长曲线。

【实验说明】

（1）细胞接种浓度不能过多也不能过少，在合适的浓度下细胞在 7~10 d 内能长满而不发生生长抑制；细胞数量太少，细胞适应期太长；数量太多，细胞将很快进入增殖稳定期，在一段时间内需进行传代，曲线不能确切反映细胞生长情况。同种细胞的生长曲线先后测定要采用同一接种密度，这样才能做纵向比较；不同的细胞也要接种细胞数相同，才能进行比较。

（2）细胞生长曲线是观察细胞生长基本规律的重要方法。只有具备自身稳定生长特性的细胞才适合在观察细胞生长变化的实验中应用。因而在细胞系细胞和非建系细胞生长特性观察中，生长曲线的测定是最为基本的指标。

（3）细胞生长曲线虽然最为常用，但有时其反映数值不够精确，可有 20%~30%的误差，需结合其他指标进行分析。在生长曲线上细胞数量增加 1 倍时间称为细胞倍增时间，可以从曲线上换算出。细胞倍增的时间区间即为细胞对数生长期，细胞传代、冷冻等实验多应在此区间进行。

（4）不同细胞在不同培养液内细胞生长曲线和细胞倍增时间可以直接反应细胞在该种培养液内的增殖速度，是对培养液进行选择的主要依据。通过不同培养液内细胞生长曲线的差异，筛选出对成纤维细胞和上皮细胞最适合的培养液。

(5) 通过对细胞生长曲线的绘制，可比较不同的培养液对细胞生长曲线变化的影响。在条件允许下，分析培养液中添加不同的生物活性物质（如生长因子、激素等）对细胞生长的影响，从而筛选出合适的细胞培养液。

思考题

从你绘制的细胞生长曲线上区分出潜伏期、对数生长期和平台期的时间，计算出群体倍增时间。

技能单 5　细胞的克隆形成实验

【能力目标】

- 掌握平板克隆形成实验的操作技能。
- 掌握软琼脂克隆形成实验的操作技能。
- 掌握平板琼脂克隆培养法的操作技能。

【实验器材】

(1) 细胞、细胞培养液、优质琼脂、甲醇、Giemsa 染色液、BSS 液。

(2) 24 孔板细胞培养板、细胞培养皿、吸管、吸球、超净工作台、倒置显微镜、CO_2 培养箱。

【实验内容及操作步骤】

一、概述

非整倍体无限细胞系和癌细胞株中，也存在不同细胞亚群，它们的功能和生长特点各有差异，其中有些亚群细胞对培养环境有较大的适应性，具有较强的独立生存能力，细胞克隆率高。用细胞克隆方法可纯化某亚群细胞。纯化细胞群来自一个共同的祖细胞，细胞遗传性状、生物学特性相似，有利于实验研究。单细胞同化营养的能力不如细胞群体；原代培养细胞和二倍体有限细胞系，均易做细胞克隆。细胞克隆化培养之前，应先测定细胞克隆形成率，以了解细胞在极低密度条件下的生长能力。细胞克隆形成率方法常用于抗癌药物敏感试验、肿瘤放射生物学试验等。

单个细胞在体外增殖6代以上，其后代所组成的细胞群体称为克隆。每个克隆含有50个以上的细胞，大小在0.3~1.0 mm之间。克隆形成率用来表示细胞独立生存的能力，其常用实验方法有平板克隆形成实验、软琼脂克隆形成实验及平板琼脂克隆培养法。

二、平板克隆形成实验

本法适用于贴壁生长的细胞，包括培养的正常细胞和肿瘤细胞。其操作方法如下：

（1）细胞悬液反复吹打，使细胞充分分散，单个细胞百分率应在95%以上。

（2）按照细胞密度梯度，如50、100、200个，分别接种含10 mL预温的培养皿（直径9 cm）中，十字形轻轻晃动培养皿，使细胞分散均匀。

（3）培养皿置37℃、5% CO_2培养箱中培养2~3周，中间根据培养液pH变化，适时更换新鲜培养液。

（4）当培养皿中出现肉眼可见的细胞克隆时，终止培养，弃去培养液，用BSS液小心浸洗2次，空气干燥；甲醇固定15 min，弃甲醇后空气干燥；用Giemsa液染色15 min，流水缓慢洗去染液，空气干燥；显微镜下计数大于50个细胞的克隆数，然后按下式计算克隆形成率：

克隆形成率（%）=（克隆数 / 接种细胞数）×100

三、软琼脂克隆形成实验

本法适用于非锚着依赖性生长的细胞，如骨髓造血干细胞、肿瘤细胞株、转化细胞系等。利用琼脂液无粘着性又可凝固的特性，将肿瘤细胞混入琼脂液中，琼脂液凝固使肿瘤细胞固定于某一位置，琼脂中肿瘤细胞可能向周围作全方位的移动，因此可以用来检测肿瘤细胞的主动移动能力。肿瘤细胞在适宜培养基中又可以增殖，从而可以测定肿瘤细胞克隆形成率。造血系统软琼脂集落形成试验方法相同，主要用于有关细胞分化的研究，但使用培养基不同。

其操作方法如下：

（1）调整细胞悬液，使其细胞浓度为1×10^3个/mL。

（2）制备底层琼脂。完全溶化的5%琼脂和预热到45℃左右的新鲜培养液以1:9的体积比在50℃均匀混合，加入24孔培养板中，每孔含0.5%琼脂培养基0.8 mL，室温下待琼脂完全凝固。

（3）制备上层琼脂。取37℃不同密度梯度（按照每孔含25、50、100个）的细胞悬液9.4 mL移入小烧杯中，加入50℃、5%琼脂0.6 mL，迅速充分混匀，即成0.3%半固体琼脂培养基。配好的半固体琼脂培养基立即加入底层铺有琼脂的 24 孔培养板中，每孔 0.8 mL，每个浓度重复 4 孔，室温下待琼脂凝固。

（4）37℃、5% CO_2 培养箱中静置培养 2~3 周。

（5）在倒置显微镜下计数直径大于 75 μm 或含 50 个细胞以上的细胞克隆数，再计算克隆形成率。

四、平板琼脂克隆培养法

本法所使用的培养基由一层琼脂构成，细胞在琼脂表面形成集落。其操作方法如下：

（1）5%完全溶化的琼脂冷却至 50℃左右与同温的细胞培养液按 1:9 的体积比混合，制成 0.5%琼脂培养基。

（2）在直径 90 mm 平皿中加入 0.5%琼脂培养基 10 mL，直径 60 mm 平皿分装 4~5 mL。室温凝固，待多余水分蒸发后用胶带密封平板琼脂，置 4℃冰箱可保存 1 周左右。临用前平皿置室温 1 h，使琼脂表面水分蒸发。

（3）细胞悬液在直径 90 mm 琼脂平皿上接种 0.2 mL，在直径 60 mm 平皿上接种 0.1 mL（1×10^3 个 /mL）。

（4）小心地将琼脂平面倾斜，并用 6 mm 厚玻片将细胞均匀地涂布于琼脂表面。

（5）37℃、5% CO_2 培养箱中静置培养 2~3 周，在倒置显微镜下计数琼脂表面生长的细胞克隆数，再计算克隆形成率。

（6）平板琼脂克隆培养法注意事项：

① 为了能在半固体琼脂中形成细胞克隆，必须选用优质琼脂。琼脂对热和酸不稳定，如果反复加热，容易降解，产生毒性，同时琼脂硬度下降。故琼脂高压灭菌（10 磅 15 min）后按一次用量进行分装。

② 细胞悬液中，细胞分散度应大于 95%。

③ 吸管用前预热，则可避免琼脂吸附于吸管壁。

五、提高克隆形成率的方法

细胞在低密度条件下培养，生存率明显下降，无限细胞系和肿瘤细胞株克隆形成率一般在 10%以上。但初代培养细胞和有限细胞系则很低，仅为 0.5%~5%，甚至为 0。必须采取适当措施才能提高克隆形成率。

（1）选择适合培养细胞生长的培养基，以提高克隆形成率。

（2）优选血清。以胎牛血清最好，小牛血清和马血清次之。

（3）制备饲养细胞。为了促进细胞形成克隆，通常制备饲养细胞层，依靠饲养细胞提供某些物质，刺激细胞克隆生长。饲养细胞依实验要求而定。

（4）加促细胞克隆形成物质。必要时在培养基中添加胰岛素、地塞米松等促细胞克隆形成物质。

（5）选用合适的生长基质。不同的细胞易于贴附在性质不同的器皿上，合适的生长基质有利于细胞平板克隆形成。

思考题

细胞的克隆形成实验有哪几种，各有何特点？

第四章 病毒的细胞培养技术

第一节 病毒的结构及生物学特性

资料单

【知识目标】

- 掌握病毒的基本特征。
- 掌握病毒的形态结构。
- 掌握病毒的化学组成。
- 了解病毒的复制过程。
- 了解病毒的培养方法。
- 掌握病毒的生物学特性。

【教学内容】

一、病毒的基本特征

自19世纪末Ivanovski和Beijerinck分别发现烟草花叶病毒（Tobacco mosaic virus，TMV）以来，研究病毒（virus）的本质及其与宿主的相互作用的病毒学（virulogy）得到迅速发展，并成为微生物学重要分支。病毒学研究丰富了微生物学乃至现代生物学的理论与技术，同时，病毒学研究对于有效地控制和消灭人及有益生物的病毒病害，保护人类的健康和人类的经济活动以及人类赖以生存的环境，发展以基因工程为中心的生物高新技术产业，具有特别重要的意义。病毒，同所有其他生物一样，是一类具有基因、复制、进化、并占据着一定的生态学地位的生物实体，是一类体积非常微小、结构极其简单、性质十分特殊的生命形式。

病毒在细胞外环境以形态成熟的颗粒形式即毒粒（virion）存在。毒粒具有一定的大小、形态、化学组成和理化性质，甚至可以结晶纯化，如同化学大分子一样不表现任何生命特征。但是毒粒具有感染性，即一旦病毒进入细胞，毒粒便会解体，释放出的病毒基因组具有繁殖性，能利用宿主细胞的大分子合成装置进行复制表达，从而导致病毒的繁殖；并随之表现出遗传、变异等一系列生命特征。因此，病毒是一类既具有化学大分子属性，又具有生物体基本特征；既具有细胞外的感染性颗粒形式，又具有细胞内的繁殖性基因形式的独特生物类群。

病毒的基本特征有以下几点：

(1) 个体极其微小。绝大多数病毒能通过细菌滤器，光学显微镜难以检查到，需用电子显微镜才能看到。

(2) 病毒不具有细胞结构，一些简单的病毒仅由核酸和蛋白质外壳构成，故可把它们视为核蛋白分子。

(3) 一种病毒的毒粒内通常只含有一种核酸，DNA 或者 RNA。

(4) 病毒是严格的细胞内寄生物，只能在活细胞内才能生长繁殖。在活的细胞内，病毒核酸提供遗传信息，利用宿主细胞的酶、能量合成系统、核糖体、细胞因子以及大分子合成的前体来完成自身的生命活动，病毒的寄生是基因水平的寄生。

(5) 病毒以复制的方式进行增殖。病毒不能以分裂方式进行繁殖，而是以其核酸通过复杂的生物合成过程，即复制方式进行增殖。

(6) 在离体条件下，能以无生命的生物大分子状态存在，并可长期保持其侵染活力。

在病毒学研究工作中，还发现类病毒、卫星病毒和朊病毒等只具有核酸或蛋白质的更为简单的感染性因子，并将之归在亚病毒因子之列，因此，现在病毒有真病毒与亚病毒之分，真病毒系前所指经典意义的病毒。

二、病毒的形态结构

毒粒是病毒的细胞外颗粒形式，也是病毒的感染性形式。毒粒具有一定的大小，形状和结构组成，这些特征为病毒的分离纯化、分类鉴定、病毒的进化和遗传功能研究提供了可靠的依据。

(一) 病粒的大小和形状

病毒比细菌小得多，其大小以 nm（纳米）为测量单位。不同病毒的毒粒大小差别很大，最小者如植物的双粒病毒直径仅 18~20 nm，最大者如动物的痘病毒，其大小达到 (300~450)nm×(170~260)nm。尽管已发现的病毒达数千种，但毒粒的基本形态主要有球形（或称拟球形）、杆形、蝌蚪状，砖形，卵圆形等。另外有的病毒毒粒呈多形性，如流感病毒新分离的毒株常呈丝状，在细胞内稳定传代后则为直径约 100 nm 的拟球形颗粒（图 4-1）。

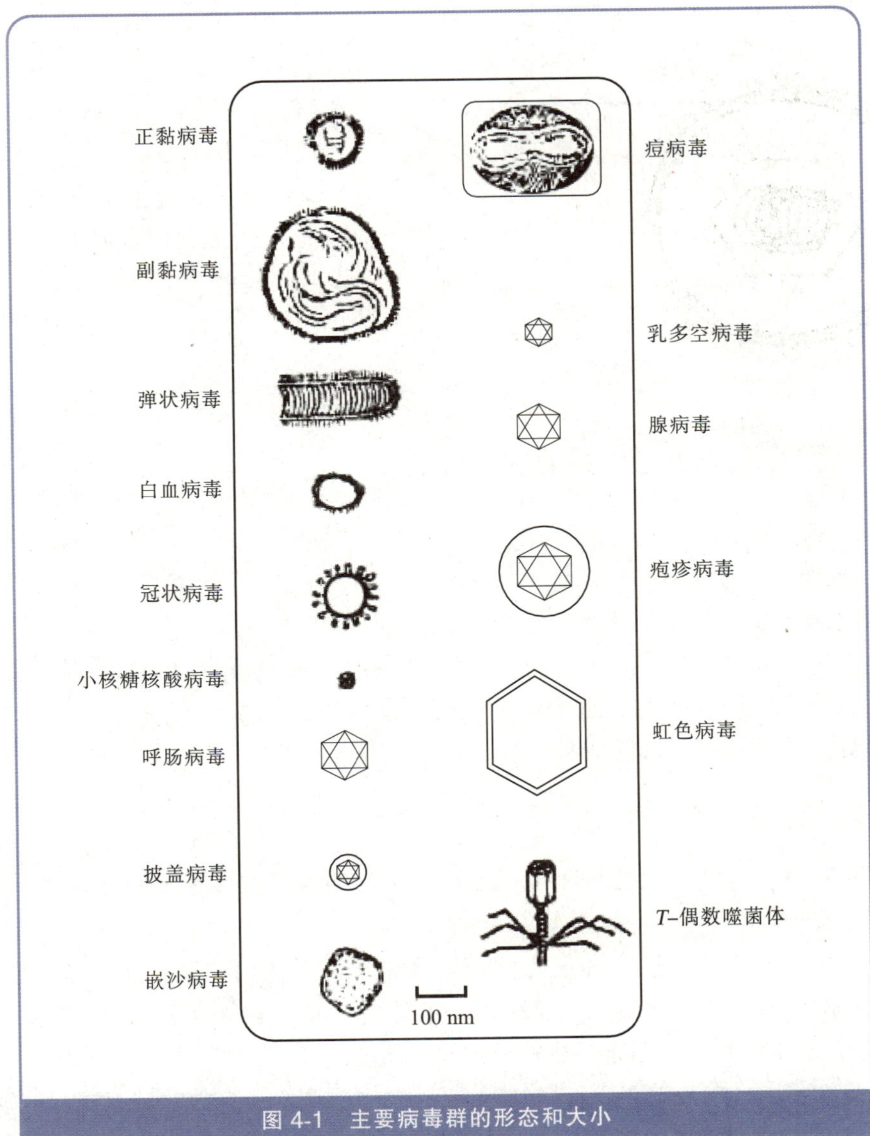

图 4-1　主要病毒群的形态和大小

（二）病粒的结构

完整的病毒颗粒主要由核酸和蛋白质组成。核酸构成病毒的基因组，为病毒的复制、遗传和变异等功能提供遗传信息。

病毒的结构模式见图 4-2。

(1) 芯髓：由病毒核酸组成的部分称为芯髓，位于病毒的核心。

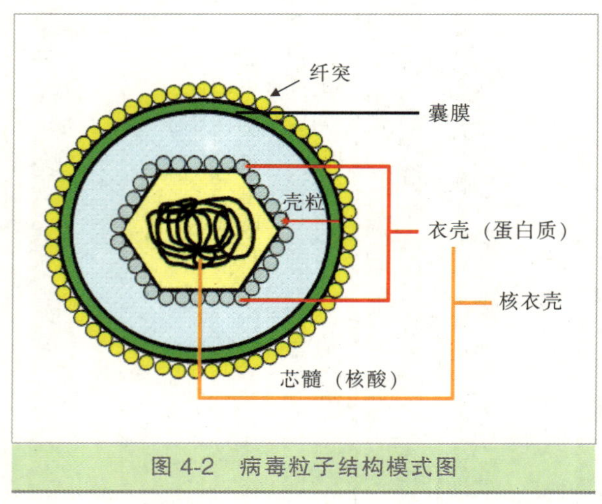

图 4-2　病毒粒子结构模式图

（2）衣壳：包围着病毒芯髓的蛋白质部分称为衣壳。其功能是保护病毒的核酸免受环境中核酸酶或其他影响因素的破坏，并能介导病毒核酸进入宿主细胞。衣壳蛋白具有抗原性，是病毒颗粒的主要抗原成分。

（3）核衣壳：衣壳与芯髓共同组成核衣壳。

（4）壳粒：组成衣壳的基本单位。衣壳由一定数量的壳粒组成，每个壳粒又由一个或多个多肽分子组成。不同种类的病毒衣壳所含的壳粒数目不同，是病毒鉴别和分类的依据之一。

（5）囊膜：又叫包膜，是病毒在成熟过程中从宿主细胞获得的，含有宿主细胞膜或核膜的化学成分，但不是所有的病毒在核衣壳外面都有囊膜。

（6）纤突：有的囊膜表面有突起，称为纤突或膜粒。囊膜与纤突构成病毒颗粒的表面抗原，与宿主细胞嗜性、致病性和免疫原性有密切关系。有囊膜的病毒称为囊膜病毒，无囊膜的病毒称为裸露病毒。

（三）病毒的结构类型

（1）对称型：根据壳粒数目和排列不同，病毒衣壳主要有螺旋状与 20 面体两种对称类型，也有少数为复合对称。

（2）螺旋状对称：核酸是伸展开的，以多个弱键与蛋白质亚基相结合，壳粒围绕着核酸呈螺旋状对称排列，见于弹状病毒、正黏病毒和副黏病毒及多数杆状病毒。

（3）20 面体对称：核衣壳形成球状结构，壳粒排列成 20 面体对称型式，有 20 个等边三角形构成 12 个顶、20 个面、30 个棱的立体结构。大多数球状病毒呈这种对称，包括大多数 DNA 病毒、反转录病毒及微 RNA 病毒。

（4）复合对称型：少数病毒壳粒排列较为复杂，其壳粒排列既有螺旋对称又有立体对称的型式，如痘病毒、噬菌体。

根据病毒毒粒有无囊膜以及衣壳的对称形式，可以将毒粒分为 4 种主要结构类型（图 4-3）：裸露的 20 面体毒粒、裸露的螺旋毒粒、有囊膜的 20 面体毒粒、有囊膜的螺旋毒粒。还有些病毒，如有尾噬菌体、痘病毒等结构更为复杂，不能包括在这些结构类型之内。但不同病毒的毒粒结构复杂程度又有很大的区别。

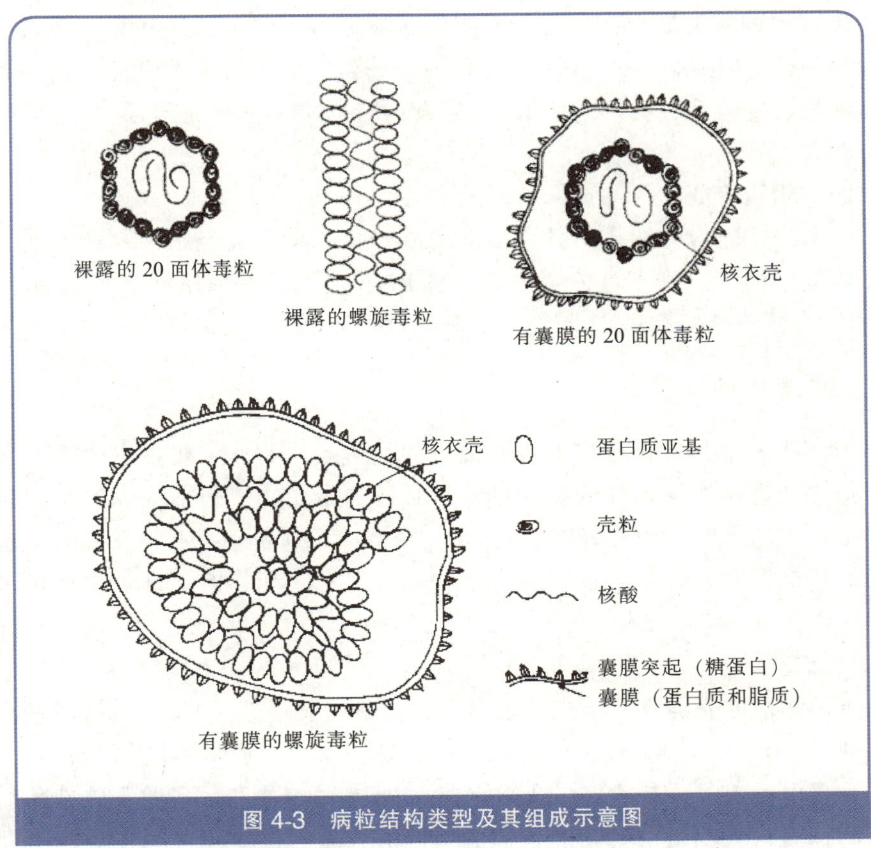

图 4-3　病粒结构类型及其组成示意图

三、病毒的化学组成

病毒的基本化学组成是核酸和蛋白质。有囊膜的病毒和某些无囊膜的病毒还含有脂类和糖类；有的病毒还含有聚胺类化合物，无机阳离子等组分。

（一）病毒的核酸

核酸是病毒的遗传物质。一种病毒的毒粒只含有一种核酸，DNA 或是 RNA。除逆转录病毒基因组为二倍体外，其他病毒的基因组都是单倍体。

1. 病毒核酸的类型

病毒核酸存在单链 DNA、双链 DNA、单链 RNA 及双链 RAN 4 种主要类型。除双链 RNA 外，其他各类核酸又有线状形式和环状形式。如 DNA 病毒多数为双链线状，少数为双链环状；RNA 病毒多数为单链线状，少数为双链线状。按病毒学惯例，把

mRNA 的碱基序列作为标准，凡与此相同的核酸称为正股，与其互补的则为负股。在单股 RNA 病毒中，冠状病毒、微 RNA 病毒、披膜病毒等均为正股，而弹状病毒、丝状病毒、副黏病毒等为负链。某些 RNA 病毒如布尼病毒及砂粒病毒，其单链 RNA 部分节段为负链，部分为正、负链，称为双向。

2. 核酸的结构特征

不同病毒的核酸均可能具有各自不同的结构特征，主要包括：黏性末端、循环排列和末端重复序列等。许多真核生物的正链 RNA 病毒的基因组同真核细胞 mRNA 一样，5’末端有帽子结构，3’末端有多聚腺苷酸即 poly（A）结构。

（二）病毒的蛋白质

病毒蛋白质根据其是否存在于毒粒中分为结构蛋白和非结构蛋白两类：前者系指构成一个形态成熟的有感染性的病毒颗粒所必需的蛋白质，包括衣壳蛋白、囊膜蛋白和存在于毒粒中的酶等，约占病毒总重量的 70%，少数低至 30%~40%；后者系指由病毒基因组编码的，在病毒复制过程中产生并具有一定功能，但不结合于毒粒中的蛋白质。在此主要介绍病毒的结构蛋白。

1. 衣壳蛋白

衣壳蛋白是构成病毒衣壳结构的蛋白质，蛋白质亚基是构成衣壳蛋白的最小单位，其由一条或多条多肽链折叠形成。不同病毒衣壳蛋白的组成是不同的，有的仅由一种或少数几种蛋白质构成，有的可多达 20 余种。亚基的组成和数目的不同是区别不同的衣壳蛋白的标志。衣壳蛋白的功能是构成病毒的衣壳，保护病毒的核酸，同时它们还是病毒的表面抗原。无囊膜病毒的衣壳蛋白参与病毒的吸附、进入、决定病毒的宿主嗜性。

2. 囊膜蛋白

构成病毒囊膜结构的病毒蛋白质包括囊膜糖蛋白和基质蛋白两类。囊膜糖蛋白多为病毒吸附蛋白，是病毒的主要表面抗原。它们与细胞受体相互作用启动病毒感染发生，有些病毒的囊膜糖蛋白还介导病毒的进入，此外它们还可能具有凝集脊椎动物红血球细胞、细胞融合以及酶等活性。基质蛋白构成膜脂双层与核壳之间的亚膜结构。具有支撑囊膜，维持病毒结构的作用，更重要的是它介导核壳与囊膜糖蛋白之间的识别，在病毒出芽成熟过程中发挥重要作用。

3. 毒粒酶

参与病毒感染复制的酶有 3 个来源：(1) 宿主细胞酶；(2) 病毒的一些非结构蛋白，如正链 RNA 病毒在复制时产生的依赖于 RNA 的 RNA 聚合酶；(3) 存在于病毒内的酶即毒粒酶。毒粒酶根据其功能大致可分为两类：一类是参与病毒进入、释放等过程的酶；另一类是参与病毒的大分子合成的酶。一些复杂的病毒，如在细胞质内复制的痘病毒还具有许多参与 RNA 转录物加工和 DNA 复制的酶。

除以上所述结构蛋白外，在某些病毒的毒粒中还有其他病毒蛋白质，甚至有宿主的蛋白质，例如，脊髓灰质炎病毒基因组正链 RNA 的 5’端结合有蛋白质。

（三）病毒的脂类

有囊膜病毒的囊膜内含有来源于细胞的脂类化合物，其中 50%~60%为磷脂，余下的多为胆固醇，且此脂类构成了病毒囊膜的脂双层结构。由于病毒囊膜的脂类来源于细胞，所以其种类与含量均具有宿主细胞特异性。此外，在少数无囊膜病毒，如 T 系噬菌体、λ 噬菌体以及虹彩病毒科的某些成员的毒粒中也发现脂类的存在。

（四）病毒的糖类

有些病毒，其中绝大多数是有囊膜病毒，含有少量的糖类。除了有囊膜病毒的糖蛋白突起外，某些复杂病毒的毒粒还含有内部糖蛋白或者糖基化的衣壳蛋白。由于这些糖类通常是由宿主细胞合成的，所以它们的组成与宿主细胞相关。

（五）其他组成

在一些动物病毒、植物病毒和噬菌体的毒粒内，存在一些如丁二胺、亚精胺、精胺等阳离子化合物。在某些植物病毒中还发现有金属阳离子存在，这些离子是病毒装配时从环境中获得的不恒定成分。这些含量极微的离子与病毒核酸呈无规则的结合，并对核酸的构型产生一定的影响。

四、病毒的复制

病毒是细胞内寄生物，它只能在活细胞内繁殖。病毒进入细胞后，具有感染性的毒粒即消失，有繁殖性的病毒基因组即存在于细胞内。病毒的繁殖方式是一种完全不同于其他生物的繁殖，是病毒基因组复制与表达的结果。病毒的复制周期依其所发生的事件顺序分为以下 5 个阶段：(1) 吸附，(2) 穿入，(3) 脱壳，(4) 生物合成，包括病毒基因组的表达与复制，(5) 装配与释放（图 4-4）。

（一）吸附

吸附是启动病毒感染的第一阶段，是病毒表面蛋白与细胞受体特异性的结合并导致病毒附着于细胞表面。

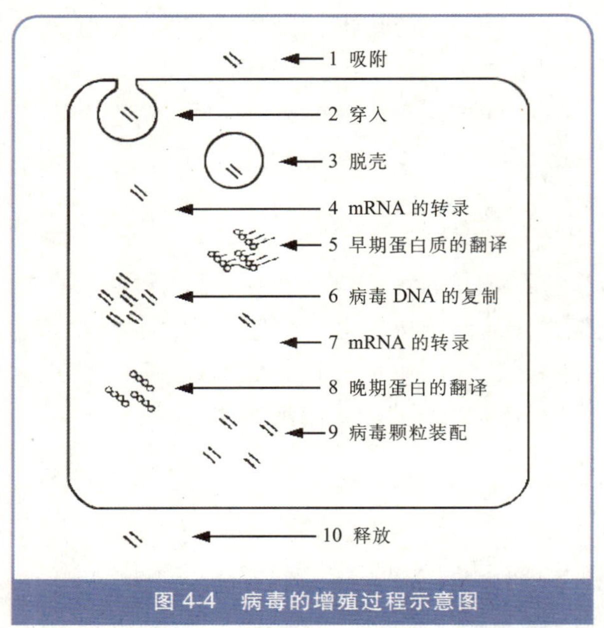

图 4-4 病毒的增殖过程示意图

1. 病毒吸附蛋白

病毒吸附蛋白是毒粒表面的结构蛋白分子，能够特异性地识别宿主细胞受体并与之结合，亦称做反受体。无囊膜毒粒的病毒吸附蛋白往往是核衣壳的组成部分，有囊膜病毒的病毒吸附蛋白为囊膜糖蛋白，如 *T*—偶数噬菌体的尾丝蛋白，流感病毒囊膜表面的血凝素糖蛋白等。

2. 细胞受体

病毒的细胞受体亦称病毒受体，是宿主细胞表面组分，能够被病毒吸附蛋白特异性地识别和结合，介导病毒进入细胞，启动感染。现在已知病毒受体并非病毒专一性的成分，而是细胞的功能性物质，为细胞正常生长代谢所必需，例如，狂犬病毒的受体是细胞表面的乙酰胆碱受体，单纯疱疹病毒的受体是硫酸乙酰肝素。不同种系的细胞具有不同病毒的细胞受体，病毒受体的细胞种系特异性决定了病毒的宿主范围。

3. 病毒的吸附过程

病毒吸附蛋白与细胞受体间的结合力来源于空间结构的互补性，相互间的电荷、氢键、疏水性相互作用及范德华力。不同病毒的吸附速率常有很大差别。影响细胞受体和病毒吸附蛋白活性的因素，如细胞代谢抑制物、蛋白酶、糖苷酶、脂溶剂、抗体等均可影响病毒的吸附反应。

（二）穿入

穿入又称病毒内化，它是一个病毒吸附后几乎立即发生，依赖于能量的感染步骤。不同的病毒—宿主系统的病毒穿入机制不同。动物病毒能以下列不同的机制进入细胞：完整病毒穿过细胞膜的移位方式；利用细胞的内吞功能进入细胞；毒粒囊膜与细胞质膜的融合，病毒的内部组分释放到细胞质中。无囊膜病毒以前两种机制穿入细胞。

（三）脱壳

脱壳是病毒穿入后，病毒的囊膜和/或衣壳除去而释放出病毒核酸的过程。它是病毒基因组进行功能表达所必需的感染阶段。至今对于病毒脱壳的机制和细节仍缺乏了解，但病毒与细胞受体的作用对于病毒脱壳是至关重要的。动物病毒的结构类型不同，穿入方式不同，其脱壳过程也较复杂。

（四）生物合成

病毒大分子的合成是通过病毒基因组的表达与复制完成的，在这一过程中所发生的各种病毒复制事件存在着强烈的时序性，主要表现为基因组转录是分期进行的。发生在病毒核酸复制以前的转录为早期转录，所转录的基因称做早期基因，主要是参与病毒核酸复制、调节病毒基因组表达，以及改变或抑制宿主细胞大分子合成的蛋白质。晚期转录是在病毒核酸复制开始或复制后所进行的转录，所转录的基因称做晚期基因，表达的蛋白为晚期蛋白，其功能主要是构成子代毒粒所需的结构蛋白。根据病毒大分子生物合成过程中所发生事件的时间顺序，可以将此过程划分为 3 个连续的阶段：(1) 病毒早期基因的表达；(2) 病毒基因组的复制；(3) 病毒晚期基因的表达。

（五）病毒的装配与释放

病毒的装配，亦称成熟，指在病毒感染的细胞内，新合成的毒粒结构组分以一定的方式结合组装成完整的病毒颗粒。病毒的释放，指成熟的子代病毒颗粒依一定途径释放到细胞外的过程，此过程标志病毒复制周期结束。对于有些病毒，特别对有囊膜病毒而言，这两个过程有着十分密切的联系：这些病毒的装配首先是形成核衣壳，然后再包装上囊膜，而且这一过程往往与病毒释放同时发生。有些病毒是在从宿主细胞核芽出的过程中从核膜上获得囊膜（图 4-5a），如疱疹病毒；有的则是在从宿主细胞质膜芽出的过程中裹上囊膜（图 4-5b），如流感病毒。

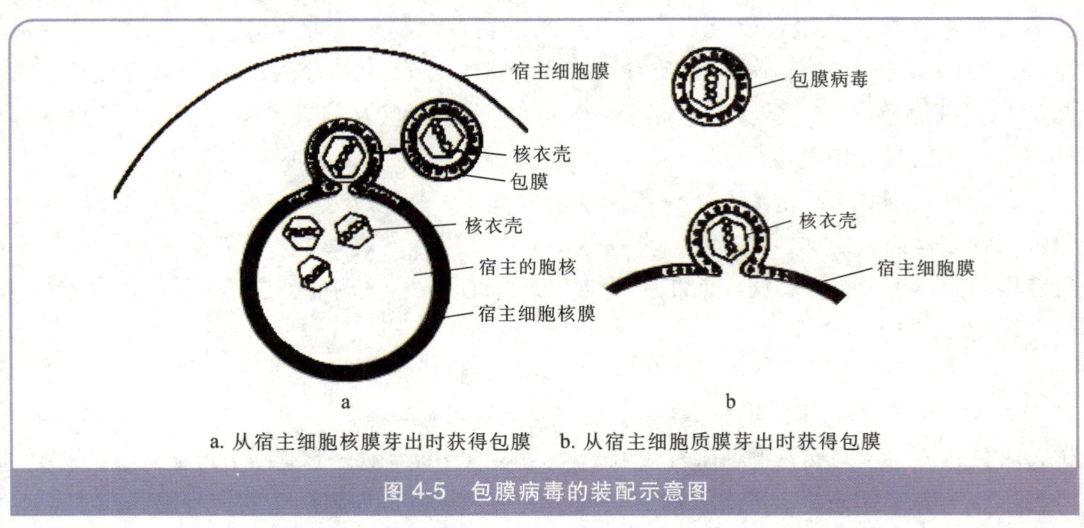

a. 从宿主细胞核膜芽出时获得包膜　b. 从宿主细胞质膜芽出时获得包膜

图 4-5　包膜病毒的装配示意图

五、病毒的培养

病毒严格在细胞内寄生，培养病毒必须使用细胞。实验动物、鸡胚都拥有大量活的细胞，可用于病毒培养。尤其是 SPF 动物或 SPF 鸡胚，目前仍然经常供培养病毒使用，但是发展最快的技术是细胞培养。

六、病毒的生物学特性

（一）细胞病变效应

1. 细胞病变

培养的单层细胞被某些病毒感染后，第一轮感染产生的子代病毒将蔓延感染邻近的细胞，最终感染所有细胞。感染导致的细胞损伤称之为细胞病变（cytopathic effect，CPE）。CPE 在光学显微镜下即可观察到，是病毒学检测及研究的常规手段之一。有些病毒产生 CPE 的能力与其对动物的致病力正相关，因此通常用 CPE 作为指标，来判定病毒致病的能力，即计算病毒的半数细胞感染量（$TCID_{50}$）。

CPE 的表现因病毒与细胞的种类而异，有多种形式，如细胞圆缩、肿大、聚集、形成合胞体或空泡等，简言之，可表现为细胞膜的变化或细胞骨架的变化。

（1）涉及细胞膜的 CPE。病毒复制的许多步骤如吸附、进入、组装及释放等都与细胞膜有关，且许多病毒能改变宿主细胞膜的通透性，以完成其复制。最突出的是，有囊膜的病毒出芽过程中能将其融合蛋白直接插入宿主细胞膜，结果导致膜融合以及合胞体形成。细胞膜融合以及合胞体形成是慢病毒、副黏病毒、麻疹病毒、肺病毒及某些疱疹病毒等感染的特性。合胞体是病毒感染后细胞膜融合的产物，表现为若干细胞的相邻细胞膜消失，成为多核的巨细胞。合胞体不仅在培养的单层细胞可观察到，在感染动物的组织中也可见。

（2）涉及细胞骨架的 CPE。细胞骨架由微丝、中介丝及微管组成，与细胞结构的完整性、物质运输及运动性等有关。犬瘟热病毒、水泡性口炎病毒、痘苗病毒及疱疹病毒等能引起微丝解聚；而肠病毒则能损坏微管，从而造成严重的细胞损伤，导致细胞崩解。

2. 空斑形成

10 倍梯度稀释的病毒样本接种吸附于单层细胞，而后在细胞上覆盖一层含营养液的琼脂，以防止游离的病毒通过营养液扩散，但病毒可在细胞间传递。经过一段时间培养，进行染色，原先感染病毒的细胞及病毒扩散感染的周围细胞会形成一个近似圆形的斑点，类似固体培养基上的菌落形态，称为空斑或蚀斑。空斑是细胞病变的一种特殊形式。一个空斑可能由一个以上病毒颗粒感染所致，因此可将获得的单个空斑制作病毒悬液，梯度稀释后再作空斑，最终可获得只含一个病毒颗粒及其子代的空斑，这就是病毒克隆。

3. 包涵体

包涵体是某些病毒感染细胞产生的特征性的形态变化，可通过固定染色后在光学显微镜下检测到。形成的包涵体因病毒的种类不同可出现在细胞核内或胞浆内，可单个或多个，或较大或较小，有的圆形有的无规律形态，可嗜酸或嗜碱等。如痘病毒、呼肠病毒、副黏病毒及狂犬病毒产生胞浆内包涵体，疱疹病毒、腺病毒及细小病毒产生核内包涵体。但是犬瘟热病毒、猪细胞巨化病毒等在同一细胞可产生核内及胞浆内两种包涵体。

包涵体的性质各不相同。其中有的是病毒成分的蓄积，如狂犬病毒产生的是堆积的核衣壳；有的则是病毒合成的场所，如痘病毒的病毒胞浆，或称病毒工厂；有的包涵体由大量晶格样排列的病毒颗粒组成，如腺病毒、呼肠病毒的包涵体；有一些则是病毒感染后细胞退形性变化的产物，例如疱疹病毒感染所产生的“猫头鹰眼”，是感染细胞经固定后位于中央的染色质浓缩形成一个圈，清晰可辨。

（二）血吸附和血凝特性

红细胞吸附现象是感染细胞表面存在病毒蛋白的结果，病毒感染细胞后开始合成病毒成分时，就可吸附红细胞。而血凝现象是成熟的病毒粒子逸出于营养液内后，使营养液具有的血凝能力。因此，红细胞吸附现象一般早于血凝现象。

许多病毒能够凝集某些种类动物（如鸡、鹅、豚鼠和 / 或人）的红细胞。如最主要的红细胞凝集性病毒是正黏病毒和副黏病毒；其他病毒，包括披膜病毒、细小病毒及某些肠道病毒和腺病毒等也有凝集红细胞的作用，但反应条件要求比较严格，如一定的 pH 范围等。

各种病毒的血凝素性质不尽相同，主要体现在反应条件和凝集的红细胞种类两方面（表 4-1）。

（三）干扰作用

病毒感染的细胞能抵抗相同或不同病毒的再次感染，称之为病毒的干扰现象。病毒并不一定要复制才引起干扰。已经证实干扰具有两种主要的机制，一种是由缺陷型突变株所致，通常干扰同源病毒；另一种是由干扰素介导。

干扰素自 1957 年报道以来，已发现人类约有 24 种干扰素。干扰素属于细胞因子的家族成员，按化学性质可分为 α、β 及 γ 3 个型，其中人的 α 型至少有 22 个亚型。干扰素特性见表 4-2。

干扰素不是细胞持续合成的，而是细胞对强烈刺激（如病毒感染的应答）时一过

表 4-1 不同病毒凝集的红细胞种类 *

病毒	红细胞	反应条件
正黏病毒	鸡、人、豚鼠	4~37℃，最适 22℃
副黏病毒	鸡、豚鼠、人或猴	4~37℃
痘病毒	30%~50%的鸡呈阳性	22~37℃，最适 37℃
披膜病毒	1 日龄鸡雏、鹅、鸽	一定的 pH 和温度
黄病毒	鹅、鸡、母绵羊	4℃或 37℃，pH 6.4~7.0
腺病毒	大鼠、猴	39℃
呼肠孤病毒	豚鼠	4℃，20℃，37℃
布尼病毒	鹅	37℃
弹状病毒	鹅	4℃
冠状病毒	鸡、大鼠、小鼠	4℃
呼肠孤病毒	人、牛	4℃
小 RNA 病毒 **	人	
细小病毒	豚鼠、猪、1 日龄鸡雏	4℃

* 并非该科属病毒的所有成员都能凝集表中的红细胞种类。

** 主要指其中的肠道病毒。

表 4-2 干扰素的特性

特性	α 干扰素	β 干扰素	γ 干扰素
主要来源	白细胞及许多其他细胞	成纤维细胞、上皮细胞	T 淋巴细胞、NK 细胞
诱生剂	病毒感染	病毒感染	抗原或有丝分裂原
亚型数	人至少 22 个，动物的较少	1	1
糖基化	大多数亚型无	是	是
功能型	单体	双体	四聚体
主要活性	抗病毒	抗病毒	免疫调节
作用机理	抑制蛋白质合成	抑制蛋白质合成	增加 MHC 抗原，活化细胞毒 T 细胞，巨噬细胞及 NK 细胞

性的分泌物。干扰素特别是 β 及 γ 干扰素具有高度种属特异性，例如鼠干扰素对人无效，反之亦然。但是干扰素并无抗病毒特异性，即具有广谱抗病毒作用。干扰素可停留在分泌部位或经循环至全身。通常在病毒感染早期即在第一批子代病毒释放之时即产生干扰素，从而对相邻细胞及机体产生保护作用。

思考题

1. 病毒的基本特征是什么？
2. 说说病毒的化学组成。
3. 病毒的复制过程。
4. 培养病毒的方法有哪些？
5. 病毒有哪些生物学特性？

第二节　病毒的细胞培养

▶资料单

【知识目标】

- 了解细胞培养用于病毒研究的优点。
- 掌握如何处理接种细胞的病毒性材料。
- 掌握用细胞培养病毒时的注意事项。

【教学内容】

一、细胞培养用于病毒研究的优点

对病毒的培养是随着细胞培养技术的发展而发展起来的。细胞培养在病毒学方面的研究最为广泛，表现在：病毒病原的分离鉴定；研究病毒的繁殖过程及其细胞的敏感性和传染性（细胞的病理变化及包涵体的形成）；观察病毒传染时细胞新陈代谢的改变，探讨抗体与抗病毒物质对病毒的作用方式与机制，以及研究病毒干扰现象的本质和变异的规律性；生产特异性诊断抗原、病毒疫苗、干扰素等；病毒性疾病的诊断和流行病学调查；繁殖病毒载体以用于基因治疗等。

应用细胞培养来研究病毒有下列优点：

（1）无个体差异、可重复性好：细胞培养中的每个细胞的生理特性基本一致，对病毒的易感性也相等，因此没有实验动物和鸡胚的个体差异；而且可用于试验的数量远远超过动物或鸡胚，并且可在无菌条件下进行标准化的试验，可重复性好。

（2）没有免疫力：动物经隐性感染获得免疫力，对接种病毒会发生抵抗，而离体细胞无免疫力，利于病毒生长。

（3）没有隐性感染：动物可能带有某些病毒的隐性感染，往往有干扰作用和假阳性出现。细胞培养一方面是来源于动物部分组织，减少了隐性感染的机会，另一方面组织培养细胞可进行预先检查而加以克服。

（4）容易选择易感细胞：细胞来源方便，种类繁多，可供作病毒敏感性的筛选，可以从中选择最敏感的细胞以满足实验要求，同时还利于从单一细胞水平上研究病毒的繁殖过程和病毒—细胞间的相互关系。

（5）病毒接种量大，成本低：动物和鸡胚的接种均受数量、年龄、途径的限制，且不经济，而细胞不仅可以大量生产，还可长时间地持续培养，便于病毒生长，特别是对那些生长缓慢或需在新环境中逐渐适应的病毒更为有利。

(6) 感染结果容易判定：感染病毒的细胞可通过观察细胞产生的变化如细胞病变等来判定结果，也可结合免疫学技术检测细胞内是否有所培养的病毒。

(7) 提高了疫苗的产量和质量：细胞的大量生产可满足疫苗产量的需求，且异性蛋白少，引起变态反应机会少，可随用随生产，成本低，来源方便，便于储存，且效力均匀，易标准化。

(8) 加速病毒分离过程：病毒分离采用敏感细胞培养不仅阳性率高，而且分离过程可显著加速，早出结果。

(9) 容易控制培养条件：由于细胞培养可以用人工控制温度、气体成分、pH、培养基成分，因此可采用大规模生产方式来生产细胞和病毒及其细胞产物。

二、用细胞培养分离病毒

(一) 接种标本的处理

用于分离病毒的标本应含有足够量的活病毒，因此必须根据病毒的生物学性质、病毒感染的特征、流行病学规律以及机体的免疫保护机制，来选择所需要采集标本的种类，确定最适采集时间和标本处理的方法。为了避免细菌污染，标本一般都应加入抗菌素除菌，亦可用离心和过滤方法处理。为了使细胞内的病毒充分释放出来，往往还须以研磨或超声波处理破碎细胞。由于大多数病毒对热不稳定，所以标本经处理后，一般都应立即接种。若需运送或保存，数小时内可置50%中性甘油内4℃保存，对需较长时间冻存标本最好置于−20℃以下或干冰保存。

不同的病料标本处理方法如下：

(1) 脑、肝、肾及肌肉等器官或组织：活体检查或尸体解剖取出的组织保存于−70℃，取出此组织选择一小块，充分剪碎后置乳钵中加石英砂研磨，或加入到玻璃研磨器中研磨。而后加入 5 倍量的 Hank’s 液（内含 200 μg/mL 链霉素和 200 U/mL 青霉素）制成乳剂，然后移入灭菌试管中。如果条件允许，可以将其置于预冷至−20℃以下的酒精中迅速冷冻，并速置 37℃温水中融化，这样可使细胞内的病毒充分释放出来。以 2 000 r/min 的速度离心沉淀 10 min 后取上清作为接种物。以 0.1~0.2 mL/ 管接种 2~4 管细胞上，37℃培养，观察 CPE、血吸附或干扰现象，必要时也可接种动物。原标本及剩余病毒悬液均保存于−70℃。

(2) 鼻液、乳汁、脓汁等分泌物或渗出物：这类分泌物或渗出物内经常含有大量细菌，所以应加入高浓度的抗生素作预处理。即用内含青霉素、链霉素的 Hank’s 液

（每毫升含 1 000 u 的青霉素和 1 000 μg 的链霉素）将其稀释 3~5 倍，充分混匀悬浮后，置 4℃冰箱内感作 2~4 h 或过夜，如上离心沉淀后取上清液作为接种用。

（3）咽喉拭子：仔细用棉拭子擦拭咽喉部，并迅速将其泡入盛有 2~5 mL Hank's 液的试管内，Hank's 液内含 2%犊牛血清和相应浓度（200~500 U 或 μg/mL）的青、链霉素。充分刷洗棉拭子，并如上法反复冻融 3~5 次后，收集液体部分，以 2 000 r/min 的速度离心沉淀 10 min 后取上清液作接种用。

（4）粪便标本：可用棉拭子插入肛门沾取，或扑杀发病动物后由肠管采取，低温保存。将粪便标本放入装玻璃珠的 40 mL 沉淀管内，大约每 2 g 粪便用 15 mL Hank's 液稀释（其余粪便于-20℃保存备用），用橡皮塞紧后剧烈振摇，使粪便乳化，经 2 500 r/min 沉淀 15 min 后，将上清用无菌八层纱布过滤，于 4℃以 10 000 r/min 沉淀 1 h 再取其上清，1.8 mL 加入 0.2 mL 抗菌素液进行处理（浓度为 25 000 U/mL 的双抗及 250 mg/L 二性霉素 B）剩下的悬液保存于-20℃备用。在 4℃下经抗菌素处理的悬液 1 h 后接种两管猴肾细胞和人二倍体细胞，每管 0.25 mL，置 37℃培养观察细胞病变（CPE）。如果接种材料毒性大，出现非特异的细胞退化，则将培养物尽快传代。

（二）用细胞培养病毒时的注意事项

细胞培养是病毒学研究和实践中最为广泛应用的手段。将病毒接种于细胞培养时应注意以下几点：

（1）应用细胞接种病毒，必须首先选择敏感细胞。例如乙型脑炎病毒易在仓鼠肾、猪肾、羊胚肾和鸡胚等原代细胞上增殖，并常呈现明显的细胞病变或出现蚀斑；狂犬病病毒可在鸡胚、小白鼠、仓鼠、猪、兔、狗等许多动物和人的许多组织的原代细胞和继（传）代细胞中生长，但在 WI-38（人胚肺二倍体细胞株）、小鼠成神经细胞瘤细胞中产生的病毒滴度最高，并形成明显的细胞病变；马传贫病毒只能在马属动物的原代白细胞和骨髓细胞以及某些继代或传代细胞内增殖等。关于哪些类型的细胞对哪些种类的病毒具有敏感性，没有明确的规律性可寻，只能依靠经验，也就是通过实践来发现和验证。因此在分离未知病毒时，应该多选几种细胞同时进行分离培养，以便增加分离成功的机会。

（2）对于分离培养特别困难的病毒，可以考虑使用“带毒培养方法”。某些病毒的分离培养特别困难，器官培养可能是比较有效的一个方法，例如一些新的呼吸道和肠道病毒，就是通过这个途径分离获得的。“带毒培养方法”适用于污染严重或含有的活病毒量太少的病料。具体方法是先用病料悬液接种健康同种动物或易感实验动物，当其出现可疑症状时扑杀，立即灭菌采取可能感染有病毒的组织器官进行原代细胞培养，经 48~72 h，细胞基本长成单层时换维持液，以后每天镜检细胞病变（CPE）一次。

这种带毒培养的细胞，往往在原代即可产生 CPE。为提高病毒分离率，当原代培养没有出现明显 CPE 时，可将原代细胞盲目进行次代培养，有时原代细胞未出现 CPE 或 CPE 不明显，而于次代培养时出现。另外，这种方法也可用于已知 CPE 不明显病毒的培养传代，方法是将此带毒培养物用胰酶消化后作 1:1 或 1:2 传代培养，往往在带毒传代以后，病毒对细胞的毒力表现增强，CPE 恢复正常。以上两种带毒传代方法，经实践表明，效果良好。

（3）细胞培养物接种病毒的时机。多数病毒是在细胞培养长成或基本长成单层后，在换液同时接种病毒，但细小病毒类例外，要在培养细胞同时接种病毒。原因在于这类病毒复制过程中编码能力有缺陷，需要依赖细胞有丝分裂过程中的某些功能才能完成病毒粒子的复制，因此需要与细胞传代时同步接毒。

（4）病毒接种前的预处理：有些病毒很难适应细胞培养生长，需在接种前经胰蛋白酶等蛋白水解酶处理后才能适应细胞，且维持液中不加血清。如轮状病毒接种前要先与等量的 30 μg /mL 的胰酶混合，37℃作用 1 h 后才能接种细胞，其原因主要在于轮状病毒表面 VP4 能抑制病毒在细胞上生长，但 VP4 对胰酶敏感，用胰酶处理病毒后将 VP4 裂解为 VP5 和 VP8，暴露出与细胞受体相结合的位点，增强病毒的生长繁殖能力。

（5）用以培养病毒的细胞，特别是细胞株，必须严格鉴定，并多设置不接种病毒或可疑材料的空白对照。因为组织培养细胞，特别是原代细胞和由原代细胞传代育成的细胞株，往往自身携带病毒，易被误认为是欲分离的病毒，从而造成错误结论。

（6）病毒的培养温度及方式：大多数病毒最适温度为 35~37℃，但鼻病毒培养最适温度为 33℃。依病毒种类不同病毒的培养方式也有所不同：有些病毒培养以旋转培养为佳；有的病毒需静置培养。

（7）同时病毒培养应考虑操作简单、易培养、所产生的感染结果容易判定等要求。

（三）在细胞培养中病毒作用之识别

病毒在细胞培养中的增殖，可以根据其所引起的细胞病变、细胞代谢（颜色）反应或者血凝素和特异性病毒抗原等病毒成分以及电镜直接观察而识别。

（1）细胞病变效应：病毒感染细胞后，大多能引起细胞病变（CPE），无须染色，可直接在普通光学显微镜下观察，记录时 + 代表 25%以下细胞发生病变，++ 代表 50%左右细胞发生病变，+++ 代表 75%左右，++++ 代表 100%左右细胞发生病变。不同病毒 CPE 产生的现象不同：有的细胞变圆、坏死、破碎或脱落如滤泡性口腔炎病毒、脊髓灰质炎病毒、传染性胃肠炎病毒（病变如图 4-6 所示）等；有的只使细胞变圆，并堆集成葡萄状，如腺病毒；麻疹病毒，呼吸道合胞病毒形成多核巨细胞或称融合细胞；有些病毒能使细胞形成包涵体，位于细胞浆内或核内，一至数个不等，嗜酸性或嗜碱性。病毒引起的 CPE 特征见表 4-3。

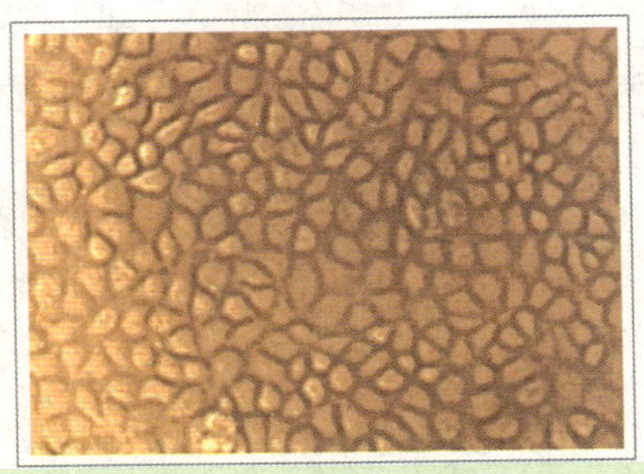

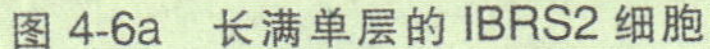

图 4-6a　长满单层的 IBRS2 细胞

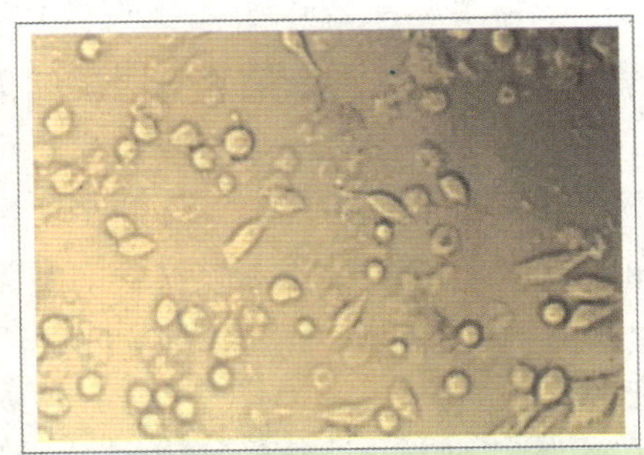

图 4-6b　传染性胃肠炎病毒引起病变的 IBRS2 细胞

表 4-3　病毒引起的 CPE 特征

细胞病变	病　毒
细胞破坏	肠道病毒、腺病毒、痘病毒、呼肠孤病毒、单纯疱疹病毒、披盖病毒、鼻病毒 细胞融合（合胞体）副黏病毒、麻疹病毒、巨细胞病毒、水痘—带状疱疹病毒
轻微病变	逆转录病毒、狂犬病毒、嵌沙样病毒、冠状病毒、正黏病毒、风疹病毒、甲型肝炎病毒

不同的病毒引起的 CPE 出现的时间也是不同的。细胞病变出现的时间早晚取决于标本中病毒数量的多少，而更重要的是取决于病毒的生长速率。虽然快速生长的病毒，如脊髓灰质炎病毒或单纯疱疹病毒一般在 1~2 d 内出现 CPE，而呼吸道合胞病毒感染引起的 CPE 则在 4~7 d 出现，但是某些慢速生长的病毒如风疹病毒在 1~3 周内都不可能产生明显的 CPE。因此，对那些生长较慢的病毒培养时应定期更换培养液，否则，未接种的对照将出现非特异性的退行性病变而不能作为标准对照。这些病毒盲传几代后，一般会出现明显的 CPE。

通过 HE 或 Giemsa 染色可对 CPE 做进一步鉴定，这可获得更详细的病毒特征，即不同病毒的包涵体特征（表 4-4）。

表 4-4　病毒包涵体特征

部　位	染色特征	病　毒
胞核	嗜碱性	腺病毒
	嗜酸性	疱疹病毒、乳多空病毒
胞浆	嗜酸性	副黏病毒、呼肠孤病毒、鼻病毒、痘病毒、披盖病毒
胞核、胞浆	嗜酸性	麻疹病毒、巨细胞病毒、正黏病毒

（2）干扰作用：某些病毒之间存在干扰现象，也就是一种病毒的增殖可以抑制另一种病毒的生长，因此可以应用一个已知病毒，根据其在细胞培养物中的被干扰情况，间接判定另一种病毒存在的可能。也有一些病毒具有增强另一些病毒增殖和产生细胞

病变的作用，所以也可利用这一现象判定这些病毒的存在，尤其是不产生 CPE 的病毒。

（3）血吸附和血凝作用：许多以芽生方式释放的病毒，如正黏病毒、副黏病毒、披盖病毒等，其感染的细胞具有吸附红细胞的能力，这是由于新合成的病毒蛋白能渗入到红细胞质膜的结果。无论是否有 CPE 出现的病毒都可以用血吸附作用来检测。同样，在感染细胞的培养液中，有许多游离病毒存在，病毒表面有血凝素，它具有凝集红细胞的作用。基本方法为：收集细胞管维持液，向细胞管内加入 Hank's 液 1 mL 及 0.5%豚鼠血球 0.2 mL，室温放置 20 min，显微镜下观察有无血球凝集。

（四）在单层细胞上滴定病毒

1. $TCID_{50}$ 的概念

$TCID_{50}$ 亦称 50%组织培养物感染剂量。不同稀释度的病毒液接种细胞后，使组织培养物一半发生细胞病变的最高稀释度称为组织培养物 50%发生病变的剂量。

2. $TCID_{50}$ 的测定

（1）在 96 孔培养板上接种已制备好的细胞悬液每孔 100 μL，置 37℃ CO_2 恒温箱培养 24~48 h。

（2）待细胞长成单层后，弃去培养液，并用 Hank's 液洗涤细胞一次，接种稀释好的病毒悬液，每孔 100 μL，每个稀释度接种 4 孔，37℃感作 1 h 后，加入维持液，同时设立各条件对照实验。

（3）接种后按病毒增殖的情况，观察记录病变情况，如果一半或一半以上的细胞培养出现 CPE 则视为阳性（或感染），再计算 $TCID_{50}$。

3. $TCID_{50}$ 计算举例

测定数据见表 4-5。

表 4-5 $TCID_{50}$ 测定结果

病毒稀释度	病变数比率	病变	生存	积累总计			
				病变	正常	病变比率	病变百分率
10^{-1}	4/4	4	0	21	0	21/21	100
10^{-2}	4/4	4	0	17	0	17/17	100
10^{-3}	4/4	4	0	13	0	13/13	100
10^{-4}	4/4	4	0	9	0	9/9	100
10^{-5}	3/4	3	1	5	1	5/6	83
10^{-6}	2/4	2	2	2	3	2/5	40
10^{-7}	0/4	0	4	0	7	0/7	0
10^{-8}	0/4	0	4	0	11	0/11	0

计算方法如下：

$$\text{距离比例}=\frac{\text{高于 50\%的病变百分数}-50}{\text{高于 50\%的病变百分数}-\text{低于 50\%的病变百分数}}=\frac{83-50}{83-40}=\frac{33}{43}=0.8$$

将由上式获得的 0.8 加在高于 50%死亡的稀释度的对数（5）上，因此该病毒的 $TCID_{50}$ 应是 0.1 mL $10^{-5.8}$ 稀释的病毒液。中和试验采用 100 $TCID_{50}$ 的病毒量，即将病毒原液做 $10^{5.8}$ 倍的稀释进行，具体稀释倍数可查反对数表得出。

三、用细胞培养法制备病毒血清学抗原

用于许多病毒中和试验、血凝试验、补体结合试验、凝集及沉淀反应的抗原，可以用组织细胞培养的材料制备，并且较为理想。

1. 不同的实验对抗原的纯度要求

不同的实验对抗原的纯度要求有所不同，表现在：

（1）用于病毒中和试验的抗原不需很纯，但是其“感染性病毒与非感染性病毒”之比值应高。因后者可结合抗体，感染滴度高，这样经稀释后，即可除去大多数宿主材料及非感染性病毒。所以用于中和试验的病毒，其最适培养条件应能获得最大量感染性病毒。处理和保存中亦应注意，使其不致失去感染性。

（2）血凝抗原应具有足够高的效价，使在稀释后，尚有 4 或 8 个抗原单位，另外维持液中的血清不得含有病毒血凝的非特异性抑制物和血凝素。

（3）一般认为补体结合的抗原，应有适当效价，不含宿主物质和有抗补体作用的物质。

（4）用于沉淀反应的病毒抗原，应为高度浓缩者，这样才能与特异抗体形成可见沉淀线。

因为病毒感染的细胞培养物的培养液中不可避免地混杂有大量的组织细胞成分、培养基成分、可能污染的其他微生物与杂质。因此细胞培养后的病毒悬液要经过纯化才能成为良好的血清学抗原。

2. 病毒纯化的标准

病毒纯化有如下两个标准：(1) 由于病毒是有感染性的生物体，所以纯化的病毒制备物应保持其感染性。纯化过程中的各种纯化方法对病毒感染性的影响，以及最终获得的纯化制备物是否符合标准，都可利用病毒的感染性测定进行定量分析。(2) 由于病毒具有化学大分子的属性，病毒毒粒具有均一的理化性质，所以纯化的病毒制备物的毒粒大小、形态、密度、化学组成及抗原性质应当具有均一性表现。

3. 病毒纯化的方法

用于病毒纯化的方法很多。不同的病毒有不同的纯化方法，即使同一种病毒，若在不同的宿主系统中其纯化方法也可能不同。但无论是哪种纯化方法，都是根据病毒的基本理化性质建立：(1) 毒粒的主要化学组成是蛋白质，鉴于病毒的高蛋白含量，故可利用蛋白质提纯方法来纯化病毒，如盐析、等电点沉淀、有机溶剂沉淀、凝胶层析、离子交换等；(2) 毒粒具有一定的大小、形状和密度。一般可在 10 000~100 000 r/min 的离心场中 1~2 h 沉降，特别是由于毒粒是由许多大分子（蛋白质、核酸等）组成，离心时它们比细胞蛋白沉降更快，而且许多病毒都有较高的浮密度，所以超速离心技术广泛地用于病毒纯化。

思考题

1. 相对于鸡胚接种和动物接种，用细胞来培养病毒有哪些优势？
2. 什么叫 $TCID_{50}$？怎样计算 $TCID_{50}$？

技能单 1　病毒的细胞培养技术

【能力目标】

- 掌握病毒性材料的处理方法。
- 掌握病毒接种于组织培养细胞的技术及病毒的细胞培养技术。

【实验器材】

(1) 含病毒的病料或传代病毒及其易感细胞。
(2) Hank's 液、细胞培养液、青霉素、链霉素。
(3) 消毒的吸管、酒精灯、细胞培养瓶、剪刀。
(4) 离心机、超净工作台、培养箱。

【实验内容及操作步骤】

一、制备病毒悬液

1. 接种病料的处理

将病料剪碎、充分研磨，加生理盐水制备成 1:10 匀浆，反复冻融 3 次，以

3 000 r/min 离心沉淀，取上清，过滤除菌，每毫升加青霉素 1 000 U 和链霉素 1 000 μg，室温放置 1~2 min。

2. 接种传代病毒的处理

将病毒液反复冻融 3 次，以 3 000 r/min 的速度离心沉淀 10 min，取上清液。

二、将病毒接种于培养细胞

（一）先培养细胞后接种病毒法

病毒接种细胞流程如图 4-7 所示。

（1）将易感细胞培养长成单层。

（2）弃去细胞培养生长液，用预热至 37℃的 Hank's 液（pH 7.2~7.4）洗一次，以除去细胞碎片等。

（3）滴加病料上清（或病毒悬液），接种量为生长液的 1/10，原则是使细胞单层都

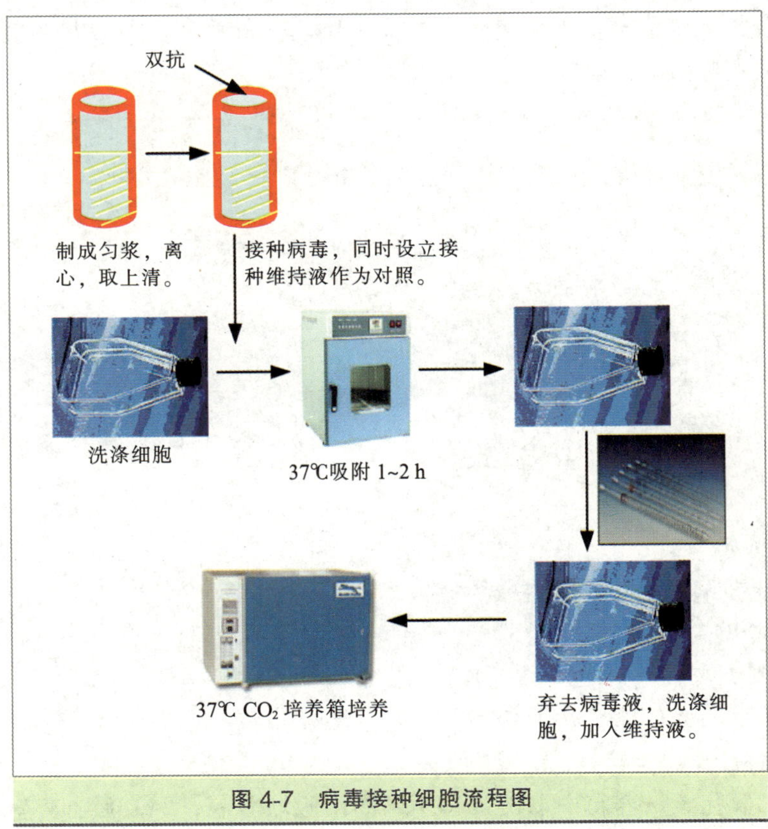

图 4-7 病毒接种细胞流程图

能接触病毒为度。在37℃放置1~2 h，使病毒吸附于细胞膜。在此期间可以转动细胞培养瓶2~3次，以防部分细胞未接触到接种物。同时设细胞对照试验即将病料上清换成维持液接种到细胞上。

（4）弃去接种液，用pH 7.2的Hank's液将细胞单层洗2~3次，以除去接种液内可能存在的对细胞有毒的物质，如接种的是粪便等病料尤其要注意。如果接种液就是细胞培养传代病毒，则可省略此步骤。

（5）按生长液量换加维持液，在37℃培养箱中培养。

（二）病毒和细胞同时接种法

将病毒与细胞同时接种于培养板或培养瓶中。

【实验说明】

（1）分离病毒时应选择易感细胞。一般情况下，同源性细胞为病毒的易感细胞。

（2）病毒与细胞的选择方法：禽类的病毒一般可选择鸡胚成纤维细胞；FPV可选用FK81细胞；CDV可选用Vero细胞或MDCK细胞；CAV可选用MDCK细胞、

（3）在条件允许的情况下，为了技能2细胞病变的观察，可以尽可能多地选择不同的病毒接种相应的易感细胞。

思考题

1. 在进行细胞培养前，如何处理被接种的病毒性材料？
2. 利用细胞培养病毒时，如何进行病毒接种？

技能单2　观察细胞病变

【能力目标】

- 掌握正常细胞与病变细胞的区别。
- 观察CPE。

【实验器材】

接种病毒后产生CPE的培养细胞、倒置显微镜。

【实验内容及操作步骤】

（1）自二氧化碳培养箱中取出接种病毒的细胞培养瓶，24 h后首先观察细胞是否污染，如果培养瓶内液体已经变浑浊，且瓶壁上无或很少有细胞贴壁，则说明细胞已经污染。

（2）如细胞没有污染，把细胞培养瓶放在显微镜载物台上观察病变。细胞病变的观察应以没有接种病毒的对照瓶作为对照，仔细比较二瓶细胞的区别，判断细胞的病变是属于哪种类型：细胞圆缩、肿大、坏死、溶解或脱落；细胞圆缩、堆积成葡萄串状；形成合胞体；产生包涵体等。

注意：不同病毒感染细胞后细胞病变出现的时间不一致，如有的在 48 h 内能出现病变，有的在 72~96 h 内出现 CPE，另外有的病毒在接种后前几代可能不产生 CPE，需盲传几代后才能出现明显的 CPE，因此，观察细胞病变时要有耐心，坚持每天观察，做好记录，具体情况具体分析。

（1）犬瘟热病毒（CDV）感染狗肾细胞（MDCK 细胞）后，细胞变圆肿胀呈拉丝状，出现细胞融合体（图 4-8，图 4-9）。

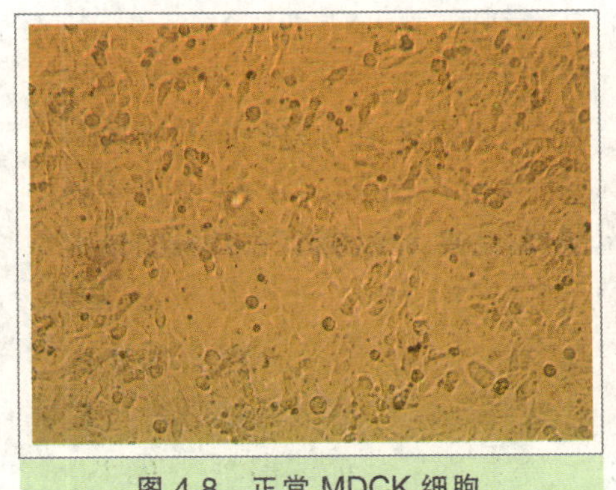
图 4-8　正常 MDCK 细胞

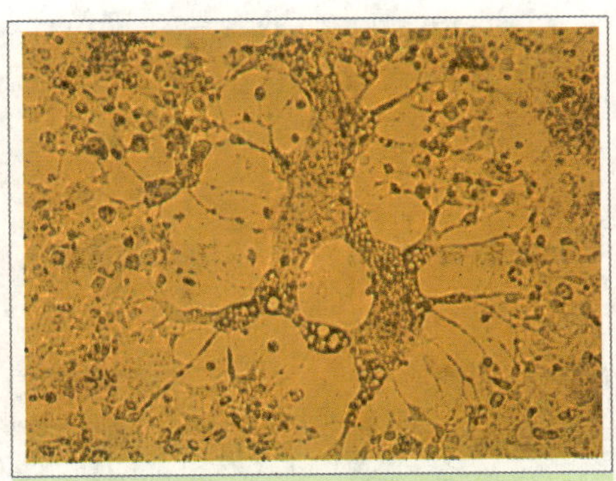
图 4-9　CDV 感染 MDCK 细胞后的 CPE

（2）CDV 感染非洲绿猴肾细胞（Vero 细胞）后，细胞变圆肿胀呈拉丝状（图 4-10，图 4-11）。

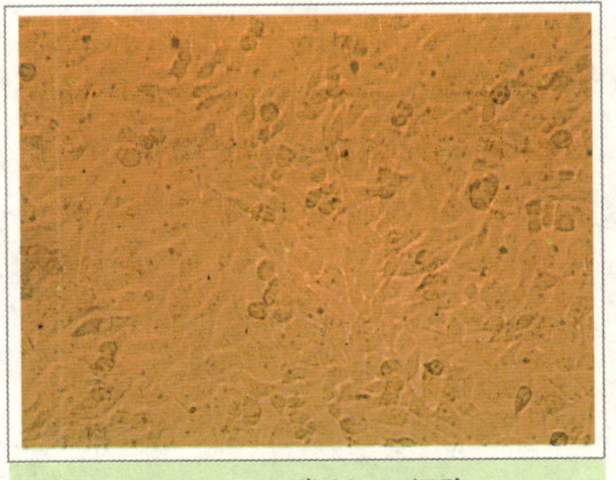
图 4-10　正常 Vero 细胞

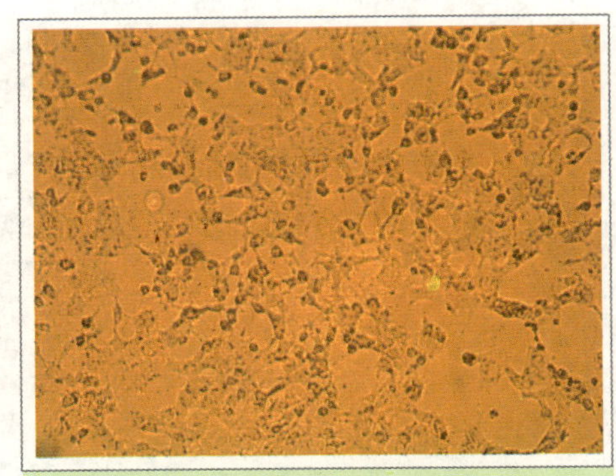
图 4-11　CDV 感染 Vero 细胞后的 CPE

（3）犬喉气管炎病毒（CAV）感染MDCK细胞后，细胞变圆肿大呈拉丝状；细胞变圆呈葡萄串状（图4-12，图4-13）。

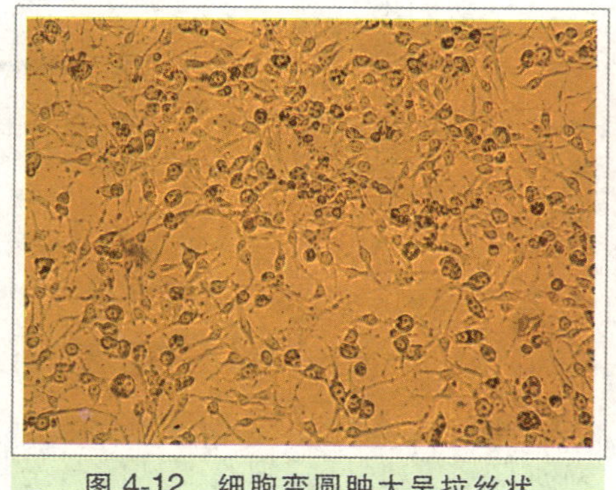
图4-12 细胞变圆肿大呈拉丝状

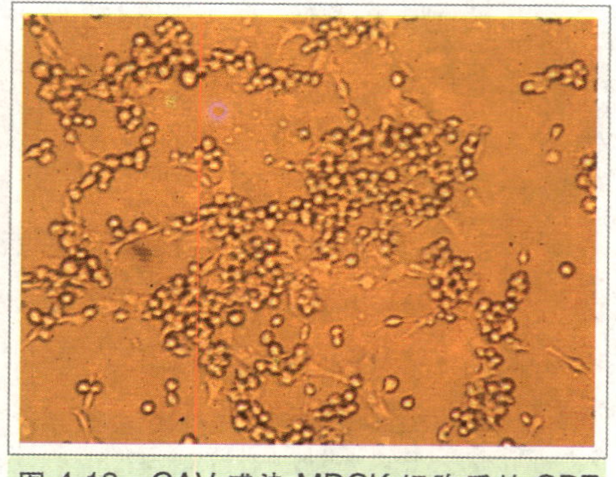
图4-13 CAV感染MDCK细胞后的CPE

（4）猫泛白细胞减少症病毒（FPV）感染猫肾细胞（FK81细胞）后，细胞肿胀变圆拉长形成网状样（图4-14，图4-15）。

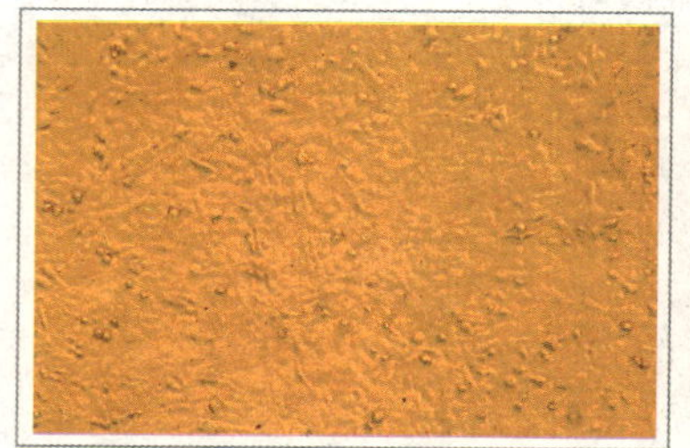
图4-14 正常FK81细胞

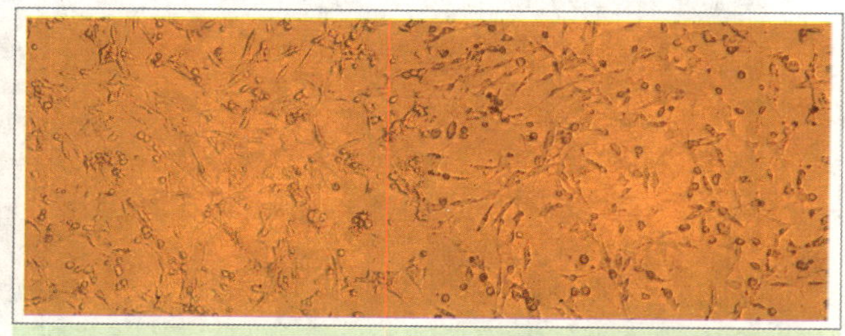
图4-15 FPV感染FK81细胞后的CPE

思考题

1. 描述你所观察到的细胞病变。
2. 通过对细胞病变的观察，你怎样理解病毒对细胞的致病变作用？

第三节　病毒的鉴定技术

▶资料单

【知识目标】

- 掌握病毒蚀斑技术。
- 掌握如何处理接种细胞的病毒性材料。
- 掌握用细胞培养病毒时的注意事项。

【教学内容】

一、病毒蚀斑技术

（一）概述

病毒蚀斑，又称空斑，是指病毒在已长成的单层细胞上形成的局限性病灶。病毒蚀斑试验是 Dubbecco 于 1952 年建立。其方法是将适当稀释的病毒悬液样本接种敏感的单层细胞，再在单层细胞上覆盖一层含营养液的固体介质，例如琼脂糖、甲基纤维素等，则当病毒在最初感染的细胞内增殖后，由于固体介质的限制，只能进而感染和破坏邻近的细胞。经过几个这样的增殖周期，就将形成一个局限性的肉眼可见的变性细胞区，直径小到 1~2 mm，大至 3~4 mm，这就是蚀斑（图 4-16）。为了便于观察，常在覆盖的琼脂中加入使细胞着染的染料。这些染料或着染死细胞而不着染活细胞，如台盼蓝；或着染活细胞而不着染死细胞，如中性红。

从理论上讲，一个病毒粒子可以形成一个蚀斑。反过来说，每产生一个蚀斑，也就是说明原接种物中含有一个活的病毒粒子。但是实际情况并非如此，因为不是每个病毒粒子都有感染和增殖的能力，操作过程中也常有许多病毒粒子被灭活，而且即使是有增殖能力的病毒粒子，也不一定能够遇上合适的宿主细胞。根据电子显微镜的观察，经常是几百个乃至上千个病毒粒子才能形成一个蚀斑，即使在最好的试验条件下，例如应用增殖力和抵抗力较高的病毒、敏感细胞以及十分严密和适当的实验条件，也至少需几十个病毒粒子才能产生一个蚀斑。因此，以蚀斑形成单位（PFU）表示病毒悬液中的感染病毒浓度，似乎更为确切，例如说某个病毒悬液每毫升含有 10 个、8 个 PFU 等。

病毒蚀斑技术的原理，实际上就是将病毒悬液作连续的 10 倍稀释，随后各取定

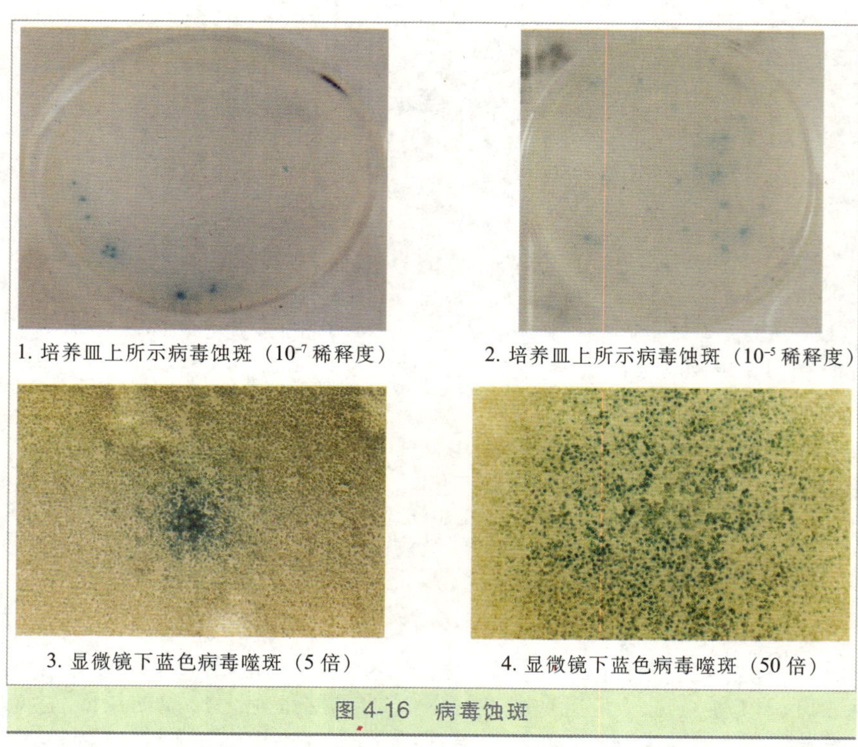

图 4-16　病毒蚀斑

量，接种于已经长成单层的敏感细胞上，并覆盖含有中性红或台盼蓝的营养琼脂，待其出现蚀斑后计数，即可算出病毒悬液中每毫升所含的蚀斑单位。例如在接种 0.2 mL 病毒悬液的细胞瓶中出现 36 个蚀斑，则每毫升病毒悬液的蚀斑形成单位（PFU/mL）就是 1/0.2×36=180 个，亦即 180 PFU/mL。

（二）蚀斑技术的应用

（1）蚀斑技术主要用于病毒纯化，亦即挑选病毒克隆株（Clone）。由于病毒的遗传变异，一般所用的病毒悬液或所谓的病毒株，实际上都是混杂群体，里面可能含有许多在特性上不尽一致的病毒粒子。应用蚀斑技术，也就是根据蚀斑的不同的性状、产斑条件和产斑时间等进行挑斑，可以从这类混杂群体中挑选出各个不同的纯化病毒，亦即克隆株。但如果要提高病毒毒力，应选大空斑，若是为了减毒以制备疫苗应挑选小空斑。近年来，许多弱毒疫苗株的选育就是通过蚀斑技术实现的。而在弱毒疫苗的生产中，也经常需要通过蚀斑技术选出克隆株，借以保证疫苗株稳定的免疫原性和弱毒特性。

（2）蚀斑技术还是测定病毒悬液中感染病毒含量的一个准确方法。因为组织培养细胞的生理特性一致，因此对病毒的敏感性也比较一致，另外病毒的培养条件也容易准确地控制，所以蚀斑技术已在许多病毒的滴定中取代了实验动物滴定法。此外，蚀斑技术也是测定干扰素和抗体中和病毒繁殖能力的一种非常敏感的方法。

(3) 用蚀斑方法进行病毒的检测。某些病毒在一般单层细胞培养内不形成 CPE，但是却可在加入覆盖层后形成可见的蚀斑，因此可用蚀斑方法进行此类病毒的检测。

(三) 蚀斑实验的注意事项

(1) 琼脂的质量是空斑形成的关键，必须使用高级琼脂或琼脂糖。蚀斑使用的琼脂往往有少量抑制物而影响蚀斑的产生，因此应将琼脂用单蒸水浸泡过夜，再用单蒸水冲洗 2~3 次，而后用去离子水冲洗 1~2 次后，用 Hank's 液配制成 3%浓度，煮沸 1 h 后除菌备用。

(2) 琼脂加入时切忌温度太高，以免影响细胞活力，一般是将琼脂冷却到 42~44℃时加入。

(3) 在暗处孵育，因中性红是光敏活体染料，感染细胞如在可见光下培养，染料就会抑制病毒和破坏细胞，结果不能产生正常的空斑。中性红溶液最好现用现配，或在暗处短期保存。

(4) 中性红加入时间应在蚀斑出现前，对那些生长较慢的病毒蚀斑，中性红则不是加在最初的覆盖层里，而是加在经过几天培养后的最后一层覆盖层上，可使培养物维持更久，甚至有的中间还得补加营养琼脂覆盖层 1~2 次。

(5) 试验时，培养瓶应翻转培养，以防止水滴在琼脂面流动以免各个蚀斑交叉融合。

(6) 只要细胞不衰老，培养时间尽量长些，使空斑充分发育。

(7) 有人在试验时补加 25 mmol/L 的 $MgCl_2$ 或 $CaCl_2$ 及 1 mmol/L 半胱氨酸，可加强肠道病毒形成蚀斑。而 $MgCl_2$ 的加强作用最强。

(四) 常用蚀斑技术

1. 单层法

单层法是目前最常应用的一种方法，多用于病毒克隆化（挑斑）以及病毒毒力的滴定。此外，病毒遗传变异研究以及蚀斑抑制或蚀斑减数试验等血清学技术亦在此基础上进行。主要步骤如下：(1) 先在培养瓶或平皿内将敏感细胞培养成单层。如果有 CO_2 培养箱，使用 24 孔培养板更为方便，当然也可使用平皿。蚀斑试验时的细胞接种量要大，通常为每毫升 200 万~400 万个细胞。(2) 倾弃或吸弃营养液，加入 Earle 氏液冲洗单层细胞，或者加入不含血清的维持液，37℃浸泡 1 h 后弃掉，洗去脱落的死亡细胞，并可将细胞间隙中残留的血清充分洗出，以减少血清对某些病毒可能有的非特异性抑制作用。(3) 以不含血清的维持液将病毒作连续的10倍稀释，选择适当稀释度的病毒悬液接种培养瓶或孔内的单层细胞，接种量约为原营养液的1/10~1/20，每个稀释度至少接种3瓶（或孔）。置37℃感作1~2 h，使病毒充分吸附。某些病毒的吸附较慢，可将感作时间延长到2 h以上。吸附完毕后，吸出病毒液。再用Earle氏液或无血清维持液洗涤细胞一次，洗去未吸附的病毒。(4) 取含中性红的营养琼脂糖，融化后降温至43~45℃后，注入细胞培养瓶内无细胞的一面，再将培养瓶缓慢翻转，使营养琼脂糖覆盖在细胞表面，厚度约2 mm，以不超过3 mm为宜。平放30~60 min，待琼脂糖凝固，随后置37℃继续培养。由于中性红是光动力活性染料，遇光时产生对病毒呈现毒性作用的物质。故将中性红营养琼脂糖注入细胞培养瓶后，应立即用黑纸或黑布盖住，置37℃培养时也要放在暗匣内避光，此后逐日观察一次细胞形态以及出斑情况。某些病毒的出斑时间较晚，可以采用双层琼脂糖法，即在给单层细胞接种病毒后，先覆盖第一层不含中性红的营养琼脂糖，5~6 d后，再加入内含中性红的第二层营养琼脂糖层，继续培养（避光），并逐日观察细胞形态和出斑情况。

2. 悬浮法

悬浮法主要用于不能增殖的细胞，例如血液或腹腔巨噬细胞等，但也有人用于其他可以分裂增殖的细胞。悬浮法不宜用于大型病毒，因为这类病毒在琼脂糖中不易扩散。具体方法是：(1) 先在培养瓶（或平皿、24孔细胞培养板）底部覆盖一层营养琼脂糖，使其形成2 mm厚的底层，待其凝固。(2) 用无血清维持液将细胞稀释成适当浓度的悬液，不同细胞种类，稀释浓度也有所不同。例如Vero细胞和BHK细胞可用每毫升600万个细胞的浓度，原代仓鼠肾、鸡胚细胞和巨噬细胞可用每毫升1 000万个细胞的浓度。(3) 吸取上述细胞悬液，置灭菌试管中，每管1.6 mL，再加入无血清维持液稀释的病毒悬液0.4 mL，每个稀释度最少接种3管，充分振荡混合后置37℃温箱内感作30 min，并定期振荡。(4) 每管加入等量（2 mL）的43~45℃营养琼脂糖，迅速混匀后倒入培养瓶（10 mL培养瓶）内的底层琼脂上，平放待其凝固后置于37℃温箱中培养。(5) 根据各种病毒可能的出斑时间，于3~4 d或更长一些时间后加入4~5 mL 0.01%中性红溶液，37℃感作1 h。(6) 吸弃多余的中性红溶液，观察蚀斑。如果还未出斑，可将培养瓶继续置暗匣内培养，直至出现清晰的蚀斑。

（五）挑斑方法

为了分离病毒克隆株，在培养瓶内出现清晰的蚀斑时，即可进行挑斑。挑斑时最好选择蚀斑数较少，各斑间的距离不小于10 mm的培养瓶。先在选定的蚀斑部位的瓶壁上做好标志，随后应用带有橡皮乳头的弯头吸管直接吸取选定的蚀斑（连同琼脂糖一起）。如是平皿内的蚀斑，可直接用吸管吸取之。将吸取的蚀斑琼脂糖洗入0.5~1 mL

营养液内，反复冻融三次，使病毒充分释放，再将其接种敏感细胞，待其充分增殖以后，考虑再做下一轮的蚀斑纯化和挑斑。如此操作三次，一般可达到纯化目的。

二、病毒蚀斑抑制试验

致细胞病变病毒，甚至某些在细胞培养不产生明显细胞病变的病毒，能够在固态琼脂培养基覆盖下的细胞单层中形成肉眼可见的空斑。测定空斑形成的数量可准确地了解病毒的感染性，获得比50%细胞培养感染滴度（$TCID_{50}$）更精确的结果，可提供一种测定中和抗体和抗病毒物质的敏感方法。由于特异性抗体能够抑制病毒产生蚀斑，故可应用蚀斑技术测定动物血清或其他体液内的中和抗体，亦即所谓的蚀斑抑制试验和蚀斑减数试验，蚀斑抑制试验也可以测定干扰素的活性。蚀斑抑制试验可以有两种方法：一般来说，凡是抵抗力强，容易控制蚀斑滴度的病毒（如少数虫媒病毒和肠道病毒等），可用“固定病毒—稀释血清”的方法进行；反之，凡是抵抗力弱，不易控制空斑滴度的病毒可改用为“固定血清—稀释病毒”的方法进行。

固定病毒—稀释血清的操作方法：

（1）将细胞进行单层培养：在 6 孔培养板上接种已制备好的细胞悬液每孔 2 mL，置 37℃ CO_2 恒温箱培养 24~48 h。

（2）滴定病毒：将病毒进行 10 倍系列稀释，操作在冰浴中进行；吸去各细胞培养孔内培养液；接种各稀释度的病毒，每孔 0.4 mL，摇匀，使布满细胞层，每个稀释度接种 4 孔；37℃吸附 1 h；加第一层冷却至 43~45℃琼脂糖覆盖液，每孔 3 mL，室温下待凝固，然后细胞面朝上，置 37℃ 5% CO_2 恒温箱培养（时间随病毒而有所不同）；7~8 d 后覆盖第二层中性红琼脂糖覆盖液，每孔 2 mL，室温下凝固，再放 37℃ 5% CO_2 恒温培养箱中培养 2~5 d，从第二天起观察空斑数，以空斑形成单位表示病毒的感染滴度。按下列公式计算病毒的空斑形成单位。

$$空斑形成单位（PFU/mL）=\frac{每孔平均空斑数\times 病毒稀释度}{每孔接种病毒量}$$

（3）空斑减少试验：将待检血清进行 10 倍稀释，56℃灭活 30 min；进一步将血清稀释成 1:10，1:20，1:40，1:80（或进行 2、5 的倍数稀释）……；稀释病毒（在冰浴中进行）至含 200 PFU/mL；各连续稀释度血清与 200 PFU/mL 病毒液等量混合（各 0.5 mL）；另用同样稀释的病毒液，加上等量如上稀释的正常血清作为对照；分别置 37℃作用 1~2 h（每 20 min 振荡 1 次）；接种单层培养细胞，每孔接种血清病毒混合液 0.2 mL，至少接种 4 个孔，吸附 1 h，如上法进行空斑滴定。

接种后按病毒增殖的情况，观察记录病变情况，并作蚀斑计数，与对照血清相比，能使蚀斑减少 50%的血清稀释度，就是该血清的蚀斑减数试验效价。用 Kärber 法计算该血清的中和效价，举例说明如表 4-6。

表 4-6 蚀斑法减数试验示例

110				110 PFU		
待检血清稀释倍数	1:10 (10^{-1})	1:20 ($10^{-1.3}$)	1:40 ($10^{-1.6}$)	1:80 ($10^{-1.9}$)	1:160 ($10^{-2.2}$)	1:320 ($10^{-2.5}$)
病毒＋待检血清中和后蚀斑数（平均）	10	22	30	58	80	100
中和比值	$\frac{110-10}{110}$	$\frac{110-22}{110}$	$\frac{110-30}{110}$	$\frac{110-58}{110}$	$\frac{110-80}{110}$	$\frac{110-100}{110}$
比值和（*S*）	100/110+88/110+80/110+52/110+30/110+10/100=3.3					

根据 Kärber 公式：被检血清的中和效价（对数值）$=L+d(S-0.5)$

其中 $L=-1$，$d=-0.3$，$S=3.3$。

则被检血清中和效价（对数值）$=-1+(-0.3)\times(3.3-0.5)=-1.84$

所以，被检血清蚀斑减数中和效价为 $10^{-1.84}$=1:69，即该血清在 1:69 稀释时，能使病毒蚀斑数减少 50%。

三、细胞培养系统中的中和试验

（一）概述

病毒感染动物后，动物体内就会产生抗体，如果该抗体能与相应的病毒粒子特异性地结合，使后者丧失感染力，这种抗体就称为中和抗体。中和抗体一般是针对病毒的蛋白衣壳或囊膜抗原的，并不是针对病毒粒子的内部成分而产生的。中和抗体于病毒感染的较早期即已出现，在急性感染的后期可达到相当高的滴度。

应用已知的病毒或病毒抗原，可以测知病畜体内中和抗体的存在及效价。反之，应用已知的抗病毒血清或中和性单克隆抗体，也可以进行病毒的鉴定，因此中和试验是病毒血清学试验的经典方法之一，是实验诊断病毒感染和鉴定病毒的重要手段，也是研究病毒的重要方法。中和试验对病毒的鉴定主要表现为：可以用于新分离病毒株的鉴定；中和试验具有高度的敏感性和免疫特异性，常可用以检查其他血清学反应难以测出的病毒株之间的抗原差异；对病毒进行分型鉴定。

中和试验基本原理是特异性的抗病毒免疫血清(中和抗体）与病毒作用，能抑制病毒对敏感细胞的吸附、穿入和脱壳，从而阻止病毒增殖，使其失去感染能力。这一反应不仅表现为质的方面，即一种病毒只能被相应的免疫血清所中和，而且也表现在量的方面，即中和一定量病毒的感染力，需要一定效价的抗体。中和试验是以测定病毒的感染力为基础的，结果的判定是以比较病毒受免疫血清中和后的残余感染力为依据。

进行中和试验，首先要选择试验宿主。中和试验的宿主系统主要有动物、鸡胚、细胞三大类，相应的中和试验称为动物中和试验、鸡胚中和试验和细胞中和试验。究竟选用哪一种试验宿主系统，主要根据病毒的特性和实验室的具体条件。由于大多数病毒可在这种或那种组织培养细胞内生长、增殖，并产生细胞病变，而应用组织培养细胞进行中和试验，又比试验动物和鸡胚方便得多，经济得多，结果也比较稳定，不存在个体差异等问题，因此目前主要应用组织培养细胞进行中和试验。近几年应用微量培养板上培养的单层细胞进行微量中和试验，又比一般的试管法简便得多，而且易于判定试验结果，适于进行大量试验。

（二）方法

根据试验测定方法的不同，中和试验可分为终点法、蚀斑减数法（即前面所述蚀斑减数试验）、交叉保护试验、动态法 4 种类型。下面主要阐述的是在细胞培养系统中的终点法中和试验。

终点法中和试验常用的有 2 种方法：一种是固定病毒—稀释血清法（β 法）；另一种是固定血清—稀释病毒法（α 法）。以固定病毒—稀释血清法应用较为普遍。

1. 固定病毒—稀释血清法

固定病毒—稀释血清法是将不同稀释度的血清与固定量的病毒液（一般为 100 个 $TCID_{50}$）混合，置适当的条件下感作一定时间以后，再将血清—病毒混合物接种于敏感细胞，测定被检血清阻止组织培养细胞发生病毒感染的能力及其效价。以能保护 50% 组织培养细胞不发生病变、感染或死亡的血清最高稀释倍数，作为该血清的 50%中和效价（PD_{50}）。

主要步骤如下：

（1）病毒：制备病毒悬液，以 3 000 r/min 的速度离心沉淀 10 min，取上清液，定量分装。取其中 1 份病毒液用组织培养细胞测定其半数组织细胞感染量 $TCID_{50}$。其他各份病毒液则低温冰冻保存。进行中和试验时，由低温冰箱取出冰冻保存的病毒液，融化后按预先测定的 $TCID_{50}$ 进行稀释。一般是稀释成 200 $TCID_{50}$，当与等量血清混合后，每个接种量中即含有 100 $TCID_{50}$。

（2）血清：先将血清适当稀释，置 56℃水浴中灭活 30 min，以破坏补体和其他不耐热的非特异性杀病毒因子。然后再作进一步的稀释，一般是进行 2 倍、4 倍或 10 倍连续稀释。

（3）感作：取定量的病毒液和等体积不同稀释度的血清，置一灭菌小试管内，充分混匀后置适当的温度下感作，一般是在37℃水浴中感作1~2 h，对于易于灭活的病毒可置4℃冰箱内感作。

如果要进行比较血清中特异性抗体对几种或几株病毒的中和效价，可将这几种或几株病毒同时与同一血清进行中和试验。

（4）对照：为保证试验结果准确，必须设置下列对照，在初次进行接种病毒的中和试验时，尤为必要。

① 病毒对照：一般先将病毒液配成每个接种量含0.2、2、20和200 $TCID_{50}$的浓度，再加入等量低倍稀释的正常对照血清（相当于中和试验被检血清的最低稀释度），充分混合后置适当的温度下感作，此时病毒浓度分别降为0.1、1、10和100 $TCID_{50}$。随即应用组织培养细胞进行测定。0.1 $TCID_{50}$应不引起组织培养细胞的任何病变，而100 $TCID_{50}$必须使组织培养细胞发生细胞病变。

② 血清毒性对照：用以检测血清本身是否对组织细胞有毒性作用，且在以组织培养细胞作试验系统时，这是必需的对照。也就是在组织培养细胞中加入低倍稀释的待检血清（相当于中和试验中被检血清的最低稀释度），而被检血清本身应对组织培养细胞没有任何毒性作用。

③ 宿主对照：是指不接种病毒和待检血清的所谓“空白”培养物。这种培养物应在整个中和试验中一直保持良好的形态和特征。

④ 阳性和阴性血清对照：与待检血清进行平行试验，阳性血清应呈现预期的中和效价，阴性血清没有中和效价。

（5）接种：感作完毕后，迅速将病毒—血清混合物或对照组的病毒或血清等接种组织培养细胞。为避免各组混合物的感作时间相差太多，操作时间不易过长。病毒对照组可以最后接种，借以排除室温或4℃冰箱感作对病毒的损害作用。

各种混合物的标准接种量是：

96孔细胞培养板每孔——0.01~0.02 mL；24孔细胞培养板每孔——0.02~0.05 mL；6孔细胞培养板每孔——0.5 mL。

（6）观察和解释：将已接种的组织培养细胞置适当条件下培养，待其充分出现感染效应。如果各对照组都符合要求，则可以判定和计算。固定病毒—稀释血清法中和试验的半数保护量（PD_{50}）的计算方法有3种：

① Reed-Muench法：取200 $TCID_{50}$的病毒液，加入等量不同稀释度的待检血清，充分混合并感作后，接种组织培养细胞，其结果见表4-7。

按Reed-Muench法计算，能保护50%组织培养细胞的血清稀释度介于$10^{-1.2}$和$10^{-1.8}$之间。

表 4-7 固定病毒稀释血清法示例

血清稀释度（病毒量固定）	病变比例	(+)	(−)	累计和			
				(+)	(−)	病变比率	保护率
1:4（$10^{-0.6}$）	0/4	0 ↓	4	0	9	0/9	100
1:16（$10^{-1.2}$）	1/4	1	3	1	5	1/6	83
1:64（$10^{-1.8}$）	2/4	2	2	3	2	3/5	40
1:256（$10^{-2.4}$）	4/4	4	0 ↑	7	0	7/7	0
1:1024（$10^{-3.0}$）	4/4	4	0	11	0	11/11	0

(+) 指细胞发生病变，(−) 指细胞未发生病变

$$距离比例=\frac{大于50\%的病变率-50\%}{大于50\%的病变率-小于50\%的病变率}$$

（高于 50%保护率血清稀释度的对数 + 距离比例乘稀释系数的对数）的反对数，即为可保护 50%的组织培养细胞不产生细胞病变的血清稀释度，即抗血清的中和效价。

抗血清的中和效价计算：

$$距离比例=\frac{83-50}{83-40}=\frac{33}{43}=0.77$$

高于 50%保护率血清稀释度的对数 + 距离比例×稀释系数的对数=−1.2+0.77×(−0.6)= −1.2−0.46=−1.66

−1.66 的反对数 =1/46，即 1:46 稀释的待检血清可保护 50%的组织培养细胞不产生细胞病变，即所检测的抗血清的中和效价是 1:46。

② 内插法：能保护 50%组织细胞不产生病变的血清稀释度，同样在 $10^{-1.2}$ 和 $10^{-1.8}$ 之间。因此，

$$\frac{-1.2-\lg PD_{50}}{83-50}=\frac{-1.2-(-1.8)}{83-40}$$

$$\lg PD_{50}=-〔1.2+（1.8-1.2）\times\frac{83-50}{83-40}〕=-1.66$$

结果与 Reed-Muench 法计算结果相同。

③ Kärber 法（表 4-8）

表 4-8 Kärber 法计算 PD_{50} 示例

血清稀释度	保护比率	血清稀释度	保护比率
$1/4=10^{-0.6}$ $1/16=10^{-1.2}$ $1/64=10^{-1.8}$	4/4=1 3/4=0.75 2/4=0.5	$1/256=10^{-2.4}$ $1/1024=10^{-3.0}$	0/4=0 0/4=0

$$\lg（50\%中和效价）=-0.6-0.6\times(2.25-0.5)$$
$$=-0.6-0.6\times1.75$$
$$=-0.6-1.05$$
$$=-1.65$$

即待检血清的 50%中和效价 $=10^{-1.65}=1/45$，也就是 1:45 稀释的待检血清可保护 50%的组织培养细胞不发生病变。

结果与 Reed-Muench 法计算结果相近。

2. 固定血清–稀释病毒法（α 法）

这种测定方法是在固定量的血清中，加入等量不同稀释度的病毒，用对照非免疫血清（对照组）和待检血清同时进行测定，计算每一组的 $TCID_{50}$，然后计算中和指数（表 4-9）。

$$中和指数=\frac{试验组\ TCID_{50}}{对照组\ TCID_{50}}$$

表 4-9　固定血清—稀释病毒法示例

病毒稀释度	10^{-1}	10^{-2}	10^{-3}	10^{-4}	10^{-5}	10^{-6}	10^{-7}	$TCID_{50}$
对照血清组				4/4	3/4	1/4	0/4	$10^{-5.5}$
待检血清组	4/4	2/4	1/4	0/4	0/4	0/4	0/4	$10^{-2.2}$

根据表 4-9 计算：

$$中和指数=\frac{10^{-2.2}}{10^{-5.5}}=10^{3.3}=1\ 995$$

说明待检血清中和病毒的能力为对照血清的 1 995 倍。通常，待检血清的中和指数大于 50 者，即可判为阳性；10~49 为可疑；小于 10 为阴性。

思 考 题

1. 什么叫病毒蚀斑？
2. 简述病毒蚀斑技术的原理？蚀斑技术的应用及试验时应注意哪些问题？
3. 简述病毒中和试验的原理？中和试验时应设立哪些对照，为什么？

▶技能单 1　病毒的蚀斑技术

【能力目标】

● 了解蚀斑形成的原理，掌握蚀斑技术的操作过程。

【实验器材】

(1) 病毒细胞培养物、单层细胞、6 孔培养板、吸管、酒精灯。

(2) Earle 氏液、30 μg/mL 的胰酶液、0.5%乳白蛋白 Earle 氏液配制的 0.8%~1%琼脂糖（不含酚红）、犊牛血清、7.5%碳酸氢钠溶液、3%谷氨酰胺、青、链霉素溶液、1:1 000 中性红溶液。

(3) 普通光学显微镜、CO_2 恒温培养箱，水浴锅。

【实验内容及操作步骤】

一、配制双层营养琼脂糖

1. 第一层琼脂糖：不加中性红

0.5%浓度乳白蛋白 Earle 氏液配制的 0.8%~1%浓度琼脂糖（不含酚红）45 mL

犊牛血清	6 mL
7.5%碳酸氢钠溶液	0.9 mL
3%谷氨酰胺	1 mL
青、链霉素溶液	0.6 mL

混匀后置 43~45℃水浴备用。

2. 第二层琼脂糖：加中性红

0.5%乳白蛋白 Earle 氏液配制的 0.8%~1%琼脂糖（不含酚红）30 mL

犊牛血清	3 mL
7.5%碳酸氢钠溶液	2.6 mL
1:1 000 中性红溶液	1 mL
青、链霉素溶液	0.4 mL

二、操作步骤

病毒蚀斑技术操作流程见图 4-17。

(1) 将轮状病毒细胞培养物用 Earle 氏液做连续 10 倍稀释，分别与等量的 30 μg/mL

的胰酶混合，37℃作用 1 h。要能检出孤立可数的空斑，病毒浓度最好在（100~500）$TCID_{50}$/mL，稀释时要注意。

（2）取培养 24 h 长满单层的 MA104 细胞，弃去培养液，用 Hank's 液将细胞清洗 2 次；接种用胰酶处理过的轮状病毒，每一浓度接种 3 个孔，每孔接种 0.5 mL。

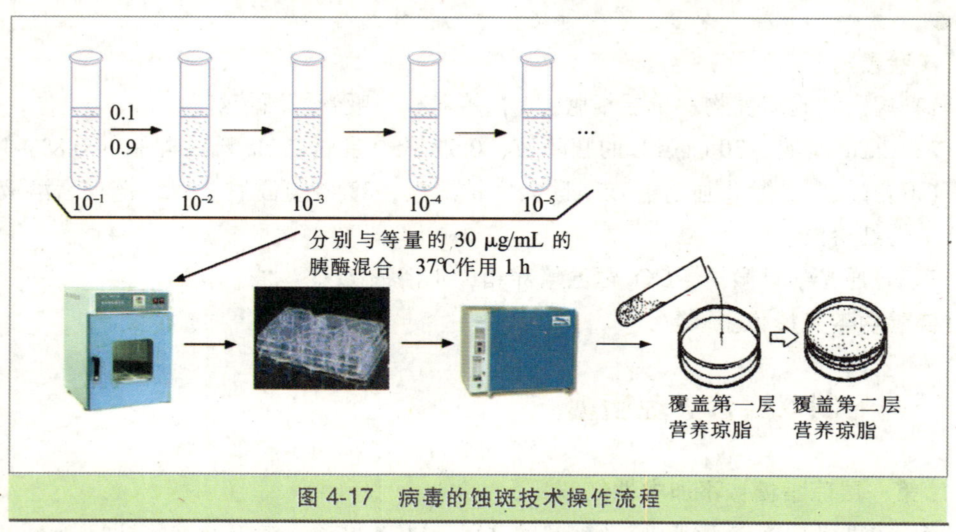

图 4-17 病毒的蚀斑技术操作流程

（3）将培养板在 37℃培养 60 min，使病毒吸附于细胞，每 15 min 将培养板轻轻摇动，使接种液分布均匀。

（4）吸弃残留的病毒液，加入融化后冷却到 42~44℃的第一层营养琼脂糖 2 mL，厚度约 3 mm，室温水平放置至琼脂糖凝固，用封口膜将培养板封好后，37℃倒置培养，观察病变；2 d 后，覆盖第二层营养琼脂糖（内含有中性红），2~3 d 后，观察蚀斑形成。对照组用 Earle 液代替病毒液平行操作。

【实验说明】

（1）可随各自的实验所需及实验条件选择病毒及敏感细胞。

（2）细胞培养液可根据细胞的营养要求来选择。

思考题

1. 简述病毒蚀斑技术的操作过程。
2. 通过对病毒蚀斑的观察，你认为蚀斑是如何形成的？
3. 轮状病毒细胞培养物为何要先与胰酶作用后再感染细胞？

▶技能单 2　单层细胞微量中和试验

【能力目标】

● 掌握单层细胞微量中和试验的操作技术。

【实验器材】

(1) 病毒、敏感细胞、96 孔培养板，消毒吸管，微量移液器，塑料吸头、EP 管。

(2) 细胞培养液。

(3) CO_2 恒温箱培养箱，倒置显微镜。

【实验内容及操作步骤】

1. 病毒滴定 50%组织培养感染剂量（$TCID_{50}$）的测定

(1) 在 96 孔培养板上接种已制备好的细胞悬液每孔 0.1 mL，置 37℃ 24~48 h。

(2) 待细胞长成单层后，弃去培养液，接种稀释好的病毒悬液，每孔 0.02 mL，每个稀释度接种 4 孔，37℃感作 1 h 后，加入维持液，同时设立病毒对照和细胞对照实验。接种后按病毒增殖的情况，观察记录病变情况，计算 $TCID_{50}$（图 4-18）。

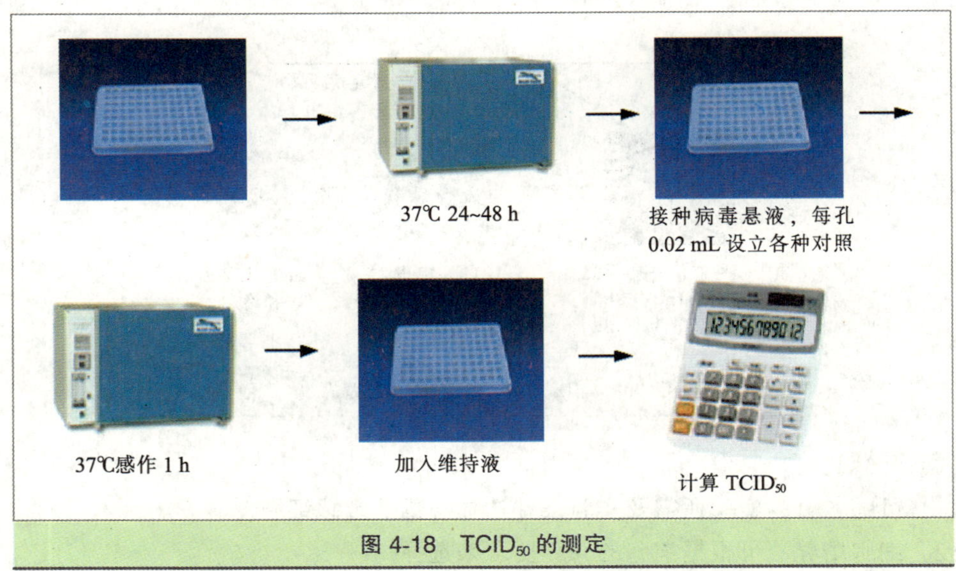

图 4-18　$TCID_{50}$ 的测定

2. 中和试验（图 4-19）

(1) 将已灭活处理的待检血清，用 DMEM 液作一系列倍比稀释，使其稀释度分别为原血清的 1:4，1:8，1:16，1:32，1:64……每管含量为 0.1 mL。

(2) 分别在上述各管稀释血清内加 0.1 mL（与血清等量）的病毒悬液（滴度为 200

$TCID_{50}$/0.1 mL）充分摇匀混合，并设立各项对照，血清—病毒混合物在37℃条件下孵育1 h。

（3）血清—病毒混合液连同病毒对照各接种96孔培养板上已长满单层的细胞，每孔接0.04 mL（每个稀释度接种4孔），每个细胞孔补充维持液至总量为0.1 mL。

（4）37℃ CO_2恒温箱培养。逐日观察细胞病变并记录结果，直至观察7 d为止。

（5）50%血清中和终点的计算：以能保护50%组织培养细胞孔不产生病变的血清稀释度作为终点，用Reed-Muench法计算结果。

计算公式如下：

$$距离比例=\frac{50\%-低于50\%的病变率}{大于50\%的病变率-小于50\%的病变率}$$

（高于50%保护率血清稀释度的对数＋距离比例乘稀释系数的对数）的反对数，即为可保护50%的组织培养细胞不产生细胞病变的血清稀释度，即抗血清的中和效价。

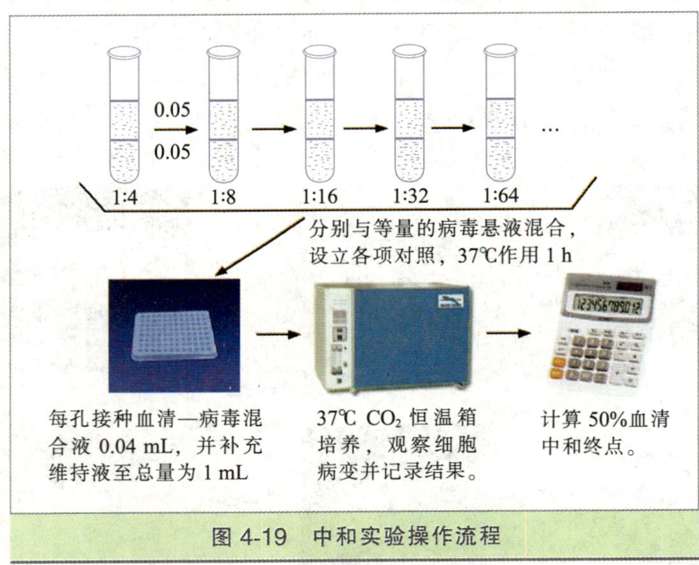

图4-19　中和实验操作流程

【实验说明】

（1）可随各自的实验所需及实验条件选择病毒及敏感细胞。

（2）细胞培养液可根据细胞的营养要求来选择。

思考题

简述病毒单层细胞微量中和试验的操作过程。

第五章　细胞冻存、复苏及运输

第一节　细胞的冻存

▶资料单

【知识目标】

- 了解细胞冻存的原理。
- 掌握细胞冻存的意义及注意事项。

【教学内容】

一、细胞冻存的意义

培养细胞的传代及日常维护过程中，在培养器具、培养液及各种准备工作方面都需耗费大量的人力物力，而且细胞一旦离开活体开始原代培养，它的各种生物特性都将逐渐发生变化，并随着传代次数的增加和体外环境条件的变化而不断发生变化。因此，及时进行细胞冻存十分必要。

在制备单克隆抗体时，杂交瘤细胞株一经建立应尽快冻存，及时冻存原始孔的杂交瘤细胞、每次克隆化得到的亚克隆细胞，以保证杂交瘤细胞不致因传代污染或因变异而丢失。特别是每次克隆化的同时或稍后，均应冻存部分阳性克隆，因为在没有建立一个稳定分泌抗体的细胞系的时候，细胞的培养过程中随时可能发生细胞的污染、分泌抗体能力的丧失等。一旦克隆化失败或增殖过程中丢失，还可将冻存的杂交瘤细胞重新复苏。如果没有原始细胞的冻存，则因为上述的意外而前功尽弃。对每株亲本骨髓瘤细胞和稳定的杂交瘤细胞，至少应保留 5~10 支不同批号或日期的冻存管，并应定期进行复苏，检查抗体分泌情况，并进一步传代后再冻存，而不要长期培养于培养液中。

在动物胚胎移植技术中，也要对胚胎细胞、卵母细胞等进行冻存。胚胎和卵母细胞的冷冻保存为胚胎的体外培养、卵母细胞体外成熟、克隆、转基因动物的研究提供优质廉价的材料来源；为地方优秀畜种和珍稀野生动物的保护提供新的途径；在远距离的运输中，以冷冻的胚胎代替活体运输和检疫，可以节省大量资金及活体运输中的疫病传染。胚胎及卵母细胞冷冻技术的进一步发展必然会加速胚胎移植朝着更加方便易行的产业化方向发展。

二、细胞的冻存原理

细胞低温冷冻储存已成为细胞培养室的常规工作和通用技术。细胞储存在液氮中，温度达-196℃，理论上储存时间是无限的。细胞冻存及复苏的基本原则是慢冻快融，实验证明这样可以最大限度地保存细胞活力。

冻存细胞时要缓慢冷冻。因为细胞在不加任何保护剂的情况下直接冷冻时，细胞内外的水分都会很快形成冰晶，冰晶的形成将引起一系列的不良反应。首先细胞脱水使局部电解质浓度增高，pH 值改变，部分蛋白质由于上述因素而变性，引起细胞内部空间结构紊乱，细胞内冰晶的形成和细胞膜系统上蛋白质、酶的变性，引起溶酶体膜的损伤使溶解酶释放造成细胞内结构成分的破坏，线粒体肿胀、功能丧失并造成细胞能量代谢的障碍。胞膜上的类脂蛋白复合体在冷冻中易发生破坏引起胞膜通透性的改变、使细胞内容物丧失。细胞核内 DNA 也是冷冻时细胞易受损伤部分，如细胞内冰晶形成较多，随冷冻温度的降低，冰晶体积膨胀造成 DNA 的空间构型发生不可逆的损伤性变化，而引起细胞的死亡。

在胚胎和卵母细胞冷冻解冻的整个过程中，细胞必须保持完整的结构。冷冻最重要的原则是降低因细胞内冰晶形成而引起的物理性损伤，以及高浓度的冷冻保护剂对细胞的化学性损伤，即溶液效应。因此，通常在细胞冷却之前或冷却过程中对细胞先进行脱水，如果脱水不完全，则细胞内可能形成较大的冰晶而损伤细胞；同时尽量减少冷冻过程所需要的时间，如果时间过长，则细胞的膜性结构会发生改变，从而影响解冻后细胞的发育潜力。

冰晶是在降温过程中的一定条件下，水分子重新按几何图形排列形成的，这是造成胚胎死亡的原因。但是，只要不形成对细胞造成物理性损害的大冰晶，维持在微晶状态下的细胞将不会受到损伤。Mazur 等（1984）研究证实，如果在冰晶形成之前细胞失去 90%的水分，那么剩余 10%水分结冰的机会可以忽略不计。细胞在冷冻过程中，大约在-10℃以上细胞内仍不会结冰，但胞质变为过冷状态。冰晶首先在细胞外的保存液中形成，此时冰晶与溶质分离。在盐溶液中，冰晶形成越多，未冻结部分的盐溶液浓度就越高，从而引起细胞脱水。随着温度的进一步降低，细胞外冰晶的形成速度加快，使细胞内的过冷胞质与胞外不断变浓的溶质之间的化学状态出现很大差异，引起胞质中水分的渗出，并在胞外冻结或在胞内冻结，引起细胞的浓缩。如果降温速度很慢，胞质水分有足够的时间渗出，就可以使细胞内外达到化学平衡。如果迅速降温，胞质内的水分来不及渗出，出现过冷现象，在温度降至-60~-10℃时就会在细胞内形成冰晶而导致细胞死亡，因而把-60~-10℃的温度范围称为细胞的危险温区或致死温区。在解冻过程中，如果缓慢升温，在这一温度范围内仍可以形成冰晶而导致细胞死亡。而温度在-60℃以下时，细胞的活动已经基本停止，可以进入长期休眠状态。因此，在细胞冷冻和解冻过程中，如何有效地保护细胞两次通过危险温区，而不形成冰晶是细胞冷冻的关键所在。

为了使细胞能顺利度过危险温区，通常在保存液中加入一定浓度的冷冻保护剂。目前多采用甘油或二甲基亚砜（DMSO）作保护剂。这两种物质对细胞无明显毒性，分子量小，溶解度大，易穿透细胞，可使冰点下降，提高胞膜对水的通透性；加上缓慢冷冻方法可使细胞内的水分渗出细胞外，在胞外形成冰晶，减少细胞内冰晶的形成，从而减少由于冰晶形成造成的细胞损伤。DMSO 本身具有毒力，不需除菌过滤或高压灭菌，因为滤膜能被 DMSO 所破坏，而高压又能破坏 DMSO。但冻存液可以进行除菌过滤。细胞冻存时，二甲基亚砜使用浓度范围在 5%~15%之间，常用 10%的浓度。

技能单　细胞冻存技术

【能力目标】

● 掌握细胞冻存的方法及冻存时的注意事项。

【实验器材】

（1）二甲基亚砜（DMSO，分析纯）、0.25%胰蛋白酶、细胞冻存液（含 20%小牛血清的培养液）。

（2）培养瓶生长的贴壁细胞、96 孔培养板生长的骨髓瘤细胞。

（3）超净工作台、1 mL 可调移液器及枪头、吸尔球、吸管、离心管、细胞冻存管、-70℃低温冰箱、液氮罐。

【实验内容及操作步骤】

一、培养瓶培养细胞的冻存

培养瓶中细胞冻存流程见图 5-1。

（1）从增殖期到形成致密的单层细胞以前的培养细胞都可以用于冻存，但最好为对数生长期细胞，已经长满的细胞冻存后生存率低。在冻存前一天最好换一次培养液。

（2）用胰蛋白酶把单层生长的细胞消化下来（悬浮生长的细胞则不需处理）。

（3）把消化好的细胞收集于离心管并计数、离心。

1. 弃去培养液

2. 用胰酶消化细胞

3. 将细胞离心

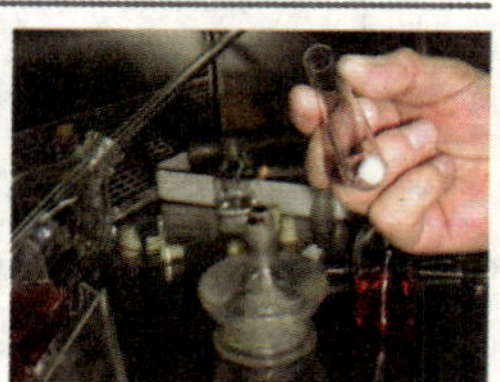
4. 离心后的细胞沉淀

5. 用冻存液吹打细胞

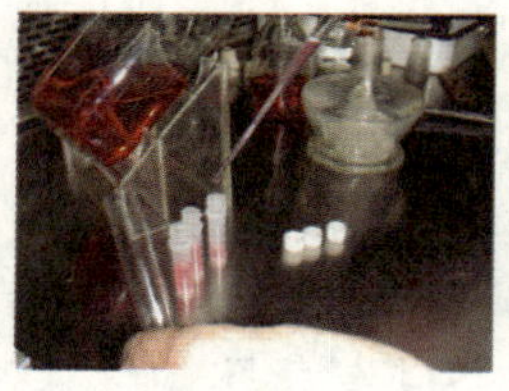
6. 计数后每冻存管加入 0.9 mL

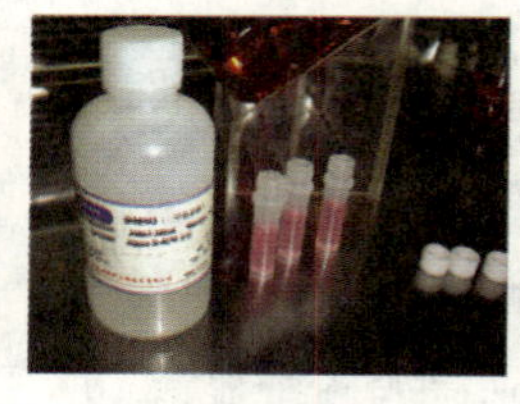
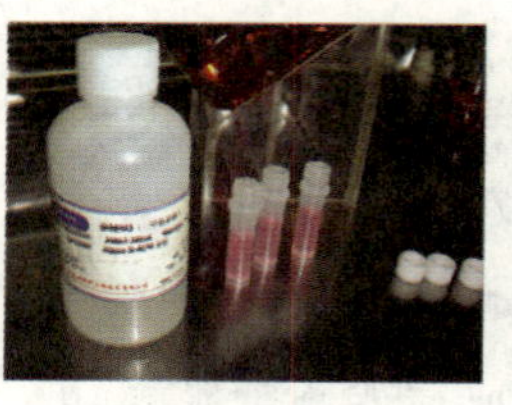
7. 每冻存管加入 DMSO 0.1 mL

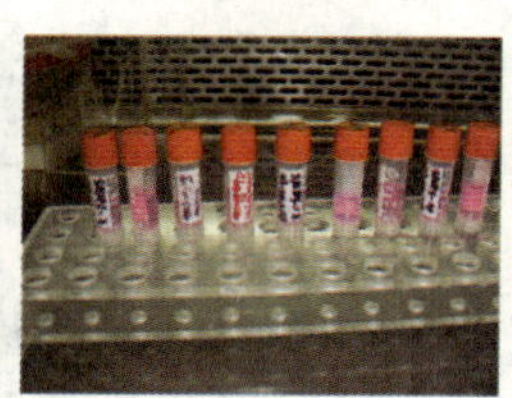
8. 作标记

图 5-1　培养瓶中细胞冻存流程图

（4）弃去胰蛋白酶及旧的培养液，加入配制好的冻存液，冻存液中细胞的最终浓度为 5×10^6~1×10^7 个 /mL。用吸管轻轻吹打使细胞均匀，然后分装入无菌冻存管中，每支冻存管加细胞培养液 0.9 mL 后再加入 0.1 mL 的 DMSO（为 10%的浓度）。

（5）旋紧冻存管的盖子，在管上写明细胞的名称、冻存日期。

（6）瓶口用封口膜封好。用厚毛巾包好或装入已做标记的小袋或支架中，同时作好记录。

（7）直接冻存。标准的冻存程序为降温速率−2~−1℃/min；当温度达−25℃以下时，可增至−10~−5℃/min；到−100℃时，则可迅速浸入液氮中。要适当掌握降温速度，过快会影响细胞内水分渗出，太慢则促进冰晶形成。各种细胞对冷冻的耐受性不同，一般来讲上皮细胞和成纤维细胞耐受性大；骨髓瘤细胞差一些，以−3~−2℃/min 合适；而胚胎细胞耐受性最小。总之，在开始时温度下降速度不能超过−10℃/min。要精确控制冷冻速度需要细胞冻存器，如无此设备一般可以采用以下几种冻存方法来控制冷冻速率。

① 将包好的冻存管放入−70℃冰箱中，过夜后，取出移入液氮容器内。在放入液氮时，要带手套操作以免冻伤。

② 可以将标记好并装入冻存管的小袋或支架，从液氮容器口缓缓放入，按−1℃/min 的降温速度，在 30~40 min 内使其到达液氮表面。再停 30 min 后，直接投入液氮中。

二、骨髓瘤细胞的冻存

培养板中细胞冻存流程见图 5-2。

（1）将骨髓瘤细胞接种于 24 孔培养板中。

（2）待细胞长满孔底，即可冻存，在冻存前一天换一次培养液。

（3）在超净工作台中无菌操作吸出培养液。

（4）每孔加入 0.9 mL 细胞冻存液，反复吸吹使细胞悬浮。

（5）将细胞悬液吸入细胞冻存管，每孔放一管。

（6）每管加入 0.1 mL DMSO，每管总量为 1 mL。

（7）旋紧冻存管的盖子，用胶布将冻存管口缠绕包紧。

（8）在冻存管上写上细胞名称、冻存日期。

（9）入盒后用毛巾包裹，入–70℃冰箱过夜。

（10）次日取出放入液氮罐中。

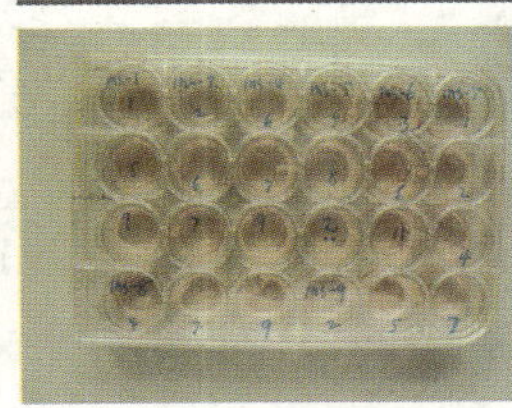

1. 将细胞接种入 24 孔板 37℃培养

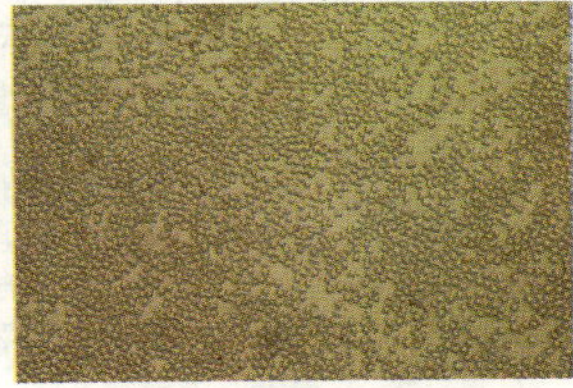

2. 观察细胞已长满孔

3. 吸去陈旧培养液每孔补加 0.9 mL 冻存液

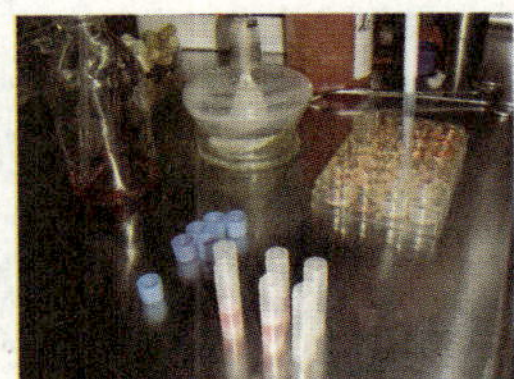

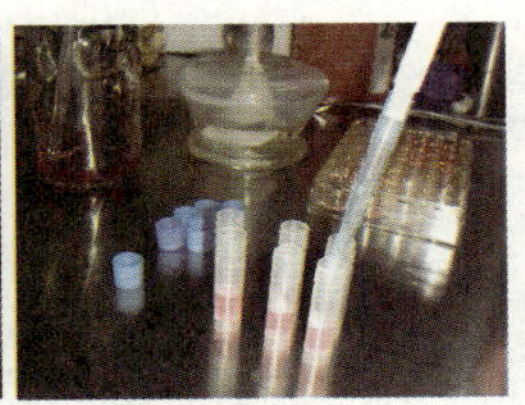

4~5. 反复吸吹将细胞悬液吸入冻存管

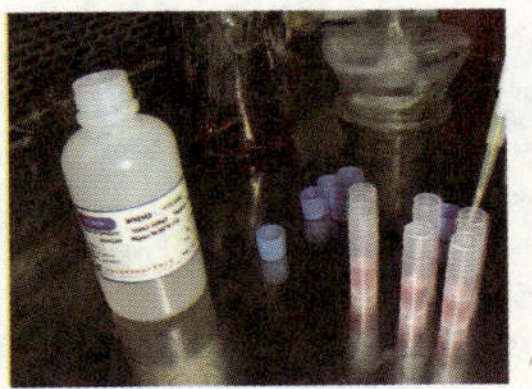

6. 每管加 0.1 mL DMSO

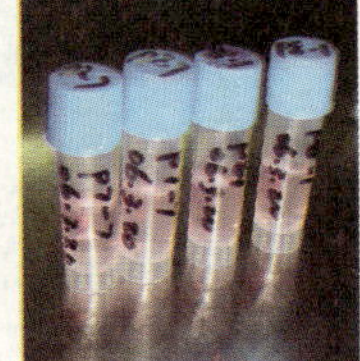

7. 作标记

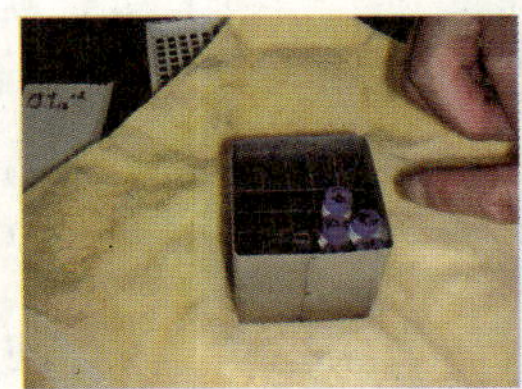

8. 将冻存管包装

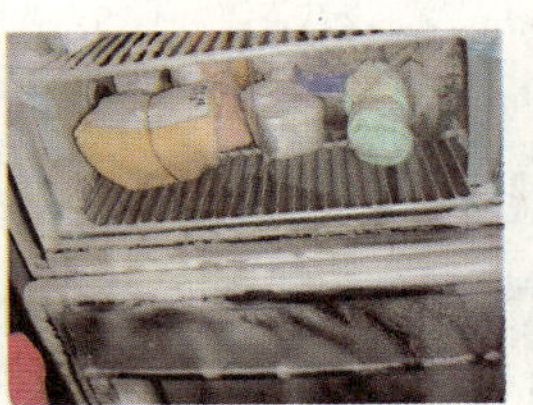

9. –70℃冰箱过夜

10. 次日放入液氮罐中

图 5-2 培养板中细胞冻存流程图

【实验注意事项】

(1) DMSO 常温下为液态，4℃冰箱放置时为固态。

(2) 现多用塑料螺口小瓶对细胞进行冻存，使用方便而且不会炸裂，但如质量不好，有时密封不严，因而使用前要仔细检查，冻存时最好用胶布将瓶口缠绕包紧以防密封不严。如安瓿瓶保存细胞时，需用火焰将安瓿熔封，熔封时必须保证安瓿完全封闭，同时注意不能使安瓿内细胞悬液的温度升高；冻存时，首先将安瓿直立放置于塑料盒或小纸盒中，周围固定，以免倾倒，因为安瓿颈门部一般较薄，冻存时易被膨胀的冰挤破；安瓿瓶易炸裂，解冻时注意个人防护。

(3) 细胞冻存后，要定期检查液氮数量，如发现液氮挥发一半时要及时补充。补加液氮时要做好眼、手、脚等身体暴露部位的防护以免冻伤。细胞在液氮中储存时间理论上是无限的。但为妥善起见，特别是很多未被冻存过的细胞在首次冻存后要在短期内复苏一次以观察细胞对冻存的适应性。已建系的细胞，最好也每年取一支复苏一次后，再继续冻存。

思 考 题

1. 细胞冻存的原理是什么？
2. 为什么要对细胞进行冻存？
3 .在细胞冻存时常用的保护剂是什么？它有何作用？使用浓度是多少？
4. 如何进行细胞的冻存？

第二节　细胞的复苏及运输

▶资料单

【知识目标】

- 掌握细胞复苏的意义及注意事项。
- 了解培养细胞的运输方法。

【教学内容】

一、细胞的复苏

（一）细胞复苏常识

细胞在液氮中保存，若无意外情况，可保存数年至数十年。细胞复苏与冻存的要求相反，应采用快速融化的手段。复苏时融解细胞速度要快，使之迅速通过细胞最易受损的-5~0℃，这样可以保证细胞外的结晶在很短的时间内即融化，避免由于缓慢融化使水分渗入细胞内形成胞内再结晶对细胞造成损害，甚至引起细胞死亡。冻存的细胞并非能100%复苏成功。失败原因可能与以下因素有关：①冻存时细胞数量少或生长状态不良。②细胞被细菌或支原体污染。③液氮罐保管不善。④复苏时培养条件改变，如换用另一批号小牛血清。⑤复苏方法不得当。

（二）细胞的常规复苏法

细胞的复苏在一般情况下都采用常规复苏法，一般操作为：将冻存细胞自液氮中小心取出，迅速放置于37℃水浴中，在1 min内使冻存的细胞解冻，离心弃上清液，移入含培养液的培养瓶内，置37℃，5% CO_2 温箱中培养，次日可以换液，弃去漂浮的死亡细胞，此时存活的细胞大部分可贴壁生长并增殖。

（三）杂交瘤的复苏

杂交瘤的复苏方式一般有常规复苏法和体内复苏法，在一般情况下都采用常规复苏法，该方法操作简便，适于冻存时细胞数量较多、生长状态良好的杂交瘤细胞株。对上述常规复苏法难以复苏的受支原体、细菌及真菌污染的杂交瘤细胞系，采用体内复苏法则是一种较为有效的拯救方法，该方法也适合用于长时间远距离运送的杂交瘤细胞系。体内复苏法常用的方法是将杂交瘤细胞接种于小鼠的皮下、腹腔或脾内。

1. 小鼠皮下形成实体瘤复苏法

（1）特点：本法操作较烦琐，但有其优点：①形成的实体瘤较大，容易获得大量杂交瘤细胞。②因杂交瘤细胞通过鼠体内传代时，达到生物过滤目的，可清除某些支原体、细菌或真菌的污染。③适于长时间远距离转送杂交瘤细胞系。

（2）操作方法：冻存的细胞在37℃水浴解冻后，加入37℃预热的无血清RPMI-1640培养液5 mL，1 000 r/min离心10 min；弃上清，用无血清RPMI-1640培养液将细胞稀释调整至10^6个/mL，分二点注入BALB/c小鼠背部皮下，每点0.1 mL；10~20 d待小鼠背部长出直径1~2 cm肿块时，无菌解剖取瘤组织；置200目不锈钢网上研磨成细胞悬液，吸入到试管中；1 000 r/min 离心 10 min，弃上清；沉淀中加入 1~2 mL 无血清 RPMI-1640 培养液，混匀，然后沿管壁缓慢加到装有 5 mL Ficoll 液的试管液面上；2 000 r/min 离心 20 min；收集淋巴细胞层（可见云雾状液体层）；再用无血清 RPMI-1640 培养液 1 000 r/min 离心 5~10 min，洗二次；沉淀加入含 20% 血清的 RPMI-1640 培养液中，置 37℃、5% CO_2 孵箱培养。

（3）注意事项：解剖瘤组织时注意无菌操作，不要污染；杂交瘤悬液加到 Ficoll 液面上时应轻轻沿管壁缓慢加入，离心要达 2 000 r/min，20 min 才能分离出淋巴细胞层。

2. 小鼠腹腔诱生腹水和实体瘤复苏法

（1）特点：除了可以通过小鼠体内生物过滤清除支原体、细菌等污染外，还可将复苏细胞与制备腹水同时进行，并便于长时间远距离运送杂交瘤细胞系。

（2）操作方法：于复苏细胞前 5~10 d 往 BALB/c 鼠腹腔注入降植烷或液体石蜡 0.5 mL；冻存的细胞解冻，离心和洗涤；用无血清 RPMI-1640 培养液将细胞调整至（1~5）$\times 10^5$ 个 /mL，每只小鼠腹腔注射 0.5 mL；待 10~20 d 后，小鼠产生大量腹水时将其处死，无菌解剖，收集腹水和瘤组织，瘤组织处理方法同前述；取腹水 1 000 r/min 离心 10 min，收集上清（含有大量抗体）；在沉淀（含有大量杂交瘤细胞）中加入无血清 RPMI-1640 培养液，1 000 r/min 离心 10 min，洗二次；沉淀加入含 20% 血清的 RPMI-1640 培养液，5% CO_2、37℃孵箱培养。

（3）注意事项：腹腔内瘤组织呈弥漫性粟粒样，且与肠壁有粘连，分离时注意不要将肠壁剪破而发生污染；由于小鼠腹腔注射过降植烷或液体石蜡，离心后油液位于液面上层，加之用无血清培养液洗二次，基本可以处理干净，不影响细胞生长。

3. 脾内接种复苏法

（1）特点：本法可有效地拯救因污染、复苏不当或体外增殖不良而濒于丢失的杂交瘤细胞，同时可短时间内用少量的细胞获得高效价腹水。

（2）操作方法：96 孔板杂交瘤细胞生长至 1/5 孔底面积或复苏后杂交瘤细胞生长增殖不良时，吸去上清（复苏后细胞可离心后去上清）；加 0.1 mL 无血清培养液，吹吸后移入 1 mL 注射器中；用乙醚麻醉小鼠，侧卧台面，酒精消毒；无菌剪开左肋部及部分脊背部皮肤，可见腹膜下黑褐色脾脏，在此开小口，用一宽头镊子将脾拖出，用 4 号针头沿脾纵轴由一端刺入直至对端，边出针，边注入细胞，至出口处停顿片刻，以防细胞渗出；将脾轻轻推入腹腔，对合腹膜，切口外涂抹少许粘合剂；将皮肤上缘毛发紧密覆盖切口，与下缘毛发粘合；经一周左右时间，在脾区可触及小包块，两周左右小鼠出现大量腹水。解剖取瘤体方法同前述。

（3）注意事项：小鼠麻醉不能过度，一般麻醉倒下时开始操作，若麻醉过浅，中途苏醒时，助手可用乙醚棉球放在小鼠鼻孔处，维持一定浓度麻醉剂量。

4. 96 孔培养板复苏法

(1) 特点：对于特别珍贵或用其他方法复苏杂交瘤细胞未能成功时，可考虑采用此法。本法虽较烦琐，但成功率较高，因类似克隆化培养，只要有个别孔细胞存活，就可转种于 24 孔板和培养瓶。

(2) 操作方法：冻存细胞解冻，离心洗涤；将沉淀细胞加 0.5 mL 含 20%血清的 RPMI-1640 培养液混合、计数；用含 20%血清的 RPMI-1640 培养液按每孔大于 10 个细胞调整浓度（剩余的细胞可以放入小培养瓶培养）；滴入已加有饲养细胞的 96 孔板，通孔 0.1 mL；待细胞生长至足够进行抗体检测时，进行检测；将阳性孔细胞转种 24 孔板，随后再扩大培养。

二、培养细胞的运输

培养细胞的交流、交换、购买已成为生命科学研究中一重要环节。从其他研究室索取细胞时，应注意了解细胞的性状、培养液及培养时注意点等详细资料。建立时间短的细胞系（株）如培养过程中稍有差错，就有可能培养失败，因此要时刻注意。

装运细胞的方法有两种：一种为冷冻储存运输，即利用特殊容器内盛液氮或干冰冻存，保存效果较好，但较麻烦，且不宜长时间运输，多需空运。另一较简单的方法为充液法。

（一）长距离运输（几天）

(1) 选择生长良好的单层细胞，去掉培养液，补充新培养液至瓶颈部，保留微量空气，拧紧瓶盖。这样可避免由于液体晃动导致的细胞损伤。

(2) 瓶口用胶带缠紧密封，并用棉花包裹（做防震防压处理），放在携带者贴身口袋即可。

(3) 到达目的地后，吸出多余的培养液（此液可继续使用），保留细胞生长所需的液量，常规培养数小时或过夜。

（二）短距离运输（几小时）

去掉大部分生长液，仅留少量液体覆盖单层细胞，防止细胞干燥，将细胞面朝上带回。

（三）细胞悬液空运

(1) 将浓度为 6×10^5 个 /mL 的细胞悬液于 0~4℃放置 24 h。

（2）将细胞悬液混匀后，200 r/min 离心 30 min，弃去含酶的上清液，加 4℃新鲜培养液，使细胞终浓度为 2.4×10^6 个 /mL。

（3）细胞装于 4℃的冰盒内空运。到达目的地后 200 r/min 离心 30 min，去上清，加新鲜培养液，调节细胞数为 6×10^5 个 /mL，然后接种于培养瓶。

（4）液氮冻存运输。利用 1 L 液氮罐或大号暖瓶装液氮，将冻存细胞管移入液氮中，这样可将细胞转送到其他实验室。

技能单　细胞的常规复苏技术

【能力目标】

- 掌握细胞的复苏技术。
- 了解细胞复苏时的注意事项。

【实验器材】

（1）二甲基亚砜（DMSO，分析纯）、0.25%胰蛋白酶、细胞培养液、含 10%~20%血清的细胞培养液（DMEM 或 RPMI-1640）。

（2）于液氮中保存的细胞培养管、37℃水浴锅、镊子、离心机、超净工作台、酒精灯、吸尔球、灭菌 5~10 mL 吸管、灭菌毛细管、灭菌细胞培养瓶、离心管、记号笔、二氧化碳培养箱等。

【实验内容及操作步骤】

细胞常规复苏流程如图 5-3 所示。

（1）操作者戴上眼镜或面罩、戴好手套，将要复苏的细胞冻存管从液氮罐中拿出。

（2）置室温中 2~3 min，待液氮挥发完后，将细胞冻存管放入 37℃水浴锅中，也可用镊子夹住细胞冻存管，不断轻摇至完全融化。

（3）将融化好的细胞冻存管放入离心机中，1 000 r/min 离心 3~5 min。

（4）离心后，细胞下沉，在超净工作台中，倒弃上清液，用毛细管吸适量营养液加入细胞冻存管中，并轻轻吹吸数次，将下沉的细胞吹散悬浮后吸入加有适量营养液的细胞培养瓶中，置 5% CO_2、37℃孵箱培养。次日可以换液，弃去漂浮的死亡细胞，此时存活的细胞大部分可贴壁生长并增殖，一般一支细胞冻存管复苏后接种一瓶，培养 3~5 d 方能长好。根据需要及细胞生长情况进行抗体活性的检测、细胞的传代、扩大培养或细胞的冻存等。

【实验注意事项】

（1）整个操作都需在无菌条件下操作，严防污染。

（2）将细胞冻存管从液氮罐中拿出时，要注意防止人员冻伤；如果安瓿熔封不严，

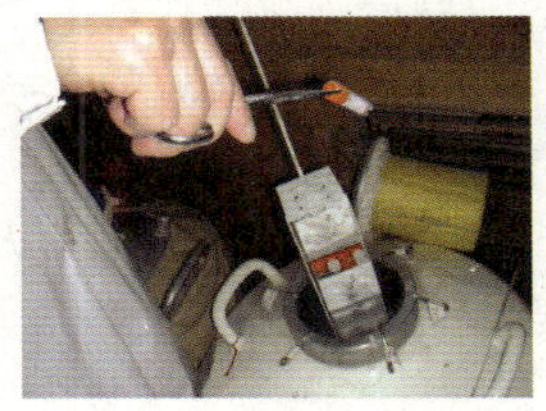

1. 从液氮罐中取出细胞冻存管

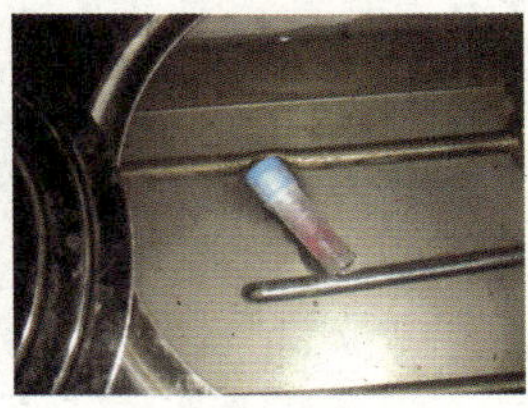

2. 37℃水浴融化

3. 1 000 r/min 离心 3~5 min

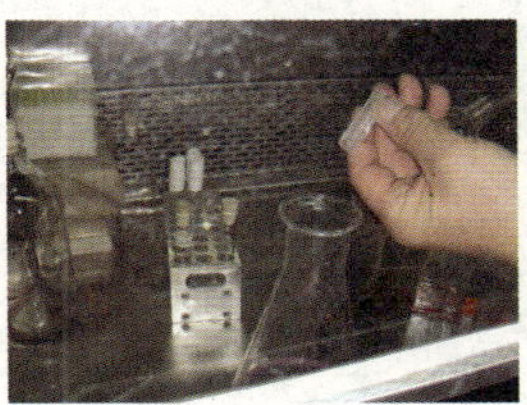

4. 无菌操作倒弃上清液

5. 无菌操作将细胞培养液加入细胞培养瓶

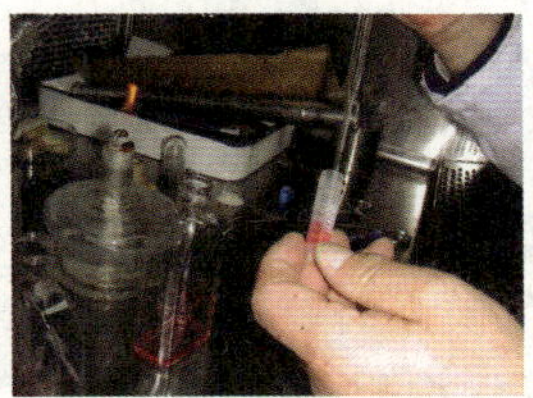

6. 吸少量的培养液加入冻存管内将细胞吹打至悬浮

7. 将冻存管内悬浮的细胞吸入培养瓶中

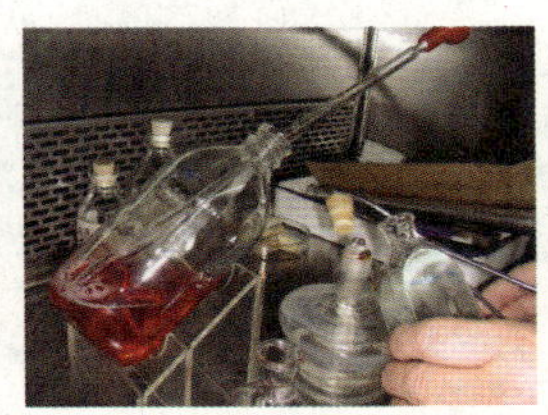

8. 无菌操作塞上胶塞，在瓶上写明时间、细胞种类

9. 置 5% CO_2、37℃孵箱培养

图 5-3 细胞常规复苏流程图

在保存过程中液氮进入安瓿中，从液氮罐中取出时由于温度升高导致液氮急速气化而爆炸，使安瓿变得粉碎，飞溅的玻璃碎片可伤害手及面部等。为了防止液氮挥发引起爆炸，工作人员最好佩戴眼镜或面罩、戴手套。安瓿投入存放温水的器皿中后应立即把盖子扣上，以防发生意外。

（3）细胞复苏时应根据细胞对营养的要求选择不同的培养液，如一般细胞复苏时用 DMEM 培养液；杂交瘤细胞复苏时所用的营养液为含 20%小牛血清的 RPMI-1640 培养液，且在培养液中要加入一定量的饲养细胞。

思考题

1. 细胞的复苏方法有哪些？各有何特点？
2. 如何进行细胞的运输？
3. 细胞的常规复苏是怎样进行的？有何注意事项？

第六章　单克隆抗体(McAb)生产技术

第一节　杂交瘤技术的概述

▶资料单

【知识目标】

- 了解杂交瘤技术发展简史。
- 了解 McAb 与 PcAb 的比较特点。
- 掌握杂交瘤的概念。
- 掌握单克隆抗体的概念及产生原理。

【教学内容】

一、杂交瘤技术发展简史

杂交瘤技术的基础是20世纪60年代建立的细胞杂交技术。1975年，Kohler和Milstein发现将小鼠骨髓瘤细胞和绵羊红细胞免疫的小鼠脾细胞进行融合，形成的杂交细胞既具有肿瘤细胞无限繁殖的能力，也具有免疫细胞分泌抗体的能力，从而创立了单克隆抗体杂交瘤技术。后来将这种杂交细胞系统称为杂交瘤（hybrid cell）。1975年8月7日，英国剑桥大学分子生物学研究室的Kohler和Milstein发表了“分泌预定特异性抗体的融合细胞的持续培养”这一著名论文（Nature，256: 495，1975），从而创立了一项具有划时代意义的新技术——利用B淋巴细胞杂交瘤产生单克隆抗体(Monoclonal antibodies McAb)。这一技术的创立和迅速推广，为所有需要制备和使用抗体的研究领域提供了全新的手段和制剂，促进了细胞生物学、免疫学、遗传学、微生物学、生物化学及基础与临床医学等众多学科的发展。它和遗传工程技术一样，被认为是具有巨大生命力和发展前途的新技术，Kohler和Milstein也由于这一杰出贡献而荣获1984年诺贝尔医学和生理学奖。

二、杂交瘤技术的概念与分类

研究发现，当两个细胞紧密接触的时候，其细胞膜可能融合在一起，而融合的细胞含有两个不同的细胞核，称为异核体（heterokaryon），在适当的条件下，它们可以融合在一起，产生具有原来两个细胞基因信息的单个核细胞，称为杂交细胞（hybrid cell）。细胞杂交的含义包括细胞的自家融合或在诱导物的作用下，使种内或种间的细胞融合成一个新的细胞（杂交细胞），融合后的细胞具有双亲的细胞核，经有丝分裂成为两个单核子细胞，其核内含有双亲细胞的染色体，因而可表现出双亲细胞所具有的全部或部分特性。

若用一种肿瘤细胞与另一种体细胞，如淋巴细胞融合，所形成的杂交细胞称为杂交瘤细胞，简称杂交瘤，其染色体来源于双亲细胞，因此既具有肿瘤细胞无限增殖的能力，也具有淋巴细胞的一些特性。

目前应用的淋巴细胞杂交瘤技术主要包括两种：① B 淋巴细胞杂交瘤技术，即用骨髓瘤细胞与 B 淋巴细胞进行融合，其产物为抗体分子；② T 淋巴细胞杂交瘤技术，即用 T 细胞肿瘤细胞与 T 淋巴细胞进行融合，其产物为具有不同生物学活性的 T 细胞杂交瘤细胞和各种淋巴因子。通常人们所说的杂交瘤技术或 McAb 技术都是指 B 淋巴细胞杂交瘤技术，即 McAb 的制备和应用技术。

三、单克隆抗体的概念及特性

（一）McAb 的概念

1957 年，Burnet 从近代遗传学的角度来解释抗体的产生机制，提出了著名的“细胞系选择学说”，其中一个重要论点是认为每个 B 淋巴细胞都有一种独特的受体，只能与一种结构相适应的抗原决定簇结合，由此激活的这一细胞系（克隆）只能产生针对这一抗原决定簇的、结构与功能完全相同的抗体，这实际上就是 McAb。虽然这一论点被后来的一系列研究所证实，但是长期以来人们所说及所用的特异性免疫血清抗体，不论是从人还是从动物获得的，也不论是主动还是被动获得的，实际上都是由许多种具有不同特性的抗体所组成的混合抗体。例如，即使是用纯化的某种病毒接种小鼠得到的免疫血清，也含有特异性不同（抗病毒的不同成分或抗原决定簇），亲和力不同（高低可相差上万倍），抗体类别及亚类不同（IgG1、IgG2a、IgG2b、IgG3 及 IgM），以及其他功能特性（如中和活性、血凝抑制活性等）也不同的多种抗体，这是因为人们无法将体内已受抗原刺激的各种不同的 B 淋巴细胞克隆区分开来，即使在体外能将它们分成单细胞，也无法让它们持续生长并分泌抗体，因此用常规方法制备的免疫血清抗体只能是由许多B淋巴细胞克隆所产生的非均质性抗体，也称多克隆抗体（PcAb）。

每个B淋巴细胞有合成一种抗体的遗传基因，而动物脾脏有上百万种不同的B淋巴细胞系，含遗传基因不同的B淋巴细胞就会合成不同的抗体。当机体受抗原刺激时，抗原分子上的许多决定簇分别激活各个具有不同基因的B细胞。被激活的B细胞分裂增殖形成该细胞的子孙，即克隆由许多个被激活B细胞的分裂增殖形成多克隆，并合成多种抗体。如果能选出一个制造一种专一抗体的细胞进行培养，就可得到由单细胞经分裂增殖而形成的细胞群，即单克隆。单克隆细胞将合成一种决定簇的抗体，称为单克隆抗体。

1975年，Kohler和Milstein在用细胞杂交技术进行的免疫学研究中，将已适应于体外培养的小鼠骨髓瘤细胞与绵羊红细胞免疫的小鼠脾细胞进行融合，发现融合形成的杂交瘤细胞具有双亲细胞的特征，既像骨髓瘤细胞一样在体外培养中能无限地快速增殖，又能持续地分泌特异性抗体，通过克隆化可使杂交瘤细胞成为纯一的单克隆系，由此单克隆系就能获得结构与各种特性完全相同的高纯度抗体，即McAb（图6-1）。

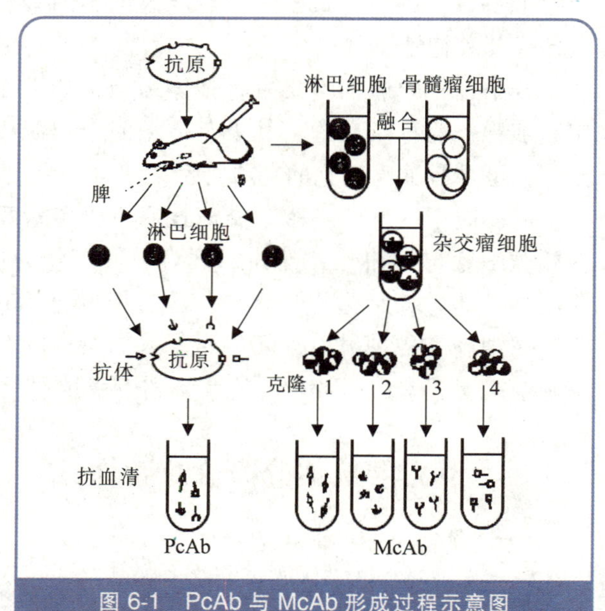

图6-1 PcAb与McAb形成过程示意图

（二）McAb的主要特点

与PcAb相比，McAb主要具有以下3个显著特点。

（1）高度均质性：如前所述，McAb是由起始于一个B淋巴细胞的单克隆系所分泌的，因此是一种每个抗体分子的结构（包括氨基酸排列顺序和空间构型）都相同的均质抗体，而不是可随每个免疫动物的不同，甚至随同一动物的不同次采血而不同的非均质性抗体。

（2）高度特异性：McAb只专一地针对抗原分子上单个抗原决定簇起反应，一般不发生交叉反应。

（3）来源稳定，可大量生产：当得到稳定分泌McAb的杂交瘤细胞系后，可在液氮中长期保存，需要时取出复苏，既可在体外培养中制备McAb，也可将杂交瘤细胞注入同系小鼠腹腔内，然后从荷瘤小鼠的腹水中收获大量 McAb。

McAb 与 PcAb 的特点比较见表 6-1。

表 6-1 McAb 与 PcAb 的特点比较

特点	PcAb	McAb	
		培养上清液	腹水
抗体产生细胞	多克隆性	单克隆性	
对免疫原纯度的要求	用不同抗原免疫时，所得抗体不纯	可用相对不纯的抗原获得纯抗体	
供应量	有限	基本上无限	
有效抗体 /（mg/mL）	0.1~1	0.010~0.050	1~5
无关抗体 /（mg/mL）	10~15	原则上没有	0.5~1
其他血清蛋白	存在	没有或只有小牛血清	少量存在
均质性	不均一，为多种不同特性不同结构抗体的混合物	均一，抗体特性及结构完全相同	
特性	较高，能与抗原上多个决定簇结合	高，只针对抗原的某决定簇	
交叉反应	能与带有共同抗原决定簇的抗原起反应	一般无交叉反应	
稳定性	较好	相对较差（对 pH 变化敏感，对热不稳定，提纯过程中易	
重复性及标准化	从不同动物、不同批次所得抗体均不一样，难以标准化	各批基本一样，容易标准化	
沉淀反应	有（因与多价抗原结合易形成网状结构）	大多无（因与抗原结合后只产生二聚体，不能直接形成抗原抗体沉淀物）	
用于常规免疫学检验	可用	需选择（或组合）应用	

四、单克隆抗体产生的原理

要制备单克隆抗体需先获得能合成专一性抗体的单克隆 B 淋巴细胞，但这种 B 淋巴细胞不能在体外生长。而实验发现骨髓瘤细胞可在体外生长繁殖，应用细胞杂交技术使骨髓瘤细胞与免疫的淋巴细胞两者合二为一，得到杂种的骨髓瘤细胞。这种杂种细胞继承两种亲代细胞的特性。它既具有 B 淋巴细胞合成专一抗体的特性，也有骨髓瘤细胞能在体外培养增殖永存的特性，用这种来源于单个融合细胞培养增殖的细胞群，可制备抗一种抗原决定簇的特异单克隆抗体。其制备原理见示意图 6-2。

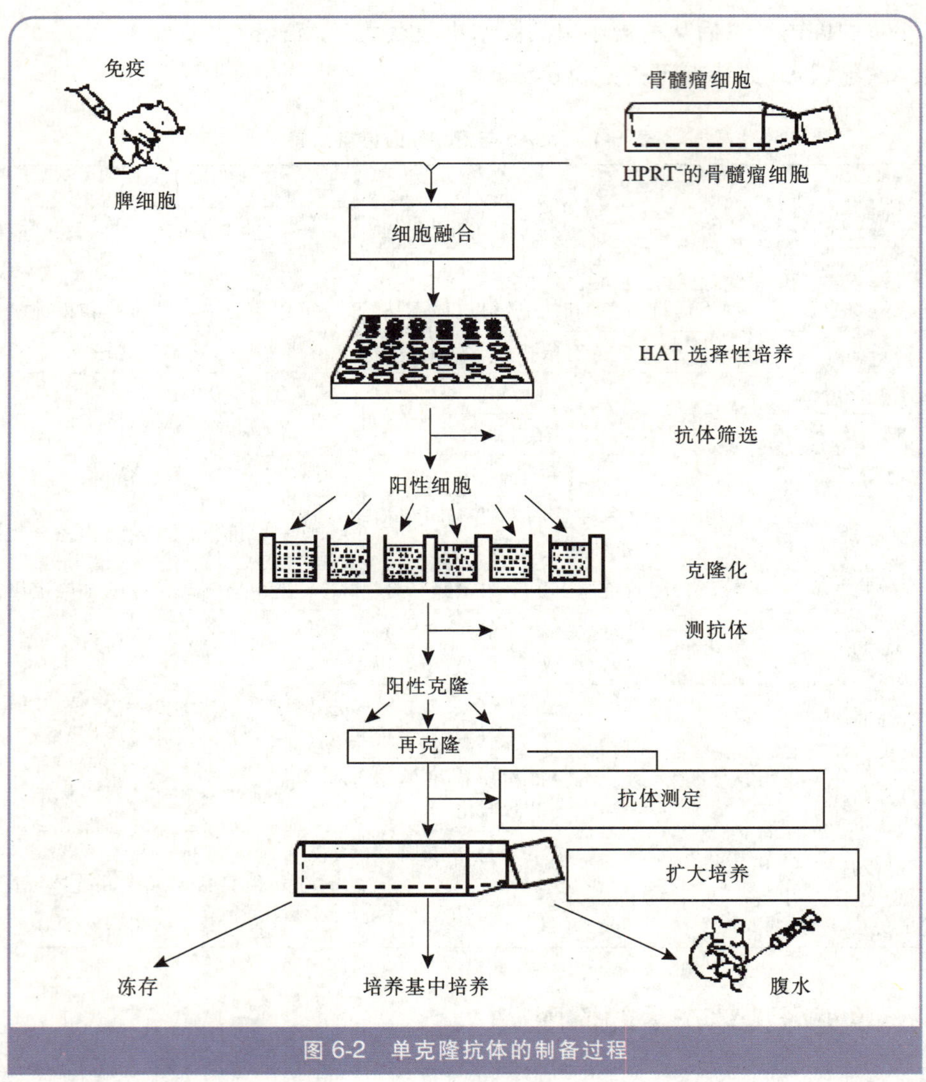

图 6-2　单克隆抗体的制备过程

思考题

1. 名词解释：杂交瘤、单克隆抗体。
2. 试述单克隆抗体的生产原理。
3. McAb 有何特点？

第二节 动物免疫

▶资料单

【知识目标】

- 了解抗原纯度对 McAb 生产的影响。
- 掌握制作 McAb 时对免疫动物的选择。
- 了解制作 McAb 时的免疫方法。
- 掌握制作 McAb 时的免疫程序。

【教学内容】

一、抗原的纯度问题

在制备 McAb 的过程中，免疫动物和筛选检测 McAb 均需用特异性抗原。这两者所用的抗原可以是同一纯度的抗原，也可是纯度不同的抗原。就免疫动物来说，抗原是否应纯化以及纯化到何种程度并不是绝对的，主要应根据抗原的来源、性质（包括免疫原性）、混杂物的多少及性质（也包括免疫原性），以及希望获得什么性质的 McAb（即研究目的、范围）等来决定。一般来说，如果抗原来源有限，或性质不稳定、纯化时容易失活，或抗原的免疫原性很强，或获得 McAb 的目的是进行特异性抗原不同组分的纯化或分析等，免疫用的抗原就只需经过初步纯化甚至不纯化。反之，如果抗原中混杂物很多，特别是如果这些混杂物的免疫原性较强时，则必须对抗原进行纯化，因为这些混杂的成分一方面可减低或干扰特异性抗原成分的免疫应答，另一方面这些混杂物所刺激产生的相应抗体也会影响特异性抗体的检测和增加筛选工作量。至于筛选检测 McAb 时所用抗原的种类和纯度，则主要取决于所用检测方法的种类及其特异性和敏感性。

二、免疫动物的选择

采用什么品系的动物进行免疫，主要取决于用来融合的骨髓瘤细胞系。一般应采用与骨髓瘤供体同一品系的动物，因为免疫动物品系（脾细胞供体）和骨髓瘤细胞在种系发生上距离越远，则产生的杂交瘤越不稳定。由于目前常用的骨髓瘤细胞系多来自 BALB/c 小鼠和 Lou 大鼠，因此免疫动物也多采用相应的品系，特别是 BALB/c 小鼠的应用最为普遍。另外在选择动物时，还应考虑到动物品系对所用抗原免疫应答程度的影响。如果 BALB/c 小鼠对所用抗原不能产生良好的免疫应答时，则应改用其他品系（如 c57BL/6 或 N-EB）小鼠或大鼠。如果免疫鼠与用于融合的骨髓瘤细胞品系不同，则获得的杂交瘤不仅不稳定，而且不能在该种鼠体内诱生腹水，只能在其杂交的 F_1 鼠或裸鼠体内诱生腹水，从而给这类 McAb 的产生带来困难。

免疫通常采用雌性鼠，以 8~12 周龄为宜。

三、免疫

免疫的目的是使 B 淋巴细胞在抗原刺激下分化、增殖，有利于细胞融合形成杂交细胞，并增加获得分泌特异性抗体的杂交瘤的频率。因此免疫的效果如何是关系到细胞融合成败，以至于是否能获得特异性 McAb 的重要环节之一。在设计免疫方案时，抗原的性质和纯度、抗原量、免疫的途径、次数及间隔时间、佐剂的应用及动物对该抗原的免疫应答等都应该考虑进去。迄今还没有（也不可能有）哪一种免疫方案能适用于各种抗原。现用的方法以经验为主，多是参考制备相应多克隆抗体的免疫方案。

（一）常用的体内免疫方案

一般来说，免疫所用的抗原量主要取决于该抗原的免疫原性。细胞、细菌和病毒等颗粒性抗原一般具有较强的免疫原性，可不加佐剂。例如可直接经腹腔注射 $(1\sim2)\times10^7$ 个细胞进行初次免疫，间隔 1~3 周后，再取同量细胞经腹腔或静脉追加免疫。而一些可溶性的蛋白质抗原在免疫时则需加用佐剂。一般可按每只小鼠 10~100 μ g 抗原的剂量与福氏完全佐剂等量混匀，注射于小鼠的腹部或颈背部皮下（多点）或腹腔内，间隔 2~4 周后，取同量抗原加不完全佐剂或不加佐剂同上法注射一次，再经 4 周以上的间隔时间后，取同量抗原不加佐剂经静脉或腹腔加强免疫。

当抗原的免疫原性很弱，或可供使用的抗原很微量时，往往不易获得良好的免疫效果，这常成为 McAb 技术工作中极为棘手的问题。在这种情况下，尽量采用合理有效的免疫方法就显得十分重要。近年来，许多实验室相继摸索出一些新的免疫方法和技巧，用以提高动物对弱免疫原的免疫应答能力，同时减少抗原的使用量。这些方法种类较多，归纳起来可分为 3 类：(1) 将可溶性抗原颗粒化或固相化，以改变抗原在体内的药物动态和免疫原性。(2) 改变免疫途径和方式，如下面将要介绍的脾内免疫法，使抗原与免疫器官作用更迅速充分。(3) 使用新佐剂，特别是一些生物活性因子，以提高机体的免疫反应能力，加快抗体成熟。上述方法有的较简便，有的较烦琐，使用效果也不尽一致。

如条件许可，最好一次免疫几只小鼠，取其中 2~3 只小鼠的脾细胞混合后再与骨髓瘤细胞进行融合，以弥补单用一只小鼠脾细胞时可能出现的不足。

（二）脾内免疫法

体内免疫除常用皮下、腹腔或静脉等途径以外，近年来也有人采用脾内免疫法，即将抗原直接注入小鼠脾脏进行免疫。该法操作简便，熟练者仅需 2~3 min 即可完成全过程。具体操作步骤是：先将小鼠用乙醚麻醉，右侧卧位置于台面，暴露左肋部及部分脊背部。用碘酒、酒精消毒后，无菌操作剪开皮肤，透过腹膜可清楚地看到脾脏。取已吸有抗原的注射器（装 4 号针头），沿脾脏纵轴方向由一端刺入，直至另一端。注意应使针头尽量在脾脏深部，切勿穿透。然后边出针，边注入抗原（0.1~0.2 mL），至出口处稍停片刻，以防抗原渗出。注射完毕后可将切口缝合，也可不缝合，而在切口上缘皮毛上涂抹少许医用粘合剂或万能胶水，然后用上缘皮毛紧密覆盖切口，与下缘皮毛粘合。此法安全可靠，很少发生免疫后小鼠死亡或感染。

采用脾内免疫法可提高小鼠对抗原的免疫反应性，节省抗原的用量，通常只需 10 μg 左右的蛋白质抗原或 $(1\sim2)\times10^5$ 个细胞，一般免疫后 3 d 就可取脾细胞进行融合。有人认为采用此法一次免疫就可在脾内产生大量的特异性 B 淋巴细胞，从而提高细胞融合率。但也有人认为单用一次脾内免疫法的效果并不一定好，如条件允许，还是应以其他途径进行免疫，而以脾内免疫作为融合前的追加免疫为好。

（三）何时取免疫脾细胞进行融合

根据一些实验观察结果来看，处于分化、增殖中的 B 淋巴细胞最易与骨髓瘤细胞融合。例如 Paslay 等用 LPS 刺激脾脏中的 B 细胞，以 ^{3}H 胸腺嘧啶核苷作为标记物，在不同时间（培养 24~120 h 之间）取脾细胞与骨髓瘤细胞融合，结果表明杂交瘤细胞的最高形成率在 48~72 h 之间，与淋巴细胞最大的有丝分裂活性相一致，在形态学上表现为淋巴细胞的母细胞化。他们还用绵羊红细胞经腹腔免疫小鼠，然后在不同时期检测小鼠血清中特异性抗体滴度，并取脾细胞与骨髓瘤细胞融合，同时测定空斑形成细胞（PFC）数，以观察 PFC 数与杂交瘤形成率之间的关系，以及初次免疫应答和再次免疫应答反应中形成的杂交瘤和 PFC 分泌的 Ig 的类别。结果表明初次免疫应答和再次免疫应答反应中形成的 PFC 反应高峰分别为第 5~7 d 和第 23~26 d，而特异性杂交瘤的形成高峰分别为第 4 d 和第 22 d，即最高的杂交瘤的形成率是在 PFC 反应的高峰之前，与淋巴细胞最大的增殖期相一致；而且在初次免疫应答时获得的杂交瘤主要分泌 IgM

型抗体，再次免疫应答时获得的杂交瘤则主要分泌 IgG 型抗体，这与在初次免疫和再次免疫时 PFC 由 IgM 型向 IgG 型变化的规律一样。其他学者也得到类似的观察结果，即阳性杂交瘤出现的高峰与小鼠血清抗体的滴度并无明显的平行关系，而多在血清抗体高峰之前。所以就融合能力来说，已完全分化的浆细胞远比分裂中的浆母细胞为差。因此，为达到最高的杂交瘤形成率并不一定要求有最高的抗体滴度，但却需要有尽可能多的浆母细胞。根据上述情况，目前绝大多数人都认为，以最后一次加强免疫后第三天取脾进行融合为好。

（四）体外免疫

前述皮下、腹腔、静脉等免疫方法均为体内免疫法，对于那些免疫原性较强，来源也较充分的抗原是适用的，而对于免疫原性很弱或能引起动物机体发生免疫抑制的抗原就不适用了。另外体内免疫法几乎不大可能用于人体，因此，近年来人们用体外免疫法来克服上述困难，取得了相当理想的效果。

所谓体外免疫就是将正常动物或人的脾细胞（或淋巴结细胞、外周血淋巴细胞）取出体外，在一定条件下与抗原共同培养，然后再与骨髓瘤细胞进行融合，目前这种方法已成功地用于多种抗原的 McAb 的生产。其基本方法（以小鼠为例）是，取 4~8 周龄 BALB/c 小鼠的脾脏，制成单细胞悬液，用无血清培养液离心洗涤 2 次，然后悬于含 10%胎牛或小牛血清的培养液中，再加入适量抗原（参考剂量：可溶性抗原 0.5~5 μg/mL，细胞抗原浓度 10^5~10^6 个 /mL）和一定量的 BALB/c 小鼠胸腺细胞培养上清液，在 37℃、5% CO_2 浓度下培养 3~5 d 后，再分离脾细胞与骨髓瘤细胞融合。

体外免疫法的机理尚不完全清楚，应用小鼠胸腺细胞培养上清液主要是提供一些 T 淋巴细胞因子和单核细胞因子，以刺激 B 细胞在体外的免疫应答。曾有人建立了一个控制 B 细胞产生抗体的实验模型，当 B 细胞仅仅与抗原相作用时，未能产生抗体，而当 B 细胞与抗原以及来自 T 细胞的一些可溶性因子共同作用时，则可产生特异性抗体，体外免疫法就是据此而建立的。此外，LPS 也可刺激 B 细胞的生长和抗体分泌，将其作为体外免疫增强剂可以增加获得分泌 McAb 的杂交瘤的机会。

体外免疫法具有下列用途和优点：①适用于难以或不能采用体内免疫的场合，例如制备 McAb 时的免疫。②适用于那些免疫原性很弱或可引起免疫抑制的抗原，例如一些“自身”抗原在采用体内免疫时由于免疫抑制、耐受等而不能产生相应抗体，若采用体外免疫法便可获得较好效果。③所需抗原量极少，一般只需几微克。④免疫期短，一般只需 4~5 d。⑤免疫过程中的抗原性质十分明确，抗原量恒定，影响免疫效果的因素较少。

就用于融合的免疫细胞种类来说，无论是体内免疫还是体外免疫，脾细胞都优于淋巴结细胞，而淋巴结细胞又优于外周血淋巴细胞。对人淋巴细胞进行体外免疫要比鼠淋巴细胞更困难，因为人淋巴细胞主要采自外周血，而外周血中抑制性 T 细胞的数量远较 B 细胞为多，并且 B 细胞基本上都处于非激活状态。

技能单　动物免疫技术

【能力目标】

- 掌握制作单克隆抗体前免疫程序的确定。
- 掌握动物免疫技术。

【实验器材】

BALB/c 小鼠、乳化器、注射器、福氏完全佐剂、福氏不完全佐剂。

【实验内容及操作步骤】

一、颗粒性抗原的免疫方法

该法免疫性较强，不加佐剂就可获得很好的免疫效果。下面是以细胞性抗原为例的免疫方案：

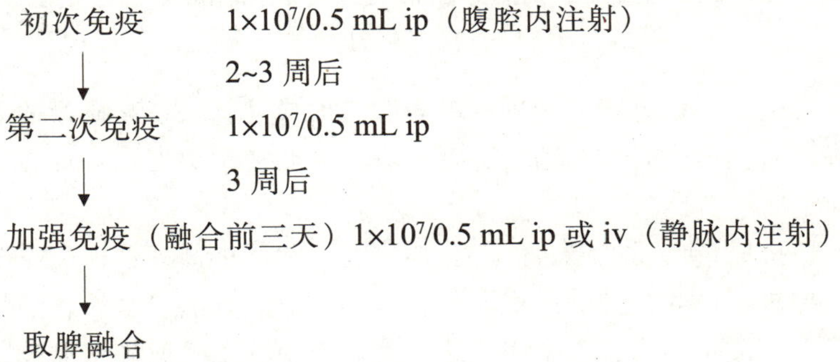

二、可溶性抗原的免疫方法

（1）将 Ag 和福氏佐剂加入注射器：取 0.5 mL Ag（为 5 只小鼠的 Ag 总量，每只 1~50 μg）加入注射器中，再加入 0.5 mL 福氏佐剂。

（2）乳化：在高速搅拌下使注射器中的 Ag 和福氏完全佐剂充分乳化呈黏稠乳白色。

（3）免疫：保定小鼠，每只 0.2 mL，腹部皮下多点注射。

（4）可溶性抗原的免疫程序（图 6-3）。

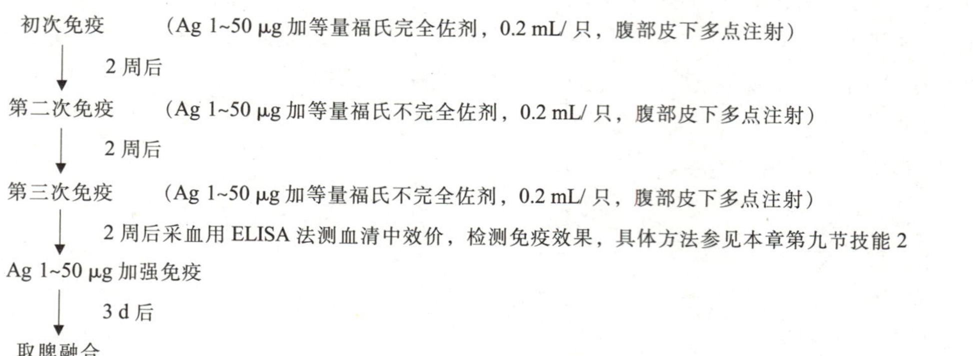

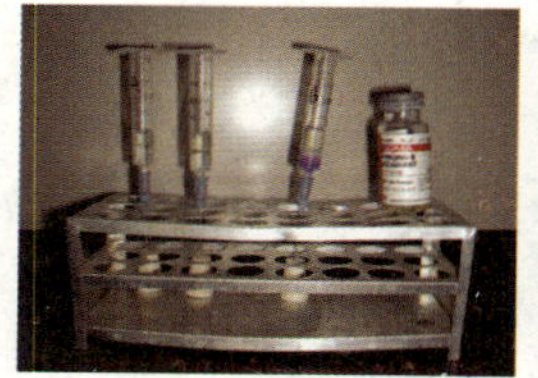
1. 抗原与福氏佐剂等量混合

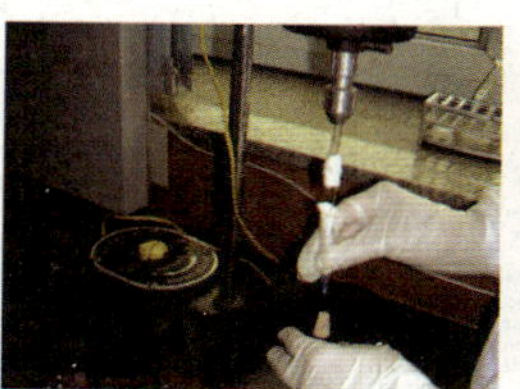
2. 高速旋转充分乳化

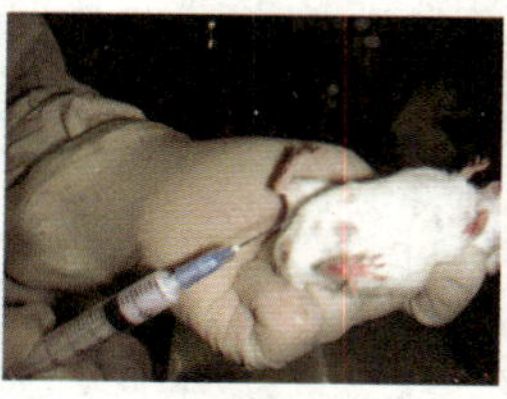
3. 腹部皮下注射

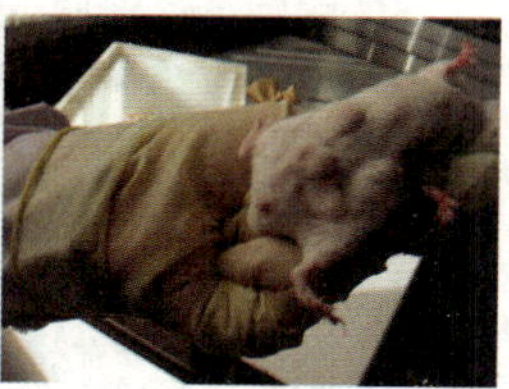
4. 在皮下形成鼓包

图 6-3　免疫流程图

【说明】

（1）选择合适的免疫方案对于细胞融合杂交的成功，获得高质量的 McAb 至关重要。一般要在融合前两个月左右确立免疫方案，开始初次免疫。免疫方案应根据抗原的特性不同而定。

（2）可溶性抗原免疫原性弱，一般要加佐剂，常用佐剂有：福氏完全佐剂、福氏不完全佐剂。要求抗原和佐剂等体积混合在一起，研磨成油包水的乳糜状，放一滴在水面上不易马上扩散呈小滴状，表明已达到油包水的状态。商品化福氏完全佐剂在使用前须振摇，使沉淀的分枝杆菌充分混匀。

（3）目前，用于可溶性抗原（特别是一些弱抗原）的免疫方案也不断有所更新，如：①将可溶性抗原颗粒化或固相化，一方面增强了抗原的免疫原性，另一方面可降低抗原的使用量。②改变抗原注入的途径，基础免疫可直接采用脾内注射。③使用细胞因子作为佐剂，提高机体的免疫应答水平，促进免疫细胞对抗原的反应性。

（4）当无高速旋转乳化器时，可将抗原与福氏佐剂等量混匀，充分振摇乳化；或将两注射器用胶皮管连接，将两液来回推注充分乳化。对于乳化效果的检验，可将注射器倒置以液体不往下流为度；也可滴一滴于水中，以油滴不散开为度。

第三节　骨髓瘤细胞的准备

▶资料单

【知识目标】

- 了解骨髓瘤细胞的种类。
- 掌握骨髓瘤细胞系的选择方法。
- 掌握骨髓瘤细胞培养时的注意事项。
- 掌握在制作 McAb 时血清筛选的意义及方法。

【教学内容】

在 B 淋巴细胞杂交瘤技术中，主要使用多发性骨髓瘤细胞系作为亲代细胞之一。这类细胞是由某种抗体合成细胞的克隆演变而成的肿瘤细胞。骨髓瘤除可自发外，也可在实验室用人工方法诱发。

一、骨髓瘤细胞系的种类

1. 小鼠和大鼠骨髓瘤细胞系

Sachs 最先用矿物油注入 BALB/c 小鼠腹腔，诱发出分泌 IgG1 和 K 轻链的骨髓瘤，命名为 MOPC21，许多新的骨髓瘤细胞系均由此派生。Honibata 等将 MOPC21 适应于组织培养后重新命名为 P3-X63。1975 年 Kohler 和 Milstein 从该细胞系诱导出一株耐受 8- 氮杂鸟嘌呤，适用于细胞融合的变异株，命名为 P3-X63-Ag8（简称 X63）。耐受 8- 氮杂鸟嘌呤的细胞是一种缺乏次黄嘌呤鸟嘌呤磷酸核糖转移酶（Hypoxanthine-guaniue phosphoribosyl transferase，HGPRT）的细胞，在 HAT 选择性培养液中不能生长。随后他们用此株细胞系获得了世界上第一株分泌特异性 McAb 的杂交瘤。随后 Scharff 等从一株分泌 IgG2b 和 K 轻链的小鼠浆细胞瘤中分离到一株与上述类似的变异株（只不过它耐受的是 6- 巯基嘌呤），命名为 MOPC11-X45-6TG。上述两株骨髓瘤细胞系曾被许多实验室采用，但由于它们都合成和分泌自身的 IgG 和 K 轻链，因此其与脾细胞融合后形成的杂交瘤也就同时分泌来源于脾细胞的特异性抗体、来源于瘤细胞的 IgG 以及有瘤细胞合成的 K 轻链掺入的异源性抗体。这样的抗体显然不纯，平均每 16 个抗体分子中才有一个完全来自脾细胞。1976 年，Milstein 的实验室又从 X63 中分离出一株变异株，命名为 P3-NS-1-Ag4（简称 NS-1）。该细胞不产生 Y1 重链（即不合成 IgG1）但仍能合成 K 轻链。如果 NS-1 和脾细胞这两种亲代细胞合成轻链的速率相同且装配是随机的话，那么其杂交瘤所分泌的抗体中，两条轻链均来自脾细胞的约占 25%，两条轻链均来自瘤细胞的约占 25%，其余 50%的抗体分子的两条轻链则分别来自脾细胞和瘤细胞，因此，用 NS-1 融合产生的杂交瘤细胞分泌的抗体中仍有一部分是异源性的，完全来自脾细胞的抗体分子只占 1/4。1978 年 Schulman 用 X63 的亚克隆与 BALB/c 小鼠的脾细胞融合，并由此诱发出一株不分泌，也不合成小鼠重链和轻链的细胞系，即 Sp2/0-Ag14（简称 Sp2/0）。其后 Kearney 也从 X63 株筛选出不合成小鼠重链和轻链的变异株，即 P3-X63-Ag8.653（简称 P3.653）。由于上述两株骨髓瘤细胞本身不合成小鼠重链和轻链，因此用其与脾细胞融合所得的杂交瘤细胞就只产生均一的、完全来自脾细胞的抗体分子。另外还有一种 FO 细胞，是 Sp2/0 细胞的一个突变株，该株细胞是从生长速度着眼选择出来的，它除了具有 Sp2/0 细胞的特性（如本身不合成 Ig）外，最显著的特征是其生长迅速，倍增时间短，只有 8.7 h（而 Sp2/0 细胞为 19~22 h），一天可分裂三次，因此称为 Fast-zero，简称 FO。

由于大鼠表达其脾细胞 Ig 的比率较小鼠为高，而且从大鼠中获得的血清和腹水较从小鼠得到的约多 20 倍，因此用大鼠系统进行融合有一定优点。目前所用于细胞融合的大鼠骨髓瘤细胞系不多，它们均来自 Lou 大鼠或 Lou 系与其他品系的杂交第一代鼠。

2. 人骨髓瘤细胞系

用鼠—鼠系统的细胞融合，所得杂交瘤的产物是鼠源性的 Ig，它对人体来说是一种异种蛋白，故多用于体外诊断和研究。为使 McAb 能用于人体内的诊断和治疗，许多学者正致力于人—人杂交瘤的研究，以期获得人源性的 McAb。制备人源性 McAb 的困难很多，其中首要的一点就是缺乏一种像小鼠骨髓瘤细胞系那样容易培养、生长迅速、本身不合成或不分泌 Ig、融合率高、融合后也比较稳定，从而能持续稳定分泌抗体的人骨髓瘤细胞系。迄今公开报道的人骨髓瘤细胞系约有十几株，其中仅少数有融合成功的报道。

3. 常用骨髓瘤细胞系

用于融合的主要骨髓瘤细胞系，见表 6-2。

二、骨髓瘤细胞系的选择

从前面的介绍可以看出，在现有的小鼠骨髓瘤细胞系中，Sp2/0 和 P3.653 本身不合成 Ig，用它们进行细胞融合所获得的杂交瘤只分泌均一的、完全来自脾细胞的抗体分子，因此这两者是目前较理想的可供融合用的骨髓瘤细胞。特别是 Sp2/0 细胞，还具有

表 6-2　用于融合的主要骨髓瘤细胞系

名称	来源	耐受药物	Ig 链	
			H	L
P3/X63-Ag8（X63）	BALB/C 骨髓瘤	8- 氮鸟嘌呤	r1	K
P3/X63-Ag8.653（X63-Ag8.653）	P3/X63-Ag8	8- 氮鸟嘌呤	–	–
P3/NSI-1-Ag4-1（NS-1）	P3/X63-Ag8	8- 氮鸟嘌呤	–	K
P3/X63-Ag8.UI（P3C）	（X63×BALB/C 脾细胞）杂交瘤	8- 氮鸟嘌呤	–	–
SP2/0-Ag14（SP2/0）	（X63×BALB/C 脾细胞）杂交瘤	8- 氮鸟嘌呤	–	–
FO	BALB/C 骨髓瘤	8- 氮鸟嘌呤	–	–
S194/5.XXO.BU.1	P3/X63-Ag8	5- 溴脱氧尿嘧啶核苷	–	–
MPC1145.6TG1.7	BALB/C 骨髓瘤 MPC-11	6- 巯鸟嘌呤	r2b	K
210.RCY3.Ag1.2.3	Lou 大鼠骨髓瘤 MPC-11	8- 氮鸟嘌呤	–	K
GM15006TG-A12	人骨髓瘤 GM1500	6- 巯鸟嘌呤	r1	K
U-266AR	人骨髓瘤 U-266	8- 氮鸟嘌呤	ε	λ

容易培养融合率高等特点，被国内外各实验室广泛采用。

在选用骨髓瘤细胞时应注意，引自不同实验室，甚至来自同一实验室的不同时期的同一种骨髓瘤细胞系，其特性（如对某一批号血清的适应性、细胞形态、贴壁性能，生长速度及融合率等）可能不同，甚至相差很大。因此在引进、培养、冻存及输出骨髓瘤细胞时均应做详细记录。在初次制备杂交瘤时，最好能同时用不同系或同系但不同来源的几株骨髓瘤细胞分别进行融合，从中选出融合率最高的骨髓瘤细胞系再扩大培养后冻存备用。

小鼠骨髓瘤细胞系可用于种内和种间的杂交。如 X63 细胞已用于与同系和同种异体小鼠脾细胞以及大鼠脾细胞的融合，且融合率较高。但小鼠骨髓瘤细胞与兔、人淋巴细胞的融合率却很低，而且所得杂交瘤分泌 Ig 也不稳定，可能是因为种间杂交优先丢失非小鼠的染色体所致。另外，这类杂交瘤不能诱发小鼠产生腹水，只能在经过特殊处理的动物或裸鼠体内生长并诱发腹水。

三、骨髓瘤细胞的培养

无论采用哪种骨髓瘤细胞系，其细胞必须处于良好的生理状态，才有可能获得满意的细胞融合效果，为此应注意以下几点。

1. 选择对数生长期的细胞进行融合

一般认为，处于相似分化期的两个亲代细胞易于融合。前面曾经说过免疫脾细胞中参与融合的主要是处于分化、增殖状态中的浆母细胞，因此骨髓瘤细胞也必须是处于分裂活跃的对数生长期。

培养骨髓瘤细胞的培养液一般都含10%~20%的胎牛或小牛血清（平常的传代培养可用含10%小牛血清的培养液，而融合前的扩大培养则最好用含20%小牛血清的培养液）。在此培养液中，根据骨髓瘤细胞系的不同或来源的不同，细胞可能呈轻度贴壁或半贴壁、半悬浮生长。一般认为，如细胞浓度低于10^4个/mL时，细胞生长较慢，而在10^4~10^8个/mL时，细胞呈对数生长，此时细胞浑圆透亮、大小均一，排列整齐，呈半致密分布。当细胞密度超过10^6个/mL时，细胞分裂逐渐停止。因此一般在细胞处于对数生长中期时，为（1~5）×10^5个/mL，即可按1:5~1:10的比例进行稀释传代。然后视细胞的生长情况每2~3 d传代一次或进行扩大培养，并选处于生长旺盛、形态良好的对数生长期细胞供融合用。

有人认为若骨髓瘤细胞的活细胞数低于98%~99%时，融合成功的希望很小，并认为用台盼蓝染色的活细胞计数不很准确，而应该用吖啶橙和溴乙铵（Ethidium bromide）检测。但实际上，目前绝大多数人仍相信台盼蓝染色这一最简便方法计数活细胞的结果，并且，国内外许多实验室都已证明，只要骨髓瘤细胞的活细胞数达90%~95%以上，就可获得满意的细胞融合结果。

2. 定期用8–氮杂鸟嘌呤处理细胞，避免细胞返祖

在骨髓瘤细胞的传代培养过程中，有部分细胞可能出现返祖现象，如缺乏HGPRT酶的细胞株发生逆转，从而对HAT选择性培养基不再敏感。因此应定期或在细胞融合前的扩大培养过程中，用20 μg/mL的8-氮杂鸟嘌呤来处理骨髓瘤细胞，使其对HAT呈均一的敏感性，从而有利于获得真正的杂交瘤。

3. 不宜长期传代培养

长期的传代培养可能引起细胞返祖或其他变异，也容易发生支原体污染，从而使细胞融合失败或影响以后McAb的使用。因此不宜将骨髓瘤细胞在培养液中长期传代培养，而应根据细胞融合的结果来决定细胞的取舍。如融合效果好，可将剩余的骨髓瘤细胞扩大培养后大量冻存一批，以后每次融合前再复苏该细胞并扩大培养。

4. 必要时应用活体内生长的骨髓瘤细胞进行融合

当小鼠骨髓瘤细胞融合性很差时，可先将其接种到BALB/c小鼠体内，使之产生实体瘤，然后再分离出单个细胞悬液进行细胞融合。具体做法是取体外培养的骨髓瘤细胞皮下注射于BALB/c小鼠背部两侧，每部位视要求的致瘤速度不同而注射5×10^5~5×10^6个细胞，待肿瘤增生长至直径达2~3 cm时，即可用无菌法摘除肿瘤，用剪刀剪成小块，再用注射器内芯或玻璃棒研磨、挤压出肿瘤细胞。细胞经洗涤液洗涤一次后，加入比重为1.077的淋巴细胞分层液，2 000 r/min离心15 min，收集界面层的骨髓瘤细胞，洗涤二次后即可用于融合。如不立即进行细胞融合，则可按常规方法进行体外培养，一周内仍可用于融合。上述带瘤小鼠一般可存活1~2周，可以根据需要注射不同剂量的骨髓瘤细胞，以控制肿瘤的生长速度，使适应融合的需要。采用实体瘤细胞进行融合的最大优点是融合成功率高。该法提高融合成功率的机制，主要是去除了支原体的污染，其次是经过活体内的骨髓瘤细胞活性好。因此该法特别适用于细胞培养条件较差或因支原体污染造成细胞融合失败的场合。

四、血清的筛选

与一般的细胞培养工作一样，在制备杂交瘤 McAb 的整个过程中，必须在培养液中加入一定量的血清成分。所不同的是，杂交瘤实验所需的血清量大（一般来说，骨髓瘤细胞及已稳定的杂交瘤细胞的日常传代培养，可用含 10%血清的培养液，而融合前骨髓瘤细胞的扩大培养、细胞融合及克隆化等则需用含 20%血清的培养液），而且血清质量要求高。目前国外均采用胎牛血清，但价格昂贵，来源困难，因此国内多采用新生（出生后 24 h 以内、未吸奶）的小牛血清。无论是胎牛还是小牛血清，批与批之间的质量相差都很大。特别是小牛血清，有的只能适应少数几种传代细胞的培养，有的虽能培养多种传代及原代细胞，但却不能适应骨髓瘤或杂交瘤细胞的培养。因此，无论是购置的还是自采的血清都必须逐批进行认真鉴定，这是杂交瘤实验中重要的准备工作之一。

血清在使用前须经 56℃加热处理 30 min，这样不仅可使补体灭活，对残留的少量支原体也有一定灭活作用。除要求无细菌和支原体污染、无明显溶血外，还必须用骨髓瘤细胞或杂交瘤细胞进行筛选。

（一）细胞培养法筛选血清

取不同批号的血清配制 20%的培养液，分瓶培养同一株骨髓瘤或杂交瘤细胞，注意每瓶的细胞数必须相同。先用 20%浓度血清传三代，若细胞生长良好，则将血清浓度降为 10%继续传代，若仍生长良好，再将血清浓度降至 5%~8%继续传代。由此即可确定所试血清是否可用于骨髓瘤或杂交瘤细胞的培养及其所需的最低浓度。

对经过细胞培养法筛选出的可用血清，再以克隆化法筛选（本法亦可与细胞培养法同时进行），以确定最适合于细胞融合所用的血清。

（二）克隆化法筛选血清

取被试血清配制 20%的培养液，分别对同一株骨髓瘤或杂交瘤细胞以有限稀释法进行克隆化（方法见本章第八节技能单 1），使每孔含 1~2 个细胞（可不加饲养细胞），5~7 d 在倒置显微镜下观察细胞克隆生长情况。一般优质血清可使 70%以上的孔长出克隆，且克隆生长迅速，细胞圆亮，胞浆丰满。

筛选出的血清进行适量分装后，冻存于-20℃备用。在杂交瘤实验的全过程中（至少到克隆化结束这一步），最好选用同一批号的血清。经常更换不同批号（特别是质量相差较大）的血清是影响实验结果的重要原因之一。

▶技能单　骨髓瘤细胞的复苏及培养观察

【能力目标】

- 掌握骨髓瘤细胞的复苏培养方法。
- 学会对骨髓瘤细胞的形态观察。

【实验器材】

冻存的骨髓瘤细胞、灭菌细胞培养瓶、细胞培养液、吸管、吸尔球、离心机、离心管、超净工作台、CO_2 培养箱、倒置显微镜。

【实验内容及操作步骤】

骨髓瘤细胞复苏流程见图 6-4。

（1）从液氮罐中取出骨髓瘤细胞冻存管，放入 37℃水浴锅中至完全融化。

（2）1 000 r/min 离心 3~5 min。

（3）倒弃上清液，用营养液将下沉的细胞吹散悬浮后加入有适量营养液的细胞培养瓶中，置 5% CO_2、37℃孵箱培养。

（4）次日观察骨髓瘤细胞的生长情况，如为圆形、透亮、呈轻微贴壁生长，则说明骨髓瘤细胞生长良好，如发现有些细胞发暗，漂浮于液体中，则可以换液，弃去漂浮的死亡细胞，此时存活的细胞大部分可贴壁生长并增殖。培养 3~5 d 后进行细胞的传代、扩大培养。

【注意事项】

（1）骨髓瘤细胞系应和免疫动物属于同一品系，这样杂交融合率高，也便于接种杂交瘤细胞在同一品系小鼠腹腔内产生大量 McAb。

（2）骨髓瘤细胞的培养适合于一般的培养液，如 RPMI-1640，DMEM 培养基。小牛血清的浓度一般在 10%~20%，细胞的最大密度不得超过 10^6 个 /mL，一般扩大培养以 1:10 稀释传代，每 3~5d 传代一次。细胞的倍增时间为 16~20 h，上述骨髓瘤细胞系均为悬浮或轻微贴壁生长，只用弯头滴管轻轻吹打即可悬起细胞。

（3）一般在准备融合前的两周就应开始复苏骨髓瘤细胞，为确保该细胞对 HAT 的敏感性，每 3~6 个月应用 8- 氮杂鸟嘌呤（8-AG）筛选一次，以防止细胞的突变返祖。

（4）保证骨髓瘤细胞处于对数生长期的良好形态，活细胞计数高于 95%，也是决定

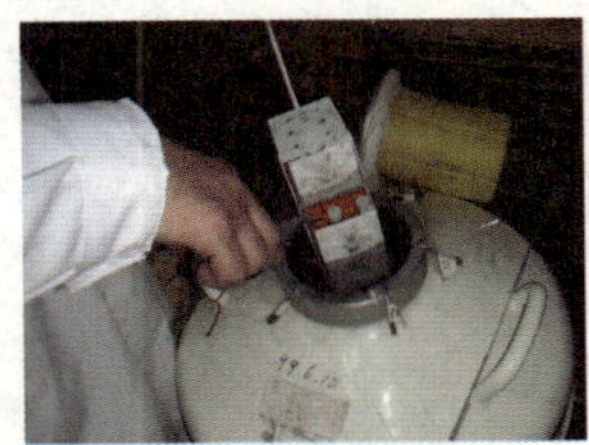
1. 从液氮罐中取出骨髓瘤细胞

2. 37℃水浴溶化

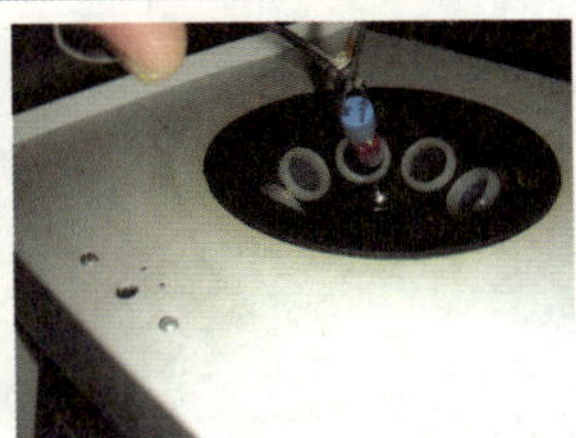
3. 1 000 r/min 离心

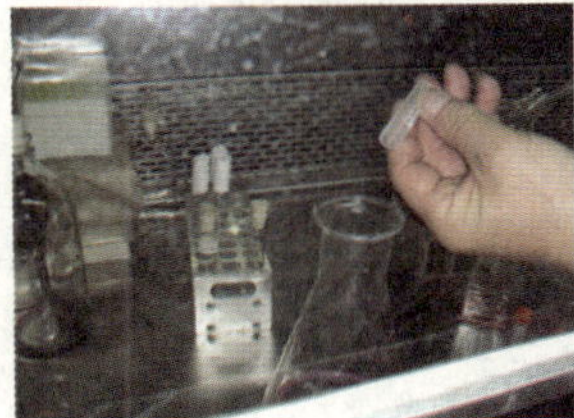
4. 弃上清液

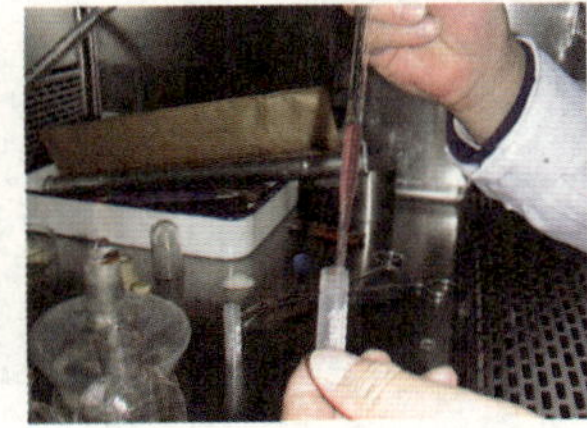
5. 用培养注液吹打细胞

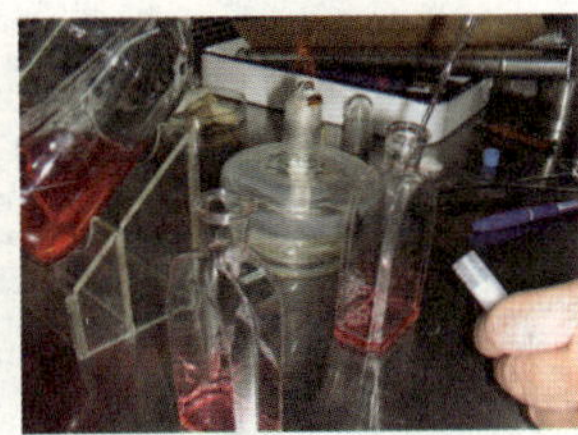
6. 吸入培养瓶中培养

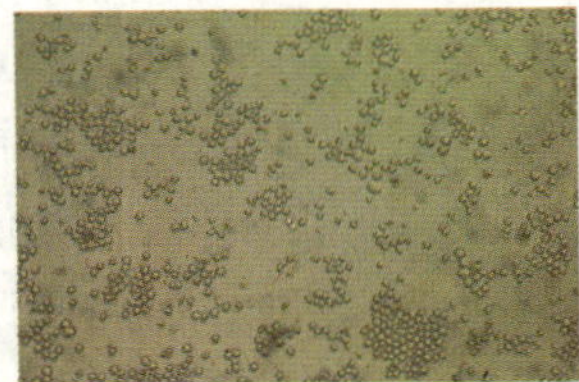
7. 刚复苏的骨髓瘤细胞

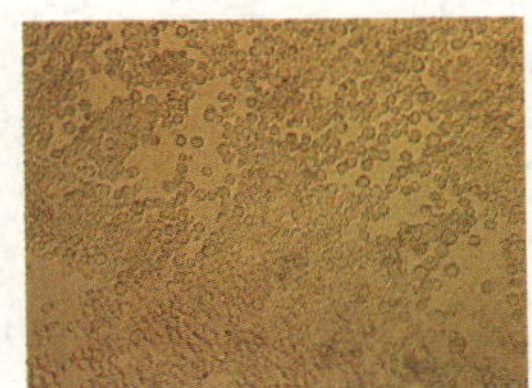
8. 培养 2 d 的骨髓瘤细胞

9. 培养 4 d 的骨髓瘤细胞

图 6-4 骨髓瘤细胞复苏流程图

细胞融合的关键。一般在细胞融合的前一天用新鲜培养基调细胞浓度为 2×10^5 个 /mL，次日一般即为对数生长期细胞。

思考题

1. 制作McAb时，常用的骨髓瘤细胞系有哪些？如何选择所用的骨髓瘤细胞系？
2. 在进行骨髓瘤细胞培养时有哪些注意事项？
3. 在制作 McAb 时，为什么要对血清进行筛选？如何筛选？
4. 试述骨髓细胞的复苏方法。

第四节　饲养细胞及其制备

▶资料单

【知识目标】

- 掌握制备饲养细胞的意义。
- 了解饲养细胞的类型。

【教学内容】

一、饲养细胞及其作用

在杂交瘤细胞的培养过程中，由于大量骨髓瘤细胞和脾细胞在HAT培养液中相继死亡，此时单个或少数分散的细胞多半不易存活，通常必须加入其他活细胞方能使之繁殖，这种被加入的活细胞就称饲养细胞（Feeding cell）。饲养细胞促进其他细胞增殖的机理尚不十分明了。一般认为可能是这类细胞在培养液中释放一种（或几种）非种属特异性的生长刺激因子，为其他细胞（如杂交瘤细胞）提供必要的生长条件，有利于细胞生长；也可能是为了满足新生杂交瘤细胞对细胞密度的依赖性，因为有的新生杂交瘤细胞不耐稀释，采用小鼠腹腔巨噬细胞作饲养细胞时，还能起到吞噬清除衰老死亡细胞与一些微生物的作用。因此，在细胞融合、杂交瘤细胞筛选及克隆化和扩大培养等过程中，均需加入饲养细胞。

二、饲养细胞的类型

可用作饲养细胞的主要有小鼠腹腔巨噬细胞、小鼠脾脏细胞或小鼠胸腺细胞、大鼠或豚鼠的腹腔细胞，也有人用小鼠成纤维细胞系3T3经放射线照射后作为饲养细胞，使用比较方便，照射后可放入液氮罐长期保存，随用随复苏。这些细胞在组织培养条件下本身都不能繁殖，尤其适用于液体培养的杂交瘤细胞。其中以小鼠腹腔巨噬细胞的来源及制备较为方便，又有吞噬清除死亡细胞及其碎片的作用，因此使用最为普遍。

一般饲养细胞在融合前一天制备，一只小鼠可获得（5~8）$\times 10^6$个腹腔巨噬细胞，若用小鼠胸腺细胞作为饲养细胞时，细胞浓度为5×10^6个/mL，小鼠脾细胞为1×10^6个/mL，小鼠的成纤维细胞（3T3）为 1×10^5 个 /mL，均为每孔 100 μL。

思考题

1. 什么叫饲养细胞？
2. 饲养细胞有什么作用？
3. 饲养细胞有哪些种类？常用的饲养细胞是什么？
4. 饲养细胞的用量和浓度各是多少？

技能单　饲养细胞制备技术

【能力目标】

- 掌握饲养细胞的制备方法。
- 观察饲养细胞的形态。

【实验器材】

（1）BALB/c 小鼠。

（2）小鼠解剖台板、无菌眼科剪刀和镊子、无菌一次性注射器（5~10 mL）、毛细管、无菌塑料离心管（或短中管）、小烧杯。

（3）倒置显微镜、血细胞计数板、96 孔培养板、CO_2 培养箱。

（4）75%的酒精及酒精棉、不完全 RPMI-1640 培养液、HAT 培养液。

【实验内容及操作步骤】

饲养细胞制备流程见图 6-5。

（1）将 BALB/c 小鼠拉颈脱臼处死。浸泡于 75%酒精或 1∶1 000 新洁尔灭溶液中消毒 3~5 min，随即放入超净工作台内，腹部朝上固定于解剖台板上。

（2）用镊子提起小鼠腹部皮肤，用剪刀剪一小口，注意切勿剪破腹膜，以免使腹腔液外流。然后用手向上下两侧方向撕拉开皮肤并固定，充分暴露腹膜。

（3）用酒精棉球擦拭腹膜消毒。

（4）用注射器吸取不完全 RPMI-1640 培养液 5~8 mL。注入小鼠腹腔，右手固定注射器，使针头留置在腹腔内，左手持酒精棉球轻轻按摩腹部 1~2 min。也可用该注射器在腹腔内反复抽吸、冲洗。

（5）用原注射器抽回腹腔内液体，注入离心管内。

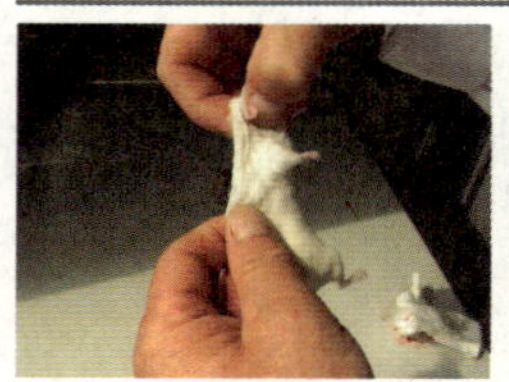
1. 断颈处死小鼠

2. 泡酒精

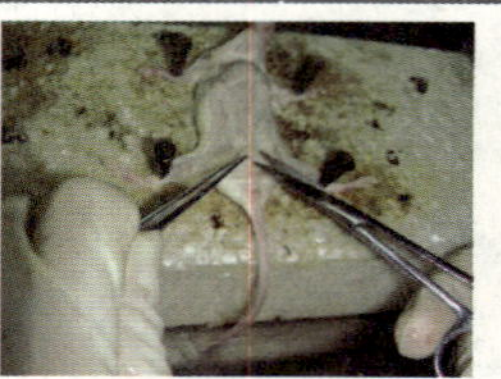
3. 仰卧保定

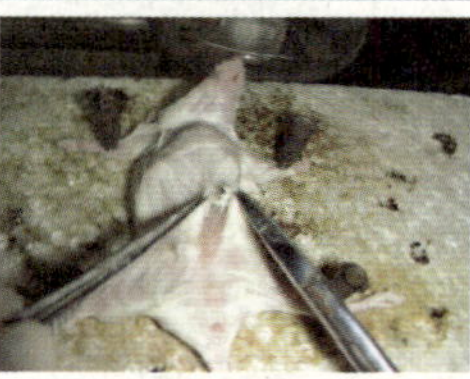
4. 在腹部皮肤剪一小口

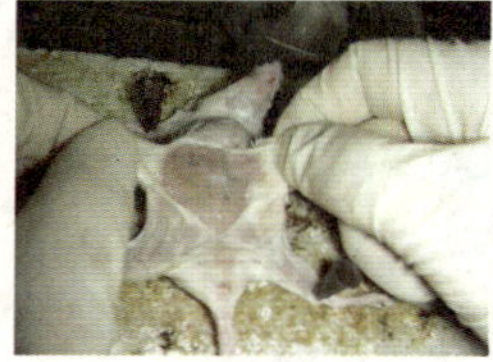
5. 用手撕开腹部皮肤

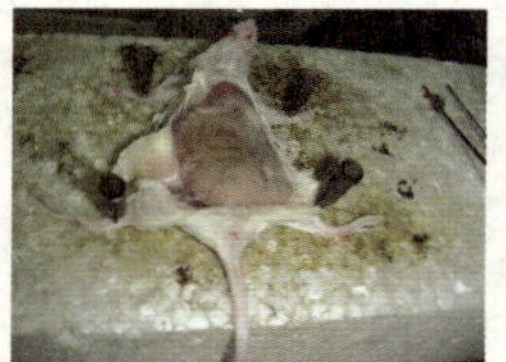
6. 将皮肤固定酒精棉消毒腹膜

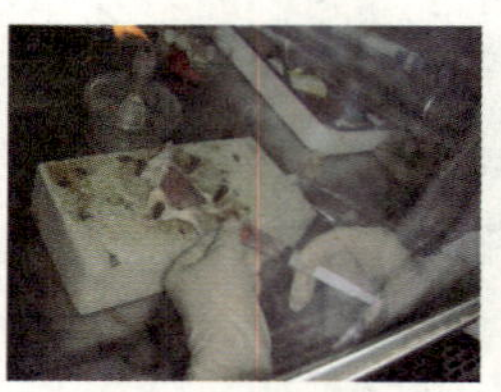
7. 抽取培养液注入小鼠腹腔

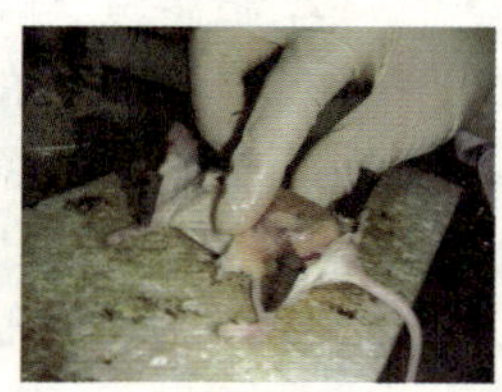
8. 用手指轻捏腹部

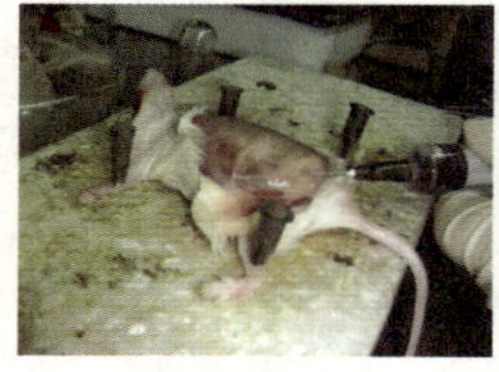
9. 回抽液体

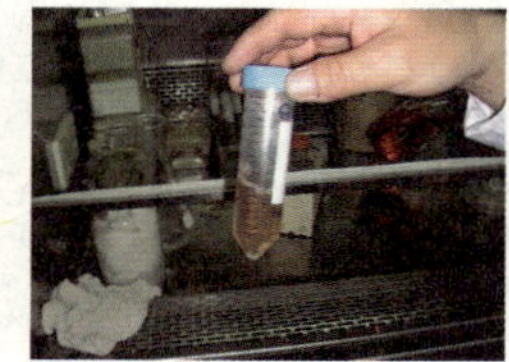
10. 离心去上清液

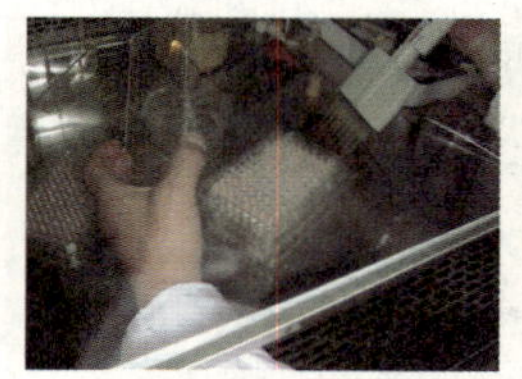
11. 计数稀释后加入细胞培养板

12. 用显微镜观察饲养细胞

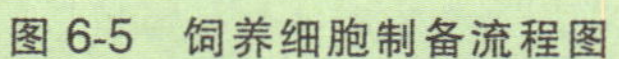
图 6-5 饲养细胞制备流程图

（6）1 000 r/min 离心 10 min，弃上清。

（7）先用 5mL HAT 培养液将沉淀细胞悬浮并混匀，作细胞计数，然后根据细胞计数结果，补加 HAT 培养液，使细胞浓度为 $2×10^5$ 个 /mL。

（8）将细胞悬液加入 96 孔培养板内，每孔 0.1 mL（相当于 2 滴）。然后将培养板置 37℃、含 5%~8%CO_2 的培养箱内培养。

【注意事项】

（1）有人主张在处死小鼠前应先摘除眼球（或剪尾）放血，目的是避免在取腹腔巨噬细胞时腹腔内出血，造成大量红细胞混入饲养细胞内。实际上，只要操作得当，一般不会发生腹腔出血的现象，因此事先放血并非必需。

（2）饲养细胞需达一定浓度才有饲养作用。以巨噬细胞为例，一般 96 孔培养板每孔需加 $2×10^4$ 个细胞，24 孔板每孔需加 10^5 个细胞。每只小鼠可得 $(3\sim5)×10^6$ 个巨噬细胞，因此平均一只小鼠可供制备 2 块 96 孔板的饲养细胞。

（3）一般应在细胞融合的前 1~2 d 制备饲养细胞。经过 18~24 h 培养后，可在倒置显微镜下观察，生长良好的饲养细胞层，巨噬细胞和小淋巴细胞的形态饱满、细胞透亮，折光性好，巨噬细胞舒展呈梭状或多角形。如经 24 h 后，细胞无光泽、皱缩，且不见梭状细胞，则此饲养细胞层不能供细胞融合后混合细胞培养用。其原因可能是细胞培养板（主要是已用过的旧板）处理不当，或培养液中含有毒性物质，或培养条件（温度、湿度、pH、CO_2、浓度等）不适等。

（4）作饲养细胞的小鼠常采用与免疫小鼠相同的品系，常用 6~10 周龄的 BALB/c 小鼠。

（5）注意无菌操作，严防污染。冲洗小鼠腹腔巨噬细胞时注射器针头切忌刺破动物的肠管，否则所获细胞会有严重污染。

思考题

1. 饲养细胞有什么作用？

2. 制作饲养细胞时有什么注意事项？

3. 在抽取饲养细胞时，抽出的液体如浑浊，说明什么问题？将浑浊的抽出液与清亮的抽出液在显微镜下观察，你发现有何不同？

第五节　细胞融合

资料单

【知识目标】

- 掌握杂交瘤选择的原理。
- 掌握融合剂的种类及特点。
- 了解血清筛选的意义及方法。

【教学内容】

一、细胞融合

简单地说，细胞融合就是两个或两个以上的细胞合并成一个细胞的过程。人们很早就发现了细胞融合现象，例如，早在 1838 年，Muller 就曾描述过脊椎动物肿瘤细胞可融合形成多核细胞，Luginbuhl（1873）在天花脓疮周围组织中也观察到融合的多核细胞，但这些现象一直未能得到确切的解释和重视。自组织培养技术建立以后，发现体外培养的细胞也能融合成多核巨细胞。20 世纪 50 年代人们就注意到，麻疹病毒和腮腺炎病毒等能引起细胞融合。1961 年，Bärski 的研究进一步肯定了组织培养中体细胞的融合现象。翌年，Okada 首创用仙台病毒诱导细胞融合的方法，在体外使小鼠艾氏腹水瘤细胞得以融合，建立了细胞融合技术。1965 年，Harns 用仙台病毒在体外使培养的人 HeLa 细胞与小鼠艾氏腹水瘤细胞融合产生许多多核体细胞，其中有的为同核体细胞（同种细胞间的融合），有的为异核体细胞（异种细胞间的融合），即杂交细胞。这种杂交细胞具有两种亲本细胞的某些特性。继而骨髓瘤细胞系的建立，为产生 McAb 的杂交瘤融合提供了理想的条件。

细胞融合过程先是细胞膜和细胞质的融合，然后通过有丝分裂细胞核合而为一，形成新的杂种细胞。在通常情况下，体细胞的自发性融合是极少见的，因为各自存在着完整的细胞膜。但在某些特殊诱导物（促融剂）的作用下，细胞膜发生一定变化，就可使两个或多个细胞发生融合。在细胞融合技术中，原先应用最多的促融剂是仙台病毒，但由于其存在不少缺点，现在已基本不用，而 PEG 则成为目前应用最广的促融剂。

二、细胞融合剂的选择

除生殖细胞（精子和卵子）、破骨细胞以及某些肿瘤细胞外，体细胞的自发性融合是极少见的，但几乎任何两个细胞都可以在某些融合剂，例如仙台病毒、溶血卵磷脂、胰蛋白酶及聚乙二醇（PEG）等的作用下发生融合。

在早期的杂交瘤实验中，一般都用仙台病毒作为融合剂，例如，1975 年 Kohler 和 Milstein 首次报道的杂交瘤技术中所用的融合剂就是仙台病毒。但由于病毒诱导的融合率低而不稳定，加上病毒培养和灭活需要专门技术，所用病毒剂量较严格，又无商品试剂供应，因此其应用受到很大限制。PEG 作为融合剂最初（1974）是用于高等植物细胞的融合，1975 年成功地用于融合人成纤维细胞。1977 年，Galfre 等将 PEG 用于骨髓瘤细胞与免疫脾细胞的融合，获得比较满意的结果。PEG 是化学试剂，来源充分，实验条件比较容易控制，而且其促融效率也较仙台病毒约高 300 倍，因此 PEG 已成为目前淋巴细胞杂交瘤技术中应用最广泛的融合剂。

PEG 的分子量和浓度与融合效果有关，实验证明，平均分子量为 400~6 000 的各种 PEG，在 10%~60%浓度范围内都能使细胞发生融合，但融合率的高低则因分子量和浓度的不同而有差别。一般来说，PEG 的分子量和浓度越大，其促融率越高，但其黏度和对细胞的毒性也随之增大。另外还应注意，用不同厂家出品的同一分子量的 PEG

配成同一浓度使用，其促融效率及对细胞的毒性也有差别。

目前在融合试验中最常用的 PEG 浓度为 40%~50%。低于 30%浓度，融合率低；高于 50%浓度，则毒性太大。

为了达到成功而有效的融合，除应选择适当分子量的 PEG 和最适浓度外，还须严格控制 PEG 作用于细胞的时间，通常以 1~2 min 为宜。当在细胞中加入 PEG 后，在光学显微镜下可见细胞缩小，细胞间互相粘连，部分发生融合，当加入稀释溶液（如无血清培养液）时，PEG 的融合作用即被终止。此时缩小的细胞立即恢复到原来的大小。由于融合时所用的 PEG 是一种高渗溶液，以致细胞在骤然接触时极易发生渗透性休克。因此，无论是在加入 PEG 进行融合时还是在最初加入稀释溶液时，都必须十分缓慢。

另外，目前国内外不少实验室在配制 PEG 时，常加入 5%~7.5%的二甲基亚砜（DMSO），这样既可减少 PEG 的毒性，又可缩短融合时间，提高融合率。现在常用商品袋装 PEG，买来后直接用即可。

思考题

1. 什么叫细胞融合？
2. 淋巴细胞杂交瘤技术中应用最广泛的融合剂是什么？为什么？
3. 在加入 PEG 时有什么注意事项？为什么？
4. 在进行细胞融合时 PEG 的分子量、使用浓度及作用时间一般为多少？

技能单 1　细胞融合用主要试剂的配制

【能力目标】

- 掌握细胞融合用的主要试剂及其配制方法。

【实验器材】

（1）青霉素、链霉素、$NaHCO_3$、HEPEs（N-2- 羟乙基哌嗪 -N′-2- 乙基磺酸，分子量为 238.3）、RPMI-1640 干粉、L- 谷氨酰胺、氨基喋呤、次黄嘌呤、胸腺嘧啶核苷、PEG、二甲基亚砜（DMSO）、三蒸水。

（2）烧杯、三角瓶、盐水瓶、胶塞、橡皮塞。

（3）灭菌正压式细菌滤器、一次性滤器、超净工作台、高压蒸汽灭菌锅。

【实验内容及操作步骤】

一、不完全 RPMI-1640 培养液

RPMI-1640 干粉	1 袋（1 000 mL 量）
L- 谷氨酰胺	0.29 g
青霉素	8 万 U
链霉素	10 万 μg
$NaHCO_3$	2.2 g
HEPEs	2.39 g
去离子水	1 000 mL

溶解，过滤除菌，分装，–20℃保存。

二、完全 RPMI–1640 培养液

不完全 RPMI-1640 培养液	80 mL
小牛血清	20 mL

三、氨基喋呤（A）贮存液（100×，4×10 mol/L）

称取 1.76 mg 氨基喋呤（Aminopterin，分子量为 440.4），于 90 mL 三蒸水或去离子水中，滴加 1 mol/L 的 NaOH 0.5 mL，并不断搅动，待其完全溶解后，加 1 mol/L 的 HCl 0.5 mL 中和，再补加三蒸水或去离子水至 100 mL。过滤除菌，小瓶分装，每瓶 2 mL，–20℃冻存。

四、次黄嘌呤和胸腺嘧啶核苷（HT）贮存液[100H：10~2 mol/L；T：1.6×（10~3）mol/L]

称取 136.1mg 次黄嘌呤（Hypoxanthine，分子量为 136.1）和 38.8 mg 胸腺嘧啶核苷（Thymidine，分子量为 242.2），加三蒸水或去离子水至 100 mL，置 45~50℃水浴中使其完全溶解，过滤除菌，小瓶分装，2 mL/ 瓶，–20℃冻存，用前可置 37℃加温助溶。

五、HAT 培养液

完全 RPMI-1640 培养液	98 mL
A 贮存液	1 mL
HT 贮存液	1 mL

六、HT 培养液

完全 RPMI-1640 培养液	99 mL
HT 贮存液	1 mL

七、50％PEG

称取 PEG 2 g，放入青霉素小瓶中，塞紧橡皮塞，塞上插一 9 号针头（排气用），5.5×10^5 Pa(8 btf/in^2) 高压蒸汽 15 min 或水浴中煮沸 30 min，使 PEG 融化并达到灭菌目的。待冷却至 50~60℃时（在此温度以上 PEG 仍为均匀的液体状态），加入已在 37℃预热的不完全培养液 2 mL，若欲在 PEG 中添加二甲基亚砜（DMSO）则加不完全培养液 1.7 mL，DMSO 0.3 mL，使 DMSO 浓度为 7.5%，充分混匀，无须调 pH 值，盖紧瓶塞，4℃保存。用前可置 37℃加温助溶。

【说明】

A 贮存液、HT 贮存液、50% PEG 等都有成品出售。

▶技能单 2　制备免疫脾细胞悬液

【能力目标】

● 掌握免疫脾细胞悬液的制备技能。

【实验器材】

（1）BALB/c 小鼠。

（2）75%酒精及酒精棉、台盼蓝染液、不完全 RPMI-1640 培养液。

（3）小烧杯、眼科镊、眼科剪、灭菌平皿、带铜网的灭菌平皿、玻璃注射器内芯、离心管、毛细吸管、5~10 mL 吸管、吸球。

（4）离心机、超净台、倒置显微镜、细胞计数板。

【实验内容及操作步骤】

脾细胞悬液制备过程如图 6-6 所示。

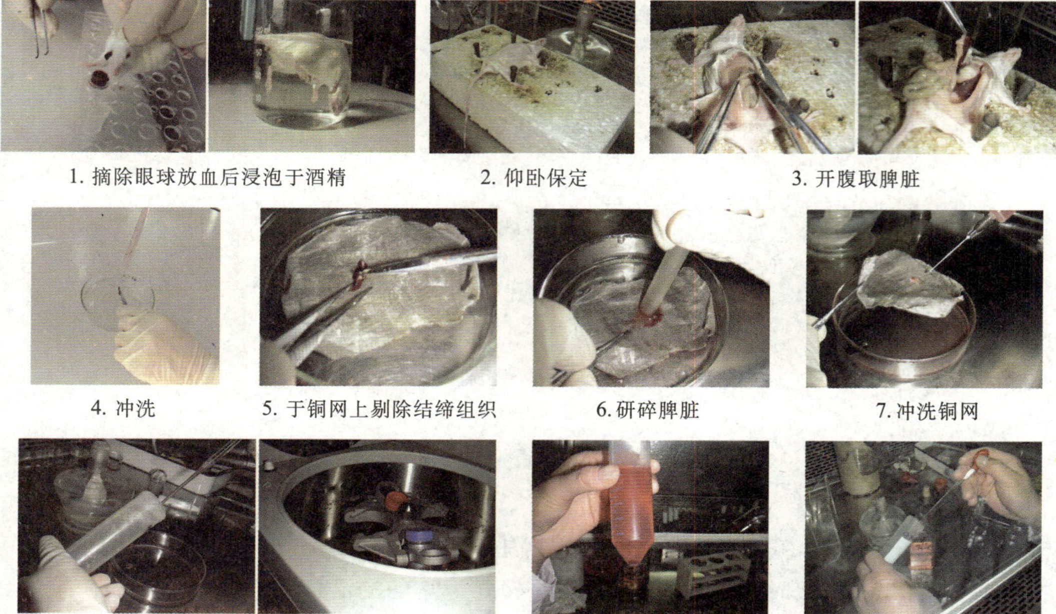

1. 摘除眼球放血后浸泡于酒精　2. 仰卧保定　3. 开腹取脾脏

4. 冲洗　5. 于铜网上剔除结缔组织　6. 研碎脾脏　7. 冲洗铜网

8. 吸脾悬液入离心管离心　9. 离心后脾细胞沉于管底　10. 悬浮脾细胞配制成悬液计数

图 6–6　脾细胞悬液制备过程

（1）取已经免疫的 BALB/c 小鼠，摘除眼球放血，并分离血清供检测抗体用，同时将小鼠处死，浸泡于 75%酒精中 5 min，随即放入超净台内。用无菌手术开腹，取出脾脏，放入已盛有 5~10 mL 不完全培养液的平皿中轻轻洗一次，并细心剥去周围结缔组织。

（2）将脾脏移入另一盛有 5 mL 不完全培养液的平皿中，置于铜网上。用注射器内芯挤压研磨脾脏，并用平皿内的不完全培养液轻轻冲洗铜网，使脾细胞全部通过网孔压挤到溶液中。

（3）将脾细胞溶液转至 50 mL 离心管中，加不完全培养液至 30 mL，混匀。

（4）用 1 000 r/min 离心 5 min，弃去上清。

（5）沉淀细胞再用不完全培养液同法离心洗涤一次（如在上述洗涤过程中有大团块形成，可再次通过 200 目铜网除去）。然后将细胞重悬至 10 mL，混匀。

（6）取脾细胞悬液，加台盼蓝染液作活细胞计数后备用，一般每只小鼠可得（1~2.5)×10^8 个脾细胞。

▶技能单 3　制备骨髓瘤细胞悬液

【能力目标】

● 掌握骨髓瘤细胞悬液的制备技能。

【实验器材】

（1）不完全 RPMI-1640 培养液。

（2）毛细管、离心管、离心机、超净台、倒置显微镜、细胞计数板。

【实验内容及操作步骤】

（1）于融合前 36~48 h，将骨髓瘤细胞扩大培养于 100 mL 细胞培养瓶中（一般按一块 96 孔板的融合试验约需 2~3 瓶细胞进行准备），每瓶加 12~15 mL 培养液，置 37℃、CO_2 温箱内培养。

（2）融合当天，用毛细管将细胞从瓶壁轻轻吹下，收集于 50 mL 离心管内（图 6-7）。

（3）用 1 000 r/min 离心 5 min，弃去上清（图 6-7）。

（4）用不完全培养液混悬细胞后计数，取所需细胞数，用不完全培养液洗 2 次，以 10 mL 不完全的 RPMI-1640 悬浮备用。

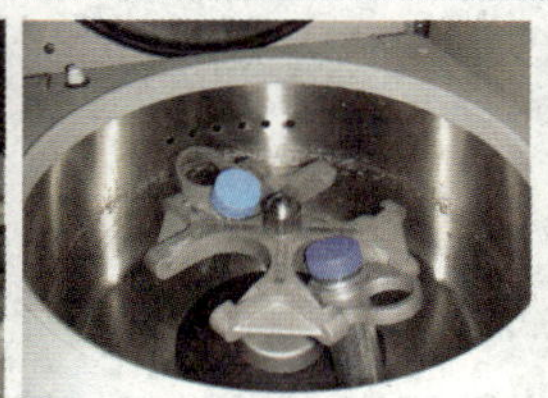

1. 将骨髓瘤细胞吹打吸入离心管离心

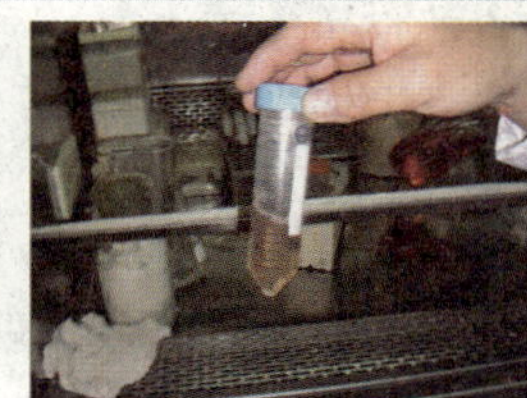
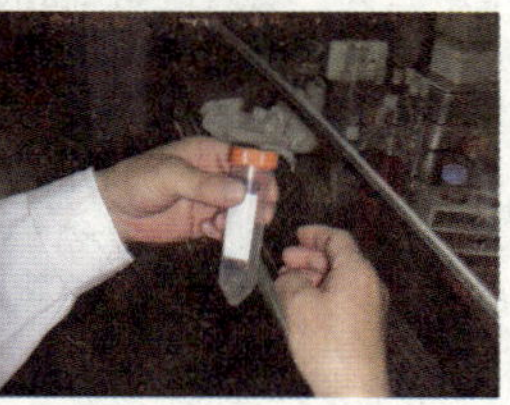

2. 1 000 r/min 离心 5 min 后弃上清

图 6-7　骨髓瘤细胞收集离心示意图

▶技能单 4　细胞融合技术

【能力目标】

● 掌握细胞融合技能。

【实验器材】

（1）脾细胞悬液、骨髓瘤细胞悬液、37℃预热的不完全 RPMI-1640 培养液、HAT 培养液（37℃预热）、50%的 PEG（37℃预热）。

（2）毛细管、吸管、离心管、离心机、超净台、倒置显微镜。

【实验内容及操作步骤】

细胞融合流程见图 6-8。

1. 将 PRMI-1640 预热

2. 脾细胞与瘤细胞混合离心

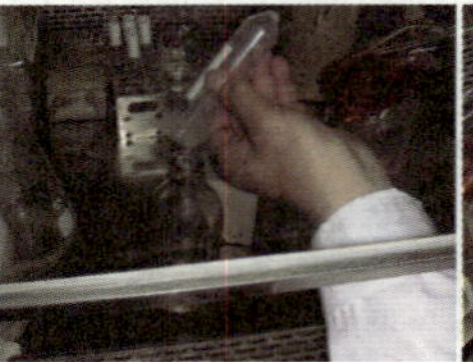

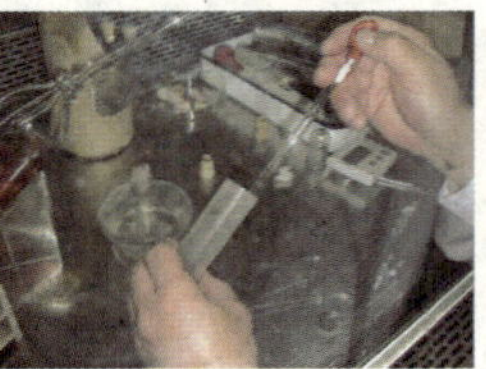

3. 去上清液吸净液体

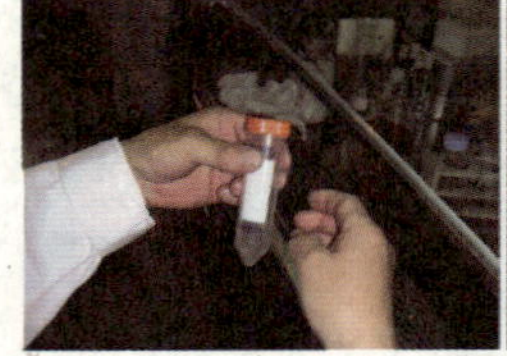

4. 手指轻弹管底后放入 37℃水浴

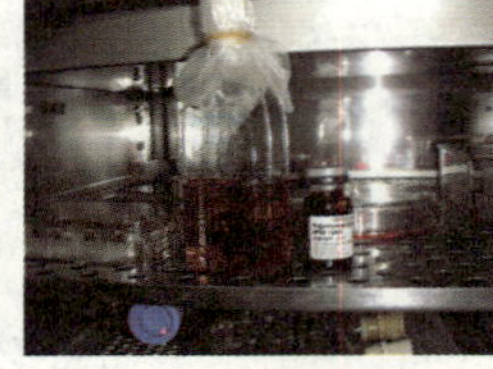

5. HAT 培养液、PEG 37℃温箱预热

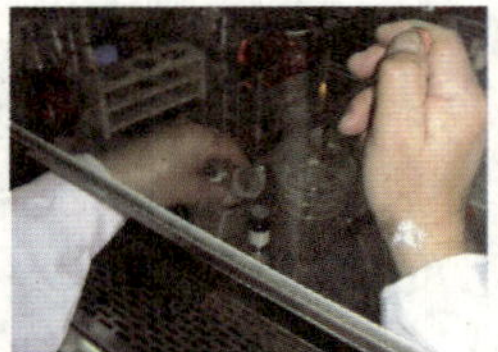

6. 加 PEG

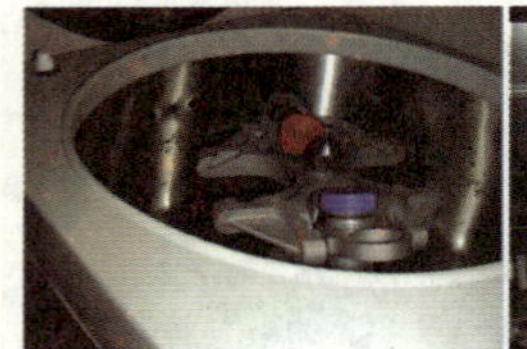

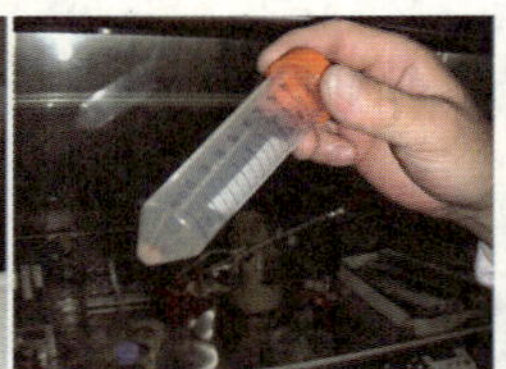

7. 离心去上清液

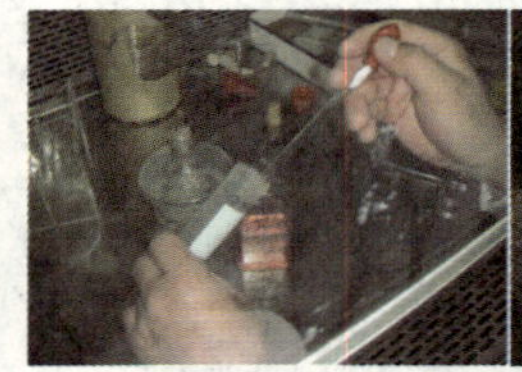

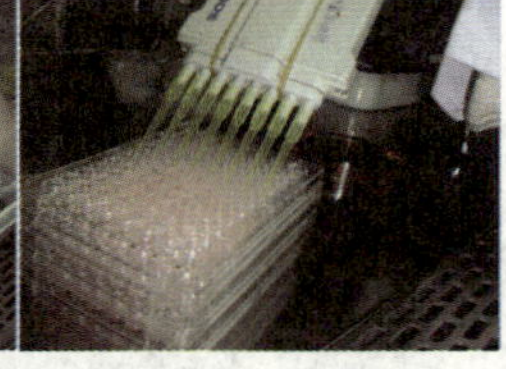

8. HAT 培养液吹打细胞并配制成细胞悬液后加入含饲养细胞的 96 孔板

图 6-8 细胞融合流程图

（1）将技能 1 和技能 2 制备的骨髓瘤细胞与脾细胞按 1:10 或 1:5 的比例混合在一起，在 50 mL 塑料离心管内用预热 37℃不完全培养液洗 1 次，1 000 r/min 离心 8 min。

（2）弃上清，将上清尽量弃尽，用滴管吸净残留液体，以免影响 PFG 的浓度。

（3）用手指轻轻弹击离心管底，使沉淀细胞松散均匀成糊状。

（4）在室温下融合：

① 一手均匀地转动离心管，另一手用 1 mL 吸管吸取 50%的 PEG 溶液 1 mL，并沿转动的管壁（尽量接近细胞处）加入，从加入到加完的时间控制在 60 s 左右，边加边搅拌。

② 静置 90 s，若冬天室温较低时可延长至 120 s 。

③ 立即在 5 min 内加入 25 mL 预热 37℃不完全培养液，使 PEG 稀释而失去促融作用。具体加法是第 1 分钟加 1 mL，第 2 分钟加 4 mL（均应边加边轻轻转动离心管），

随后的 3 min 内将剩余液体加完。注意此时操作应轻柔。

（5）800 r/min 离心 6 min，弃去上清。

（6）加 10 mL HAT 培养液，轻轻吹吸沉淀的细胞，使其悬浮并混匀，切记不能用力吹打，以免使融合在一起的细胞散开。

（7）根据所用 96 孔培养板的数量，按一块 96 孔板用液 10 mL 计算补加完全培养液至所需量。

（8）将融合后细胞悬液加入含有饲养细胞的 96 孔板，每孔 100 μL（相当于 2 滴），37℃、5% CO_2 孵箱培养。

一般一块 96 孔板含有 1×10^7~4×10^7 脾细胞。

【注意事项】

（1）融合时一般将小鼠脾细胞的数量固定在 10^8，而骨髓瘤细胞数量则可取（1~3）$\times10^7$。

（2）加 PEG 时除时间掌握准确外，还应注意手法要均匀，轻柔；在 PEG 作用后的一系列操作中也应轻柔，以免干扰细胞融合过程和损伤细胞。

（3）整个操作应在无菌的条件下完成。

第六节　杂交瘤的培养及观察

▶资料单

【知识目标】

- 掌握杂交瘤选择的原理。
- 了解杂交瘤细胞选择性培养的方法。

【教学内容】

免疫小鼠脾细胞与小鼠骨髓瘤细胞混合，并经 PEG 作用后，形成了具有 5 种细胞成分的细胞混合体，其中包括未融合的脾细胞、未融合的骨髓瘤细胞、脾细胞与脾细胞融合而成的同核体、骨髓瘤细胞与骨髓瘤细胞融合而成的同核体，以及脾细胞与骨髓瘤细胞融合而成的异核体，仅后者才有可能形成杂交细胞。根据 Hammerling 等（1981）的研究，采用 PEG 为促融剂，以脾细胞计算，形成异核体的概率约为 10^{-2}，而其中能发生核融合并最终形成单一核的杂交细胞的概率约为 10^{-3}。故即使在最适条件下，也要大约 10^5 个脾细胞才可能形成一个杂交细胞。要从众多的细胞中得到杂交细胞，首要的问题是清除两种亲代细胞及其各自融合形成的同核体细胞。由于小鼠脾细胞在组织培养条件下只能存活几天，而且在此期间也不能增殖，因此不会干扰杂交细胞的生长；而另一种亲代细胞，即骨髓瘤细胞的生长能力却很强，繁殖迅速，所以要筛选出杂交细胞，就是要及时清除骨髓瘤细胞及其相互融合形成的同核体细胞。为此目的，在细胞融合后应立即将细胞移入 HAT 培养液中进行选择性培养。

一、HAT 选择性培养的原理

HAT 选择性培养液是在一般细胞培养液中加入次黄嘌呤（H）、氨基喋呤（A）和胸腺嘧啶核苷（T），它是根据细胞内嘌呤核苷酸和嘧啶核苷酸的生物合成途径设计的，用于分离杂交细胞的特殊培养液。

一般肿瘤细胞的 DNA 生物合成有两条途径。一条是生物合成的主要途径，即由氨基酸及其他小分子化合物合成核苷酸，进而合成 DNA。在此合成途径中，叶酸衍生物是必不可少的媒介物，因为它参与嘌呤环和胸腺嘧啶甲基的生物合成。另一条途径是应急途径或称补救途径，它是利用外源性的核苷酸的“前体”，如次黄嘌呤和胸腺嘧啶核苷，在相应酶的催化下合成核苷酸，所需要的酶就是次黄嘌呤鸟嘌呤磷酸核糖转移酶（Hypoxanthine—Guanine Phosphoribosy Transferase，HGPRT）和胸腺嘧啶核苷激酶（Thymidine Kinase，TK），若缺乏其中一种酶，该途径便也不能进行。

HAT 培养液中的氨基喋呤是一种叶酸拮抗物，它可阻断细胞内 DNA 生物合成的主要途径，但该培养液同时提供了核苷酸的“前体”——次黄嘌呤和胸腺嘧啶核苷。目前杂交瘤技术中常用的小鼠骨髓瘤细胞系，如 X63-AG-8、NS-1 和 Sp2/0 均是用毒性药物 8- 氮杂鸟嘌呤选择出来的缺乏 HGPRT 的细胞株。当细胞融合后，将细胞混合物置于 HAT 培养液中进行培养时，其中的骨髓瘤细胞及其相互融合形成的同核体细胞的 DNA 合成的主要途径被氨基喋呤阻断，同时又因缺乏 HGPRT，不能利用培养液中的次黄嘌呤，虽然有 TK 可利用胸腺嘧啶核苷，但不能完成完整的 DNA 合成过程，因此它们在 HAT 培养液中便不能增殖而很快死亡；小鼠脾细胞及其相互融合形成的同核体细胞虽有 HGPRT，但缺乏在组织培养液中增殖的能力，一般在 5~7 d 内也会死亡，唯有杂交瘤细胞由于具有两种亲代细胞的染色体（基因组），从而既可产生原来脾细胞所有的 HGPRT（和 / 或 TK），又从骨髓瘤细胞中获得了在组织培养中生长繁殖的特性，因此能在 HAT 培养液中选择性存活下来，并不断增殖（图 6-9）。

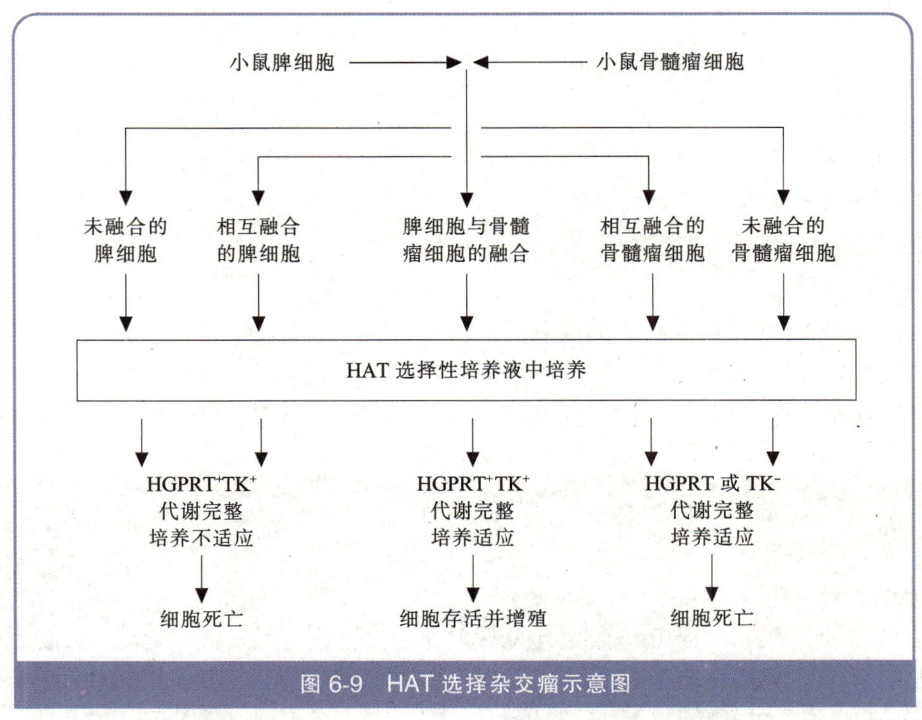

图 6-9 HAT 选择杂交瘤示意图

二、选择性培养的方法

将融合后的细胞悬浮于 HAT 培养液中，置于 37℃、含 5%~8% CO_2 的培养箱内培养。根据情况，每 3~4 d 更换培养液一次，换液时吸去 1/2~2/3 培养液，加入等量新鲜培养液。所用的培养液应按培养的时间不同而有所不同：在融合后 7 d 内用 HAT 培养液；第 7~14 d 用 HT 培养液；第 14 d 以后用普通的完全培养液。

目前多数人主张在融合当天，即融合后立即用 HAT 培养液进行培养，但也有人主张在融合当天只加 HT 培养液，第 2 d 才补加氨基喋呤；还有人是在融合后先用普通的完全培养液培养，第 2 d 或第 3 d 再换以 HAT 培养液。根据我们的比较结果，还是以融合当天即使用 HAT 培养液为好，不仅操作简便，而且杂交瘤细胞出现也早。实验证明，在使用 HAT 培养液后再用 HT 培养液过渡一周，可以使杂交瘤细胞更快地繁殖，若突然换用普通的完全培养液，不仅杂交瘤细胞生长较慢，而且有时还可能导致杂交瘤细胞的死亡，这可能是因为氨基喋呤阻断了细胞内核苷酸合成的主要途径，在停用氨基喋呤后，培养液或细胞内仍含有残留的氨基喋呤起作用，因此应继续补加 HT，为杂交瘤细胞继续提供通过应急途径合成 DNA 所必需的次黄嘌呤和胸腺嘧啶核苷。

技能单　杂交瘤的培养观察

【能力目标】

- 观察不同时间杂交瘤的形态。
- 学会对单克隆杂交瘤的挑选。

【实验器材】

融合后加入 96 孔培养板中的细胞、倒置显微镜。

【实验内容及操作步骤】

用倒置显微镜观察，一次成功的融合实验其细胞生长情况大致如下（图 6-10）。

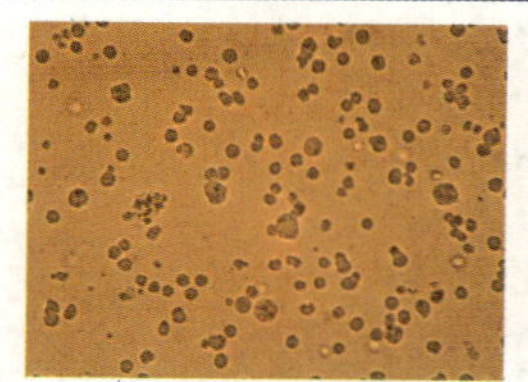

1. 融合当天的细胞

2. 融合后 3~4 d 的杂交瘤细胞

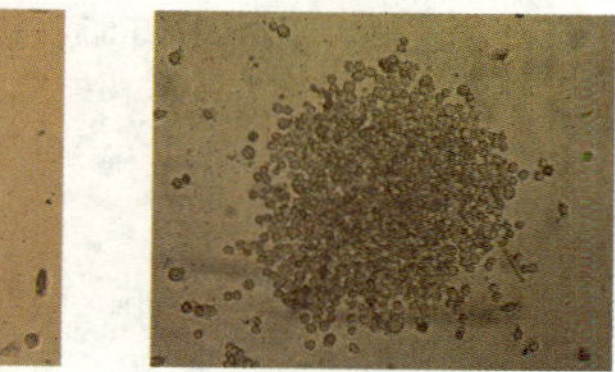

3. 融合后 5 d 的杂交瘤细胞

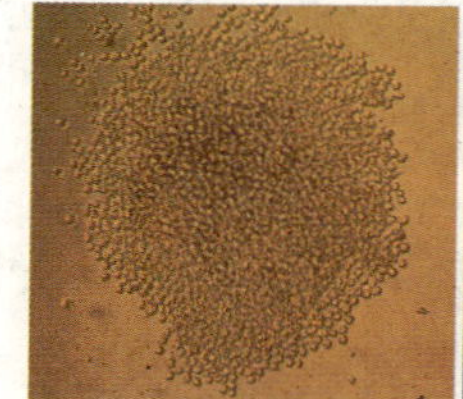

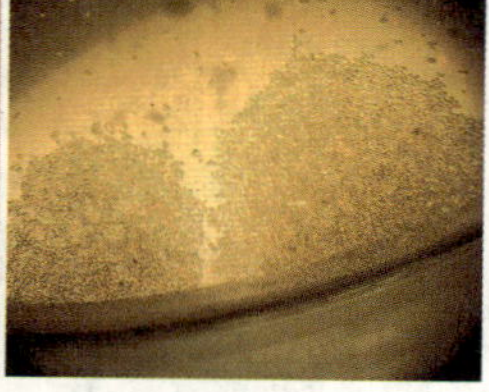

4. 融合后 6~7 d 的杂交瘤细胞

5. 融合后 8~9 d 的杂交瘤细胞

图 6-10　融合后细胞生长情况观察图

融合当天（1 d）：可见瘤细胞透亮，形态多样，相互之间有粘连、重叠，并可见到巨噬细胞或哑铃状的细胞。

融合后 2~3 d：瘤细胞数量锐减，有大量的破碎细胞，残留的瘤细胞折光性差，或呈暗黑、皱缩；可见少数形态良好，透亮的细胞，但不能判定它们是残存的瘤细胞还是早期的融合细胞。

融合后 4~5 d：瘤细胞几乎全部消失，在巨噬细胞周围聚集着许多大小不等的细胞碎片，可见形似骨髓瘤细胞，浑圆透亮，呈葡萄串状分布的融合细胞小集落克隆，细胞数多少不等，而且细胞数增加很快。

融合后 6~7 d：细胞克隆继续长大，如检测方法敏感，此时即可取部分克隆的培养上清液检测相应的特异性抗体。

融合后 8~9 d：细胞克隆继续长大，大者可达 1/3~1/2 培养孔的面积，此时即可对所有克隆生长孔的培养上清液进行检测。

对检测出特异性抗体阳性孔的细胞，应及时转种并进行克隆化（见本章第八节）。对检测阴性的孔，如考虑是因细胞克隆尚小，分泌抗体较少的缘故，可隔 2 d 再检测一次，如仍为阴性，便可弃去。

思考题

1. 说说杂交瘤选择的原理。
2. 如何进行杂交瘤细胞的选择性培养？
3. 通过倒置显微镜观察，融合后不同时期杂交瘤的细胞有何特点？

第七节　单克隆抗体的筛选与检测

资料单

【知识目标】

- 了解单克隆抗体筛选与检测的意义。
- 了解 ELISA 的原理及方法。
- 掌握 ELISA 间接法检测抗体的原理。

【教学内容】

一、概述

筛选杂交瘤细胞通过选择性培养而获得的杂交细胞系中，仅有少数能分泌针对免疫原的特异性抗体。一般在杂交瘤融合后 8~9 d 时，即可开始检测特异性抗体，筛选所需要的杂交瘤细胞系。检测杂交瘤细胞系是否分泌特异性 McAb，是关系到制备 McAb 成败的一个关键问题。在细胞融合前，必须建立至少一种可靠的方法，否则，面对一天天不断长大的细胞克隆，就会手足无措。为了尽快地筛选出阳性克隆，必须采用微量、快速、特异、敏感、简便并适于一次性检验大批样本的方法，尤其在进行亚克隆时，简便更为重要。

由于制备抗体时所用抗原的特性各异，因此很难以一种通用的方法来检测不同McAb。检测抗体应根据抗原的性质、抗体的类型不同，选择不同的筛选方法。下面主要介绍一种检测抗体的常用方法：酶联免疫吸附试验（ELISA）。

ELISA是酶联免疫吸附测定（Enzyme-linked Immuno Sorbnent Assay）的简称。它是免疫荧光和放射免疫技术之后发展起来的一种免疫酶技术。此项技术自20世纪70年代初问世以来，发展十分迅速，目前已被广泛用于免疫学、生物学和医学的许多领域。

二、ELISA原理

ELISA是以免疫学反应为基础，将抗原、抗体的特异性反应与酶对底物的高效催化作用相结合起来的一种敏感性很高的实验技术。先将已知的抗体或抗原结合在某种固相载体上，并保持其免疫活性。测定时，将待检样本和酶标抗原或抗体按不同步骤与固相载体表面吸附的抗体或抗原发生反应。用洗涤的方法分离抗原、抗体复合物和游离成分。然后加入酶的作用底物催化显色，进行定性或定量测定。由于抗原、抗体的反应在一种固相载体——聚苯乙烯微量滴定板的孔中进行，每加入一种试剂孵育后，可通过洗涤除去多余的游离反应物，从而保证实验结果的特异性与稳定性。在实际应用中，通过不同的设计，具体的方法步骤可有多种，即：用于检测抗体的间接法（图6-11）、用于检测抗原的双抗体夹心法以及用于检测小分子抗原或半抗原的抗原竞争法等。双抗体夹心法常用于测定抗原，将已知抗体吸附于固相载体，加入待测标本（含相应抗原）与之结合。温育后洗涤，加入酶标抗体和底物进行测定（图6-12）。竞争法可用于抗原和半抗原的定量测定，也可用于测定抗体。以测定抗原为例，将特异性抗体吸附于固相载体；加入待测抗原和一定量的酶标已知抗原，使两者竞争与固相抗体结合；经过洗涤分离，最后结合于固相的酶标抗原与待测抗原含量呈负相关（图6-13）。在单克隆抗体技术中常用ELISA间接法来检测抗体，故本节中只对此法进行重点介绍。

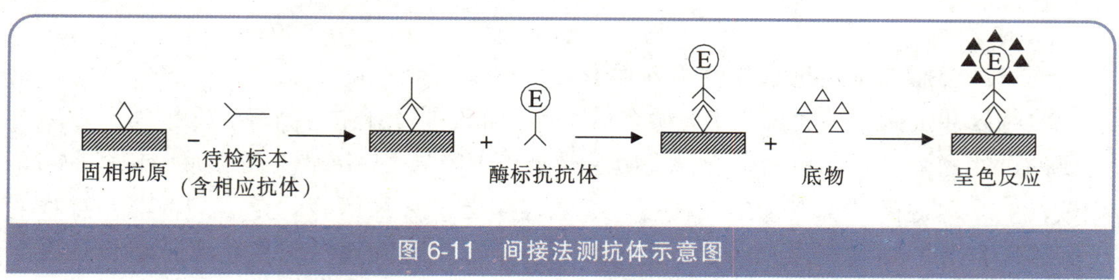

图6-11　间接法测抗体示意图

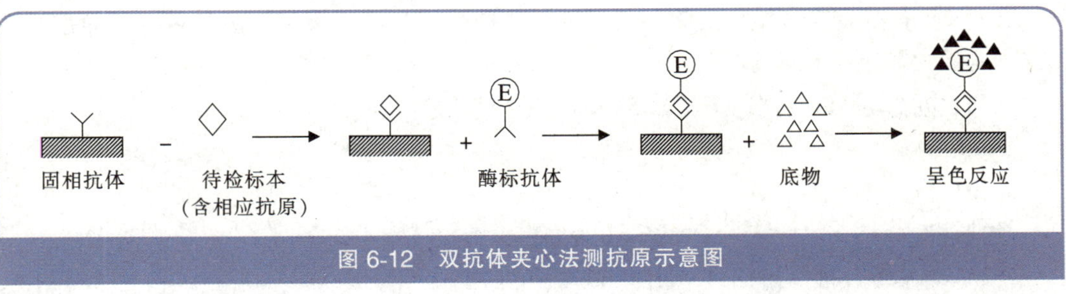

图 6-12　双抗体夹心法测抗原示意图

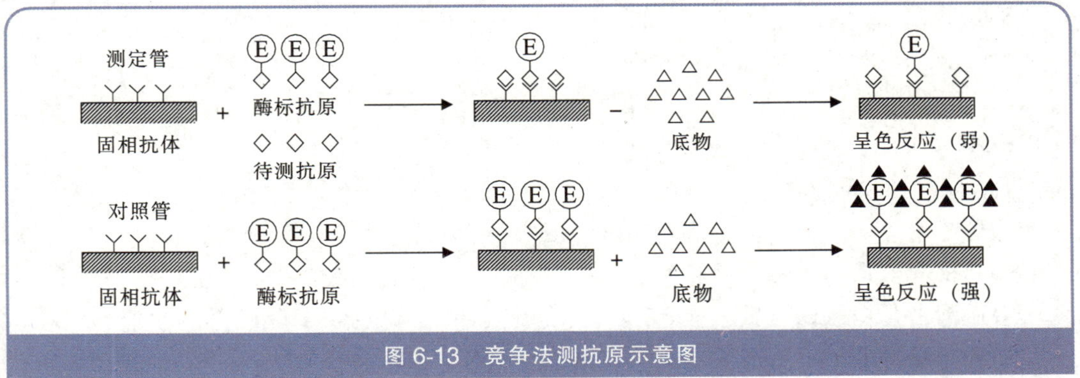

图 6-13　竞争法测抗原示意图

三、ELISA 间接法

此法是测定抗体最常用的方法。将已知抗原吸附于固相载体，加入待检标本(含相应抗体）与之结合。洗涤后，加入酶标抗球蛋白抗体(酶标抗抗体）和底物进行测定。操作步骤为:(1）用已知抗原包被固相载体。(2）加待检标本，经过温育(37℃ 1 h)，使相应抗体与固相抗原结合；洗涤，除去无关的物质。(3）加酶标抗抗体，再次温育与固相载体上抗原—抗体复合物结合；洗涤，除去未结合的酶标抗抗体。(4）加底物显色，终止反应后，目测定性或用酶标仪测光密度值定量。

▶技能单 1　ELISA 试剂的配制

【能力目标】

● 掌握 ELISA 常用试剂及其配制方法。

【实验器材】

(1）Na_2CO_3、$NaHCO_3$、蒸馏水、KH_2PO_4、$Na_2HPO_4 \cdot 12H_2O$、NaCl、KCl、Tween-20、牛血清白蛋白(BSA)、浓硫酸(98%)、柠檬酸、TMB(四甲基联苯胺)、无水乙醇、H_2O_2。

(2) 小烧杯、玻璃棒、量筒、天平、试剂瓶、标签纸、吸管、吸尔球、三角瓶。

【实验内容及操作步骤】

(1) 包被缓冲液（pH 9.6、0.05 mol/L 碳酸盐缓冲液）

Na_2CO_3	1.59 g
$NaHCO_3$	2.93 g
加蒸馏水	至 1 000 mL

(2) 洗涤缓冲液（pH 7.4、0.15 mol/L PBS）

KH_2PO_4	0.2 g
$Na_2HPO_4 \cdot 12H_2O$	2.9 g
NaCl	8.0 g
KCl	0.2 g
Tween-20（0.05%）	0.5 mL
加蒸馏水	至 1 000 mL

(3) 稀释液即封闭液（冻存）

牛血清白蛋白（BSA）	0.1 g
加洗涤缓冲液	至 100 mL

或使用以牛血清、羊血清、兔血清等血清与洗涤液配成 5%~10%的溶液。

(4) TMB 显色液（4℃避光保存）

甲液：底物缓冲液（pH 5.4 磷酸柠檬酸）

Na_2HPO_4	14.6 g（或 $Na_2HPO_4 \cdot 12H_2O$ 29.0 g）
柠檬酸	9.33 g
0.75%过氧化氢	6.4 mL
加双蒸馏水	至 1 000 mL

乙液：TMB（四甲基联苯胺）使用液

TMB	200 mg
无水乙醇	100 mL

说明：使用时取甲液 950 μL+ 乙液 50 μL 即为显色液。

(5) 终止液（2 mol/L H_2SO_4）

蒸馏水 178.3 mL，逐滴加入浓硫酸（98%）21.7 mL。

思 考 题

说说 ELISA 常用试剂有哪些？各有何作用？

▶技能单 2　ELISA 间接法筛选杂交瘤阳性孔法

【能力目标】

● 掌握 ELISA 间接法筛选杂交瘤阳性孔方法。

【实验器材】

(1) 包被缓冲液 (pH 9.6、0.05 mol/L 碳酸盐缓冲液)、洗涤缓冲液 (pH 7.4 0.15 mol/L PBS)、封闭液、TMB (四甲基联苯胺) 显色液、终止液 (2 mol/L H_2SO_4)。

(2) 96 孔聚苯乙烯塑料板 (简称酶标板)、ELISA 检测仪、50 μL 及 100 μL 加样器、塑料吸头、小毛巾、洗涤瓶、小烧杯、玻璃棒、试管、吸管和量筒、4℃冰箱、37℃温箱。

(3) 生长至 8~9 d 的杂交瘤。

【实验内容及操作步骤】

ELISA 间接法筛选阳性杂交瘤法操作步骤如图 6-14 所示。

(1) 包被已知抗原：用包被缓冲液将纯化的包被用抗原稀释至 1~20 μg/mL；向 96 孔酶标板中每孔加 50~100 μL，轻轻摇匀，24℃冰箱过夜或 37℃ 1 h；甩掉孔内液体。

(2) 封闭酶标孔中没被抗原包被的位置：向微孔中每孔加 100 μL 封闭液，轻轻摇匀，4℃冰箱过夜或 37℃水浴 1 h；甩掉孔内液体；逐孔加满洗涤缓冲液，静置 2~3 min，甩掉孔内液体，拍干。用此法先用洗涤缓冲液洗 3 次，再用去离子水洗 2 次 (简称洗涤，下同)。

(3) 加样：将待测的杂交瘤每孔取 100 μL 上清液按顺序加入酶标板孔中，轻轻摇匀，37℃ 1 h，洗涤、拍干。

(4) 加酶标抗抗体；先用稀释液将酶标第二抗体按说明稀释到适当的工作浓度，每孔加入 50~100 μL，轻轻摇匀，置 37℃ 1 h；然后洗涤、拍干。

(5) 加显色液：各孔加新鲜配制的显色液 100 μL，轻轻摇匀，37℃ 10~30 min。

(6) 终止反应：每孔加终止液 50 μL。

(7) 判定结果：可于白色背景上，直接用肉眼观察结果，根据颜色深浅，以“++++”、“+++”、“++”、“+”、“–”表示。也可在酶标仪上测定 OD 值。

【注意事项】

(1) 在包被已知抗原时，有多少待测的杂交瘤孔，就需包被多少抗原孔，应在检测前一天包被。

(2) 加样时，杂交瘤孔的上清液一定要与酶标板孔一一对应，并做好标记，否则当酶标结果出来时，无法判断阳性的是哪一孔，只得重做，给工作带来不必要的麻烦。

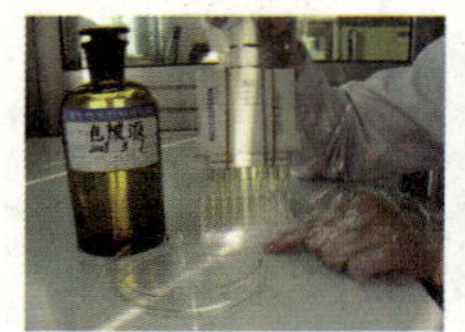
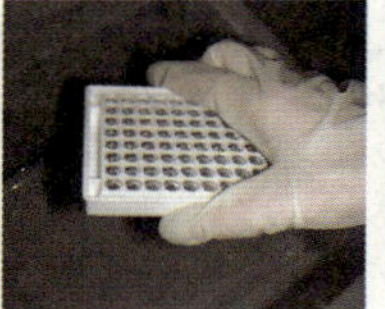
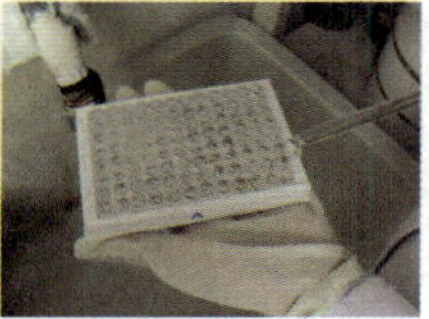

1. 包被抗原　2. 4℃过夜后甩掉孔内液体　3. 加封闭液 37℃ 1 h 后洗板

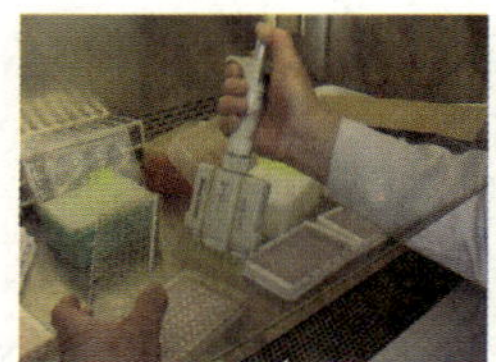
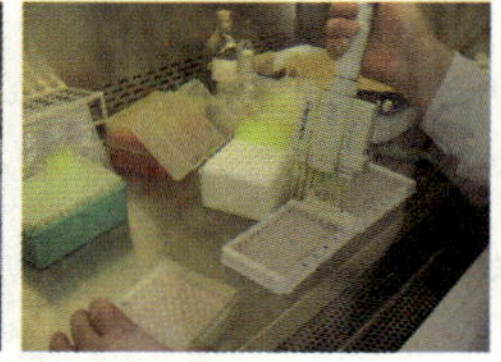
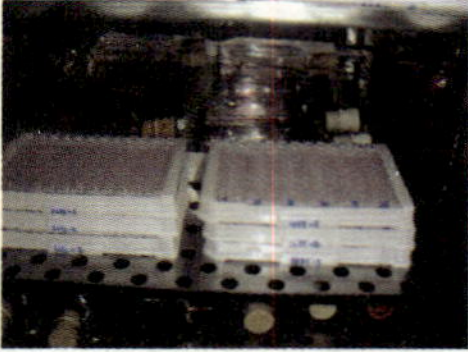
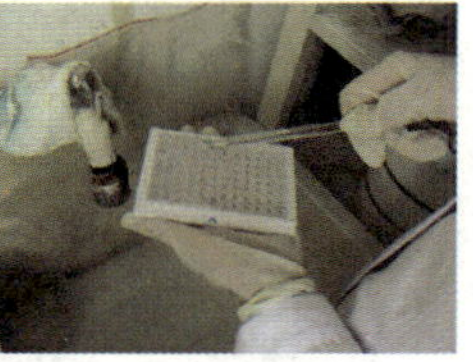

4. 取杂交瘤上清液加入酶标板　5. 37℃ 1 h 后洗板

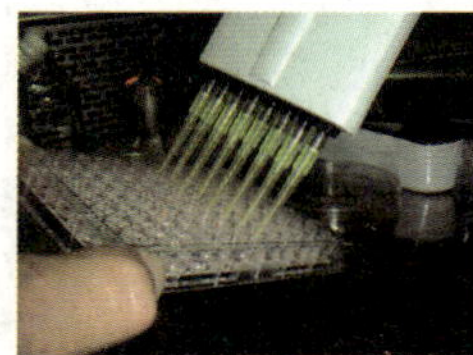
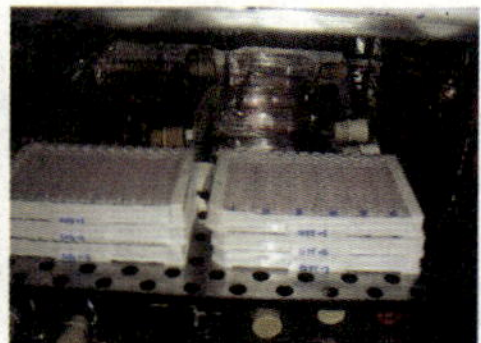

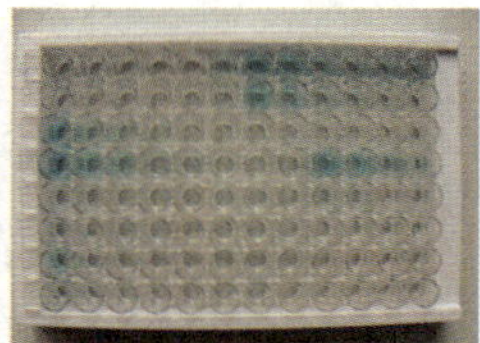

6. 加酶标抗抗体 37℃ 1 h 后洗板　7. 加显色液

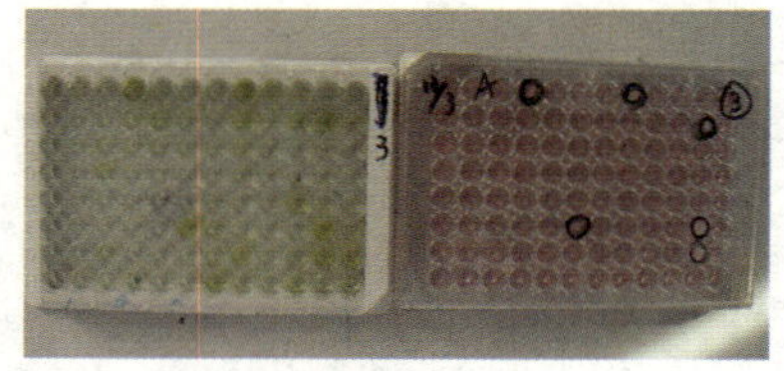

8. 加终止液肉眼观察颜色变化或用酶标仪检测 OD 值　9. 将酶标检测阳性孔在杂交瘤培养板上做好记号以备克隆

图 6-14　ELISA 间接法筛选阳性杂交瘤示意图

（3）在 ELISA 中，进行各项实验条件的选择是很重要的，其中包括：

① 固相载体的选择：许多物质可作为固相载体，如聚氯乙烯、聚苯乙烯、聚丙酰胺和纤维素等。其形式可以是凹孔平板、试管、珠粒等。目前常用的是 96 孔聚苯乙烯凹孔板。不管何种载体，在使用前均可进行筛选：用等量抗原包被，在同一实验条件下进行反应，观察其显色反应是否均一，据此判明其吸附性能是否良好。

② 包被抗体（或抗原）的选择：将抗体（或抗原）吸附在固相载体表面时，要求纯度好，吸附时一般要求 pH 在 9.0~9.6 之间。吸附温度、时间及其蛋白量也有一定影响，一般多采用 4℃ 18~24 h。蛋白质包被的最适浓度需进行滴定：即用不同的蛋白质浓度进行包被后，在其他试验条件相同时，观察阳性标本的吸光度 OD 值。选择 OD 值最大而蛋白量最少的浓度。对于多数蛋白质来说通常为 1~10 μg/mL。

③ 酶的底物：底物作用一段时间后，应加入强酸或强碱以终止反应。通常底物作用时间，以 10~30 min 为宜。显色液必须新鲜配制。

（4）通过 ELISA 检测阳性的杂交瘤孔应及时进行克隆，具体方法见第八节。

思考题

1. 说说 ELISA 间接法检测抗体的原理。
2. 怎样对融合后的杂交瘤进行筛选？
3. 说说 ELISA 筛选阳性孔的步骤。

第八节　杂交瘤的克隆化及冻存与复苏

▶资料单

【知识目标】

- 掌握杂交瘤克隆的意义。
- 掌握杂交瘤克隆的方案及克隆的时间。
- 掌握杂交瘤克隆的方法及特点。
- 了解杂交瘤细胞冻存与复苏的意义。

【教学内容】

一、杂交瘤克隆化概述

克隆化（cloning）是指使单个细胞通过无性繁殖而获得该细胞团体的整个培养过程。这种细胞团体的每个细胞的生物学特性和功能完全相同，经克隆化获得的杂交瘤也称亚克隆。由于大多数情况下产生特异性抗体的杂交瘤集落不是来自单个细胞，其中可能混有不分泌抗体的克隆，而且它比分泌抗体的克隆生长快，因此应尽早进行检测及克隆化。刚刚融合获得的杂交瘤不稳定，染色体易丢失，即便经过多次克隆化，分离出分泌抗体的杂交瘤细胞系，在培养过程中也会发生变异，不再产生抗体，因此需要再克隆化，选择出分泌特异性抗体的杂交瘤。一般融合后获得的杂交瘤要经过 3

次左右的克隆化，达到100%孔均为抗体阳性克隆为止。另外，长期冻存于液氮的杂交瘤细胞，复苏后分泌特异性抗体的功能仍有丢失的可能，因此也应定期作克隆化，检测抗体分泌情况。

细胞融合后第一次克隆化的时间应尽可能早，越早越不容易丢失阳性克隆。因此要求尽早检测，以确定细胞融合后的克隆是否分泌特异性抗体（当然这主要还依赖于检测方法的敏感性高低），一旦检测确定为阳性，则不论其细胞克隆大小，应立即进行克隆化，这是保证克隆化成功，获得稳定分泌 McAb 的杂交瘤细胞系的非常重要的一环。

由于融合过程中，杂交瘤是在 HAT 选择性培养液中生长，其生长能力比它的亲本骨髓瘤细胞弱，当确认骨髓瘤细胞已死亡时，第一次克隆化应改用含 HT 的培养液，以提供足够的嘌呤和嘧啶核苷，以后的克隆化可用不含 HT 的培养液。此外，由于单个细胞难以存活，克隆化时常需加入饲养细胞以辅助其生长。饲养细胞不但可以吞噬死亡细胞，还可以提供必要的淋巴细胞生长因子。建立一个稳定的杂交瘤细胞系一般需克隆筛选 3 次。

杂交瘤克隆化一般是指将抗体阳性孔进行克隆化。因为经过 HAT 筛选后的杂交瘤克隆不能保证一个孔内只有一个克隆。在实际工作中，可能会有数个甚至更多的克隆，可能包括抗体分泌细胞、抗体非分泌细胞、所需要的抗体（特异性抗体）分泌细胞和其他无关抗体的分泌细胞，要想将这些细胞彼此分开就需要克隆化。

克隆化的原则是，对于检测抗体阳性的杂交克隆尽早进行克隆化，否则抗体分泌的细胞会被抗体非分泌的细胞所抑制，因为抗体非分泌细胞的生长速度比抗体分泌的细胞生长速度快，两者竞争的结果会使抗体分泌的细胞丢失。即使克隆化过的杂交瘤细胞也需要定期再克隆，以防止杂交瘤细胞的突变或染色体丢失，从而丧失产生抗体的能力。

二、杂交瘤克隆化方法

克隆化的方法很多，如有限稀释法、软琼脂平板法、单细胞显微操作法和荧光激活细胞分类法等，但最常用的是有限稀释法和软琼脂平板法。

（一）有限稀释法

有限稀释法是将细胞悬液连续稀释，至一定程度时，就有可能得到含单个细胞的悬液，将其接种到培养板中，就可由此单个细胞增殖形成同源性的细胞克隆。本法操作简便，不需特殊设备，是各实验室最常采用的方法。

（二）软琼脂培养法

本法为最先使用的克隆化方法。在制备羊红细胞 McAb 中，琼脂内加入部分羊红细胞，用空斑法检查，同时完成了抗体检测和克隆化培养。在这一对抗原抗体系统中，本法有简便快速的优点，但对其他抗原来讲，就有不便之处。操作是以适当浓度杂交瘤细胞加入软琼脂培养基中，由一个细胞增殖的克隆形成一个集落，将各细胞集落移入液体培养液中，如能产生抗体，就可选出所需抗体的克隆。本法优点是细胞融合后可直接进行克隆化，还可局部去除污染，但操作较复杂。

（三）单细胞显微操作法

在倒置显微镜下，借助毛细吸管将单个细胞逐个吸出，分别放入已加有饲养细胞的 96 孔微量培养板中继续培养。本法特点是借助显微镜选择形态好的细胞，准确性强。

（四）单克隆细胞集落显微操作法

细胞融合后，各孔中常出现多个杂交瘤克隆，其中有一些是不稳定的或是不分泌抗体的克隆，这不但影响分泌特异性抗体的杂交瘤的生长，而且也影响上述几种方法进行克隆化的效果。此时可采用单克隆细胞集落的显微操作法来进行初步的克隆化，其操作步骤基本同单细胞显微操作法，只是在取细胞时是将多克隆细胞孔中每一团细胞克隆分别吸出，转移至另一块已加有饲养细胞的板中培养。由于转移的是单克隆细胞，而且细胞数量在十几个至上百个，细胞增殖快，很快即可达到检测抗体所需的细胞数。采用此法需注意的是，在吸出克隆时，宁可少吸出一些细胞，也不要将别的细胞克隆吸出。另外软琼脂中生长的克隆也可采用此法吸出，转移至液体培养液中培养。

（五）荧光激活细胞分类仪分离法

荧光激活细胞分类仪（FACS）是 20 世纪 70 年代后期，几乎与 McAb 技术同时发展起来的先进仪器。其分离单细胞的原理是将悬液中的细胞引入一种液体的中央，使其一个接一个地通过已经聚焦的高能激光束，根据荧光和光散射的性质快速分析和分离细胞。由于每个细胞所散射的光强度，以及它处在激光束中所激发的荧光强度、色泽或极性等不同，因此每个细胞均显示各自的特征。随后，这些光学信号被相应的光测量仪器转换成电信号，再用仪器来处理分析，该仪器主要具有以下几种功能。

（1）利用激光对于被检细胞的光散射程度，测定细胞的大小，按其体积进行分类，并可从荧光屏上显示出或通过电子计算机存储，并自动打印记录。

（2）应用已知的 McAb 与被检细胞，或已知细胞与未知 McAb 结合后，加入荧光标记的第二抗体，这样可按细胞上结合的荧光素的量来进行识别和分类。FACS 的分辨率很高，细胞之间结合荧光素量的微小差别（如 5%）也能区分。其敏感性也很高，细胞表面只要结合 3 000 个荧光素分子即可识别。

(3) 利用 FACS 还可分离单个细胞（如杂交瘤细胞），分离后使它在培养液中生长。每秒钟可分离 5 000 个细胞，纯度可达 90%~99%，因此可应用于各种细胞的免疫特异性的鉴别，计数及分类分离。

荧光激活细胞分类仪在克隆化工作中，对细胞的分类和筛选有其他方法无法比拟的优越性，特别是在分析淋巴细胞表面抗原的 McAb 中有很大作用。但是该仪器价格昂贵，在国内外只有少数实验室使用。

三、杂交瘤细胞的冻存与复苏

（一）杂交瘤细胞的冻存

及时冻存原始孔的杂交瘤细胞、每次克隆化得到的亚克隆细胞是十分重要的。因为在没有建立一个稳定分泌抗体的细胞系的时候，细胞的培养过程中随时可能发生细胞的污染、分泌抗体能力的丧失等。如果没有原始细胞的冻存，则因为上述的意外而前功尽弃。

杂交瘤细胞的冻存方法同其他细胞系的冻存方法一样，原则上每支冻存管应含 1×10^6 个细胞以上，但对原始孔的杂交瘤细胞可以因培养环境不同而改变，在 24 孔培养板中培养，当长满孔底时，一孔就可以冻一支细胞冻存管或一安瓿。

细胞冻存液为：

20%小牛血清

70%不完全培养液

10% DMSO（二甲基亚砜）

冻存液最好预冷，操作动作轻柔、迅速。冻存时从室温可立即降到 0℃，再降温时一般按每分钟降温 2~3℃，待降至−70℃可放入液氮中。或细胞管降至 0℃后，放入−70℃超低温冰箱，次日转入液氮中，也可以用细胞冻存装置进行冻存。

冻存细胞要定期复苏，检查细胞的活性和分泌抗体的稳定性，只要细胞冻存时生长状态良好、数量足够及冻存条件得当，一般在液氮中细胞可保存数年或更长时间。

（二）杂交瘤细胞的复苏

杂交瘤的复苏方式一般有常规复苏法和体内复苏法，在一般情况下都采用常规复苏法，该方法操作简便，适于冻存时细胞数量较多、生长状态良好的杂交瘤细胞株。

该法的一般操作如下：

将冻存细胞自液氮中小心取出，迅速放置于37℃水浴中，在1 min内使冻存的细胞解冻，将细胞用完全培养液洗涤两次，然后移入头天已制备好的饲养层细胞的培养瓶内，置37℃、5% CO_2孵箱中培养，次日可以换液，弃去漂浮的死亡细胞，此时存活的细胞大部分可贴壁生长并增殖，当细胞形成集落时，检测抗体活性。

如果上述复苏法难以复苏或受支原体、细菌及真菌污染的杂交瘤细胞系，采用体内复苏法是一种较为有效的拯救方法，该方法也适合用于长时间远距离运送的杂交瘤细胞系。体内复苏法常用的方法是将杂交瘤细胞接种于小鼠的皮下、腹腔或脾内，具体方法见第五章细胞的复苏。

思考题

1. 为什么要对杂交瘤进行克隆？
2. 制订一个合理的对阳性杂交瘤克隆的方案。
3. 杂交瘤克隆的方法有哪些？各有何特点？
4. 说说杂交瘤细胞冻存与复苏的意义。

技能单1　克隆化技术1——有限稀释法

【能力目标】

- 掌握利用有限稀释法进行细胞克隆的方法。

【实验器材】

（1）RPMI-1640完全培养液（若是第一次克隆化，则用含HT的RPMI-1640完全培养液）。

（2）无菌96孔微量细胞培养板。

（3）制备小鼠饲养细胞的器材和试剂（见本章第四节技能单）。

（4）倒置显微镜、细胞计数板。

（5）无菌平皿、毛吸管、吸管（1 mL，10 mL）。

（6）可调加样器、加样器头（高压灭菌）。

【实验内容及操作步骤】

（1）制备饲养细胞悬液（见本章第四节技能单）。

（2）阳性孔细胞的计数，并调细胞数在 $(1\times10^3)\sim(5\times10^3)$/mL。

（3）取 130 个细胞放入 6.5 mL 含饲养细胞完全培养液，即 20 个细胞 /mL，100 μL/孔加 A、B、C 三排为每孔 2 个细胞。余下 2.9 mL 细胞悬液补加 2.9 mL 含饲养细胞的完全培养液，细胞数为 10 个 /mL，100 μL/ 孔加 D、E、F 三排，为每孔 1 个细胞。余下 2.2 mL 细胞悬液补加 2.2 mL 含饲养细胞的完全培养液，细胞浓度为 5 个 /mL，每孔 100 μL，加 G、H 两排，为每孔 0.5 个细胞。

（4）培养 4~5 d 后，在倒置显微镜上可见到小的细胞克隆，补加完全培养液每孔 200 μL（图 6-15）。

（5）第 8~9 d 时，肉眼可见细胞克隆（图 6-16），在倒置显微镜下挑选 1~3 个克隆的孔做好记号，用 ELISA 法及时进行抗体检测，阳性者再克隆，一般克隆 3 次即可得到稳定的分泌抗体的单克隆杂交瘤。

注：初次克隆化的杂交瘤细胞需要在完全培养液中加 HT。

【注意事项】

（1）用做克隆化的饲养细胞可以是小鼠的腹腔巨噬细胞，也可是脾细胞。一般正常小鼠的腹腔巨噬细胞为 $(3\sim5)\times10^6$，可供 2 块 96 孔板使用，一只正常小鼠的脾细胞为 $(1\sim2)\times10^8$，可供 10 块 96 孔板使用。

（2）每次克隆化得到的阳性亚克隆，在继续进行克隆或扩大培养的同时，应及时冻存几支。

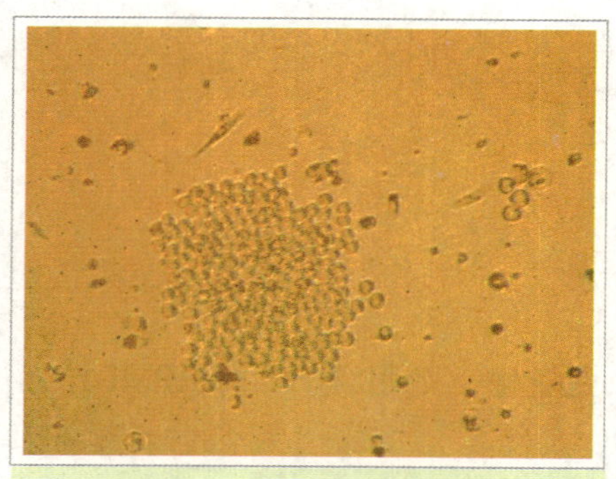

图 6-15　培养 4~5 d 杂交瘤细胞

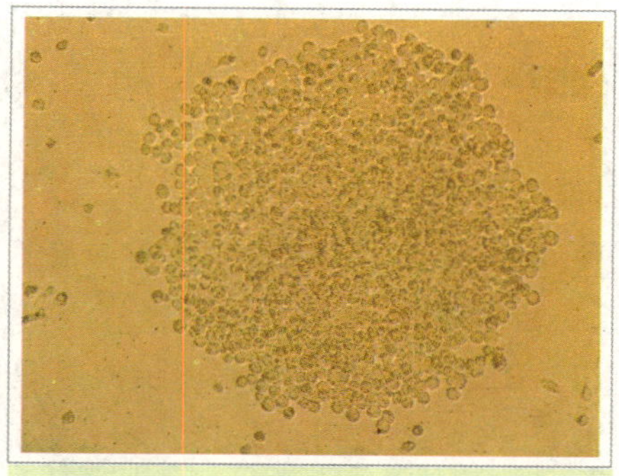

图 6-16　培养 7~8 d 杂交瘤细胞

思考题

通过实验，你认为有限稀释法成功的关键是什么？

▶技能单 2　克隆化技术 2——软琼脂法

【能力目标】

● 掌握软琼脂法克隆细胞的方法。

【实验器材】

（1）直径 9 cm 无菌平皿、三角瓶、电子天平、水浴锅、毛细吸管、高压灭菌锅、CO_2 培养箱。

（2）优质无细胞毒性琼脂、生理盐水。

（3）DMEM 或 RPMI-1640、小牛血清。

（4）饲养细胞：小鼠腹腔巨噬细胞。

【实验内容及操作步骤】

（1）配制含 20% FCS（小牛血清）的 2 倍浓缩的 DMEM 或 RPMI-1640。

（2）配制 1%琼脂水溶液：优质无细胞毒性琼脂 400 mg 加入生理盐水 20 mL，120℃高压灭菌 15 min，4℃保存。用时溶化 42℃预热。

（3）配制 0.5%琼脂：由 1 份 42℃预热 1%琼脂加 1 份 42℃预热含 20%小牛血清的 2 倍浓缩的 DMEM 或 RPMI-1640，加入适量的饲养细胞，置 42℃保温。

（4）用上述 0.5%琼脂液 15 mL 倾注于直径为 9 cm 的平皿中，在室温中待凝固后作为基底层备用。

（5）按 100 个 /mL，500 个 /mL 或 5 000 个 /mL 等浓度配制需克隆的细胞悬液。

（6）1 mL 0.5%琼脂液（42℃预热）在室温中分别与 1 mL 不同浓度的细胞悬液相混合。

（7）混匀后立即倾注于琼脂基底层上，在室温中 10 min，使其凝固，孵育于 37℃、5% CO_2 培养箱中。

（8）4~5 d 后即可见针尖大小白色克隆，7~10 d 后，当克隆生长至 1~2 mm 时，用毛吸管吸出克隆，直接移种至含饲养细胞的 24 孔板中进行培养。

（9）吸取上清，检测抗体，必要时阳性孔可继续克隆化或扩大培养、冻存。

【注意事项】

（1）本法操作时对琼脂溶化的温度要掌握好。过高会导致细胞死亡及血清凝固，过低则易造成不均一的冷凝。琼脂的质量也是影响克隆形成的重要因素之一，应选用优质无细胞毒性的琼脂。

（2）根据培养条件及杂交瘤细胞的不同，生长出的克隆数也有不同，克隆密度过高时，会使克隆化不准确。为了得到适当数目的克隆（10~30 个 / 平皿），可用 3~6 个平皿，对每个平皿中所含的细胞做系列稀释。

思考题

通过实验，你认为用软琼脂法克隆杂交瘤成功的关键是什么？

技能单 3　克隆化技术 3——单细胞显微操作法

【能力目标】

● 掌握单细胞显微操作法克隆细胞的方法。

【实验器材】

（1）直径 3.5 cm（或 6 cm）塑料或玻璃培养皿。

（2）带有乳胶管的直角弯头毛细吸管。

（3）倒置显微镜。

（4）预先制备好饲养细胞层的 96 孔板。

【实验内容及操作步骤】

（1）将待克隆化的细胞悬液计数后取 1 000 个或 3 000 个左右的细胞，分别加入直径 3.5 cm（或 6 cm）的平皿中，在 CO_2 孵箱中静置 1 h，然后取出。

（2）在无菌条件下，将平皿置于倒置显微镜下，去盖，将弯头毛细吸管置水平位置，直至显微镜下见到管口，使管口几乎与液面成垂直，向下直插皿底。

（3）将管口对准单个细胞，轻吸乳胶管使细胞进入管内（有时由于毛细作用，不用吸细胞也可进入管内）。

（4）将管内细胞吸出至预先加有饲养细胞的 96 孔微量培养板孔中。

（5）毛细吸管在装有无菌培养液的小瓶内冲洗数次，共经过 2~3 个小瓶冲洗后，再继续吸取其他单个细胞至另外的培养孔中，直至 96 孔均装有细胞，加盖。

（6）培养观察、换液检测等同有限稀释法。

【说明】

为了掌握该技术，可在有菌条件下进行练习：

（1）先在 6 cm 培养皿内，加入洁净的液体石蜡，液面高至 4~5 mm，用吸有无血清培养液的滴管在平皿的四周（类似琼脂双扩散实验的周围 6 孔），插入皿底各加一滴液体。

(2) 再取每毫升含 10^3 个左右的细胞悬液，将滴管头插入皿底加一滴悬液在皿中央石蜡油液面下，静置数分钟至数十分钟。

(3) 置倒置显微镜下，按上述方法从中央液滴内逐个取出细胞，滴入周围液滴。

(4) 操作完毕，检测周围液内的细胞数，反复操作至平均在数秒钟内能准确地取出一个细胞。

思考题

1. 通过实验，你认为用单细胞显微操作法克隆杂交瘤成功的关键是什么？
2. 比较不同的克隆方法，你认为哪一种方法比较好？

第九节　单克隆抗体的大量制备及影响因素和失败原因分析

▶资料单

【知识目标】

- 掌握大量生产单克隆抗体的方法。
- 了解鉴定单克隆抗体的方法。
- 掌握生产单克隆抗体的影响因素。
- 学会分析单克隆抗体生产失败的原因。

【教学内容】

一、单克隆抗体的制备

杂交瘤细胞系建立以后，可根据需要，大量制备单克隆抗体。目前制备单克隆抗体的方法主要有体外培养法和动物体内诱生法。

(一) 体外培养法

体外培养法使用旋转培养管大量培养杂交瘤细胞，从上清中获取单克隆抗体。一般包括悬浮培养法和固相培养法，前者和常规的静置培养相比，增加了细胞生长空间，使单位体积内的细胞数量增多，抗体产量也增加；后者是单层培养和悬浮培养相结合的一种培养方式，主要用于贴壁性能较强的杂交瘤细胞，以小的固体颗粒作为细胞生长的载体，细胞固定在载体表面上生长。体外培养生产工艺简单、易控制，可以大规模生产，因此目前国际上上市的单克隆抗体多采用此种方法，但该种方法制备的单克隆抗体的浓度不高，一般培养液含量为10~60 μg/mL，如大量生产，费用较高。

（二）动物体内诱生法

动物体内诱生法是一种操作简便、经济的常用方法，主要用于生产科研或诊断用的单克隆抗体，是一般用途的单克隆抗体制备的首选方法。常用腹水制备法，腹水中的单克隆抗体的浓度可达2~5 mg/mL，是体外培养法的100~1 000倍。

此方法为先腹腔注射降植烷（pristan，2，6，10，14-四甲基五癸烷）或液体石蜡于BALB/c鼠，1~2周后腹腔注射杂交瘤细胞，接种细胞7~10 d后可产生腹水，收集腹水。腹水中单克隆抗体含量可达5~20 mg/mL，这是目前最常用的方法，还可将腹水中细胞冻存起来，复苏后转种小鼠腹腔则产生腹水快，且量多。

二、单克隆抗体的鉴定

对制备的McAb进行系统的鉴定是十分必要的。应对其做如下方面的鉴定。

1. 抗体特异性的鉴定

除用免疫原（抗原）进行抗体的检测外，还应用与其抗原成分相关的其他抗原进行交叉试验，方法可用ELISA法等。例如：(1) 制备抗黑色素瘤细胞的McAb，除用黑色素瘤细胞反应外，还应用其他脏器的肿瘤细胞和正常细胞进行交叉反应，以便挑选肿瘤特异性或肿瘤相关抗原的单克隆抗体。(2) 制备抗重组的细胞因子的单克隆抗体，应首先考虑是否与表达菌株的蛋白有交叉反应，其次是与其他细胞因子间有无交叉。

2. McAb的Ig类与亚类的鉴定

一般在用酶标或荧光素标记的第二抗体进行筛选时，已经基本上确定了抗体的Ig类型。如果用的是酶标或荧光素标记的兔抗鼠IgG或IgM，则检测出来的抗体一般是IgG类或IgM类。至于亚类则需要用标准抗亚类血清系统做双扩或夹心ELISA来确定McAb的亚类。在做双向免疫扩散试验时，如加入适量的PEG（3%），将有利于沉淀线的形成。

3. McAb中和活性的鉴定

用动物的或细胞的保护实验来确定McAb的生物学活性。例如，如果确定抗病毒McAb的中和活性，则可用抗体和病毒同时接种于易感的动物或敏感的细胞，来观察动物或细胞是否得到抗体的保护。

4. McAb 识别抗原表位的鉴定

用竞争结合试验、测相加指数的方法，测定 McAb 所识别的抗原位点，来确定 McAb 识别的表位是否相同。

5. McAb 亲和力的鉴定

用 ELISA 等竞争结合实验来确定 McAb 与相应抗原结合的亲和力。

三、McAb 的影响因素和失败原因分析

由于制备 McAb 的实验周期长，环节多，所以影响因素就比较多，稍不注意就会造成失败。其主要失败原因和影响有下列因素。

（一）污染

包括细菌、霉菌和支原体的污染。这是杂交瘤工作中最棘手的问题。一旦发现有霉菌污染就应及早将污染摒弃之，以免污染整个培养环境。支原体的污染主要来源于牛血清，此外，其他添加剂、实验室工作人员及环境也可能造成支原体污染。在有条件的实验室，要对每一批小牛血清和长期传代培养的细胞系进行支原体的检查，查出污染源应及时采取措施处理。对于污染的杂交瘤细胞可以采取生物学的过滤方法，将污染的杂交瘤细胞注射于 BALB/c 小鼠的腹腔，待长出腹水或实体瘤时，无菌取出腹水分离出杂交瘤细胞，一般可除去支原体污染。

（二）融合后杂交瘤不生长

在保证融合技术没有问题的前提下主要考虑下列因素：

（1）PEG 有毒性或作用时间过长。

（2）牛血清的质量太差，用前没有进行严格的筛选。

（3）骨髓瘤细胞污染了支原体。

（4）HAT 有问题，主要是 A 含量过高或 HT 含量不足。

（三）杂交瘤细胞不分泌抗体或停止分泌抗体

（1）融合后有细胞生长，但无抗体产生，可能是 HAT 中 A 失效或骨髓瘤细胞发生突变，变成 A 抵抗细胞所致。

（2）有可能是免疫原抗原性弱，免疫效果不好。

（3）对于原分泌抗体的杂交瘤细胞变为阴性，可能是细胞支原体污染，或非抗体

分泌细胞克隆竞争性生长，从而抑制了抗体分泌细胞的生长，也可能发生染色体丢失。

（4）为防止杂交瘤细胞停止分泌抗体，采用如下措施可能会起到一定作用：

① 要大量保存和补充液氮冻存的细胞原管。

② 要应用倒置显微镜经常检查细胞的生长状况。

③ 要定期进行再克隆。

④ 不要让细胞“过度生长”，因为非分泌的杂交瘤细胞将成为优势，压倒分泌抗体的杂交瘤细胞。

⑤ 不要让培养物不加检查地任其连续培养几周或几个月。

⑥ 不要不经克隆化而使杂交瘤在机体内生长。

（四）杂交瘤细胞难以克隆化

这可能与小牛血清质量、杂交瘤细胞的活性状态有关，或由于细胞有支原体污染，使克隆化难以成功。若是融合后的早期克隆化，应在培养液中加 HT。

技能单 1　腹水制备单克隆抗体法

【能力目标】

● 掌握腹水制备单克隆抗体的方法。

【实验器材】

（1）成年 BALB/c 小鼠。

（2）降植烷或液体石蜡或福氏不完全佐剂。

（3）5 mL 注射器、离心管（或短中管）、血细胞计数板。

（4）杂交瘤细胞。

【实验内容及操作步骤】

腹水制备单克隆抗体的基本流程见图 6-17。

（1）小鼠预处理：在接种杂交瘤细胞前 1~2 周，先给小鼠腹腔注射 0.5 mL 降植烷或液体石蜡或福氏不完全佐剂。预处理过的小鼠在 2~3 个月内均可使用。

（2）接种杂交瘤细胞：将培养的杂交瘤细胞吹打下来，1 000 r/min 离心 10 min，弃去上清液，用生理盐水将杂交瘤细胞离心 3 次后将其悬浮混匀，并调细胞浓度至 $(1\sim2)\times10^6$ 个 /mL，每只小鼠经腹腔注射 0.5 mL。

（3）采集腹水：接种杂交瘤细胞后7~12 d，可见小鼠腹部明显膨大，密切观察动物的健康状况与腹水征象，待腹水尽可能多，而小鼠濒于死亡之前，处死小鼠，用滴管将腹水吸入试管中，一般一只小鼠可获 1~10 mL 腹水。也可用注射器抽取腹水，可反复

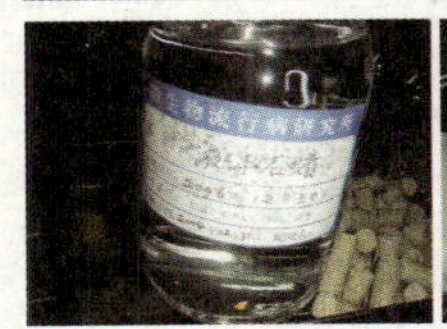

1. 小鼠腹腔注射 0.5 mL 降植烷或液体石蜡

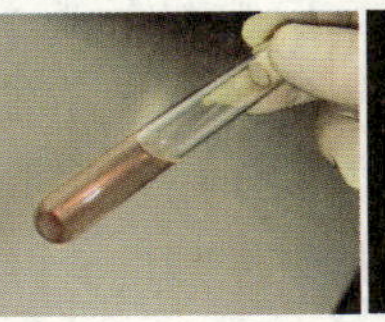
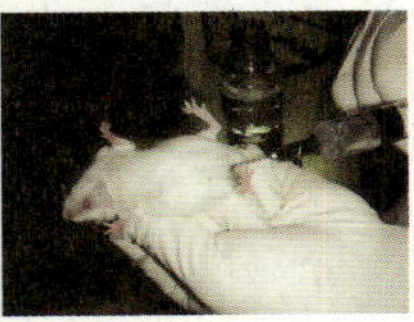

2. 培养杂交瘤细胞、收集洗涤离心、小鼠腹腔注射 0.5 mL

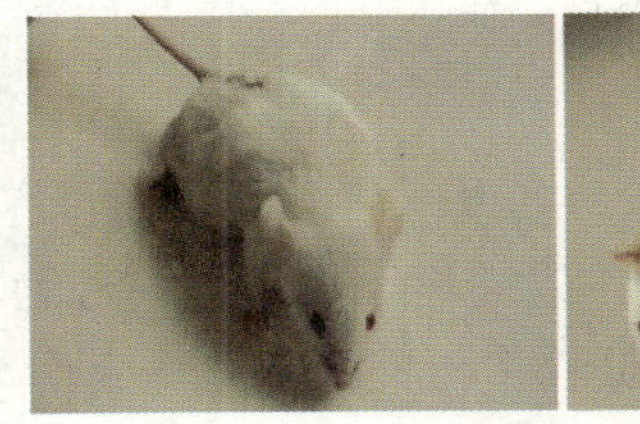

3. 7~12 d，可见小鼠腹部明显膨大已产生大量腹水

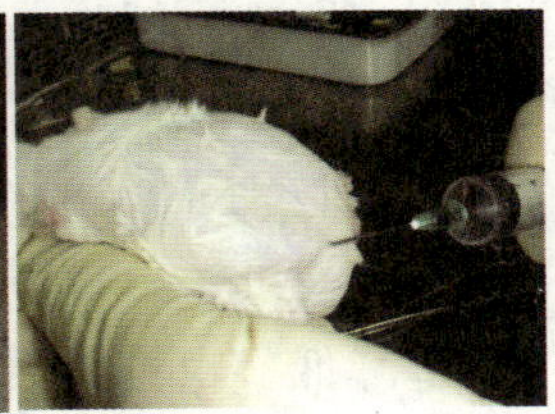

4. 用注射器抽取腹水

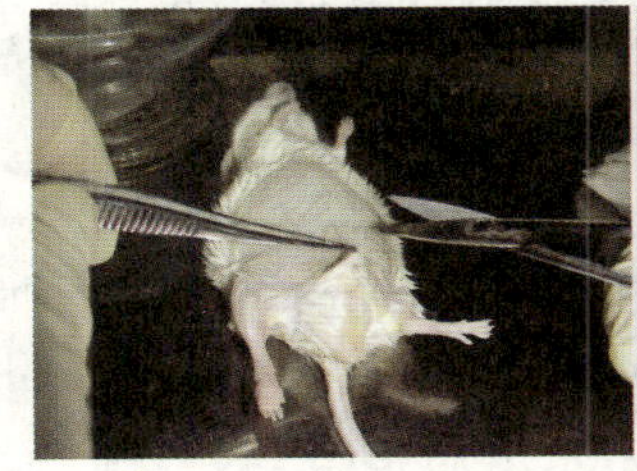
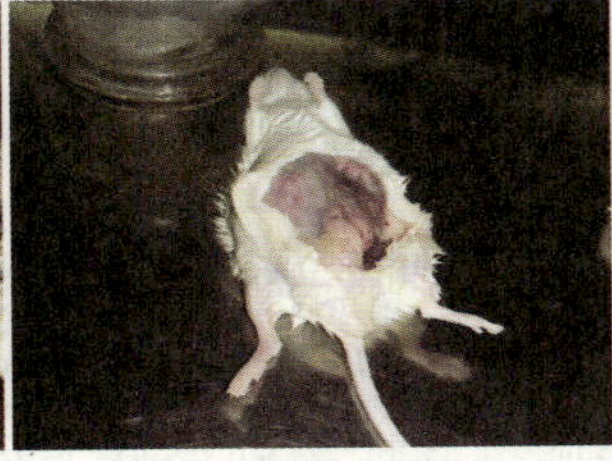
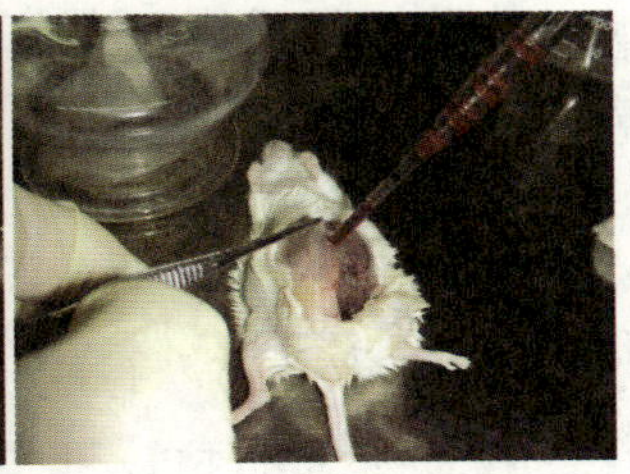

5. 处死小鼠，用滴管吸取血性腹水

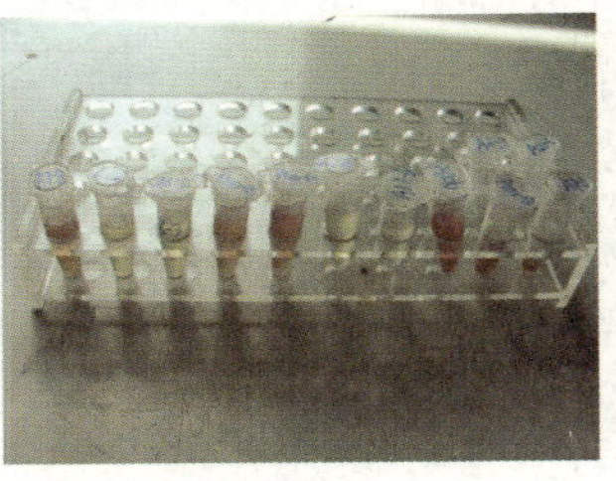

6. 将腹水离心吸上清入 EP 管中

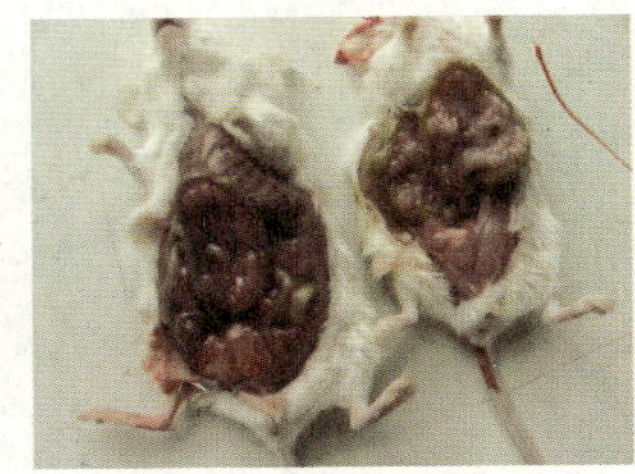

7. 小鼠腹腔密布肿瘤结节

图 6-17　腹水制备单克隆抗体的基本流程

收集数次。用碘酊棉球消毒下腹部皮肤后，即可用 5 mL 注射器抽取腹水（注意使小鼠头部抬高）。也可不用注射器，直接将针头刺入小鼠腹部，让腹水顺针头自然滴入离心管中。一般每只小鼠一次可抽腹水 3~5 mL（少者仅 1~2 mL，多者可达 6~8 mL），间隔 2~3 d，待腹水再生积聚后，同法再抽，一般可抽 1~3 次。将抽取的腹水经 3 000 r/min 离心 15 min，收集上清液，可进行抗体滴度的检测后，分装冻存。

【说明】

（1）一般认为雌鼠（特别是经产雌鼠）的腹水产量高（可能是因其腹壁较松弛），

但最近也有人报道相反的结果。通过我们的实验室实验，二者并无明显差别。

（2）降植烷、液体石蜡和福氏不完全佐剂预处理小鼠的效果基本相同。但有报道认为不完全佐剂产生作用快，小鼠经其处理后 2~3 d 即可按种杂交瘤细胞。还有报道认为将降植烷与不完全佐剂混合使用，不仅诱导腹水产生快，而且收获量多，IgG 含量及效价也高。

（3）杂交瘤细胞接种量以每只小鼠 5×10^5~10^6 个为好。接种细胞过多往往未及收集腹水，小鼠已死亡；接种细胞过少则诱生腹水所需的时间较长。

（4）腹水 McAb 的保存；采集的腹水应及时分装小剂量冷冻保存。最好储存于 –70℃，至少是–20℃，这样至少能分别保存 5 年或 2 年以上，并应避免反复冻融，以免使效价降低。也可将 McAb 冷冻干燥后长期保存，但在冻干过程中可能会损失一部分抗体活性。至于是否加防腐剂（如 0.05%~0.1%叠氮钠）或保护剂（如 30%~50%甘油），则应根据具体情况而定。例如，用于病毒体外培养中和试验及动物体内保护试验的 McAb 便不能含任何防腐剂。一般诊断或实验研究用 McAb 置 4℃存放时可以加入 30%的甘油。

（5）迄今为止，制备一般用途（特别是诊断及实验研究用）的 McAb，仍多采用动物体内诱生 McAb 的方法。由于目前绝大多数杂交瘤细胞均是由 BALB/c 小鼠的骨髓瘤细胞与同一品系的免疫脾细胞融合而来，因此应优先选用 BALB/c 小鼠来制备 McAb。BALB/c 鼠的骨髓瘤细胞与其他品系小鼠的免疫脾细胞融合形成的杂交瘤细胞，以及鼠—人杂交瘤及人—人杂交瘤等则可用裸鼠来制备 McAb。

（6）本方法操作简便，也比较经济，将杂交瘤细胞接种于纯系小鼠或裸鼠腹腔内，即可诱生腹腔瘤和产生含 McAb 的腹水，而且所得 McAb 量较大（3~5 mg/mL），滴度也高，另外本方法还可有效地保存杂交瘤细胞株和分离已经污染杂菌的杂交瘤细胞株。本方法的缺点是腹水中常混有来自小鼠的各种杂蛋白（包括免疫球蛋白），在多数场合下需要提纯后才能使用，而且还有污染动物病毒的危险。

思考题

1. 制备单克隆抗体的方法有哪些？
2. McAb 的影响因素和失败原因有哪些？
3. 腹水法生产单克隆抗体时为什么要对小鼠进行预处理？
4. 利用小鼠生产单克隆抗体有何优缺点？

▶技能单 2　ELISA 间接法检测腹水中抗体滴度

【能力目标】

● 掌握 ELISA 间接法检测抗体的方法。

【实验器材】

（1）包被缓冲液（pH 9.6、0.05 mol/L 碳酸盐缓冲液）、洗涤缓冲液（pH 7.4、0.15 mol/L PBS）、稀释液、TMB（四甲基联苯胺）显色液、终止液（2 mol/L H_2SO_4）。

（2）96 孔聚苯乙烯塑料板（简称酶标板）、ELISA 检测仪、50 μL 及 100 μL 加样器、塑料滴头、小毛巾、洗涤瓶、小烧杯、玻璃棒、试管、吸管和量筒、4℃冰箱、37℃孵育箱。

【实验内容及操作步骤】

（1）包被已知抗原：用包被缓冲液将纯化的包被用抗原稀释至 1~20 μg/mL；向微孔中每孔加 50~100 μL，轻轻摇匀，24℃冰箱过夜或 37℃ 1 h；甩掉孔内液体。

（2）封闭酶标孔中没被抗原包被的位置：向微孔中每孔加 100 μL 封闭液，轻轻摇匀，4℃冰箱过夜或 37℃ 1 h；甩掉孔内液体；逐孔加满洗涤缓冲液，静置 2~3 min，甩掉孔内液体，拍干，用此法先用洗涤缓冲液洗 3 次，再用去离子水洗 2 次（简称洗涤，下同）。

（3）加待测腹水样品：要检测样品中抗体的含量，则可按表 6-3 将样品做倍比稀释，每个样品做一排，轻轻摇匀；37℃ 1 h，洗涤、拍干。每块板应同时设空白对照、阳性对照和阴性对照孔。样品一般为杂交瘤细胞培养上清液、腹水或血清。

表 6-3　腹水稀释方法

孔号	1	2	3	4	5	6	7	8	9	10	11	12
稀释度	1:10	1:20	1:40	1:80	1:160	1:320	1:640	1:1 280	1:2 560	1:5 120	1:10 240	对照
稀释液（μL）	180	100	100	100	100	100	100	100	100	100	100	100
腹水（μL）	20	100	100	100	100	100	100	100	100	100	100	弃去 100

（4）加酶标抗抗体；先用稀释液将酶标第二抗体稀释到适当的工作浓度，每孔加入 100 μL，轻轻摇匀，置 37℃水浴 1 h；然后洗涤、拍干。

（5）加显色液：各孔加新鲜配制的底物使用液 100 μL，轻轻摇匀，37℃水浴 10~30 min。

（6）终止反应：每孔加终止液 50 μL。

（7）判定结果：阴性对照孔应无色或接近无色，阳性对照孔应明确显色。若以上两条成立，则可于白色背景上，直接用肉眼观察结果，根据颜色深浅，判断抗体滴度。也可用酶标仪测定 OD 值。

第七章　卵细胞及胚胎干细胞培养技术

第一节　卵细胞

▶资料单

【知识目标】

- 了解雌性动物生殖细胞。
- 掌握卵泡发育不同阶段的不同特点。
- 掌握卵子的结构特点。
- 掌握胚胎早期发育特点。
- 掌握卵母细胞的采集方法。
- 掌握卵母细胞的成熟特征和培养。

【教学内容】

一、卵泡的发育及其形态特点

卵泡是位于卵巢生殖上皮、包裹卵母细胞或卵子的特殊结构（图 7-1）。动物在出生前，卵巢上便含有大量原始卵泡，初生后随着年龄的增长而不断减少，多数卵泡中途闭锁而死亡，少数卵泡能够发育成熟而排卵。以牛为例，刚出生时每侧卵巢约有 15 万个原始卵泡，出生后约有 200 个卵泡可发育成熟。每个发情周期，可发育的卵泡多达几十个，但成熟卵泡一般只有一个。

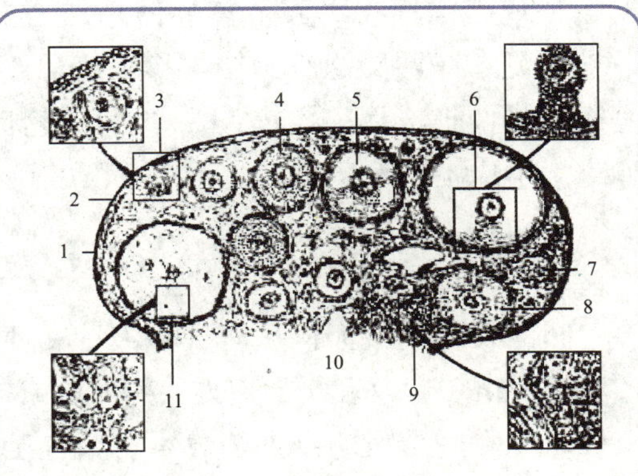

1. 生殖上皮　2. 白膜　3. 初级卵泡　4. 次级卵泡　5. 生长卵泡　6. 成熟卵泡　7. 白体（旧的黄体）　8. 闭锁卵泡　9. 间质细胞　10. 卵巢门　11. 黄体

图 7-1　哺乳动物卵巢上卵泡的结构

卵泡发育是指卵泡由原始卵泡发育成为初级卵泡、次级卵泡、生长卵泡和成熟卵泡的生理过程。

（一）原始卵泡

是位于卵巢皮质外周、体积最小的卵泡，核心是一卵原细胞，周围被覆一层扁平状的卵泡细胞（颗粒细胞），没有卵泡膜和卵泡腔。

（二）初级卵泡

是位于卵巢皮质，由卵母细胞和排列在其周围的一层柱状卵泡细胞构成的卵泡，由原始卵泡发育而成。卵泡膜尚未形成，也无卵泡腔。

（三）次级卵泡

由初级卵泡进一步发育而来，位于卵巢皮质较深层。卵泡上皮细胞增殖，形成多层柱状细胞围绕其外（颗粒层细胞）。随着卵泡的生长，整个卵泡的体积也增大。此时，由卵母细胞和颗粒层细胞共同分泌的物质，聚积在卵黄膜与颗粒层细胞之间，形成透明带。

以上 3 种卵泡的共同特点是没有卵泡腔，所以有人将上述 3 种卵泡统称为无腔卵泡或腔前卵泡。

（四）生长卵泡

次级卵泡继续发育，在这时期，卵泡细胞分泌的液体进入卵泡细胞与卵母细胞间隙，形成卵泡腔。随着液体分泌量的增多卵泡腔进一步扩大，卵母细胞被挤在一边，并被包裹在一团卵泡细胞中，形成突出于卵泡腔中的半岛，称为卵丘。因此，卵泡腔是否形成及形成后的大小，可作为评定卵泡发育程度的依据。通常，卵泡腔的大小与卵泡大小成正比例关系。

（五）成熟卵泡

卵泡发育到最大体积时，卵泡壁变薄，卵泡腔内充满液体使体积增至最大，这时的卵泡突出于卵巢表面，称为成熟卵泡或排卵卵泡。牛的成熟卵泡直径可达 10~14 mm。多胎动物在一个发情周期里，可有数个至数十个原始卵泡同时发育到成熟卵泡，而单胎动物一般只有一个卵泡发育到成熟并排卵。

生长卵泡或成熟卵泡的共同特点是含有卵泡腔，因此被称为有腔卵泡。

动物在出生后有许多卵泡，但只有极少数卵泡发育成熟并排卵，大部分卵泡发生闭锁。例如，大鼠和小鼠在出生后最初几周、豚鼠在出生后一年内有 50%~60%的卵泡发生闭锁。猪在发情周期第16~21天期间，有40%~50%的生长卵泡发生闭锁。越是年轻的动物，卵泡闭锁的发生愈严重。因此，随着年龄的增长，卵泡绝对数逐渐减少。例如，初生母犊有75 000个卵泡，10~14岁时有25 000个卵泡，到20岁时，只有3 000个卵泡。因此，应用活体采卵方法在动物幼年时收集卵母细胞时，获得的卵母细胞数较多。

二、卵子

（一）卵子的发生

卵子是受精的基础，在受精以前，它是一个单细胞，与精子进行受精后形成受精卵或合子。

卵子是由卵原细胞经分裂后发育形成初级卵母细胞，初级卵母细胞的生长与卵泡的发育密切相关。初级卵母细胞生长很快，随着卵泡的发育至卵泡开始形成空腔时达到其成熟体积。随后受垂体激素的影响，卵泡直径增加很快，其中的初级卵母细胞也达到最大体积。

在卵泡增大的后期，初级卵母细胞逐渐成熟，这时初级卵母细胞便开始第一次减数分裂，排出含有一半染色体，富含细胞质和卵黄的次级卵母细胞和少量细胞质的第一极体，从卵巢中排出。次级卵母细胞进入输卵管后，在输卵管中进行第二次减数分裂，次级卵母细胞分裂成卵细胞（卵子）和第二极体。此外，第一极体有时也可能分裂为两个极体，称之为第三和第四极体。

（二）卵子的形态与结构

1. 卵子的形态

哺乳动物的卵子为圆形，其大小因所含卵黄量不同而异，变动范围较大。各种家畜卵子形态和生理比较见表7–1。

表7–1 各种家畜卵子形态和生理比较

	牛	绵羊	猪	马
卵子含有单组染色体数	30	27	19	30
排卵前成熟卵泡直径 /mm	12~19	5~8	8~12	25~65
除透明带外的成熟卵子直径 /μm	120~160	140~185	120~170	120~180
每次排卵时破裂的卵泡数	1~2	1~4	10~25	1~2
卵子能受精的存活时间 /h	12~24	12~24	12~24	12~24
在活卵子内卵黄质的外观	灰色	灰色	暗灰色	黑色

2. 卵子的结构

卵子的结构包括放射冠、透明带、卵黄膜及卵黄等部分（图 7-2）。

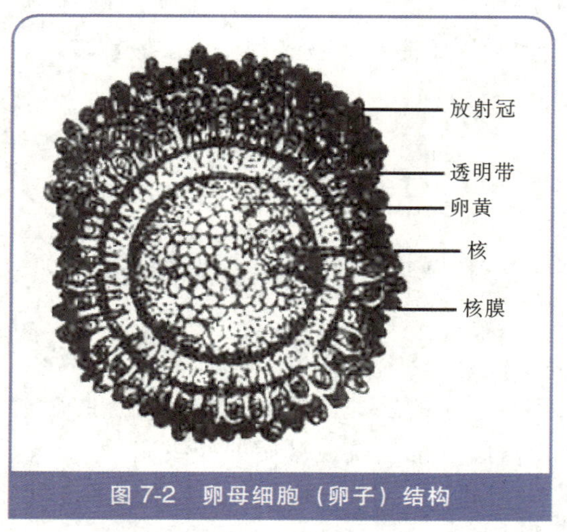

图 7-2　卵母细胞（卵子）结构

（1）放射冠：卵泡细胞增殖形成多层细胞围绕着卵母细胞，称为颗粒层细胞或放射冠细胞。这些细胞的原生质伸出部分穿入透明带，并与卵母细胞本身的微细突起相交织，保持与卵黄膜之间的接触，可能供给卵黄以营养。排卵数小时后，由于输卵管分泌纤维素分解酶的作用，使这些细胞脱落形成裸卵。这一过程，猪和家兔比牛、绵羊发生得较慢。

（2）卵膜：分为卵黄膜和透明带两层。卵黄膜是卵母细胞的皮质分化物，类似体细胞的原生质膜，膜上有微绒毛。透明带为均质的半透明膜，可以被蛋白分解酶溶解。卵膜的作用是：①保护卵子完成正常受精过程；②对精子有选择作用；③使卵子有选择地吸收无机离子和代谢物质。

（3）卵黄：位于透明带内部的结构，主要为卵子发育和胚胎早期发育提供营养物质。排卵时，卵黄占据透明带内的大部分容积。受精后，卵黄收缩，并在卵黄膜与透明带之间形成间隙，称卵黄周隙，极体位于其中。卵子如未受精，则卵黄断裂为大小不等的碎块，每一块含有一个或数个发育中的核。

（4）卵核：位于卵黄内的结构，由核膜、核糖核酸等组成。刚排卵后的卵核处于第二次成熟分裂中期状态，染色质呈分散状态。受精前，核呈浓缩的染色体状态，雌性动物的主要遗传物质就分布在核内。

（三）畸形卵子

畸形卵子有多种。畸形卵可能是卵母细胞成熟过程不正常或不完全所致，也可能是由遗传因素或环境应激等引起。成熟过程不完全可能是由于极体未排出造成多倍体。此外，随母畜的年龄、品种有所不同。超数排卵的处理方法、使用激素的质量等原因也可引起卵子畸形。图 7-3 为

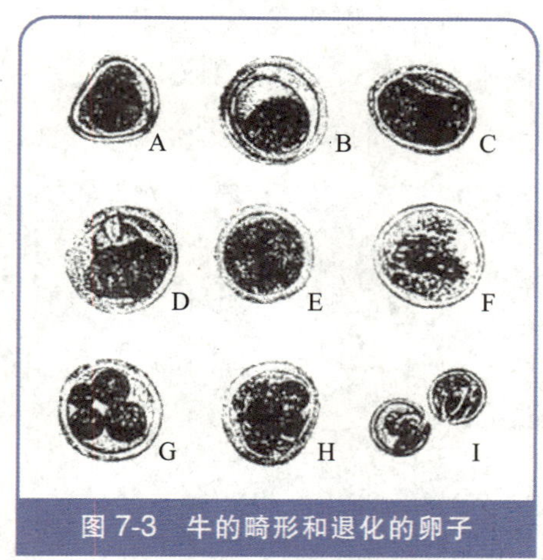

图 7-3　牛的畸形和退化的卵子

牛的畸形和退化的卵子。

图 7-3 中，A、B、C、D 为畸形的未受精卵，显示异常结构；E 为退化的单细胞卵子；F 为更进一步的退化；G、H 为破裂的卵子，注意观察其大小不同的碎块；I 为两个透明带破裂的卵子，注意其细胞质的流失。

三、卵母细胞的采集和成熟培养

（一）卵母细胞的采集

卵母细胞的采集方法通常有超数排卵等 3 种。

1. 超数排卵

此法是以各种外源性促性腺激素诱发动物卵巢的许多卵泡发育并排出具有受精能力的卵子的过程。雌性动物一般用促卵泡素和促黄体素处理后，从输卵管中冲取成熟卵子，可直接与获能精子受精。这种采卵方式多用于小鼠、大鼠和家兔等实验动物，也可用于山羊、绵羊和猪等小型多胎家畜。在大家畜中，由于操作程序复杂，成本较高，很少使用。这种方法的关键是掌握卵子进入输卵管和卵子在输卵管中维持受精能力的时间，一般要求在卵子具有旺盛受精力之前冲取。

2. 从活体卵巢中采集卵母细胞

这种方法是借助超声波探测仪、内窥镜或腹腔镜直接从活体动物的卵巢中吸取卵母细胞。在家畜中，绵羊和猪等常用腹腔镜取卵。牛和马等大家畜常用超声波探测仪辅助取卵，其方法是用手从直肠把握卵巢，经阴道壁穿刺插入吸卵针，借助 B 型超声波图像引导，吸取大卵泡中的卵母细胞。按照目前的技术水平，一头健康母牛每周可获得 5~10 枚卵子。这种方法对扩繁优良母畜具有重大意义，在有些国家已用于商业化生产。

3. 从屠宰后母畜卵巢上采集卵母细胞

这种方法是从刚屠宰母畜体内摘出卵巢，经洗涤、保温（30~37℃）后，快速运到实验室，在无菌条件下用注射器或真空泵抽吸卵巢表面一定直径卵泡中的卵母细胞（牛卵泡直径要求 3~10 mm，绵羊要求 3~5 mm，猪为 3~6 mm）。也可对卵巢进行切片，收集卵母细胞。从废弃卵巢中采集卵母细胞的关键是注意卵巢的保温和防止细菌污染。因此，卵巢从畜体摘取后需放入含有生理盐水或磷酸缓冲液（PBS）的保温瓶中；吸卵前卵巢要用生理盐水或 PBS 多次洗涤；所用溶液都要添加抗生素。这种方法的最大优点是材料来源丰富，成本低廉，但确定母畜的系谱困难。

（二）卵母细胞的选择

采集的卵母细胞绝大部分与卵丘细胞形成卵丘卵母细胞复合体。无论用何种方法采集的都要求卵母细胞形态规则，细胞质均匀，外围有多层卵丘细胞紧密包围。在家畜体外受精研究中，常把未成熟卵母细胞分成 A、B、C 和 D 四个等级。A 级卵母细胞要求有三层以上卵丘细胞紧密包围，细胞质均匀；B 级要求卵母细胞质均匀，卵丘细胞层低于三层或部分包围卵母细胞；C 级为没有卵丘细胞包围的裸露卵母细胞；D 级是死亡或退化的卵母细胞。在体外受精实践中，一般只培养 A 级和 B 级卵母细胞。

（三）卵母细胞成熟的特征

卵母细胞成熟是指充分生长卵母细胞向成熟卵母细胞转化的过程。卵母细胞体外成熟主要包括减数分裂的恢复和完成，以及细胞质、细胞膜、透明带、卵丘细胞的成熟变化。卵丘细胞扩展常用做判断卵母细胞体外成熟的特征。Hunter 和 Moor（1987）根据卵丘细胞扩展情况制定了牛卵母细胞体外成熟的判断标准：

一级成熟卵为“卵丘细胞完全扩展”，卵丘细胞团至少向外扩展 3 倍于裸卵直径(300 μm)。

二级成熟卵为“卵丘细胞中等扩展”，卵丘细胞向外扩展 2 倍于裸卵直径（200 μm）。

三级成熟卵为“卵丘细胞轻度扩展”，卵丘细胞仍紧紧地粘贴在透明带上。

一般而言，绝大多数的一级成熟卵和多数的二级成熟卵均已达到成熟状态，排出第一极体。在人、猪、小鼠、大鼠和绵羊等动物中，一般也把卵丘细胞扩展和黏液化作为卵母细胞体外成熟的形态指标之一。

在卵母细胞体外成熟培养中，卵母细胞的核成熟与胞质成熟存在着明显的时间差，胞质成熟晚于核成熟。如绵羊卵母细胞体外培养 22 h 即可达到核成熟。延长培养时间并不能明显提高成熟率，但体外培养 24~26 h 的卵母细胞受精率却明显高于培养 22 h 者，说明核成熟和胞质成熟存在着时间差。猪卵母细胞体外培养 36 h 即可达到核成熟，但超微结构研究证明细胞质成熟却要培养 48 h，胞质不成熟时多精入卵率很高。

（四）卵母细胞的成熟培养方法

1. 卵母细胞成熟培养前的准备

卵母细胞成熟培养前主要准备培养液。用于家畜卵母细胞体外成熟的基础培养液很多，越来越多的研究者使用合成培养液（如 TCM-199，Ham’s F10 和 Ham’s F12)，以 TCM-199 最多，牛、绵羊和猪的卵母细胞应用这种培养液体外成熟率达到 80%以上。

基础培养液的缓冲体系对卵母细胞体外成熟具有重要影响。当 TCM-199 培养液中的碳酸氢钠缓冲系（Earle’s 盐）被磷酸盐系统（Hank’s）所取代时，猪卵母细胞的极体形成率下降，在 Hank’s 缓冲的 TCM-199 中加入碳酸盐缓冲系后，其极体形成率又可恢复到 Earle’s 缓冲系的水平。

基础培养液中添加胎犊血清（FCS）和新生犊牛血清（NCS）比添加牛血清蛋白（BSA）可获得更高的成熟率，近期研究资料表明，以添加发情牛血清（ECS）或发情山羊血清（EGS）代替 FCS 或 NCS 可获得较高的成熟率。血清不仅能促进卵母细胞成熟，而且与成熟后的受精率和其后的发育率有关。据推测，血清中可能含有某种促进卵母细胞成熟和体外受精的成分，可阻止透明带硬化和促进受精的发生。血清成分十分复杂，不同批次的血清成分有差异，在实验时需对不同批次的血清进行检测，选择最好的血清。

基础培养液中添加促性腺激素，对家畜卵母细胞体外成熟也具有十分重要的作用。常用于体外成熟的促性腺激素有 HCG（人绒毛膜促性腺激素）或 PMSG（孕马血清促性腺激素），也有用 LH+FSH。促性腺激素能诱发卵丘细胞扩展，增加达到 MⅡ期的比率，促进卵裂的作用。

2. 卵母细胞的培养

由超数排卵采集的卵母细胞已在体内发育成熟，不需培养可直接与精子受精，而对未成熟卵母细胞需要在体外培养成熟。培养时，先将采集的卵母细胞在实体显微镜下经过挑选和洗涤后，然后放入成熟培养液中培养。家畜卵母细胞的成熟培养液目前普遍采用 TCMl99 添加胎牛血清、促性腺激素、雌激素和抗生素等成分。

牛卵母细胞成熟培养液为含 10% FCS 或 ECS、10 U/mL PMSG 和 10 U/mL HCG 的 TCM-199（Earle's 盐液）。山羊卵母细胞成熟培养液为含 10% FCS、20 μg/mL HCG，120 μg/mL 17β-E_2 的 TCM-199（Hepes 缓冲）。绵羊卵母细胞成熟培养液为含 10% FCS 的 TCM-199（Hepes 缓冲）。猪卵母细胞成熟培养液为含 10% FCS 的 TCM-199（Earle's 盐液），并添加激素及生长因子等。卵母细胞成熟培养一般采用微滴培养法，在培养皿底部制作 0.05~0.2 mL 培养液微滴，上面覆盖用 5% CO_2，95%空气充分饱和的灭菌石蜡油，每个培养皿可作 1~6 微滴。选取 A 级、B 级卵母细胞，用成熟培养液洗涤 2~3 次，然后于每一微滴中移入 10~15 个卵母细胞，在 5% CO_2、饱和湿度条件下放入二氧化碳培养箱中培养。培养温度和时间因畜种不同而异，黄牛和奶牛 39℃为宜，水牛 37℃，绵羊和山羊 37~39℃，猪 39℃。牛、绵羊和山羊的培养时间以 24~26 h 为宜，猪 42~48 h 为宜。卵丘卵母细胞复合体经成熟培养后，卵丘细胞层扩散，靠近卵母细胞周围的卵丘细胞呈放射状出现放射冠，用 DNA 特异性染料染色后，在显微镜下进行核相观察，可见卵母细第Ⅱ次成熟分裂中期。

（五）影响卵母细胞体外成熟的因素

1. 动物种类和年龄

哺乳动物的种类不同，其卵母细胞体外成熟的时间、所需温度及培养基条件也不相同，成熟能力也有差异。一般来讲，牛、羊卵母细胞的体外成熟培养效果较好，而马、猪卵母细胞的体外成熟培养效果较差。同一动物在不同年龄段，其卵母细胞体外成熟的情况也有所不同。如体外成熟的小牛卵母细胞体外受精后发育潜力低于成年牛卵母细胞；而在同样的培养条件及成熟时间，羔羊的卵母细胞体外成熟率显著低于同品种的成年羊，经体外受精后的囊胚也显著低于成年羊。

2. 卵母细胞的类型和形态

许多研究表明，在卵母细胞成熟阶段卵丘细胞层数的多少，对其后胚胎的发育率影响很大，含 6 层以上卵丘细胞的卵母细胞囊胚发育率较高，含 4~5 层的次之，完全无卵丘细胞的则无一发育至囊胚阶段。

3. 卵巢储存时间和温度

对于小鼠和兔等实验动物卵巢的收集比较方便，而牛、羊、猪等家畜的卵巢一般从屠宰场获得。从动物屠宰场到实验室操作时间间隔应予充分考虑。最好在动物屠宰后 1~2 h 运回实验室操作，最晚不要超过 6 h。

4. 成熟培养液对卵母细胞的影响

卵母细胞体外成熟的基础培养液是研究者模拟、借鉴卵母细胞在体内生存生长的各种条件，设计出类似体内环境而适宜细胞在体外生存生长的各种培养基。最初所使用的培养液为：Tyrode’s、Gey、Earle、Hank’s 等盐类缓冲液。近年来，已转向应用的有 TCM-199、Ham’s F10、Ham’s F12。其中，在卵母细胞体外成熟中应用最广泛、效果稳定的基础培养液是 TCM-199。其实，哺乳动物卵母细胞成熟培养液的改进主要是在培养液中加入卵泡液、细胞成分、激素和血清等。

5. 激素

卵母细胞成熟培养液中必须添加激素，特别是促性腺激素对成熟的启动发挥重要作用。FSH、LH 和 E_2 是常用激素，PMSG 也能使卵母细胞体外成熟。FSH 诱导卵丘细胞扩展是卵母细胞成熟的前提条件，刺激卵丘细胞产生一种促卵母细胞成熟因子。FSH 还能促进颗粒细胞加速有丝分裂并分泌卵泡液，使卵泡成熟排卵。LH 可使卵母细胞恢复减数分裂，成熟卵泡分泌前列腺素（PGF2a），诱导卵母细胞的体内成熟。随着卵泡体积的增加，卵泡液中的促乳素（PRL）浓度逐步提高。因此，PRL 对卵母细胞质的成熟可能具有一定作用。性腺激素，特别是雌二醇（E_2），在卵泡的发育过程中起着重要的作用。各种动物卵母细胞成熟培养液中通常要添加 E_2，在人卵母细胞成熟液中加入 E_2 有利于胞质成熟。E_2 能致敏卵泡颗粒细胞对促性腺激素的反应能力，并刺激颗粒细胞的增殖与分化。因此，E_2 目前被广泛应用于哺乳动物卵母细胞的体外成熟培养。

6. 生长激素和生长因子的作用

体外成熟培养中，生长激素（GH）能促进卵母细胞细胞核的成熟，诱导卵丘细胞扩散，并显著提高精子的受精率，促进卵裂及卵泡的形成。而目前已经证实与卵母细胞的成熟有关的生长因子有：上皮细胞生长因子（EGF），转化生长因子（TGFa），成纤维细胞生长因子（FGF），胰岛素类生长因子（IGF-1），神经生长因子（NGF）。EGF是一种单链的多肽，对包括颗粒细胞在内的多种细胞具有促分裂作用。EGF能够诱导猪、牛体外培养卵子的卵丘扩散，并促进核成熟。TGFa在结构和功能上与EGF相似，可以和EGF受体结合，同样能诱导猪、牛卵丘细胞扩散，促进卵母细胞核成熟。体外培养的研究表明，IGF-1对卵母细胞体外成熟也有促进作用，不仅能促卵丘细胞的扩散和核成熟，而且能增加所得胚胎的发育能力。NGF是卵母细胞成熟过程的调节物质之一，它既可作为一种自分泌/旁分泌的因子参与卵母细胞功能的调节，并能恢复卵母细胞分裂功能。但目前尚未见到单一的生长因子起作用的，须和其他激素共同作用。

7. 卵泡液和颗粒细胞

卵泡液（FF）是卵母细胞体内发育的介质，其所含的因子在体内随机体分泌状态的变化而变化，体外培养时会表现出对卵母细胞成熟的促进和抑制两种相反作用。卵泡液的促进作用主要表现在提高卵母细胞质成熟的质量，增加胚胎的发育能力；控制卵泡液在培养液中的添加浓度，可以消除其对核成熟的抑制作用。卵泡液对核成熟的抑制作用与所采卵泡的大小有关，来自小卵泡（小于3 mm）和中卵泡（3~8 mm）的卵泡液抑制卵母细胞核成熟，大卵泡（大于8 mm）对核成熟没有抑制作用。

大多数哺乳动物，生长的卵母细胞被颗粒细胞包裹。颗粒细胞不仅为卵母细胞提供营养物质，还能产生信号刺激某些结构蛋白的合成和一些特异蛋白的成熟。颗粒细胞对卵母细胞体外成熟的影响与其浓度有关：低浓度的颗粒细胞［(1×10^6)~(5×10^6)个/mL］在有促性腺激素或发情牛血清存在的情况下，能够刺激卵母细胞成熟分裂的启动；而高浓度的颗粒细胞［(50×10^6)~(100×10^6)个/mL］则抑制卵母细胞成熟分裂的开始，而且可以为BFF及颗粒细胞与卵丘细胞直接接触而强化。

8. 卵泡大小和卵丘细胞

许多研究表明，随着卵泡体积的增加，其卵母细胞的成熟率、受精和囊胚发育率均随之提高。在体内，卵母细胞在最后成熟阶段，卵泡直由1 mm增加到15~20 mm。在体外，来源于不同直径卵泡的卵母胞在体外成熟和受精后，囊胚发育率存在明显差异。因此，卵母细胞生长的速度，即卵泡的大小与卵母细胞的体外成熟关系非常密切。

四、受精卵（胚胎）的早期发育

受精是指精子和卵子结合，产生合子的过程。在这一过程中，精子和卵子经历一系列严格有序的形态、生理和生物化学变化，使单倍体的雌、雄生殖细胞共同构成双倍体的合子（受精卵）。合子是新个体发育的始发点。受精的实质是把父本精子的遗传物质引入母本的卵子内，使双方的遗传性状在新的生命中得以表现，促进物种的进化和家畜品质的提高。同时，也是配子和胚胎生物学研究的重要内容之一。

受精卵也称合子。形成后即进行有丝分裂，因此，早期胚胎的发育在输卵管内就开始了。受精卵的发育及其进入子宫的时间有明显的种间差异。

早期胚胎的发育有一段时间是在透明带内进行，细胞（卵裂球）数量不断增加，但总体积并不增加，且有减小的趋势。这一分裂阶段维持时间较长，叫做卵裂。

卵裂的特点是：(1) 为有丝分裂，DNA 复制迅速；(2) 卵裂球的数量增加，原生质的总量并不增加，且有减少的趋势，牛减少 20%、绵羊 40%；(3) 发育所需的营养物质主要来自母体的输卵管和子宫；(4) 胚胎发育在透明带内进行。

根据形态特征可将早期胚胎的发育分为桑葚胚、囊胚、原肠胚几个阶段：

（一）桑葚胚

合子在透明带内进行有丝分裂，卵裂球呈几何级数增加。但是，通常卵裂球并非均等分裂，往往较大的一个先分裂，较小的后分裂，造成某瞬间会出现卵裂球为奇数的情况。

当胚胎的卵裂球达到 16~32 个细胞，细胞间紧密连接，形成致密的细胞团，形似桑葚，称为桑葚胚。

兔子的 2~8 个细胞胚胎的每个卵裂球具有发育成一个完整胚胎的全能性；绵羊的这一全能性也可保持到 8 个细胞甚至更多的阶段。一些实验表明，4 个细胞胚胎具有全能性的卵裂球不超过 3/4；8 个细胞胚胎则不超过 1/8。

（二）囊胚

桑葚胚继续发育，细胞开始分化，出现细胞定位现象。胚胎的一端，细胞个体较大，密集成团称为内细胞团；另一端，细胞个体较小，只沿透明带的内壁排列扩展，这一层细胞称为滋养层；在滋养层和内细胞团之间出现囊胚腔。这一发育阶段叫囊胚。

囊胚阶段的内细胞团进一步发育为胚胎本身，滋养层则发育为胎膜和胎盘。囊胚的进一步扩大，逐渐从透明带中伸展出来，变为扩张囊胚，这一过程叫做“孵化”。囊胚一旦脱离透明带，即迅速扩展增大，由于细胞的分工而失去全能性。

（三）原肠胚

囊胚进一步发育，出现两种变化：(1) 内细胞团外面的滋养层退化，细胞团裸露，成为胚盘；(2) 在胚盘的下方衍生出内胚层，它沿着滋养层的内壁延伸、展，衬附在滋养层的内壁上，这时的胚胎称为原肠胚。

在内胚层的发生中，除绵羊是由内细胞团分离出来外，其他家畜均由滋养层发育而来。

原肠胚进一步发育，在滋养层（也即外胚层）和内胚层之间出现中胚层；中胚层进一步分化为体壁中胚层和脏壁中胚层，两个中胚层之间的腔隙，构成以后的体腔。

三个胚层的建立和形成，为胎膜和胎体各类器官的分化奠定了基础。

图 7-4 为以小鼠胚胎为例的胚胎早期发育图。

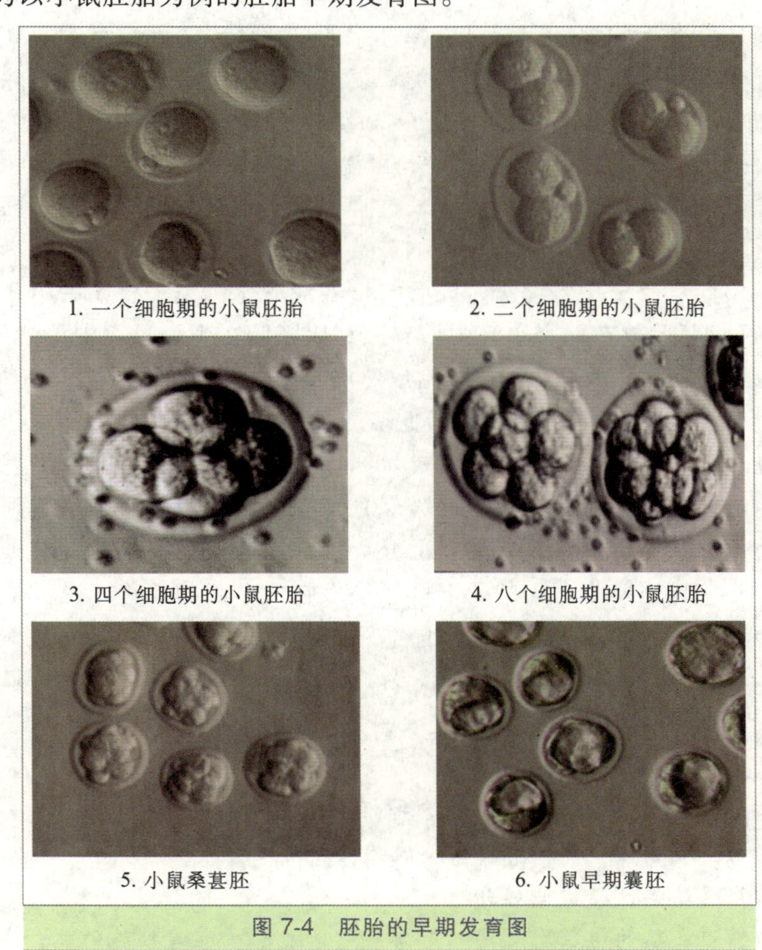

1. 一个细胞期的小鼠胚胎　2. 二个细胞期的小鼠胚胎

3. 四个细胞期的小鼠胚胎　4. 八个细胞期的小鼠胚胎

5. 小鼠桑葚胚　6. 小鼠早期囊胚

图 7-4　胚胎的早期发育图

五、早期胚胎的体外培养

获能精子与成熟卵子的共培养，除钙离子载体诱导获能外，精子和卵子一般在获能液中完成受精过程。受精培养时间与获能方法有关，在 BO 液中一般为 6~8 h，而用 TALP 或 SOF 液作受精液时可培养 18~24 h。精子和卵子常在小滴中共培养，受精时精子密度为（1~9）$\times 10^6$ 个 /mL，每 10 μL 精液中放入 1~2 枚卵子，小滴体积一般为 50~200 μL。

精子和卵子受精后，受精卵需移入发育培养液中继续培养以检查受精状况和受精卵的发育潜力，质量较好的胚胎可移入受体母畜的生殖道内继续发育成熟或进行冷冻保存。

提高受精卵发育率的关键因素是选择理想的培养体系。在家畜中，胚胎培养液分为复杂的和化学成分明确的培养液两大类。复杂培养液中的成分很多，除无机和有机盐外，还添加维生素、氨基酸、核苷酸和嘌呤等营养成分和血清，最常用的有 TCMl99、B2 和 F10。用它们培养胚胎时，可以采用与体细胞共培养体系，即体细胞与胚胎在微滴中共同培养，利用体细胞生长过程中分泌的有益因子，促进胚胎发育，克服发育阻断。

受精卵的培养广泛采用微滴法，胚胎与培养液的比例为一枚胚胎用 3~10 μL 培养液；一般 5~10 枚胚胎放在一个小滴中培养以利用胚胎在生长过程中分泌的活性因子，相互促进发育。胚胎培养条件与卵母细胞成熟培养条件相同。有的实验室采用 88% N_2、7% O_2 和 5% CO_2，混合气体培养，以降低培养液中氧自由基浓度，提高胚胎发育率。胚胎在培养过程中要求每 48~72 h 更换一次培养液，同时观察胚胎的发育状况。当胚胎发育到一定阶段时可进行胚胎移植或冷冻保存，牛、羊受精卵通常培养到致密桑葚胚或囊胚时进行移植或冷冻保存，猪的 IVF 胚胎抗冻能力差，要求在发育早期移入受体内继续发育。在临床医学上，人的 IVF 胚胎一般在 4 个细胞期移入受体子宫内。小鼠和家兔等实验动物胚胎可以早期移植，也可冷冻保存。

思考题

1. 什么是卵泡？什么是卵子？卵泡和卵子是什么关系？
2. 卵泡的发育在各个阶段都有哪些特点？
3. 卵细胞的结构包括哪些部分？
4. 卵母细胞成熟的特征有哪些？有哪些因素能影响卵母细胞的体外成熟？
5. 卵母细胞的采集方法有哪些？
6. 说说早期胚胎的发育分为哪些阶段？各有何形态特点？

▶技能单 1　冲卵液的配制

【能力目标】

- 掌握冲卵液的配制方法。
- 了解冲卵液配制的注意事项。

【实验器材】

(1) NaCl、KCl、$CaCl_2$、KH_2PO_4、$MgCl_2 \cdot 6H_2O$、Na_2HPO_4、丙酮酸钠、糖、牛血清白蛋白、双蒸水。

(2) 天平、量筒、烧杯、滤器、注射器。

【实验内容及操作步骤】

PBS 液的配制：为了便于保存，可用双蒸水分别配制成 A 液和 B 液。

1. A 液的配制

(1) 称取 NaCl 8.0 g、KCl 0.2 g、$CaCl_2$ 100 mg、$MgCl_2 \cdot 6H_2O$ 100 mg。

(2) 量取双蒸水 100 mL。

(3) 将称取的试剂充分溶解到 100 mL 的双蒸水中。

2. B 液的配制

(1) 称取 Na_2HPO_4 1.144 g，KH_2PO_4 200 mg。

(2) 量取双蒸水 100 mL。

(3) 将称取的试剂充分溶解到 100 mL 的双蒸水中。

配好的 A、B 原液和双蒸水分别高压灭菌，低温保存待用。

3. 冲卵液的配制

(1) 使用浓缩 A、B 原液各取 100 mL，缓慢加入灭菌双蒸水 800 mL 充分混合。

(2) 取其中 100 mL，加入丙酮酸钠 36 mg、葡萄糖 1.0 g，牛血清白蛋白 3.0 g（或牛血 10 mL）和抗生素，充分混合后用 0.22 μm 滤器过滤灭菌，倒入大瓶混合待用。配制的冲卵液 pH 为 7.2~7.4，渗透压为 270~300 mmol/L。

(3) A、B 液混合后，如长时间高温（高于 40℃），会形成沉淀，影响使用，应注意避免。

技能单 2　屠宰家畜卵巢卵母细胞的采集

【能力目标】

● 掌握从屠宰家畜卵巢上采集卵母细胞的方法。

【实验器材】

(1) 被屠宰家畜的卵巢。

(2) FSH、PGF2a、灭菌生理盐水或 PBS 液、消毒液、蒸馏水。

(3) 注射器、检卵杯、采卵针、培养箱、实体显微镜、保温瓶。

【实验内容及操作步骤】

(1) 用灭菌生理盐水（37℃）冲洗卵巢 2~3 次，再用灭菌滤纸擦干卵巢。严格消毒术者手臂。

(2) 用装有 5 号针头的 5 mL 注射器吸取 2 mL 采卵液，将针头刺入 2~5 mm 的小卵泡中吸取卵母细胞和卵泡液，每吸 2~5 个卵泡后，将注射器内的液体缓缓注入检卵杯中。为了获得较多的卵母细胞，还可用剃须刀片切割卵巢，进行二次回收。

(3) 将回收的液体全部放在检卵杯中，在 37℃培养箱中静置 10 min，用注射器吸去上清液，置实体显微镜下检出卵母细胞。依据卵丘细胞—卵母细胞复合体的外形选出正常的卵母细胞并进行分类：

A 级：卵丘细胞层完整而致密的卵母细胞；

B 级：卵丘细胞层部分脱落的卵母细胞；

C 级：卵丘细胞极少或全部脱落的裸卵；

D 级：死亡或退化的卵母细胞。

A 级和 B 级卵母细胞可用于成熟培养。

【实验说明】

从屠宰场或淘汰母畜获取卵巢是体外受精研究中卵子的重要来源之一。从屠宰家畜获取卵巢，必须在宰后 30 min 内取出卵巢，用温生理盐水冲洗，放入盛有灭菌生理盐水或 PBS 的容器内，把容器放在保温瓶（24~25℃）中，尽快送回实验室，整个过程要求快速、无菌。从淘汰母畜获取卵母细胞，可在屠宰前进行超排处理，使卵巢上有较多的卵泡发育。一般用 FSH 处理 3 d，于处理开始后 48 h 注射 PGF2a。注射 PGF2a 后 14~20 h 屠宰或手术摘除卵巢。

▶技能单 3　活体卵巢卵母细胞的采集

【能力目标】

● 掌握从活体家畜卵巢上采集卵母细胞的方法。

【实验器材】

发情母畜、超声波仪、真空泵、采卵针、离心管（50 mL）、采卵杯、保温瓶、培养液、培养箱。

【实验内容及操作步骤】

（1）供体母畜牢牢固定在保定架内，全身麻醉。清除直肠内宿粪，消毒肛门及外阴。

（2）分开两侧阴唇，将带有超声波探头和采卵针（18 G、19 G 和 20 G 的一次性短针头）的持针器插入阴道。此时采卵针应在持针器内，持针器前端探头覆盖塑料套，其表面涂抹润滑剂。术者将持针器置于子宫颈一侧穹窿，将卵巢贴在探头上。此时卵巢的图像出现在显示屏上。术者移动卵巢使可见的卵泡（直径大于 2 mm）位于采卵线上。

（3）助手把采卵针刺入卵泡，真空泵的负压把卵母细胞及卵泡液吸入离心管内。

（4）采完一个卵泡后，术者就要检查此卵泡是否凹陷下去，助手则冲洗导管，确保卵母细胞进入收集管。采完一侧卵巢上的可见卵泡后，将持针器稍后退，再进入另一侧子宫颈穹窿。

（5）同法采集此侧卵巢上的卵泡。

【实验说明】

活体取卵技术是近十年才确立的一项新技术。1988 年荷兰人首次利用超声波技术（B 超）通过子宫壁从活牛卵巢采集到牛卵母胞。此后经过不断完善，目前活体取卵技术已为体外受精提供卵母细胞。

活体取卵技术首先需要一台能产生清晰图像的超声波仪（如 HITACHI Picker CS9000 或 CS9100 型），并配有一定功率的探头，传送声波频率一般为 5.0~7.5 MHz。其次需要一个真空泵，通过塑料离心管（50 mL）与采卵针及导管相连，可在离心管内产生负压。当采卵针穿刺进入卵泡时，负压作用就将卵母细胞和卵泡液吸入离心管内。

技能单 4　猪卵母细胞的体外成熟培养

【能力目标】

● 掌握猪卵母细胞的体外成熟培养方法。

【实验器材】

（1）TCM199、青霉素、链霉素、碳酸氢钠、血清、葡萄糖、乳酸钙、丙酮酸钠、半胱氨酸、犊牛血清（NSC）、猪卵泡液（PFF）、孕马血清促性腺激素（PMSG）、人绒毛膜促性腺激素（HCG）、透明质酸酶。

（2）容量瓶、烧杯、三角瓶、玻璃棒、电子天平、0.22 μm 微孔滤膜、漏斗、恒温台（箱）、灭菌锅、移液器、移卵管。

【实验内容及操作步骤】

（1）TCM199：用去离子水配成 10 倍的浓缩溶液，添加 100 U/mL 青霉素，100 μg/mL 链霉素，0.22 μm 滤器过滤除菌，4℃保存备用。临用前添加 2.2 g/L 碳酸氢钠和 15%血清（按体积比），用于细胞的培养及受精卵的培养。

（2）mTCM199：以 TCM199 为基础液，添加 3.05 mmol/L 葡萄糖、2.92 mmol/L 乳酸钙、0.91 mmol/L 丙酮酸钠、0.57 mmol/L 半胱氨酸，定容后 0.22 μm 微孔滤膜过滤除菌，分装，4℃保存，根据实验需要临用前按体积比加入血清，培养前加入激素，用于卵母细胞成熟培养。

（3）选取猪卵巢卵丘—卵母细胞复合物（COCs），用洗卵液洗 3 次，然后用培养液清洗 2 次，将其移入已在培养箱中预孵 12 h 以上的 mTCM199 成熟培养液微滴中，每 500 μL 液滴加入 15~20 枚 COCs，不覆盖石蜡油。

（4）置于 39℃、5% CO_2、饱和湿度下培养 42~44 h，前 22 h 采用 mTCM199＋15% NCS＋10% PFF＋10 U/mL PMSG、HCG 培养，后 22 h 换成 mTCM199＋15% NCS＋10% PFF 培养。

（5）成熟鉴定：培养 44 h 后，在倒置显微镜下观察卵母细胞周围颗粒细胞的扩散情况，按卵丘细胞扩散可以分为 5 类：第 1 类，卵丘细胞没有扩散；第 2 类，卵丘细胞最外层轻微扩散；第 3 类，外周 2~3 层卵丘细胞轻微扩散；第 4 类，50%的卵丘细胞扩展；第 5 类，卵丘细胞完全扩展。

以颗粒细胞扩散直径为卵母细胞直径 5 倍以上、且胞质均匀作为卵母细胞成熟的初步标准。此后用移卵管吸取卵母细胞，转移到含 0.1%透明质酸酶的 TCMI99＋10% FCS 中，在培养箱孵育 5 min，用口径略大于卵母细胞的吸卵管反复吹打、除去卵丘细胞，然后在 TCM199 中洗 3~4 次，于倒置显微镜下观察第一极体（pbl）并进行成熟鉴定。由于猪的卵母细胞含有大量的脂肪颗粒，胞质较暗、透明度差，若 pbl 位于视野的对侧不易观察时，可用吸卵管针轻轻吸吹卵母细胞，使其旋转起来，以便能很好地观察到极体的排出情况（图 7-5）。

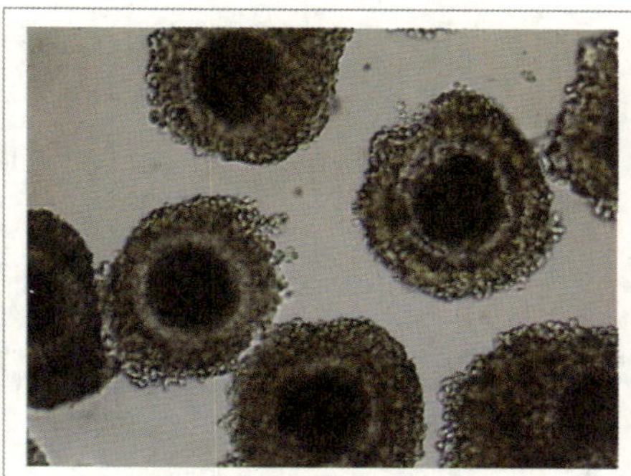

1. 培养前的猪卵巢卵丘—卵母细胞复合物

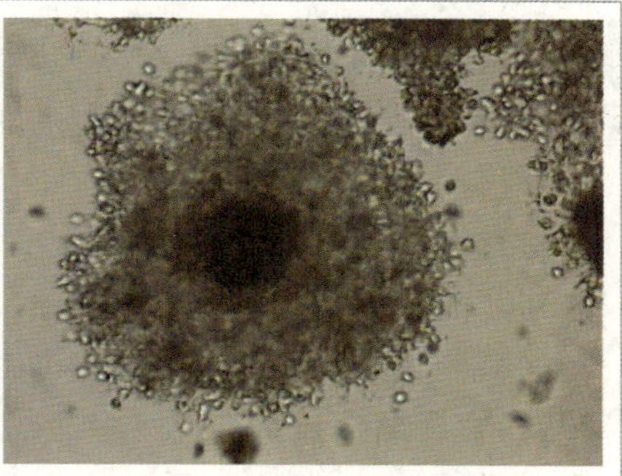

2. 培养 10 h 的猪卵巢卵丘—卵母细胞复合物

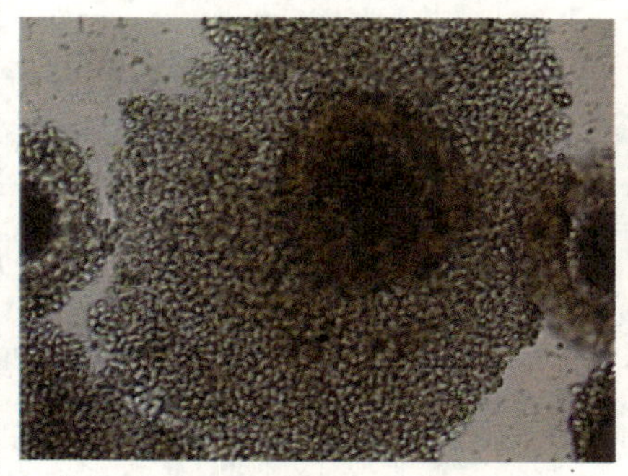

3. 培养 20 h 的猪卵巢卵丘—卵母细胞复合物

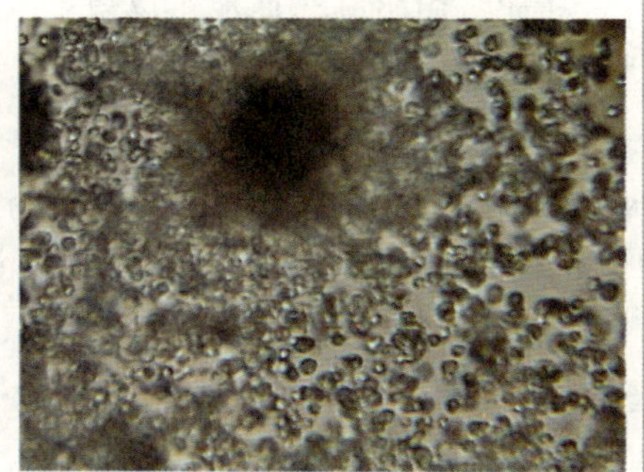

4. 培养后期的猪卵巢卵丘—卵母细胞复合物

图 7-5　猪卵母细胞体外培养不同时期的变化

思考题

1. 卵母细胞的采集有哪几种方法？
2. 如何进行猪卵母细胞的体外成熟培养？

▶技能单 5　小鼠的胚胎回收与检胚

【能力目标】

● 掌握小鼠冲卵的操作方法、步骤。

● 掌握胚胎质量的形态学鉴定方法。

【实验器材】

(1) 经过超数排卵处理后的小鼠。

(2) 冲卵液（0.9% NaCl 或 PBS 液）。

(3) 注射器、手术剪、镊子、表面皿、体视显微镜、吸管、小培养皿、恒温台。

【实验内容及操作步骤】

1. 胚胎的回收

(1) 处死：用脱颈法处死小雌鼠。

(2) 剖检：取出完整的子宫、输卵管、卵巢，置于装有一定量冲卵液的表面皿中。

(3) 分离：在体视显微镜下分离子宫（子宫角上留有一小段输卵管）、输卵管和卵巢。

(4) 记录：记录观察卵巢的大小，有无黄体、红体等。

(5) 冲胚：体视显微镜下，用 2 mL 注射器，4 号针头，由输卵管端向子宫角方向疏通输卵管和子宫交接处，然后，注射器中吸入 2 mL 冲卵液由子宫角向输卵管方向冲卵，每侧用液 1 mL，收集于表面皿中。

2. 胚胎质量检查

将表面皿中胚胎用吸管吸出，置于装有 3 mL 冲卵液的小培养皿中，在倒置显微镜下进行观察、记数胚胎，并观察胚胎的形态及发育时期，区分正常与异常胚胎（图 7-6）。

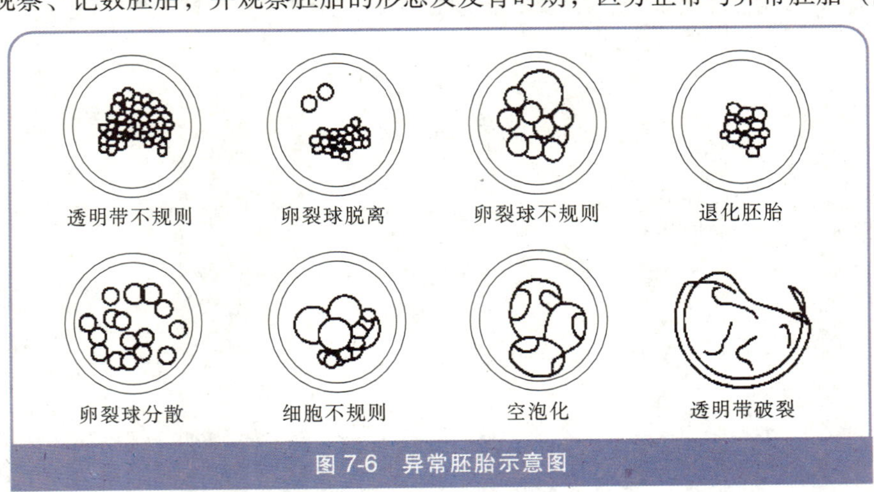

图 7-6　异常胚胎示意图

3. 胚胎级别划分

目前对胚胎的质量鉴定基本上采用形态学的方法，将胚胎分为 A 级（优秀胚）、B 级（良好胚）、C 级（一般胚）、D 级（不良胚）四个级别。其中，A 级和 B 级胚胎为移植可利用胚胎。

第二节　胚胎干细胞培养

▶资料单

【知识目标】

- 掌握胚胎干细胞的获取方法。
- 掌握影响胚胎干细胞分离克隆的因素。
- 掌握胚胎干细胞的鉴定。

【教学内容】

干细胞指具有无限制分裂能力，同时也可分化成特定组织细胞，在细胞生物发育阶段属于较原始时期阶段的细胞。依据干细胞可分化的能力限制，又可分为全能性干细胞又称胚胎干细胞（ES）和多能性干细胞又称成体干细胞。胚胎干细胞出现在胚胎发育的胚囊内层。

一、早期胚胎来源的 ES 细胞分离克隆程序

（一）获取早期胚胎

不同动物获取早期胚胎的时间不同，主要考虑以下两方面因素：

（1）所取胚胎在条件允许的情况下，细胞尽可能的多。

（2）在体外易于培养增殖并能保持多能性，小鼠一般取 2.5~3.5 d 桑葚胚或囊胚；猪取 9~10 d 囊胚；绵羊取 7~8 d 囊胚或孵化胚；牛取 6~7 d 桑葚胚；水貂取 6~7 d 桑葚胚或囊胚；人取 7~8 d 囊胚。除从动物体内直接获取新鲜胚胎外，体外受精所得胚胎与核移植所得的重构胚也可作为 ES 细胞分离克隆的原材料。

（二）早期胚胎培养及早期胚胎内细胞团的获取

目前早期胚胎培养多采用 DMEM 培养基，此培养基是 MEM 培养基的改良品，适

用于生长较快、附着性较差的细胞培养，在早期胚胎包括以后 ES 细胞的培养液中都常添加 2- 巯基乙醇（2-ME），对促进细胞生长有重要作用，它能使血清中含硫化合物还原成谷胱苷肽，对诱导细胞增殖，延缓细胞衰老发挥非特异性的激活作用，避免了过氧化物对细胞的损害。此外，2-ME 促进分裂原的反应和 DNA 的合成，这一点对在体外难以培养的细胞来说尤其重要。早期胚胎按分离 ES 细胞的传统方法就是将胚胎从子宫中取出后在饲养层上培养至附植阶段，此时透明带脱去胚胎贴于滋养层细胞之上，待早期胚胎内细胞团（ICM）增殖到一定程度在解剖显微镜下用玻璃针剥离挑取 ICM，然后用消化液把 ICM 离散成小细胞团，接种于新鲜饲养层上以后根据情况进行克隆传代或冷冻保存或其他细胞操作。所用饲养层一般为 STO（一种成系的小鼠胎儿成纤维细胞）、PMEF（小鼠原代胎儿成纤维细胞），后者因其材料易得、价格低廉，且效果良好而被更广泛采用。除以上传统处理胚胎方式外，许多学者还尝试其他处理方式也取得一定的成绩，常见的有免疫外科法、热休克法等。前者是将完整囊胚用酸性台氏液处理，除去透明带，用 Hank’s 液冲洗后，将胚胎移入 ICR 小鼠脾细胞抗血清中作用一段时间后移到含新鲜豚鼠血清的 Hank’s 液中，从而破坏了胚泡的滋养层，把剩下的 ICM 进行离散操作即可获得 ES 细胞。后者是将体内发育至 2 细胞或桑葚胚阶段的胚胎从输卵管或子宫中冲洗出来后，在高温下处理一定时间，有实验显示以此能增加 ES 细胞的克隆率，原因是在胚胎分裂活跃期用热应激处理能阻滞胚胎分化，从而扩大了 ES 细胞分离的时间范围，同时研究还表明热休克蛋白 25（HSP25）与胚胎分化有关，HSP25 可作为胚胎分化的标记。

二、胚胎干细胞培养及要求

离散后的 ICM 在饲养层上有足够满足其生长增殖需要的培养基存在情况下，小鼠一般 23 d 就会形成一个 ES 细胞集落，这就要求定时传代否则 ES 细胞就会分化和变异。传代时应挑取充分增殖而又未分化的集落，用消化液同时辅以玻璃针剥离，使其又一次离散接种于新鲜饲养层上。ES 细胞具有无限增殖传代的特性，但由于培养条件的不完善或其他可能原因，目前除小鼠外其他动物的 ES 细胞都很难无限传代下去，目前发现 ES 细胞各代之间，随代数的增加克隆数存在一定的递减规律，这也是极大限制 ES 细胞真正走向生产的巨大障碍。一方面为了刺激促进 ES 细胞的分裂增殖，另一方面又要抑制 ES 细胞的分化，为了解决这一矛盾，人们除应用经过灭活的饲养层细胞外，还常在基础培养液中添加一些细胞因子。细胞因子是主要由免疫细胞受抗原或丝裂原刺激后分泌产生的激素样蛋白质，具有调节细胞功能的作用。在 ES 细胞培养传代过程中常用的细胞因子有：LIF、b-FGF（碱性成纤维细胞生长因子）；EGF（表皮生长因子)；SCF（干细胞因子又称肥大细胞生长因子）；IGF-1（胰岛素样生长因子 -1）等。LIF 是目前研究最多应用最广泛的一种 ES 细胞分化抑制因子，活化的 T 细胞、单核细胞、神经胶质细胞等均能表达 LIF，LIF 分为 D 型（分泌型）和 M 型（基质型）两种，除 LIF 外，上述的各因子均是促进 ES 细胞生长增殖的。

ES 细胞像其他细胞一样可以在体外冻存，ES 细胞冷冻保存方法与普通培养细胞冻存方法基本相同，但需要注意的是在 ES 细胞的冷冻过程中一般都要求与饲养层成纤维细胞一并冷冻，以便提高解冻后的存活率和形成再克隆集落的能力。常用冷冻液为 80% DMEM+10% NBS+10% DMSO，常用解冻液为 BSA 0.2 g+ 蔗糖 1.71 g，用 50 mL 无钙镁 PBS 定容。

三、影响胚胎干细胞分离克隆的因素

目前，世界各国争相培养胚胎干细胞，并且已经取得很大的进展，但是迄今为止仅在小鼠上获得真正意义的胚胎干细胞，即具有参与生殖传递能力的胚胎干细胞。这说明在其他动物及人类胚胎干细胞研究方面还存在已知或未知的影响因素，笼统说来包括饲养层、培养基、添加物、胚胎日龄、遗传背景以及获取原始生殖细胞的时间等因素。

（一）饲养层

所谓饲养层就是指一些特定细胞（如颗粒细胞、成纤维细胞、输卵管上皮细胞等易在体外培养的细胞)，经有丝分裂阻断剂（常用丝裂霉素）处理后所得到的细胞单层。它在 ES 细胞的常规分离培养中是最常用的生长增殖促进剂和分化抑制剂，目前常用的饲养层细胞有 STO、PMEF、HEF（同源胎儿成纤维细胞)、UE（子宫上皮细胞)、BRL（大鼠肝细胞）等。饲养层对胚胎干细胞分离克隆的影响，主要体现在饲养层种类、丝裂霉素处理饲养层的时间、饲养层细胞的代数和饲养层细胞的密度等。动物种类不同对饲养层种类的要求也不同，一般来说小鼠胎儿成纤维细胞所做的饲养层如 STO、PMEF 等对各种动物都较适宜，但最可靠的方法还是根据动物种类筛选最佳饲养层为宜。

动物种类不同所需最适饲养层也不同，需经过筛选来确定适宜该种动物 ES 分离克隆的饲养层。除饲养层细胞种类外，有丝分裂阻断剂（常用丝裂霉素）的处理时间，饲养层细胞的所处代数，以及饲养层细胞的密度等都直接影响着 ES 细胞分离克隆的效果。目前丝裂霉素处理时间在小鼠成纤维细胞上一般要求为：在 37℃，5% CO_2 饱和温度的条件下处理 24 h，时间过短达不到预定目的，成纤维细胞不能被成功的抑制住；分裂处理时间过长，则使细胞老化、活性下降、分泌因子的能力降低，从而直接影响到 ES 细胞的增殖和分化的抑制。同时处理完毕后细胞的清洗工作也相当重要，一般要求用无钙镁 PBS 冲洗 4~5 遍，以确保丝裂霉素的彻底清除。此外选为作饲养层的细胞代数和接种密度的选择也很重要，以小鼠成纤维细胞为例，选 3~5 代，密度为 1.0×10^6~1.0×10^7 个 /mL 为宜，代数过低所含杂细胞太多，代数过高则细胞的活力降低。

（二）培养基

目前，ES 细胞的培养多采用 DMEM 培养基，DMEM 是 MEM 培养基的改良品，适宜于生长速度快、贴壁性差的细胞培养。DMEM 最早是为培养肿瘤细胞设计的，DMEM 分为高糖 DMEM（4 500 mg/L 葡萄糖）和低糖 DMEM（1 000 mg/L 葡萄糖）两种类型，二者在分离克隆 ES 细胞的效果上差异不显著，一般来讲早期胚胎的培养对高糖 DMEM 更适宜，而 ES 细胞的培养传代过程中对葡萄糖含量的要求则相对较低。除 DMEM 培养基外，在 ES 细胞的分离培养中也有人采用 TCM-199 和 F12 等。TCM-199 是根据哺乳动物细胞的特点改良的 199 液，适合于多种哺乳动物细胞的培养；F12 培养基比较适合单细胞和克隆化细胞的培养，在 ES 细胞的分离培养中经常与 DMEM 联合使用。上述是指在有饲养层存在的条件下所采用的基本培养液。除此之外人们为了消除饲养层细胞的干扰，使 ES 细胞免受致癌剂丝裂霉素 C 的毒害作用，而采用条件培养基（CM）来进行 ES 细胞的培养，这就要求所用的 CM 具有促进 ES 细胞增殖和抑制 ES 细胞分化的双重功能，Smith 和 Hopper（1983）首次使用肝细胞条件培养基（BRL-CM）建立了小鼠 ES 细胞系，并发现该条件培养基中含有一种分化抑制剂即 LIFBRL-CM。它的制备方法如下：将 BRL 细胞从大鼠肝脏中分离出来后在培养板上培养，待细胞贴壁后加入 30 mL 培养基，该培养基的组成为 Eeagle's Medium+ 非必要氨基酸如 L-Glu（谷氨酸）、L-Asn（天冬酰胺）、L-Asp（天冬氨酸）、Gly（甘氨酸）、L-Ala（丙氨酸）+ 0.1 mmol/L 2- 巯基乙醇 +0.1 mmol/L 丙酮酸钠 +10%胎牛血清，在 37℃，5% CO_2 条件下培养，每 3 天收集 1 次培养液，每个大量肝细胞饲养层可用 21 d 即可收集 7 次培养液。使用该培养液之前为去除杂细胞和所含杂质应用滤器过滤。另据研究 BRL-CM 中还含有胰岛素和转移生长因子，尽管目前采用条件培养基在 ES 细胞的培养上取得了一定成绩，但由于其不适合 ES 细胞长期传代中的使用，而且因为动物种类的不同所需的条件培养基也需要进行仔细筛选，筛选工作琐碎复杂因而限制了 CM 在 ES 细胞培养中的使用。由于使用条件培养基 ES 细胞所获得的类 ES 细胞在生长状态上与常规所见不同，且 ES 细胞增殖速度太快，因此对该类 ES 细胞目前还难下定论。现在生产条件培养基的常见细胞有 BRLHBC（人膀胱癌细胞株 5637），PSA-1（一种小鼠 EC 细胞），PC10-6R（LIF 转染的 COS 细胞），T3 细胞（一个小鼠 EC 细胞），P19PMF 和 PLH 等。

（三）添加物

在 ES 细胞的培养过程中，培养基如 DMEM 只能满足细胞最基本的营养需要，要使 ES 细胞既能无限增殖又不呈现分化趋势，则必须在基础培养基中添加一些成分。常见的有血清、2- 巯基乙醇、丙酮酸钠以及氨基酸和细胞因子等，在这些添加成分中对 ES 细胞生长及抑制分化影响较大的为血清和细胞因子。

1. 血清

血清质量的好坏直接影响到 ES 细胞的培养，使用优质血清 ES 细胞的克隆率能达 20%以上，劣质血清在其浓度为 30%时。ES 细胞集落的出现率也可能低于 10%，而且集落较小。值得注意的是在 ES 细胞分离克隆过程中并非血清浓度越高效果越好，实验中发现培养液中添加 15% NBS 时胚胎干细胞最容易分离，也最容易克隆传代。这就引出一个问题是是否血清中含有某些未知的对细胞有害的成分，当血清浓度过高时血清对细胞的有害作用趋势强于有利作用的趋势，或者血清浓度过高对所培养的细胞而言营养过剩从而引起的负反馈效果，这些问题值得更进一步的研究。

2. 细胞因子

在 ES 细胞的分离克隆过程中，人们常在基础培养液中添加许多细胞因子，一方面抑制 ES 细胞的分化（分化抑制因子）；另一方面刺激细胞的分裂增殖（生长因子），以得到更多纯化的 ES 细胞。分化抑制因子包括 LIF、腺病毒 E1A 样激动剂 A 等。生长因子包括 bFGF、EGF、SCF、IGF-1、Forskolin 等。

（1）分化抑制因子

① 白血病抑制因子（LIF）。LIF 是目前研究最多应用最广泛的一种 ES 细胞分化抑制因子，该因子是 1969 年被发现的一类能诱导 M1 白血病细胞系分化为正常细胞的因子。根据分泌 LIF 的细胞不同，开始时人们把它称为分化因子（DF）、肝细胞生长因子 3（HSF3）、分化抑制因子（DIF）等，直到比较了其蛋白质相应氨基酸序列和 DNA 中相应的碱基序列后，才知它们是同一种物质。在 ES 细胞分离与克隆研究开始时，人们常用与小鼠成纤维细胞饲养层或成系的小鼠成纤维细胞饲养层（STO）共培养，抑制 ES 细胞的分化而使其分裂增殖，后来研究得知该饲养层的这种作用主要是因为它分泌细胞分化抑制因子，这种细胞因子类似 LIF。

现研究表明，活化的 T 细胞、单核细胞、神经胶质细胞、肝成纤维细胞、ES 细胞等均能表达 LIF。根据 LIF 前体蛋白 N 端信号肽起始若干个信号残基的不同，可将其分为分泌型（D 型）和基质型（M 型）两种，D 型可分泌到细胞外液，是可溶的，M 型则锚定在细胞外基质上。饲养层细胞的细胞外基质可抑制 ES 细胞分化就是由于其胞外基质存在大量锚定的 LIF。ES 细胞中微量表达的 LIF 也主要为 M 型，M 型 LIF 的表达在 ES 细胞分化前后都较恒定，而 D 型 LIF 则在 ES 细胞体外分化时表达量才显著提高。

LIF 最显著的生物学功能是体外抑制 ES 细胞分化，维持 ES 细胞的增殖和多能性。有实验表明 LIF 在 0.1 ng/mL 浓度时，即可完全抑制 ES 细胞分化。

② 腺病毒 E1A 样激动剂 A。腺病毒 E1A 样激动剂 A 存在于 EC 细胞附植前胚胎细胞和 ES 细胞中，而不存在于附植后胚胎细胞中，这提示该物质也可能作为 ES 细胞体外分化的抑制剂。

（2）生长因子

① 碱性成纤维细胞生长因子（bFGF）。bFGF 是一种阳离子多肽，最初是从牛脑垂体和脑组织中分离得到的，bFGF 广泛分布在卵巢、睾丸、脑垂体、丘脑下部、黄体和胎盘中。体外实验表明 0.11 ng/mL 浓度的 bFGF 可明显刺激成纤维细胞、卵巢颗粒细胞等的增殖。

② 表皮生长因子（EGF）。EGF 是一个小分子多肽，主要存在动物的尿液、乳汁、汗腺中，具有很强的促分裂作用。

③ 干细胞因子（SCF）。最早从大鼠肝细胞系中分离出来，SCF 以可溶性和膜结合两种形式存在，主要由肝细胞产生。关于 SCF 对 ES 细胞的作用：SCF 对干细胞有明显的致分裂作用，能诱导干细胞进入细胞周期，提高转基因效率；SCF 是干细胞生长的唯一调控因子；能控制胚胎发生过程中发育不同阶段的蛋白。SCF 能通过抑制细胞凋亡而促进原始生殖细胞的生长。

④ 胰岛素样生长因子 -1（IGF-1）。最早在大鼠体内发现。因在离体条件下具有胰岛素一样的作用，所以称为胰岛素样生长因子。此外它还有介导生长激素促生长的作用。IGF-1 可促进胚胎细胞 DAN 和蛋白质的合成，增加胚胎细胞数，调节囊胚腔的出现和胚胎从透明带孵出。IGF-1 加入培养液中可促进受精卵卵裂，增加卵裂胚的紧实度和囊胚形成率，促进滋养层与内细胞团细胞的蛋白质合成，从而促进滋养层和内细胞团细胞的分裂增殖。在培养液中添加 10~20 ng/mL IGF-1 在 ES 细胞分离克隆时可取得良好的效果。

⑤ Forskolin。Forskolin 是一种双萜类物质，它可以快速而可逆地激活腺苷酸环化酶的催化亚单位。Forskolin 在抑制卵母细胞成熟的同时还可以通过 cAMP 途径诱导小鼠卵丘细胞释放促使卵母细胞成熟的物质。

（3）其他细胞因子

除了以上研究较多的生长调节因子外，还有肿瘤坏死因子（TNFa）、催乳素（prolactin）、白细胞介素 -3（IL-3）、粒细胞巨噬细胞激落刺激因子（GM-CSF）等。TNFa 能刺激 ES 细胞的分化；在培养液中添加 1 μg/mL 或 5 μg/mL 的催乳素，对部分 ES 细胞系的建立有促进作用；IL-3 也能促进多能干细胞的增殖和分化；GM-CSF 具有促进多能干细胞的增殖和分化。随着对各种细胞因子认识的日益增多，必将会为哺乳动物 ES 细胞分离克隆创造一个更好的条件。

技能单　胚胎干细胞的培养

【能力目标】

● 掌握胚胎干细胞的培养方法。

【实验器材】

（1）昆明小白鼠、8~10 周龄、体重 30~35 g。

（2）胎牛血清、新生牛血清、非必需氨基酸、二巯基丙醇、丙酮酸钠、bFGF、Percoll 细胞分离液、丝裂霉素 C、NBT/BCIP 试剂盒、胰蛋白酶。

（3）细胞培养用品和设备、玻璃吸管、显微外科手术器械、倒置显微镜、解剖显微镜、离心机。

【实验内容及操作步骤】

1. 获取胚鼠成纤维细胞

将雌雄小鼠合笼，次日见阴栓者为 0.5 d，取 10~14 日龄的胚鼠，去除胚胎头和内脏，无菌 PBS 洗 2 遍，用眼科剪充分剪碎，转移到 50 mL 的离心管中，加入 20~30 mL 细胞消化液（PBS 液，含 0.25%胰蛋白酶，0.04% EDTA）37℃轻轻震荡消化 30 min，过 200 目细胞筛，PBS 离心漂洗 2 次，收集细胞并接种，按普通方法传代，冻存，备用。换液时收集细胞上清液，4 000 r/min 离心 15 min，过滤后使用。

2. MEF 滋养层的制备

取 80%融合的胚鼠成纤维细胞，加入 10 μg/mL 丝裂霉素 C，在 CO_2 培养箱中孵育 2 h，加入细胞消化液，再用饲养层细胞培养液中和并吹打成单细胞悬液，调整细胞密度到 4×10^7 mL^{-1}，在六孔板中每孔加入 3 mL，放入 CO_2 培养箱待用。

3. 获取胚胎生殖细胞

取 10 日龄的胎鼠，在解剖显微镜下借助显微外科器械，于其腰骶部寻找并分离生殖嵴，再转移到胰蛋白酶中，用细口径吸管吹打，把生殖嵴消化成单细胞悬液，以每孔 0.5 个胚胎转移到饲养层细胞上，加入胚胎干细胞培养液（a-MEM，10%胎牛血清，5%小牛血清，1 mmol/L 丙酮酸钠，2 mmol/L 非必需氨基酸，2 mmol/L 左旋谷氨酰胺，100 U/mL，bFGF）置于 CO_2 培养箱中。

4. 胚胎生殖细胞的常规培养

每日更换培养液，接种 10 d 左右，选择鸟巢状并分化明显的细胞集落，按常规手工挑克隆的方法选择并传代，或使用 Percoll 细胞分离液常规消化后进行梯度离心，选择含原生殖细胞最多的部分再进行分离，最后接种在新的饲养层细胞上。

5. 胚胎生殖细胞的鉴定

(1) 形态观察

胚胎干细胞具有与早期胚胎细胞相似的形态结构，细胞体积小，核大，有一个或多个核仁，胞核内的物质折光性强，胞体可见伪足伸出。细胞中多为常染色质，细胞质结构简单，散布着大量核糖体和少量线粒体，核型正常保留了整倍体性质。小鼠 ES 细胞直径一般为 12~14 μm，牛为 11~19 μm，猪为 12~15 μm，兔为 9~12 μm。ES 细胞在体外分化抑制培养的过程中呈现克隆状生长，有明显的聚集倾向，集落形似鸟巢细胞，界限不清，但集落和饲养层细胞的界限清晰可辨。集落周围有时可见单个 ES 细胞和分化的扁平状上皮细胞。

(2) 碱性磷酸酶染色

碱性磷酸酶染色的存在是细胞保持未分化状态的一个重要指标，通过对其的检测可进一步判定 ES 细胞。ES 细胞富含 AKP，而已分化的 ES 细胞 AKP 呈弱阳性或阴性。

4%甲醛溶液固定后，把新配制的染色液（NBT/BCIP 稀释液）按说明书的方法加入，常规染色 5 min，镜检，找出蓝紫色细胞集落，照相。

(3) 胚胎阶段特异性表面抗原（SSEA-1）的检测

在胚胎的原始外胚层细胞、ES 细胞和原始生殖细胞的表面均有 SSEA-1 的表达。SSEA-1 的检测是一种间接免疫荧光法，所用试剂为：①第一抗体，SSEA-1（鼠抗 F9 细胞单克隆抗体）；②第二抗体，羊抗鼠—Rhodamine（罗丹明荧光染料）；③封闭液羊抗兔 IgG，检测方法为：杜氏 PBS 洗 3 遍，2% Triton 作用 20 min，再用杜氏 PBS 洗 3 遍，封闭液作用 20 min 后，杜氏 PBS 洗 3 遍，加第一抗体于 4℃条件下过夜，杜氏 PBS 洗 3 遍，加第二抗体 30℃作用 30 min，杜氏 PBS 洗 3 遍，用甘油 PBS 封片，在荧光显微镜下观察，细胞出现荧光说明有 SSEA-1 的表达。

【实验说明】

小鼠胚胎生殖细胞是生殖嵴的原生殖细胞，被认为具有胚胎干细胞的自我更新能力和多能分化潜能，可以被认为是胚胎干细胞。该细胞的获得比较容易，而且细胞的数目较多，取材容易，所以成为研究动物干细胞的重要工具。

思考题

1. 什么是胚胎干细胞？
2. 影响胚胎干细胞分离克隆的因素有哪些？
3. 如何进行胚胎干细胞的培养？

参考文献

[1] 徐志凯. 实用单克隆抗体技术. 西安：陕西科学技术出版社，1992.

[2] 司徒镇强，吴正军. 细胞培养. 西安：世界图书出版公司，1996.

[3] 金伯泉. 细胞和分子生物免疫学实验技术. 西安：第四军医大学出版社，2003.

[4] 王廷华，李官成，Xin-Fu Zhou. 抗体理论技术. 北京：科学出版社，2000.

[5] 李玲，李雪峰. 细胞生物学实验. 长沙：湖南科学技术出版社，2003.

[6] 司徒镇强. 细胞培养. 西安：世界图书出版公司，2001.

[7] 张卓然. 培养细胞学与细胞培养技术. 上海：上海科学技术出版社，2004.

[8] 王捷. 动物细胞培养技术与应用. 北京：化学工业出版社，2004.

[9] 陈志南. 细胞工程. 北京：科学出版社，2005.

[10] 鄂征. 组织培养与分子细胞生物学技术. 北京：人民卫生出版社，1995.

[11] 张静波，徐存拴译. 动物细胞培养基本技术指南. 4 版. 北京：科学出版社，2004.

[12] 冯伯森. 动物细胞工程原理与实践. 北京：科学出版社，2001.

[13] 凌治萍. 细胞生物学. 北京：人民卫生出版社，2001.

[14] 薛庆善. 体外培养的原理与技术. 北京：科学出版社，2001.

[15] 薛淑群，尹洪滨. 细胞培养技术的发展动态及其动物克隆技术研究进展. 水产学，2005，18（1）：75~79.

[16] 殷震，刘景华. 动物病毒学. 2 版. 北京：科学出版社，1997.

[17] 陆承平. 兽医微生物学. 3 版. 北京：中国农业出版社，2001.

[18] 薛永三. 微生物. 哈尔滨：哈尔滨工业大学出版社，2005.

[19] 莽克强，Marcel Beld，Rui Mang. 基础病毒学. 北京：化学工业出版社，2005.

[20] 杨占秋，刘建军，肖红，丁晓军. 诊断与实验病毒学. 郑州：郑州大学出版社，2002.

[21] 沈萍. 微生物学. 北京：高等教育出版社，2000.

[22] 徐为燕. 兽医病毒学. 北京：农业出版社，1993.

[23] 薛庆善. 体外培养的原理与技术. 北京：科学出版社，2001.

[24] 王延华. 神经细胞培养理论与技术. 北京：科学出版社，2005.

[25] 冯伯森. 动物细胞工程原理与实践. 北京：科学出版社，2000.

[26] 李志勇. 细胞工程. 北京：科学出版社，2003.

[27] 陈瑞铭. 动物组织培养技术及其应用. 北京：科学出版社，1991.

[28] 王捷. 动物细胞培养技术与应用. 北京：化学工业出版社，2004.

[29] 程宝鸾. 动物细胞培养技术. 广州：华南工学院出版社，2000.

[30] 徐永华，常万存等. 动物细胞工程. 北京：化学工业出版社，2002.

[31] 司徒镇强，吴军正. 细胞培养. 西安：世界图书出版社，2004.

[32] 罗立新，潘力，郑穗平. 细胞工程. 广州：华南理工大学出版社，2002.

[33] 郭志勤. 家畜胚胎工程. 中国科学技术出版社，1998.

[34] 中国农业大学. 家畜繁殖学. 北京：中国农业出版社，2000.

[35] 郭志勤. 家畜胚胎工程. 北京：中国科学技术出版社，1998.

[36] 中国农业大学. 家畜繁殖学. 北京：中国农业出版社，2000.

[37] 林菊生. 现代细胞分子生物学技术. 北京：科学出版社，2004.

[38] 王蒂. 细胞工程学. 北京：中国农业出版社，2003.

[39] 司徒镇强. 细胞培养. 西安：世界图书出版社，2004.

[40] 王建辰，章孝荣. 动物生殖调控. 合肥：安徽科技出版社，1998.